WILLIAM CAXTON

THE BOOK OF THE
KNIGHT OF THE TOWER

———————

EARLY ENGLISH TEXT SOCIETY

Supplementary Series No. 2

1971

Of her that ete the Eele and plumed her pye/Capitulo/xv/

I Shall telle to yow an Ensample therof vpon the fayt of
Wymmen that ete the good morsels behynde theyr hus;
bondes/Ther was a damoyselle that had a pye in a cage
Whiche spak and said all that she sawe/And it happed that the
lord of the howse made to kepe a grete Eele in a tronke in a ponde
And he kepte it moche derworthely for to gyue it to som good lord
of his/or to somme frende/yf they come to see hym/And it happed
that the lady saide to the Chamberere/that it were good to ete the
grete ele/And they thought that they wold saye to theyr lord/
that theues had eten hym/And when the lord cam home/the pye
began to telle and saye to hym/My lady hath eten the Ele/And
when the lord herd this/he wente to his ponde/and fonde not his
ele/And cam home to his wyf/and demaunded her what was
befallen of his ele/And she supposed to haue excused her/And
he said that he was acertayned therof/And that the pye had tol;
de hym/And in the hous therfore was grete sorowe and noyse/
But when the lord was gone oute/the lady and the chamberere
cam to the pye/and plucked of alle the fethers of his hede·sayeng
Thou hast discouerd vs of the ele/and thus was the poure pye
plumed/and lost the fethers of his hede· But fro than forthon
yf ony man cam in to that howse/that was balled or pylled or
had ony hyhe forhede/the pye wolde saye to them/ye haue told my
lord of the ele/And therfore this is a good ensample/that no go;
od woman sholde not ete for hir lycorousnes the swete/ or deynte
morsels withoute the wytyng of her husbond·But yf she employed
it well with honoure /This damoysell was after moche scorned
mocked for that ele by cause of the pye that so ofte remembryd it
to suche as cam thyder so balled or pylled

How wymmen ought not to be Jelous.Capitulo/   xvj

I Shall saye to yow an ensample of this euyl thyng Jalousye
Ther was a damoyselle maryed to a squyer/ Whiche loued

                                                    b   iiij

The Book of the
Knight of the Tower

TRANSLATED BY

WILLIAM CAXTON

EDITED BY

M. Y. OFFORD

Published for
THE EARLY ENGLISH TEXT SOCIETY
by the
OXFORD UNIVERSITY PRESS
LONDON NEW YORK TORONTO
1971

PRINTED IN GREAT BRITAIN

CONTENTS

PLATES

PREFACE

THE last decade has seen a renewal of interest both in Caxton's work and in the French and German versions of the Knight's book, and I have greatly valued my contacts with scholars working in these fields. In particular I wish to thank Mr. N. F. Blake for his generous help: he has not only read the edition in typescript and in proof and made many valuable suggestions, but has always been ready to advise me on the innumerable points on which I have consulted him. I have been privileged also in being able to discuss matters concerning the Knight and his book with Dr. Ruth Harvey, who is editing the *Ritter vom Turn*, and I am deeply grateful for her stimulating comments and her careful advice at all times. I would also like to thank Dr. Lucie Polak and Dr. J. L. Grigsby for help in elucidating difficulties in the French. Any misinterpretations that remain are, of course, my own responsibility.

To M. Pierre Boisard, Conservateur aux Archives de Paris et de l'ancien département de la Seine, I am greatly indebted for the loan of his thesis on *Ponthus et Sidoine* and the Tour-Landry family, and for information on various matters concerning the *Livre*. To Mlle Edith Brayer and other officials of the Institut de Recherche et d'Histoire des Textes my sincere thanks are due for their helpfulness in supplying information about some of the manuscripts, and for the loan of several microfilms. Acknowledgement is also made in the Introduction to experts who have helped me on particular points with regard to the manuscripts. I am obliged to the authorities of the Bibliothèque royale de Belgique for allowing me to quote extensively from their MS. no. 9308.

I am grateful for permission to examine the copies of Caxton's book in the libraries where they are preserved in England, and to obtain a microfilm of the copy in the New York Public Library. I would also like to thank Lord Kenyon for so kindly allowing me to consult the leaves of Caxton's book in his possession, by depositing them at the British Museum for my use. The experts in all these libraries have been most helpful in answering various queries that have arisen, and I am particularly indebted to Mr. G. D. Painter for advice on some typographical matters.

The former Secretary of the Early English Text Society, Mr. R. W. Burchfield, has been a source of help and encouragement to me over many years, and I would like to thank him for all the trouble he has taken to guide this edition along. In its later stages I have received useful criticism from the Director and Members of the Council, to whom my grateful acknowledgements are due. I wish to thank also Dr. Pamela Gradon for help in seeing the edition through the press.

I am obliged to the Trustees of the British Museum for permission to reproduce from their copy numbered IB. 55085 the pages which form the plates in this edition.

ABBREVIATIONS

B	Brussels, Bibliothèque royale, MS. 9308
Bodl.	The Bodleian copy of KT, Arch. G. d. 13(3)
BM 1	The British Museum copy of KT, IB. 55085
BM 2	The British Museum copy of KT, C. 11. c. 6
C	The text of KT
Camb.	The Cambridge University Library copy of KT, Inc. 4093
H	The version of the Knight's book in British Museum MS. Harley 1764
JR	The John Rylands Library copy of KT, 13643
Ke	The fragment of KT in the possession of Lord Kenyon
KT	Caxton's *Book of the Knight of the Tower*
L	British Museum MS. Royal 19 C. vii
M	The text in Montaiglon's edition
MDu.	Middle Dutch
NY	The New York Public Library copy of KT, *KC 1484
OF.	Old French
P1	Paris, Bibliothèque nationale, MS. fonds français 1190
P2	Paris, Bibliothèque nationale, MS. fonds français 580
V	Vienna, Nationalbibliothek, MS. 2615

For full titles of works referred to by abbreviated titles or by the author's surname, see p. xi, n. 2, and Select Bibliography.

INTRODUCTION

1. *THE BOOK OF THE KNIGHT OF THE TOWER*

CAXTON's translation of the book 'whiche the knyght of the Toure made to the enseygnement and techyng of his doughters' was completed, according to his colophon, on the first day of June 1483, and printed at Westminster 'the last day of Ianyuer the fyrst yere of the regne of kynge Rychard the thyrd': 1484 by modern reckoning. Only six copies of this book are known today: two in the British Museum,[1] one in the Bodleian Library, one in the Cambridge University Library, one in the John Rylands Library, and one in the New York Public Library.[2] There is also a fragment of seven leaves in the possession of Lord Kenyon. Two other copies are mentioned in early book catalogues, but have not been traced.[3] All the known copies are bound separately except Bodl., which is now bound up in a volume containing also *Cathon*, *Boecius*, and *Esope*.[4] The fragment, which consists of all but the last leaf of quire 1 in KT, is bound in as the first seven leaves of Lord Kenyon's copy of Caxton's *Tulle of olde age, Tullius de Amicicia*, etc. (1481).[5] It is not known when or why these leaves were incorporated with the Cicero volume: whether they were used to stiffen the original binding, or whether they were stray leaves recognized to be worth preserving and bound in at some later date.

[1] Referred to in this edition as BM 1 and BM 2. BM 1 has the press-mark IB. 55085; BM 2 is a copy that belonged to George III, and is therefore placed separately with other books from his collection, its press-mark being C. 11. c. 6.

[2] See W. Blades, *The Life and Typography of William Caxton*, ii (1863), 144–7; S. de Ricci, *A Census of Caxtons* (1909), pp. 71–2, no. 63; E. G. Duff, *Fifteenth Century English Books* (1917), p. 67, no. 241; STC., no. 15296. For separate copies, see H. Guppy, *English Incunabula in the John Rylands Library* (1930), p. 52; J. C. T. Oates, *Catalogue of the Fifteenth-Century Printed Books in the University Library, Cambridge* (1954), p. 677, no. 4093; F. R. Goff, *Incunabula in American Libraries* (Third Census, 1964), p. 374, no. L-72.

[3] See de Ricci, p. 72; *NQ*. ccviii (1963), 111.

[4] There is at present no separate catalogue of the Bodleian incunables, but most of them are recorded in R. Proctor's *Index to the Early Printed Books in the British Museum . . . With Notes of those in the Bodleian Library*. See vol. ii (1898), p. 716, no. 9657.

[5] de Ricci, pp. 39–44, no. 31; Blake, p. 234, no. 79. Lord Kenyon's copy and the leaves from KT are not listed in de Ricci, but see the forthcoming revised edition of STC.

They contain no errors or variants and do not appear to be binder's waste. They have been re-margined, probably when the book was re-bound in 1870.

The following bibliographical account is based on a personal inspection of five of the copies and of Ke; NY has been examined from a microfilm. The book is a folio volume composed of 106 leaves, of which the last two are blank; a ij^v is a blank page. There is no title-page. Signatures are at the foot of the pages, on rectos only. The preliminary quire consists of four leaves, signed on the second leaf only (ij); quires a–m are quaternions, the first four leaves of each being signed j–iiij; n is a ternion and is therefore signed j–iij.[1] The leaves are not numbered, and there are no catch-words or headlines. None of the copies still preserves the full number of leaves. Five leaves are missing in Bodl.: the first four, and a iij.[2] The whole of quire c and the last (blank) leaf is missing in Camb. The two blank leaves are missing in both BM copies and in JR. NY has two blank leaves at the end, but these are not the original leaves: they are of the same paper as two blank leaves at the front of the book and were probably inserted much later.[3] Leaf 73 (i v) has been misbound after leaf 75 (i vij) in BM 2.

A full page contains 39 or 40 lines of type as far as the end of quire e, and 37 or 38 lines from quire f to the end. The type is black letter, 4 and 4* according to Blades's numbering.[4] Quires a–e are printed in type 4, and quires f to the end in 4*; the pre-liminary quire also, which contains the table and so would have been printed last, is in 4*. Type 4 is a small bâtarde type measur-ing 20 lines = 95 mm. Type 4* is a recast of this with a few new sorts, measuring 20 lines = 100 mm. The change of line-number is caused by the use of type 4* with its larger body. The use of

[1] Occasional incorrect or missing signatures are mentioned in the footnotes to the text of this edition.

[2] de Ricci, p. 72. 6 states that 'all before A 3 and both blanks' are missing; but a j and a ij are present and so are the two blanks.

[3] I am grateful to Mr. N. F. Blake, who has seen the NY copy, for informing me that the two blanks at the end are not the original leaves, and for describing the watermark which appears on one of the leaves at the front and one at the end of the book. I am indebted also to Dr. L. M. Stark of the New York Public Library for pointing out to me that this watermark, a crowned fleur-de-lis on a shield above the letters 'LVG', is similar to those reproduced as nos. 1808, 1817, and 1823 in Edward Heawood's *Watermarks Mainly of the 17th and 18th Centuries* (Hilversum, 1950). Dr. Stark also kindly checked some readings for me in the NY copy.

[4] See Blades, ii, pp. xxxv–xxxviii and Plate XVIII.

both states in the same book may indicate that the work was printed simultaneously on two presses.[1]

All six copies show much the same variety of watermarks in their paper.[2] The commonest is the hand or glove with a fleur-de-lis; the hand or glove alone occurs also, and both the larger and the smaller type of scissors or shears. BM 1 and 2 are cited by Blades as a striking example of variation in the paper used by Caxton in copies of the same book.[3] There is certainly a difference now in the colour and texture of the paper in these copies, but BM 2 has been so much 'doctored' by washing and restoration that it is difficult to judge the original quality of its paper. The watermarks discernible (they are often difficult to discern in this copy, owing to the treatment of the paper) are the same as those in the other copies.

The book is divided into chapters, each with its heading followed by a chapter number.[4] A gap, varying in size but presumably intended for the later insertion of a paragraph mark, has been left before many of the chapter headings; BM 2 is the only copy in which paragraph marks have sometimes (not consistently) been supplied in these positions. There is usually (not invariably) a space between the end of a chapter, a new heading, and a new chapter. The lines are generally of even measure,[5] but spacing within the lines is often noticeably irregular. This can be seen particularly on d iij^v, e j^v, e iij^v, k j, and n j^v. The spaces sometimes occur at a natural pause, and some at least of them, like the gaps at the beginning of chapter titles, may have been left by the compositor for the insertion of paragraph marks which were never supplied.[6] It is possible that some of them may correspond to gaps in Caxton's source-text; there is nothing in B to support this suggestion, but some of the manuscripts (V, for instance) do have

[1] Cf. Caxton's edition of Gower, *Confessio Amantis*, 1483, which is printed partly in type 4 and partly in 4*.

[2] Mr. N. F. Blake has kindly confirmed that the watermarks in NY are the same as those in the other copies.

[3] Blades, ii, p. xviii.

[4] In one instance, a chapter number is printed incorrectly in some copies but correctly in others. See p. 164.

[5] Exceptions tend to occur more in the earlier quires of the book, especially where a word is divided at the end of a line: e.g., a iiij, ll. 8 and 16, and b iiij (see Plate 1), l. 4.

[6] There are some gaps of this sort in the first edition of Caxton's *Reynard the Fox* (1481), but in the John Rylands copy they have been filled in by hand with red paragraph marks.

occasional paragraph marks within the chapters. Sometimes, however, the spaces in C occur where no pause or special emphasis seems needed,[1] and here they are perhaps merely the result of inexpert typesetting. The irregular spacing has not been reproduced in this edition, but some examples of it may be seen on Plate 2.

All the copies except BM 2 are without large initial capitals, but space, with a guide-letter, has been left at the beginning of each chapter for a capital two to six lines, most commonly three lines, deep: see the examples on Plate 1. The guide-letter is missing for eight chapters[2] in BM 1, Bodl., Camb., and NY; for seven chapters in JR, where a guide-letter missing in the other copies has been printed for ch. C xxj. BM 2 is the only copy with any rubrication: it has large red capitals inserted by hand at the beginning of each chapter. The wrong capital (M for F) has been supplied for ch. lj and ch. C xxj, where guide-letters are lacking. Capitals at the beginning of a section or a chapter heading often have a red stroke. Red paragraph marks have been inserted by hand on folio ij before 'Here foloweth' and 'How god', on a j before 'Here begynneth' and the title 'Prologue', on a ij before 'Thus endeth', and before 80 of the 144 chapter headings; but nowhere within the chapters. These capitals, strokes, and paragraph marks, found only in BM 2, look like Caxton's own standard rubrication and were probably done in his office.[3]

The text is punctuated by full-length and short oblique strokes,[4] and by stops. The stops are of various sizes and shapes, usually roundish but sometimes lozenge-shaped. Both the short strokes and the stops can occur in a low, mid, or high position in C. These marks have been standardized into two positions for the present text: the short stroke is placed in a 'comma' position and points above the line are placed in a uniformly raised position. The short stroke is used only in the quires printed in type 4.

[1] Cf. Caxton's edition of Malory, *passim*, and see S. Shaw, in *Essays on Malory*, ed. J. A. W. Bennett (Clarendon Press, 1963), pp. 122–3.

[2] Chapters xlij, xliiij, lj, C vj, C xv, C xxj, C xxxix, and C xliij.

[3] This point is made because BM 2 has suffered at the hands of 'restorer-facsimilers' (see below, p. xvi); but the rubrication seems to be genuine.

[4] What appears to be a defective form of the full oblique stroke, rather than a stroke of medium length, is found occasionally (e.g., Plate 2, l. 25); this is reproduced as a full stroke in the present text. Marks which were clearly unintentional, however, like the imperfect upright strokes made by the accidental misplacing of the metal quadrats used for spaces, have not been reproduced in the text or recorded in the footnotes.

Typographical errors other than those involving 'turned' letters
are recorded in the footnotes to the text of this edition. Mistakes
involving *n* and *u* are frequent;[1] I have noted 173 instances in C.
Examples from quire a are: *Aud, by canse, hane, onght, saned* (twice),
sapyeuce, strannge, thononre, ueuer. Two instances may be seen on
Plate 2: l. 8, *noneltees,* and ll. 34–5, *merueylons.*[2] Turned *m* is found
three times: *dauoyselle* (b iiij^v, l. 5), *uoche* (c viij^v, l. 30), and
prouesse (i vij, l. 5). The *re* ligature has been printed upside down
in *children* (h vj, l. 1).

A feature of the quires printed in type 4* is a tendency to use
capital W in unexpected places, even in words like prepositions
and relatives which would not normally be stressed. That the capital
was sometimes printed in error is evident from its occasional use
in the middle or at the end of a word,[3] but it is impossible to
be certain when its use initially was unintentional. Even in the
stranger instances of its use, it is arguable that the capital may have
been intended to imply some slight emphasis, if only in the mind
of the compositor. Since it is difficult, then, to distinguish type-
setting errors from the contemporary tendency to over-capitalize,
all these initial capitals have been retained in the present text.

There are no important textual variations between the copies;
the small variants that occur, such as a letter lost here and there,
letters reversed, a word or a line missing, are recorded in the foot-
notes to the text of this edition. The word missing in JR and NY
on c v^v (50/25) and the line missing in JR on i ij^v (133/10–11)
may be examples of a 'bite'.[4]

[1] As in most other Caxton texts and in English incunabula generally. See
R. B. McKerrow, *Introduction to Bibliography* (Oxford, 1927), pp. 257–8.
[2] The only *u/n* instances I have noticed where the copies do not correspond
are in BM 2: c j, last two lines, *decey-|ner;* m viij, l. 5 *connceylle,* l. 8 *counceylle,*
l. 33 *commanudement;* n j^v, l. 22 *themperours;* n iiij, l. 15 *counceyll;* the other copies
read *decey-|uer, counceylle, couuceylle, commanndement, themperonrs, connceyll.*
But since these words may well have been inked over by a 'restorer' in BM 2
(see below, p. xvi) they cannot be accepted with certainty as variants and so
they are not recorded in the textual footnotes.
[3] On iij^v, l. 23 and iiij^v, l. 25 of the preliminary quire, *HoW;* f vij^v, l. 3, *toWne;*
f. viij^v, l. 6, *wydoWes;* g iij^v, l. 20, *ansWere;* i j^v, l. 10, *tWo;* i v, l. 33, *sheWed;*
k iiij, l. 14, *wydoWe;* k vij, l. 8 and l viij, l. 12, *yoW;* n ij^v, l. 4, *thoW.* This kind
of error may be accounted for by the fact that capital and lower-case *w* were
rather alike in type 4* (especially when the type-face of the capital was a little
worn or defective) and so, like *n* and *u,* they would be liable to be returned to
the wrong compartments of the type-case and be used in error. Lower-case *w* is
once used where a capital normally occurs, at the beginning of a chapter (*wylle,* g j).
[4] See Blades, ii, p. xlvii, and McKerrow, pp. 47–8.

BM 2 appears at first glance to offer some remarkable variants, but inspection shows that these have been skilfully inked in by hand to imitate Caxton's type. Thus on a j, ll. 31–2 (11/29–30), for *yong & litil| & dys-|garnysshed* we find *yong & liting dys-| garnysshed*, and for *at begynnyng* we find *of bernunyng*. This seems to be the work of a restorer touching up pages that have been washed; the resulting nonsense suggests that he was unable to read the faint vestiges of words that had been washed out, and not having access to another copy, guessed at letters rather than sense. Facsimile 'restoration' by nineteenth-century lithographers in books by Caxton and other early printers is not uncommon,[1] but the nonsense readings in this copy of KT are an unusual feature. There are many other discrepancies on pages that have been touched up;[2] some, unlike the nonsense on a j, seem to be a deliberate modernizing of Caxton's English, but again skilfully inked in to imitate the original type. Some notable instances are: *goo make . . . ther be wreton* for Caxton's *doo make . . . doo be wreton* on a j[v], l. 27 (12/25); *dyd to* for *dyd do* on a iiij[v], l. 35 (15/24), and *dyd so* for *dyd do* on a iiij, l. 29 (16/15); *plucked* for *plumed* on b iiij, l. 2 (31/15); more curiously, *By the whiche* for *and the whiche* on f j, l. 10 (87/33), and *dede* for *daye* on n iij[v], l. 15 (190/18). Other discrepancies are *Childe* for *Child* (the 'tail' of the *d* has been made into an *e*) on m viij[v], l. 18 (185/12); *euer-moche* for *ouermoche* on n ij, l. 5 (187/22); and some *u/n* variations (see p. xv, n. 2). There have also been many erasures, evidently to 'improve' Caxton's English;[3] and some words have been crossed out or altered here and there, in an ink now very faded.[4]

The other copies have suffered much less at the hands of readers and owners. In Camb., one or two words have been supplied in

---

[1] R. Cowtan in *Memories of the British Museum* (London, 1872), pp. 334–7, reflects the contemporary attitude towards this vandalism.

[2] There has been a considerable amount of inking-over on some pages, but all the leaves appear to be genuine. Duff's statement (p. 67) that leaves 100–4 have been 'supplied in facsimile' is probably incorrect.

[3] e.g., e ij, l. 38 (74/35), second *had* deleted; e vij[v], l. 30 (85/18), *do* del. in *do make*; f iij, l. 6 (91/12-13), *ne* del. in *ne wold*; i iij[v], l. 30 (134/34), *shalle* del. in *shalle must*; k viij, l. 4 (156/9), *In, of* del. in *In somme . . . kytte of*; this is not a complete list. The reason for the deletion of *n* in *men*, l viij, l. 19 (170/19) is less apparent; perhaps it had been intended to alter the word to *we*, as in the example mentioned below.

[4] e.g., on b viij[v], l. 20 (40/28), an attempt has been made to alter the *m* of *me* to *w*; in numerous instances the *to* of *to fore* is crossed out and altered in early manuscript to *be*; on l j[v], l. 20 (159/11), *the* is crossed out in *the whiche*. Examples of this sort are fairly numerous.

early manuscript,[1] and there are occasional manuscript notes in an early hand at the head of pages and in margins; there has also been some underlining in Caxton's prologue and colophon. In JR, a letter missing in all the copies has been inked in, and a deletion has been made to correct a wrong chapter number.[2] In both NY and Bodl., the blank page a ij^v has been used for notes in early manuscript, and both copies have marginal scribbles here and there in the text. In Bodl. the blank leaves at the end have notes in early hands; and there has been some crossing out of the text in places.[3] Finally, two early statements of ownership are worth mentioning: among some notes at the top of the first page in JR is the inscription 'Will*elm*us Saundez est posessor hu*ius* libr*i*';[4] and in BM 1, below the colophon, an ornamented device reads 'Iste Liber Pertinet Thome Lane de Glouc̄ gentylma*n*'.[5]

No second edition of KT was printed, as far as we know, and indeed no part of it was reproduced until 1749, when the antiquary and bibliographer Joseph Ames, in his notice of the book, printed Caxton's prologue and a few lines of the Knight's prologue.[6] But that the book was well known in the sixteenth century is evident from an allusion to it in Fitzherbert's *Book of Husbandry* (1534), where in a section on the general duties of a wife the author reflects that if he elaborates too much on the subject of deception between husbands and wives he will be like 'the knyght of the tourc', who by his book 'hath made bothe the men and the women to knowe more vyces, subtyltye, and crafte, than euer they shulde

---

[1] e.g., on the first page, l. 21 (3/21), where *request*, which had been obliterated by an ink smudge, has been written in above the line, and on d v, l. 21 (64/26), where a word (? *soo*) has been inserted above the line between *that* and *ye*.

[2] See 38/35 and 145/6.

[3] e.g., lighter ink has crossed through the beginning of ch. xxvij on c iiij^v, and has written above and below the chapter heading; all of c v^v except the title of ch. xxviij has been crossed through, apparently in the same ink as the marginalia of that page; darker ink has crossed through d j^v, the end of ch. xxxiiij on d ij, and (more faintly) d ij^v.

[4] Dr. Taylor of the John Rylands Library kindly informed me that the hand is of the fifteenth century; nothing is known of the owner himself. It is rather hard to determine whether the last letter of the name is *z* or *r*; it could possibly be 'Saunder'.

[5] This is probably the Thomas Lane 'of co. Gloucester, gent.' mentioned in J. Foster's *Alumni Oxonienses 1500–1714* (Oxford and London, 1891–2), iii. 875. He matriculated in February 1593–4, aged 21; received his B.A. in 1597, and his M.A. in 1600.

[6] Joseph Ames, *Typographical Antiquities* (1749), pp. 38–40.

haue knowen, if the boke had not ben made'.[1] This kind of attitude is reflected much later in Dibdin's enlargement of the *Typographical Antiquities*, where in summing up Le Grand D'Aussy's strictures upon the Knight's book ('a compilation of dull divinity, and unpardonable indelicacy'), Dibdin expresses the hope that Caxton had omitted 'such grossly offensive passages';[2] obviously he had not read the book. It was not until 1868 that a full English version of the Knight's book was printed, when the E.E.T.S. issued the text of the translation preserved (unfortunately with several lacunae) in British Museum MS. Harley 1764. The parts which are missing in the manuscript were supplied from Caxton's translation.[3] No reprint based solely on Caxton's book was made until 1902. This was a volume of excerpts only, reproducing Caxton's spelling but with modern punctuation; it comprised slightly more than half of the original text, 'omitting the coarser and the more tedious chapters'.[4] The present edition is the first reprint of Caxton's text in full since his book was issued in 1484.

2. THE *LIVRE DU CHEVALIER DE LA TOUR*[5]

The Knight mentions in his prologue that he began compiling his book in the year 1371; he was still working on it in 1372, as two references in the text indicate,[6] and one may assume that he finished it in that year or a little later. It was copied many times

[1] See '*The Book of Husbandry* by Master Fitzherbert', reprinted from the version of 1534 and edited by W. W. Skeat for the English Dialect Society (1882), p. 98. It is worth noting also that an allusion to Caxton's book occurs as early as 1504, in the will made by a 'John Goodyere, of Monken Hadley, gentleman', where one of the items mentioned is 'a boke of the Knyght of the Tower in printe'. See H. R. Plomer, 'Books Mentioned in Wills', *Transactions of the Bibliographical Society* vii (1902–4), 111.

[2] *Typographical Antiquities* (1810), vol. i, Supplement, p. 373.

[3] The parts of Caxton's text printed in Wright's edition are: a few words and part of a sentence from a j; e v^v, l. 5–e vj^v, l. 31; g iij^v, l. 31–g v, l. 17; and l ij, l. 19, to the end of the book.

[4] G. B. Rawlings, *The Knyght of the Toure* (London, 1902), p. 203. There has also been a modernized, uncut version based on Wright's text: *The Book of the Knight of La Tour-Landry*, ed. G. S. Taylor, with an Introduction by D. B. Wyndham Lewis (London, 1930); issued also in a limited edition by the Verona Society, London, 1930.

[5] The name 'Landry' does not occur in the English translations, in any of the French manuscripts I have seen, or in the French and German printed versions. It was, however, the ancient family name: see p. xxxiv.

[6] See Notes, 73/10–11, 149/14.

and by the end of the fifteenth century it had become widely known. There are still at least twenty-one manuscripts of the French text in existence; an English translation, extant in one imperfect manuscript, was made during Henry VI's reign;[1] Caxton made a new English translation which he printed in 1484; and a German version made by Marquart vom Stein, ostensibly for his own two daughters, was first published at Basle in 1493 by the printer Michael Furter in collaboration with Johann Bergmann von Olpe.[2]

The German printed version, entitled *Der Ritter vom Turn/ von den Exempeln der/ gotsforcht vñ erberkeit*, was illustrated with fine woodcuts; these until recently have received more attention from scholars than the text itself, which has not yet appeared in a modern edition.[3] Unlike Caxton's translation, however, the German version was reprinted many times. Two more printings appeared in 1495 and 1498, and eight more during the sixteenth century; a further two were made in 1680 and 1682; and another reprint, with the text rendered into modern German but based on a sixteenth-century redaction, appeared as late as 1850.[4]

In France the first printed version did not appear until 1514, under the heading '*Le cheualier de la tour. Et le Guidon des guerres Nouuellement imprime a Paris pour Guillaume eustace librairc du roy*'. This is a folio volume; some copies are on paper, with woodcuts, some on vellum with illuminated capitals and miniatures.[5] The text of the Knight's book occupies ff. i–lxxii; ff. lxxii^v–lxxxv contain the story of Melibee and Prudence; and ff. lxxxv^v–xcv

---

[1] Wright's description of the handwriting of MS. Harley 1764 as 'a good formal writing of the reign of King Henry VI' (E.E.T.S., o.s. 33, 1868, p. xiv) may be accepted, although it offers a fairly wide stretch of time; it is difficult to arrive at a more precise definition of the date.

[2] See Harvey, *Prolegomena*, pp. 163–4.

[3] An edition is now being prepared by Dr. Ruth Harvey. A useful bibliography of the subject is given by J. L. Grigsby in 'Wanted: an Edition of Marquard vom Stein's *Ritter vom Turn*', *Archiv für das Studium der neueren Sprachen und Literaturen*, 199 (114. Jahrgang, 1962), pp. 325–9.

[4] As pt. viii of the 'Volksromane' edited by O. L. B. Wolff. On the connections between these various printings, and on the remarkable changes in content and character undergone by the text through the centuries, see Harvey, *Prolegomena*, pp. 173 ff.

[5] See Montaiglon, Préface, p. lv; J. B. B. van Praet, *Livres sur vélin*, iv (Paris, 1822), pp. 263–4, no. 388; J.-C. Brunet, *Manuel du libraire*, iii (Paris, 1862), col. 873; and J. G. T. Graesse, *Trésor de livres rares et précieux*, iv (Dresden 1862), p. 120.

the 'Guidon des guerres', a treatise concerned largely with the moral precepts to be observed by a soldier.[1] These two texts, which Eustace attributes to the Knight, probably followed the *Livre* in the manuscript which he was using.[2] A much less ornate edition apparently based on Eustace's text, a quarto-sized volume on paper with a few woodcuts, was printed in Paris in 1517.[3]

No other reprint of the *Livre* appeared in France until 1854, when the medievalist Anatole de Courde de Montaiglon produced an edition of it for the 'Bibliothèque elzévirienne'. This is a series of very small volumes for which strict limitations of space must have been imposed, so that the editorial apparatus was necessarily slight; within these limitations the edition was a scholarly one for the time, but a re-examination of the material has long been needed. Montaiglon's examination of the manuscripts was confined to seven in the 'Bibliothèque impériale', as it was then called, one in the British Museum, and one in the Bibliothèque de l'Arsenal. He was aware of the existence of the two Brussels manuscripts but apparently did not examine them, and he mentions two others listed in early catalogues.[4] Twenty-one manuscripts of the French text (these include one fragment and one eighteenth-century compilation) are known today, and it seems likely that there are others as yet unrecorded or unidentified. The list given below has kindly been brought up to date by M. Boisard, to whom I am indebted for calling my attention to several manuscripts unknown to me. Those which have so far come to light are:

[1] It is tempting to see in the *Guidon des guerres* the book made by the Knight for his sons (13/21, and note), but a comparison of the language and style of the *Livre* with the *Guidon* shows that this is most unlikely. Moreover, the stories referred to by the Knight in connection with the book for his sons (120/10–16, 135/12–14) are not found in the *Guidon*.

[2] The *Livre de Melibee et Prudence* follows the *Livre du Chevalier* in two of the manuscripts, Royal 19 C. vii in the British Museum and 3356 in the Bibliothèque de l'Arsenal; it occurs also, as the second item (the *Livre* is the fourth item), in 580 (formerly 7073, Montaiglon's 'P2') in the Bibliothèque nationale.

[3] This is the date given in the colophon of the British Museum copy; the printer was Michel Le Noir. This edition is not mentioned by Montaiglon, or by Brunet and Graesse, who record an undated quarto-size edition printed in Paris by 'la veuve Jehan Trepperel et Jehan Jehannot'. I have not seen a copy of this.

[4] See Montaiglon, Préface, p. xliv; and *Bibliothèque françoise de La Croix du Maine*, i (Paris, 1772), p. 277, and *Catalogue des livres de la bibliothèque de feu M. le duc de La Vallière*, i (1783), p. 406, no. 1338. The manuscript owned by La Croix du Maine has not yet come to light; for the duc de La Vallière's manuscript see below, p. xxi, n. 3.

1. Brussels, Bibliothèque royale 9308.[1]
2.   „   „   „   9542.[1]
3. Chantilly, Musée Condé 293 (formerly 726).[2]
4. Châteauroux, Bibliothèque municipale 4 (formerly B. 251).[3]
5. The Hague, Koninklijke Bibliotheek 78. E. 51.[4]
6. London, British Museum Royal 19 C. vii.[5]
7.   „   „   „   Addit. 17447.[6]
8. Paris, Bibliothèque de l'Arsenal 2687.[7]
9. „   „   „   3356.[7]
10. „   „   „   5871.[7]
11. „   Bibliothèque nationale fds. franç. 580 (formerly 7073).
12. „   „   „   „   „   1190 (7403).
13. „   „   „   „   „   1505 (7568).
14. „   „   „   „   „   1693 (7673).[8]

---

[1] For these two, see F. J. F. Marchal, *Catalogue des manuscrits de la Bibliothèque royale des ducs de Bourgogne*, i (Brussels and Leipzig, 1842), pp. 187, 191, and the references in Barrois and Doutrepont (see below, pp. xxiii–iv).

[2] See *Chantilly. Le Cabinet des livres*, i (Paris, 1900), pp. 239–40, no. 293 (726), and *Catalogue général des manuscrits des bibliothèques publiques de France, Musée Condé à Chantilly* (Paris, 1928), p. 65, no. 293 (726).

[3] See *Catalogue général des manuscrits des bibliothèques publiques de France*, ix (Paris, 1888), p. 164. This was the duc de La Vallière's MS. no. 1338. I am informed by M. Boisard that it was once owned by the family of La Tour Landry, and is one of the earliest manuscripts of the *Livre* known.

[4] See *Catalogus codicum manuscriptorum Bibliothecae Regiae*, i (Hagae Comitum, 1922), pp. 154–5. Information about this manuscript, with quotations from the text, was made available to me by Mlle Edith Brayer at the Institut de Recherche et d'Histoire des Textes, and Mevrouw Annie F. Dekker of the Koninklijke Bibliotheek kindly answered my queries on certain points. This information satisfied me that the manuscript was not close to Caxton's presumptive source, so I did not examine it personally.

[5] The number is incorrectly given by Montaiglon as 19 c viii. See G. F. Warner and J. P. Gilson, *Catalogue of Western MSS. in the Old Royal and King's Collections*, ii (London, 1921), pp. 335–6.

[6] See E. A. Bond, *Catalogue of Additions to the Manuscripts in the British Museum in the years 1848–1853* (London, 1868), p. 17. Montaiglon did not know of this copy.

[7] See Henry Martin, *Catalogue des manuscrits de la Bibliothèque de l'Arsenal*, iii (Paris, 1887), pp. 76 and 345, and v (Paris, 1889), pp. 464–5. Nos. 2687 and 3356 are fifteenth-century manuscripts of the *Livre*; 5871 is merely a compilation in an eighteenth-century hand of modernized extracts from the *Livre* and from the *Guidon des guerres*. No. 2687 is on parchment; 3356, in a later hand, is on paper. It is evident from the old classification number that the manuscript mentioned briefly by G. Haenel in *Catalogi librorum manuscriptorum* (Lipsiæ, 1830), col. 340, was no. 2687; this was the only one in the Arsenal collection known to Montaiglon (Préface, p. xlij).

[8] This manuscript and the three listed above are entered in the Bibl. nat. *Catalogue des manuscrits français*, i, ancien fonds (Paris, 1868), under their respective numbers.

15. Paris, Bibliothèque nationale fds. franç. 5084.[1]
16.   „   „   „   „   „   9628 (3189).[2]
17.   „   „   „   „   „   24397 (1009).
18.   „   Biblioteca   „   „   „   24398 (853).[3]
19. Turin, Biblioteca Nazionale L. V. 13.[4]
20. Vienna, Nationalbibliothek 2615.[5]
21. Wrocław, Biblioteka Uniwersytecka R 335.[6]

Montaiglon based his text mainly on the two manuscripts that seemed to him the earliest and the best, no. 1190 (he used the old numbering, 7403) in the Bibliothèque nationale, and Royal 19 C. vii in the British Museum. He used also no. 580 (7073) in the Bibliothèque nationale. These he refers to as P1, L, and P2 respectively. Of P1 and L he says 'C'est sur leur comparaison, et en me servant des deux, que j'ai établi le texte que je publie; ils sont les deux plus anciens, contemporains l'un de l'autre, et ne sont pas écrits dans un autre dialecte, ni même avec une orthographe sensiblement différente, ce qui m'a permis de prendre toujours la meilleure leçon donnée par l'un ou par l'autre, sans craindre d'encourir le reproche d'avoir mélangé des formes contraires et mis ensemble des choses opposées' (Préface, xlij–xliij).

[1] See the *Catalogue des manuscrits français*, iv, ancien fonds (Paris, 1895), p. 507. Item 2 of MS. no. 5084, described as 'Les enseignements de Caton', is in fact the last section of the Knight's book. This identification was made by M. Boisard.

[2] See H. Omont and C. Couderc, *Catalogue général des manuscrits français de la Bibliothèque nationale*, ancien supplément français II (Paris, 1896), p. 14.

[3] See C. Couderc and Ch. de La Roncière, *Catalogue général des manuscrits français*, anciens petits fonds français II (Paris, 1902), pp. 341–2.

[4] See Giuseppe Mazzatinti, *Inventari dei manoscritti delle biblioteche d'Italia* (Florence, 1918), p. 167, no. 1658. This manuscript was damaged by fire in 1904. Samples of microfilm have satisfied me that it was not particularly close to the manuscript used by Caxton. I am indebted to Mlle Edith Brayer and M. Jacques Rongy for obtaining the microfilm samples and supplying me with other information about this manuscript.

[5] The existence of this manuscript was kindly pointed out to me by Mlle Brayer. A detailed description of it is given by H. J. Hermann in *Beschreibendes Verzeichnis der illuminierten Handschriften in Österreich*, Neue Folge, Leipzig 1923–38: vol. vii. 3, pp. 43–4. This reference was passed on to me by Dr. Ruth Harvey from Dr. Otto Mazal of the Österreichische Nationalbibliothek.

[6] This, the 'Breslauer Handschrift' on which Stolingwa based his dissertation, has retained its old number; the 'R' refers to the Thomas Rhediger collection formerly in the Town Library. Stolingwa in ch. 1 gives an account of the manuscript and a collation of the text with M. I am indebted to Dr. Walter of the Biblioteka Uniwersytecka in Wrocław for helping me to obtain a microfilm of this manuscript.

Unfortunately the language of L and P1 differs more than Montaiglon realized: as L. Poulain has pointed out,[1] L is the older version and preserves many features, probably from the Knight's own dialect, that have been eliminated in P1, so that Montaiglon's conflated text is far from satisfactory. A new edition which provides a reliable text of the *Livre* will indeed be welcome.[2]

3. THE MANUSCRIPT USED BY CAXTON

A collation of C with Montaiglon's text shows that although there is often close agreement, Caxton has some curious readings not easily explainable as careless or inadequate translation, and enough small variations from the arrangement and matter of M to make it certain that his source was not L, P1, or P2 or closely related to any of these manuscripts.

Thomas Wright, commenting in 1867 on Caxton's tendency to be too literal, remarked of KT that 'it would be easy to identify the particular manuscript which Caxton followed if it were in existence'.[3] A search among the manuscripts of the *Livre* not known to Montaiglon or not used by him has in fact revealed one so close to C, not only in the arrangement of the chapters but also in verbal details throughout the text, that it could almost have been the copy from which Caxton made his translation. This manuscript (referred to as B in the present edition) is one of the two now in the Royal Library in Brussels, no. 9308. Of these two, which formed part of the collections amassed between 1384 and 1477 by the dukes of Burgundy,[4] no. 9542 is the older; it must, indeed, be one of the earliest manuscripts of the *Livre* now extant, for the name of its owner, Jean duc de Berry, shows that it was copied before 1416, the date of the duke's death. It was later acquired by Philippe le Bon and is listed in an inventory of his library made at Dijon in 1420.[5] MS. 9308 is not listed in the 1420

---

[1] L. Poulain, 'Der *Ritter vom Turn* von Marquart von Stein' (Basel, 1906), pp. 130–6.

[2] A new edition is being prepared by M. Boisard.

[3] E.E.T.S., o.s. 33 (1868), Introduction, p. xiv.

[4] See G. Doutrepont, *La Littérature française à la cour des ducs de Bourgogne* (Paris, 1909), Introduction, pp. xix ff., and C. Gaspar and F. Lyna, *Philippe le Bon et ses beaux livres* (Brussels, 1944), pp. 5–19.

[5] See the *Inventaire de la « Librairie » de Philippe le Bon (1420)*, ed. G. Doutrepont (Brussels, 1906), item 106, pp. 66–7.

inventory but does appear in the one made in about 1467;[1] its script (*gothique bâtarde*) and decoration suggest that it was written not long before this date.[2] The folios are numbered ij (on the second leaf of the prologue) to viij.^{xx}viij (168); three preliminary folios contain the list of chapter headings. The first page of the prologue has decorated borders, and a miniature above the first few lines of the text shows the Knight seated in a room apparently addressing an assembly of young men and women, the men grouped on one side of him and the women, to whom his head is turned, on the other.[3]

The text of B is divided into a prologue and 142 chapters, an arrangement followed closely by Caxton except in 138 and 140, which he divides into two, making 144 chapters in all.[4] Moreover, Montaiglon's chapter 123, which is not found in Caxton's translation, is missing in B also.[5] Not only do the chapters correspond almost exactly in C and B, but also the wording of their titles is almost identical in many instances: compare chapters 4 and 120, 'How we ought to praye for them that ben dede' and 'How loue wylle be kepte warme', and B 'Comment on doit prier pour les mors' and 'Comment amours se veulent tenir chauldement' with M (for the same chapters) 'Cy parle d'une damoiselle que un grant seigneur vouloit violer' and 'De messire Fouques de Laval, qui ala veoir sa mie'. In headings which are similar in M and B, C corresponds with B in verbal detail, as in 103, 'Of them whiche ought to come toward theyre carnall frendes/ in what someuer

---

[1] In Bruges according to J. Barrois, *Bibliothèque protypographique, ou Librairies des fils du roi Jean* (Paris, 1803), pp. vij and 122–3; but on the dating and provenance of the inventory see further Doutrepont, *Inventaire*, p. xv. MSS. 9542 and 9308 are listed in Barrois as nos. 981 and 991 respectively. (Another manuscript of the *Livre* in this inventory, no. 992 in Barrois, has not yet come to light.) MSS. 9542 and 9308 are listed again in the inventory made at Brussels in 1487; in Barrois's numbering they appear as 1890 and 1658 respectively.

[2] In the opinion of G. Dogaer, Bibliothécaire au Cabinet des mss. de la Bibliothèque royale, Bruxelles, to whom I am indebted for this and other information about MSS. 9308 and 9542.

[3] The Knight is usually portrayed in a garden or an orchard, with three daughters beside him; one manuscript shows him alone, one with two daughters. The number of daughters is not mentioned in the text of any of the French manuscripts I have seen, but the earlier English translator, probably going by a miniature in the manuscript he was using, gives it in the Knight's prologue as three. The Knight is known to have had three daughters: see below, p. xxxvii.

[4] See Notes, 184/1, 188/19. Montaiglon, following for the most part the arrangement which he found in P1, divides the text into 128 chapters.

[5] See Notes, 163/19.

estate they be/', B 'Des celles qui doiuent venir vers leurs amis charnelz en quelque estat qu'elles soient', M (105) 'Comment toutes femmes doivent venir à leurs amis en l'estat où elles sont'. The same tendency is seen throughout the text. Reference to B illuminates some curious readings in C, such as the allusion to a queen ('I suppose she was quene of hongry') who is mentioned by name in most of the manuscripts: a corrupt reading shown in B could account for Caxton's 'I suppose'.[1] His phrase 'fro black Spayne' can likewise be explained from a corrupt reading in his source.[2]

This close agreement between C and B against M extends to numerous small additions, omissions, and details of phrasing which are not recorded in the Notes, but of which the following examples may be taken as typical:

42/2 Ha Ha said they is hit soo: B f. 30, ha ha dirent elles est il ainsi; not in M, p. 52.

47/26-7 Wene ye not that it displesyth god & hys sayntes & to all the Courte of heuen: B f. 35ᵛ, Ne cuidés vous pas qu'il ne desplaise a dieu et a ses sains et a toute la court de paradis; M p. 61, ne cuidiez vous pas qu'il ne desplaise à Dieu et à ses angelz.[3]

171/9 the loue/ worship and cheuaunce: B f. 147ᵛ, l'amour l'onneur et la cheuance; M p. 257, l'amour et la chière.

64/22-3 [Eue] ... whiche herd thenemy that tempted her: B ff. 51-51ᵛ, qui escouta l'ennemy qui la tempta; M p. 88, qui escouta l'ennemi jangler et respondit sans le conseil de son seigneur. Et pour ce l'ennemi la tempta.

166/34 For he that loueth ...: B f. 143ᵛ, Car ceulx qui aiment ...; M p. 251, Car l'on dit, et je pense qu'il soit vray, que le loyal amant ...

45/25-7 Madame why clothe ye not with youre good gowne this day for the loue of oure lady/ and of the sonday/ I sayd she ...: B f. 33ᵛ, Ma dame que ne vestés vous vostre bonne robe pour l'onneur de nostre dame et du dymanche. Moy dist elle ...; M p. 58, Ma dame, que ne vestés-vous une bonne robe pour l'onneur de la feste? car il est feste de Nostre-Dame et dymenche. — Quoy! dist-elle ...

49/21-3 After that he had said thus many thynges/ the wymmen and they that cryed and were so tormented/ threwe awey their gaye arraye/ as peple oute of theyr wyt: B f. 37ᵛ, Apres ce qu'il leur eut dit moult des choses les femmes et ceulx qui crioient et qui estoient telement tourmentés gettoient leurs abis et leurs atours en voie comme gens forcenés; M p. 64, Après si advint que ceulx et celles qui cryoient et

---

[1] See 11/31-2, and note.   [2] See 98/29-30, and note.
[3] For editorial policy concerning these quotations, see p. 193.

estoient tourmentez, que les femmes getterent leurs cornes, leurs atours et leurs cointises comme toutes forcennées.

Numerous other passages like these bear witness to the extreme fidelity of most of Caxton's translation, and leave no doubt that a version very close to B was the one he followed.[1] That B itself was not the actual copy from which Caxton made his translation is clear from two lines in the text where the scribe, uncertain about a word, has left a gap which was never filled in, but where C has the correct reading;[2] and from several passages where C agrees with M but where a line or two appears to have been lost in B from faulty copying. A clear instance of this occurs at the top of f. 90^v in B, where the story of a duchess of Athens begins 'Elle auoit vng frere bastart', omitting the introductory sentence which in M (p. 155) reads: 'Je vouldroye que vous sceussiez la fole requeste que la duchesse d'Athènes fist au duc son seigneur' (C 107/30-1). B is evidently, therefore, a later copy than the one from which Caxton translated, though not far removed from his source; it is certainly the closest to C of all the versions of the *Livre* that have so far come to light. There seems little doubt that the source-text of KT had connections with the library of the dukes of Burgundy.[3]

4. CAXTON'S TRANSLATION

The existence of a manuscript of the *Livre* so close to Caxton's text enables us to observe in some detail his methods as a translator.[4] They show a conscientious but rather mechanical application to his task. Passages that he understood imperfectly are

[1] I have not fully examined the relationship of B to the other manuscripts, but my impression that B tends to stand apart is borne out by Harvey, *Prolegomena*, pp. 168-72, where textual relationships are discussed and a passage from the *Livre* is reproduced with variants from some of the more important manuscripts. As far as I have been able to discover, the manuscript most closely related to B is Vienna 2615 (V). But although V occasionally preserves readings closer to C than B has (see notes to 103/25-6, 173/32, 192/3-4), it differs markedly from B and C in the arrangement of its chapters and sections, and its textual agreement with C is on the whole much less close than that of B.

[2] See Notes, 25/8-9 and 148/35.

[3] This is consistent with the identification (see Notes, 3/11) of the 'noble lady' who had the manuscript passed on to Caxton as Elizabeth Woodville, Edward IV's queen. On this point and on the connections with Burgundy of other books printed by Caxton, see N. F. Blake, 'William Caxton: His Choice of Texts', *Anglia*, lxxxiii (1965), 293 ff.

[4] That KT is in many respects typical of Caxton's translated work will be seen from Blake, ch. 7, where his faults and virtues as a translator are fully discussed and illustrated.

'Englished' almost word for word, often, it would seem, with little eye to the sense as a whole; and the sentence structure of his original is sometimes followed so closely that even faults in its syntax are reproduced.[1] He was content for the most part to take the French as it came, making little effort to render it into natural, idiomatic English. Indeed, he often took over French idioms bodily, as 'The lady was at ouer a grete meschyef' (54/11–12), 'in subiection to lose' (183/28); and un-English constructions like 'in complaynyng her selfe of that the wyn wanted there' (146/28), and 'as they that were flayne they beynge yet on lyue' (166/6–7) are only too common.

Caxton's knowledge of French at this time seems to have been reasonably competent. The translation itself, though often so literal as to sound quite un-English, is in general fairly accurate; it does not escape all the pitfalls of the French language,[2] but where it falls short of the meaning a modern translator will often sympathize, for there are some unusual idioms in the *Livre* and the thought expressed is not always easy to follow. Caxton's translation does, however, give an impression of unduly hurried work that could have been improved with revision; his compositor may have been responsible for some of the ambiguities in the text, but many of them involve more than confusion of letters[3] or a misplaced or omitted word or phrase, and are probably attributable to the translator himself. Only lack of care in translation could account for the confusion in the story of the woman whose husband broke both her legs as a punishment (90/2 ff.); here the French is perfectly clear, but the translator's attention may have wandered. It is obvious from this passage and many others that Caxton was not in the habit of looking back over what he had written. Misreading or too hasty reading of the manuscript could have led him astray at times: this would account for his translation of *lange = l'ange* 'the angel' as 'tonge' (71/5), and of *courses*[4] = *corsés, corsets* gowns' as 'coursers' (175/26).

Close and literal though Caxton's translation of the *Livre* usually is, it is not altogether slavish; he adds little of his own, but he makes some interesting omissions. Like the earlier translator, he

---

[1] See Notes, 14/3–7, 139/35, 152/36–7, 170/25 ff., 174/23.

[2] e.g., the slip he makes at 152/13, 36–7 (see notes to these lines). Other mistakes of translation are mentioned in the Notes at the relevant places, e.g., 14/16, 26/32, etc.   [3] See Notes, 14/13, 65/12–13.

[4] The French here and in § 5 is quoted from B; see § 3.

leaves out a disparaging remark about England, and a piece of local gossip that must have seemed unduly digressive.[1] He omits or abridges criticism of fashions of dress in the Knight's day,[2] and other material of less interest to an English than to a French reader, such as the 'chanson de regret' composed by minstrels on the death of Madame de Belleville.[3] Once he improves the dramatic effect of a story by omitting the reason given in the French for a child's sudden death.[4] Most notably, he often cuts short some of the repetitious moralizing of the *Livre*. A tendency to omit a sentence or two that merely repeats a moral, or to abridge a passage of tedious elaboration upon a theme, becomes evident in the section describing the 'nine follies' of Eve: from this point onwards, Caxton quite often cuts off or abridges the last sentence or two of a chapter;[5] once he substitutes a briefer comment of his own.[6]

Many of his smaller omissions show that he can prune a sentence effectively: for *Si desplut a dieu de faire telz boubans et tele noise pour tele chose*, Caxton has simply 'But al this displeased to god' (116/3-4); for *pour sa grande doulceur et pour la grant priueté et semblant d'amour et de seruice* he has 'for her grete bounte/ and for the grete seruyce' (123/1).[7] He can attain a moving simplicity at times: his sentence 'And sayd before them alle/ how be it/ that she be not my moder/ yet euer she loued me' (124/34-5) compares well with *et dit deuant tous que combien qu'elle n'estoit pas sa mere, toutesfoys elle lui auoit portee honneur, priue[t]é et amour*. The last few quotations illustrate a tendency which is almost as marked in parts of the *Livre* as in Caxton's prose, to use two or more synonyms instead of a single term. Caxton's practice in this matter is discussed in § 5, but it may be noted here that he sometimes uses only one term where the *Livre* has two, and that he tends to reduce sentences in which three or more nearly synonymous expressions are used. Thus, for *de dueil et de regret* he has 'for sorowe' (76/23); for *ordement et vilment* he has 'vylaynysly' (91/19); for *bon exemple bonne contenence et bonne maniere* he has 'good ensample and contenaunce' (12/29-30); for *parler rire flater et bourder* he has only

---

[1] See Notes, 39/31-2, 151/4 ff.
[2] See Notes, 40/20, 70/24, 70/24-8.
[3] See Notes, 181/22.   [4] See Notes, 116/45.
[5] He has done this at the end of chapters 39, 44, 46, 50, 60, 64, 66, 67, 68, 69, 76, 77, 78, 88, 92, 97, 106, 112, 134, and 143.
[6] In ch. 129; see Notes, 171/37-8.
[7] Cf. an example mentioned in the Notes, 179/18-19.

two verbs, 'speke and laughe' (48/33); and for *regeïr . . . dire et racompter* he has only 'telle' (132/11). It does seem that he was becoming aware that this device could be overworked.

Apart from his omissions and some pruning, Caxton takes few liberties with the subject-matter of the *Livre*. Occasionally, perhaps in an attempt to improve upon the telling, he slightly alters the details of a story.[1] Sometimes he corrects a small inaccuracy in a scriptural reference or in a story from a source well known to him;[2] once he appears to have confused one story with another.[3] He adds a descriptive touch or a homely detail here and there: the young ladies who fell into the mire on their way to a wedding feast were delayed by the 'wasshyng of their hoses and gownes' (the Knight more credibly mentions only that they cleaned them up with their knives);[4] the daughters of Moab were decked out with precious stones (85/19), as well as with the *tres riches draps* mentioned in the French; Brunehault was bound to the horse's tail 'with the heres of her hede' (99/4–5);[5] the Hermit's wife 'brake and dressed the good capons and other metes/ And thenne she dyd put it al to gyder in a grete dysshe' (177/15–17).[6] A brief reference to jousting is enlivened to 'the Ioustynge and tornoyeng Was fayre to see/ for the knyghtes ranne eche one vpon other/ lyke in a batayl' (116/1–3).[7]

Some of the best told of the stories in the *Livre* are those taken from contemporary life or from the Knight's own recollections. Caxton does justice to these anecdotes, reflecting in his own prose their easier and more lively style. His versions of the stories about Clermont, Boucicaut, and Sir Geoffroy compare well with those of the earlier translator, and his telling of the story of Sir Foulques de Laval (ch. 120) is no less gay and amusing than in the French. He renders the give-and-take of conversation effectively too. In forthright talk, especially, he catches the rhythm of everyday speech, as in a husband's remark to his erring wife: 'Lady . . . ye shalle haue the kepar of my swyne to hold yow company and good felauship/ And this cloute to wype your handes with al' (103/13–16).[8] The vigour and naturalness of much of the talk is in welcome

---

[1] See Notes, 123/32–8, 179/35–7, 180/10.
[2] See Notes, 35/26, 99/21, 24, 107/10, 114/9, 116/21, 33, 132/26, 134/21–3, 146/34.
[3] See Notes, 116/27–30.   [4] See Notes, 71/30–1.
[5] See Notes, 99/4–5.   [6] See Notes, 177/14–18.
[7] See Notes, 115/35–116/3.   [8] See Notes, 103/13–16.

contrast to the somewhat perfunctory rendering of the more didactic passages of the *Livre*.

It has been suggested[1] that Caxton may have known the earlier translation now preserved in MS. Harley 1764; but a close comparison of the two texts provides no real evidence that he had before him any version other than his French source. A few similar departures from the French, and omissions in common with H,[2] probably indicate no more than the same English reaction to certain passages; and an occasional similar misrendering of an unusual word or a difficult construction is only to be expected.[3] Most of the departures from Montaiglon's text in which the English versions agree are to be found in the Brussels MS. 9308, and indicate merely that the manuscripts used by the two translators had readings in common.[4] On the other hand, there are numerous passages which show that the manuscript source of H was considerably closer to Montaiglon's text than Caxton's source was, and it is quite clear that we have two independent translations made from manuscripts which had many points of difference.[5] There is nothing to indicate that Caxton used or even knew of the existence of the earlier English version: KT is unquestionably his own translation throughout. As a literary work it may have its shortcomings, though it is not without merit. It is a particularly important text in that it shows us at close quarters what Caxton's problems as a translator were and how he attempted to solve them.

5. VOCABULARY OF THE KNIGHT OF THE TOWER

Although there is seldom much evidence in his translations of a feeling for the *mot juste*, Caxton in several of his prologues shows some interest in matters concerning rhetoric:[6] notably in the *Eneydos* (1490), where he comments on the difficulty of striking the right balance between familiar (but not too old and homely)

---

[1] By Workman, p. 184.

[2] See Notes, 25/27–8, 35/35–6, 39/31–2, 93/23, 136/7, 150/35, 151/4 ff.

[3] See Notes, 11/8–9, 122/33–4.

[4] See Notes, 17/19–20, 25/32, 60/32, and others.

[5] Some of the more interesting examples of the agreement of H with M against C and B are mentioned in the Notes: e.g., 13/7, 31/24, 36/27–8, 46/1, and others.

[6] See N. F. Blake, 'Caxton and Courtly Style', *Essays and Studies* xxi (1968), 29–45.

terms on the one hand, and learned or elaborate terms, for those who liked to read 'as wel for the eloquence as the historyes', on the other. His translation of the *Eneydos* was made for 'clerkys and very gentylmen that vnderstande gentylnes and scyence', and its vocabulary, he indicates, is suited to his clientele. The Knight's book was translated for the benefit mainly of 'yong gentyl wymen', and Caxton maintains in it the dignified level proper to a book of instruction for the daughters of 'lordes & gentilmen'; but he makes little attempt at 'embellishment', and his only rhetorical flourishes are his use of the doublet.

The practice of using two or more synonymous (or nearly synonymous) nouns, adjectives, or verbs where modern English would tend to have only one was, of course, a rhetorical usage that had become well established in English by Caxton's time.[1] Moreover, he often found it in the French works he translated: of about 100 pairs of synonyms or near synonyms in the first fifteen chapters of KT, as many as 45 are taken over from the French, as 'renommed and preysed' 12/28, *renommees et louees*; 'accustommaunce and vsage' 18/38, *acoustumance et . . . vsaige*; 'scoure and make clene' 21/9, *frote et nectoye*; 'thyre and wrathe' 24/11, *l'ire et le courroux*; 'sure & stedfast' 26/37, *seure et estat ferme*; 'arrayed and attoured' 28/27, *s'aparaillerent et attournerent*.

Where Caxton translates a single term in the French by a pair of synonyms, he does so for a variety of reasons, which may often overlap: for the sound effect or to add emphasis, from anxiety to convey the full meaning required by the context, or to interpret a difficult or an unusual word; but most often, it would seem, from sheer force of habit. There is no doubt that the second element in many of these phrases adds emphasis and often dignity, as in 'myght and puyssaunce' 90/36–7, 'anguysshe and dolour' 91/11–12, 'brennynge and enflammed' 91/16, 'deluge and assemblyng of waters' 91/23. Similarly, Caxton may often have felt that a single term was inadequate to carry all the meaning required, and so he added another to support it: as 'honeste and sobrenes' 19/15, for *honnesteté*; 'quenchyd and estyncted' 22/32, *estaind[r]oient*;

---

[1] Compare, for instance, the doublets in Chaucer's quotations from the Bible, well illustrated by W. Meredith Thompson in 'Chaucer's Translation of the Bible', *English and Medieval Studies Presented to J. R. R. Tolkien*, ed. Norman Davis and C. L. Wrenn (London, 1962), pp. 183–99.

'mayntenyng & gouernaunce' 27/22, *estre*; 'lechours and putyers' 89/24, *ribaulx*; 'hele and sette ageyne' 90/3-4, *renouer*. The linking of a French word with one of native or Scandinavian origin sometimes served, of course, to interpret the less familiar term; in the majority of instances in Caxton's prose the French one must have been well understood, as in the doublets 'a parte or a syde' 44/10, 'chace or huntyng' 51/16, 'auenture or hap' 191/1, but in pairs like 'enseygnementes or lernynges' 10/27, 'pouche or sack' 88/34, 'lordship and seygnorye' 94/35, 'portayll or yate' 97/17-18, 'hele and gwerysshe' 99/16, 'mystier or nede' 117/31, the French terms might well have been unfamiliar to some of Caxton's readers. Sometimes an alternative French word is given, as in 'mes or cours' 71/34, 'signyffyaunce or ensample' 80/6, 'foyson or quantite' 80/21, or occasionally another native word, as in 'grynnes or nettes' 91/17 (*las*). In examples like these the desire to explain one term by means of the other may have been uppermost, but too often the effect is marred by repetition. Phrases like 'fait or dede' occur again and again, sometimes with ludicrous effect at a dramatic point in a story. Only habit and haste could account for infelicities like these.

The great majority of the loan-words in KT must have been in general circulation in Caxton's time, and have survived into modern use. Of the rare words, a number are entered in OED. as the sole instance of the form or sense known, but it should not be assumed from this that Caxton experimented with the vocabulary and devised new terms of his own: most of these words have been taken over direct from his French source, probably because he did not stop to find English equivalents. Forms or senses quoted in OED. from KT only are: *abhomynaltees*,[1] *appertyse* (adj.),[2] *attouchementis*, *affeblysshed*, *bestourned*, *cybory*,[3] *enchartered*, *enlustyed*,[4] *eslargysshe(th)*, *fourdryed*,[5] *palysshed*,[6] *queynteryes* (s.v. †*Quaintry*), *tresperce*, *ventillous*,[7] *yssue* (sb.). Of these, the majority were either taken over whole from or formed after a word in his source. The exceptions must have belonged to the stock of words he had

[1] For *maulx*: one of the comparatively rare instances where Caxton seems to have paused to choose an effective word.

[2] See Notes, 175/34-5.

[3] Caxton has the doublet *arch or cybory* for *arche*.

[4] See Notes, 11/10-11.

[5] Emended to *fouldryed* in the present text; see Notes, 79/26.

[6] For *parmua* or *permua*.

[7] See Notes, 26/11.

acquired: *abhomynaltees* derives from OF. *abominableté*, and *palys-shed* from OF. *palir, paliss-*; *cybory* derives from med. Lat. *ciborium* or OF. *ciboire*; only *enlustyed* is (partly) a native formation. Nonce forms not recorded in OED. (or in MED. so far as it is currently available) are *attoured*,[1] *castellayne*,[2] *fucille*,[3] and *parastre*;[4] *propyce* is not recorded in the sense in which Caxton uses it.[5]

Some of the rare words in KT are found in other works by Caxton, but are not recorded outside his writings: examples are *amolysshe, complaire, conuertysed, couenaunced, mastyn, mauuastye, putyers, rassasyed*. Other rare words or senses are recorded only in Caxton and in one or two later instances outside his writings: *deporte* in the sense 'abstain', *esbatement, flateresse, fryandyses, gwerpysshe*,[6] *gwerysshe, langageurs, notables, regle, vergoyne, vergoynous*. Again, nearly every one of these terms has been taken over from his French source.

A number of words and phrases antedate the first examples recorded in OED. or MED. Those that have survived into modern use are: *black brede* (1863);[7] *fortunatly* (1548); *grossely* 'coarsely' (1547); *gyuen . . . the reyne* (1568); *mendycaunt*, adj. (1547); *participant* (1549);[8] *set . . . on* 'urge (a dog) to attack' (1592); *soupe* (1653).[9] Instances of rarer terms or obsolete senses in KT which antedate the quotations given in OED. are the phrases *drewe on* 'approached death' (1555), and *in generally* (1557); *plank* in the sense 'slab of stone' (1660);[10] *reassayled* (1579); *reducynge* 'translation' (? 1488); *sempiternally* (1509); and *smatre*, refl. 'dabble' (1530).

With only a few exceptions, the words listed so far in this section derive from French. There are no Scandinavian borrowings that call for special mention: the only words of Scandinavian origin in KT are those in common medieval use, such as *fro, hap, thwert* in *ouerthwert*, and *scant*. Caxton's knowledge of Dutch, however, is reflected in a few Dutch loan-words to be found even in this text. *Copspyn*, another word recorded only in KT, derives from MDu. *coppespinne*, and *spynroke, spynrock*, a rare word, from

---

[1] OF. *atourer*; cf. *atoure*, OED. †*Atour, sb.*
[2] This is the feminine form. Cf. OED. *Castellan*, ‖*Chatelain*.
[3] See Notes, 173/32.   [4] OF. *parastre* 'step-father'.
[5] See Notes, 181/36–7.
[6] MED. s.v. *guerpishen* records one instance earlier than Caxton.
[7] See Notes, 178/28–9. The date in brackets is of the earliest quotation given in OED.
[8] See Notes, 183/36.   [9] See Notes, 18/5–6.
[10] See Notes, 20/29.

MDu. *spinrocke; smouldred* 'smothered' may be of Dutch origin;[1]
how wel(l) 'although' is an anglicized form of Dutch *hoewel*; and
the expression *see . . . to* (17/32, 23/36), which occurs frequently
in Caxton's *Reynard the Fox* where it translates *siet toe* 'take care,
watch out', is probably a loan from Dutch.[2] But this element is
slight, and French loan-words far outnumber those from any other
language, as one would expect in such a close translation. The
'yong gentyl wymen' whom Caxton introduced to the teachings
of the Knight must have acquired, along with much good advice,
an impressive array of Gallicisms.

6. THE KNIGHT OF LA TOUR-LANDRY AND HIS BOOK FOR HIS DAUGHTERS

The first known member of the Tour-Landry family is one
Landricus Dunensis, whose name appears in a charter between
1061 and 1063. He it was who built the tower which gave the
family its name and which is mentioned in an eleventh-century
cartulary: *castellum quod Turris Landrici vocabatur*.[3] The original
tower and fortress were apparently destroyed towards the end of
the eleventh century, but the site of the feudal castle later built by
the family can still be seen today, in the small town which bears
its name: La Tourlandry, in the *canton* of Chemillé, Maine-et-
Loire. The present 'château', a house built on the medieval site,
is mainly of ninteenth-century construction, but the original moat
and traces of medieval buildings can still be seen.[4] The tower, in
origin probably a keep dating from the twelfth or thirteenth
century,[5] still stands intact, a little apart from the present house.

---

[1] See N. F. Blake, *Reynard the Fox*, E.E.T.S., o.s. 263 (1970), p. xli.

[2] Ibid., p. xxxix.

[3] The cartulary is reproduced by Boisard, pièce justificative n° 1. I am
indebted to M. Boisard for all the facts about the Knight and his family men-
tioned in this section. It must be emphasized, however, that my necessarily
brief account for the purposes of this edition is no adequate reflection of the
detailed and meticulously documented history of the Tour-Landry family given
in M. Boisard's thesis.

[4] I am grateful to the present occupants of the château, Madame and Mon-
sieur Armand Allereau, for kindly allowing me to explore this site.

[5] The 'grosse tour très ancienne' mentioned by Montaiglon, p. viij. No
historical or architectural study of this tower has yet been published, as far as
I know. Some account of the region and of the *bourg* of La Tourlandry is given
by Célestin Port, *Dictionnaire historique, géographique et biographique de Maine-et-
Loire* (Paris/Angers, 1874–8), vol. iii, see pp. 607–9.

It is not difficult to imagine how the château must have appeared in the time of the Knights of la Tour-Landry.

The writer of the book for the instruction of his daughters was the fourth Geoffroy de la Tour-Landry. His grandfather, Geoffroy III de la Tour-Landry, had married the daughter of a neighbouring *grand seigneur*, Olive de Belleville, who is affectionately recalled in the *Livre* for her generosity and piety and for her delight in the company of minstrels.[1] This taste for minstrelsy seems to have been shared by Geoffroy III's son Landry, the author's father.[2] In one of the most memorable passages in the book, he recalls a story which suggests that his father as a young man was fascinated by minstrels even to the point of imitating their style of dress.[3] It seems likely, then, that minstrels played an important part in Geoffroy IV's early life and that their singing, reciting, and story-telling helped to stimulate his own literary efforts. We are told in his prologue to the *Livre* that he wrote 'chançons, laiz et rondeaux, balades et virelayz, et chans nouveaux' (M, p. 2) in his youth; but none of these early writings has (to our knowledge) survived. The date of his birth is not known, but from his own account (C 104/22 ff.) he was present, probably as a young soldier, at the siege of Aiguillon in 1346. His name appears several times from 1350 onwards in connection with other military campaigns of the Hundred Years' War. In 1363 he is mentioned in a military muster, and in 1364 he was among the troops of Charles de Blois at the battle of Auray, in which the French were defeated; Charles de Blois was killed and du Guesclin taken prisoner. His remarks on prisoners (C 27/22 ff.) were no doubt prompted by memories of his own friends captured in battle by the English. In 1378 we hear of him again associated with du Guesclin, now Constable of France, at the siege of Cherbourg.[4] Here, and in references in military musters of 1380 and 1383, Geoffroy de la Tour has the rank of *chevalier banneret*, a knight of some authority and standing.[5]

---

[1] Ch. 136 in C; see Notes, 181/22, 182/21.

[2] The fourth in line of descent to bear the Christian name 'Landry', and so referred to by Boisard as 'Landry IV de la Tour-Landry' (ch. i, pp. 64–73).

[3] Ch. 115 in C; see 152/36 ff., and Notes.

[4] Montaiglon, p. xv, assumes from the document in question that Geoffroy merely sent his contribution of men to the siege of Cherbourg, but Boisard shows that he was probably there in person.

[5] 'Les bannerets étaient des seigneurs puissants qui devaient entretenir au moins 25 hommes d'armes avec leurs archers, pour garder leur bannière qui

Geoffroy IV was twice married. His first wife was Jeanne de Rougé, who came of a rich and influential Breton family. Her father, Bonabes de Rougé,[1] had fought at the battle of Poitiers where he was taken prisoner at the same time as the king, Jean le Bon, who in 1358 employed him on a mission to negotiate peace; later he became one of the counsellors of Charles V. The year of Geoffroy's marriage is not known, but there is evidence that it was between 1352 and 1360. He acquired considerable landed wealth through this marriage, for by his wife's dowry he became seigneur of Bourmont (where he often resided), of la Cornuaille, and of Plessis de Coesmes. In his own right, he was seigneur of la Tour-Landry and of la Gallouère, where Olive de Belleville had lived in her widowhood; he had, moreover, some fairly important rights and possessions in the region around la Gallouère. One imagines that practical affairs must have occupied much of his time. Documents exist which show that he dealt efficiently with 'business' matters and kept a careful eye on his accounts. Both he and his wife were generous towards the Church: Jeanne de Rougé founded a chapel dedicated to her patron saint, John the Evangelist, and after her death Geoffroy enriched a community of Augustinians at la Cornuaille, giving the monks other property and rights in the district. He was long remembered as a benefactor.[2]

Little is known for certain about the children of Geoffroy and Jeanne. They apparently had at least two sons and three daughters. Their elder son Charles, who succeeded his father in the seigniories of la Tour-Landry, Bourmont, and la Gallouère, died at Agincourt in 1415. The identity of their second son is less certain; perhaps, as Boisard suggests, he was the Arcades de la Tour who fought at the siege of Orléans and accompanied the king and Joan of Arc to Rheims in 1429. The identity of their other sons, if they had more than two, is extremely conjectural.[3] The Knight several times mentions in the *Livre* a book that he had made for his sons, and Caxton's reading 'the booke of my two sonnes' at 192/3-4,

était carrée, tandis que les simples chevaliers ne pouvaient porter à l'extrémité de leur lance qu'une flamme ou un drapeau triangulaire' (Boisard, ch. ii, p. 100).

[1] 'Bonabes IV de Rougé, seigneur de Rougé, de Derval, de la Roche d'Iré et de la Cornuaille'; her mother was 'Jeanne de l'Île, dame de la Guerche et de Saint-Mars' (ibid., p. 86).

[2] It is interesting to note that up to the time of the Revolution, prayers were still being said in an Augustinian monastery in Candé 'pour le repos de l'âme de Geoffroy de la Tour-Landry et de Jeanne de Rougé' (ibid., p. 108).

[3] Montaiglon, pp. xix–xx; Boisard, ch. ii, pp. 117–22.

which is supported by *liure des deux filz* in one of the manuscripts, suggests that the number may in fact have been only two.[1]

As far as is known, there were three daughters, Jeanne, Anne, and Marie. Marie, whose marriage to Gilles Clérembault is recorded in 1391, died without issue before 1400; Jeanne and Anne both married sons of Louis, vicomte of Rochechouart, counsellor and chamberlain to Charles V.[2] The Knight does not mention how many daughters he had; possibly Marie was only an infant or not yet born in 1371, when he began his book. The dates of the marriages of Jeanne and Anne are not known. However, we may reasonably assume that he had at least two daughters to give him an excuse for compiling a *Livre pour l'enseignement de ses filles*, even if his prologue was something of a literary fiction.[3]

After the death of Jeanne de Rougé, which occurred between 1383 and 1391, Geoffroy married again: his second wife was a rich widow, Marguerite des Roches, 'dame de la Motte du Pendu et du Genetay'.[4] Little is known about this period of his life, and the date of his death is uncertain; but since he was involved in a legal dispute in 1402, and his son Charles is referred to as chevalier of la Tour and of Bourmont in 1406, he must have died between these years.

Another literary work associated with the Tour-Landry family is the *roman* of *Ponthus et Sidoine*, in which one of their ancestors, a Landry de la Tour, plays an important part, and many places and personages connected with the family are mentioned. To judge from extant copies and translations, *Ponthus et Sidoine* was even more popular in the Middle Ages than the Knight's book for his daughters.[5] Some scholars, notably Montaiglon, have attributed

---

[1] See Notes, 13/21, 192/3–4.

[2] Montaiglon, pp. xx–xxj, was able to name only one of the daughters, Marie; the identity of the other two is established by Boisard, ch. ii, pp. 122–8.

[3] See Notes, 11/5–6 ff.

[4] She was widow of Jean Clérembault, 'seigneur du Plessis-Clérembault, et de la Plesse, et de la Touche-Gelée' (Boisard, ch. ii, p. 114). Charles de la Tour-Landry had married their daughter Jeanne Clérembault in 1390, and it was their son Gilles who married Marie de la Tour-Landry in 1391, so the families were closely interlinked.

[5] It was translated into English, German, and Dutch; for the English version, see F. J. Mather, 'King Ponthus and the Fair Sidone', *PMLA*. xii (1897), 1–150. At least 27 manuscripts of the French text are extant (Boisard, ch. iv, pp. 205–7), and there are numerous early printed versions of it: see E. Droz, *Ponthus et la belle Sidoine*, pp. 8, 10, in C. Dalbanne, *Livres à gravures imprimés à Lyon au XVᵉ siècle*, Lyon, 1926.

this work to one Ponthus de la Tour-Landry, a grandson of Geof-froy IV.[1] Gaston Paris,[2] however, thought it more likely to have been the work of Geoffroy, and Boisard confirms this view. He shows that *Ponthus et Sidoine* must have been written between 1387 and 1416, more probably in the last decade of the fourteenth century. Ponthus, who had a brief and somewhat stormy life, and who would in any case have been scarcely old enough in 1416, is most unlikely to have been the author of a work of this sort. It may reasonably be attributed to Geoffroy IV, towards the end of his life. The moral tone of *Ponthus et Sidoine*, which presents examples of conduct for the edification of young noblemen, is extremely reminiscent of the *Livre*; and a comparison of the voca-bulary and style of the two works further supports Boisard's view that they are by the same author. It seems that the Knight of la Tour-Landry, as the author of two substantial prose works of considerable literary interest, deserves much more attention than he has attracted hitherto.

The book which he began for his daughters in 1371 is largely a compilation of moral precepts, with advice on religious and social conduct, supported by stories illustrating how women should and should not behave. Books of advice (chiefly moral instruction) for women or girls were not uncommon in the Middle Ages, and compilations of improving tales were much in vogue, especially during the thirteenth and fourteenth centuries;[3] but the Knight's book is unusual in the diversity of its sources. It reflects something of his full and varied life, for he uses not only well-worn *exempla* and *fabliaux* to support his precepts but personal anecdotes too: incidents and conversations recalled from his childhood or from his life as a *chevalier* and a *grand seigneur*. He was helped in the compiling and selecting of his material, as he mentions in the prologue, by 'deux prestres et deux clers' of his household, and it is possible that parts of the book were actually written by these

---

[1] He was the second son of Charles de la Tour-Landry by his first wife Jeanne Clérembault. On the place of Ponthus in the family genealogy and the order of Charles's two marriages, which Montaiglon confused, see A. Thomas, *Ponthus de la Tour-Landri*, in *Romania*, xxxiv (1905), 283–7.

[2] See *Romania*, xxvi (1897), 469.

[3] On works for the instruction of women and girls, see Alice A. Hentsch, op. cit. in note to 11/31–2; on the use of *exempla* in general, see J.-Th. Welter, *L'Exemplum dans la littérature religieuse et didactique du Moyen Âge* (Paris and Toulouse, 1927), and J. A. Mosher, *The Exemplum in the Early Religious and Didactic Literature of England* (New York, 1911).

clerics; there certainly is some difference of style between the per-
sonal anecdotes, which are fluent and lively, and the more didactic
portions of the book which tend to be clumsier in expression and
verbose. Differences in the subject-matter could account for this,
but it seems quite probable that the Knight incorporated sections
written up by one or more of his helpers. A detailed investigation
of the vocabulary and style of the *Livre* is needed to throw light
on this question. Meanwhile it may be assumed that, even if the
Knight was not personally responsible for every passage in the
book, he took the major part in its shaping.

It is beyond the scope of this edition to give more than a general
survey of the Knight's sources; discussion of individual stories
will be found in the work of Peter Stolingwa, who devoted a con-
siderable part of his dissertation to the study of sources and
analogues.[1] Further work on the sources of the *Livre* has been
done more recently by J. L. Grigsby,[2] who has thrown new light
on the biblical *exempla* which take up such a large part of the book.
Just under one half of the text deals with biblical personages, but
it is clear that in many instances their stories are not drawn directly
from the Bible: situations are often exaggerated or distorted and
un-biblical details added in the interests of the moral to be driven
home. The immediate source of these stories, as J. L. Grigsby has
shown beyond any doubt, was 'a collection of *exempla* drawn from
the Bible, and many other sources, called the *Miroir des bonnes
femmes*, or *Miroir aux preudes femmes*',[3] a work which on the evi-
dence of the earliest of the three extant manuscripts was composed
before 1300. Material from the *Miroir* is used in the sections of the
Livre from chapters 37 to 110 (in Caxton's numbering): apart from
a few digressions, these sections consist of a series of *exempla* con-
cerning women mentioned in the Bible, first the 'bad' women and
then the 'good' women. This is the arrangement of the *exempla*
in the *Miroir*, which consists of two series: the first, after an intro-
duction from which the Knight drew in chapters 37 and 38, deals
with the 'bad' women, beginning with Eve, whose sin is divided
into nine 'follies', and the second with the 'good' women. A
full account of the *Miroir* and a careful analysis of the Knight's

---

[1] See Bibliography; pp. 87–149 deal with the sources and analogues, a study
which could now profitably be brought up to date.

[2] In three articles in *Romania*, 1961–3; for details, see Bibliography.

[3] Grigsby, *A New Source*, p. 173.

handling of this source will be found in the articles by J. L. Grigsby mentioned above. One of several interesting points that emerge from this analysis is that the Knight 'characteristically portrays good women more virtuous and more highly rewarded and bad women more wicked and more severely punished than they are in the *Miroir*',[1] a mark of the determination to drive home his lesson that appears in so many of the stories in the *Livre*.[2]

The *Miroir des bonnes femmes* accounts also for a number of non-biblical *exempla* in the *Livre* which are among the comparatively few for which Stolingwa was unable to find a source or a close analogue: instances are the stories told in Caxton's chapters 63, 93/10 ff., 83, 113/13 ff., 89, 121/33 ff., 91, 123/29 ff., 93, 125/18 ff., 95, 128/19 ff., 96, 129/19 ff., 104, and 110, 147/33 ff. and 148/14 ff.[3]

Although he makes such extensive use of the *Miroir des bonnes femmes*, the Knight nowhere alludes to it in his book. In the prologue he names some of his sources as 'des livres que je avoye, comme la Bible, Gestes des Roys et croniques de France, et de Grèce, et d'Angleterre, et de maintes autres estranges terres' (M, p. 4). Elsewhere in the book he refers to the 'gestes d'espaingne' (B, cf. C 28/21), the 'gestes d'athenes' (48/18), the 'croniques de napples' (83/4–5), the 'liures des roys' (129/19–20), and to the 'croniques des romains' and 'de romme' (123/31, 142/1–2). The *gestes* and *croniques* to which the Knight alludes have not been identified, but judging from his use of the *Miroir des bonnes femmes* it may be assumed that he is referring to various collections of *exempla*, the *Miroir* included. The story which he attributes to the 'liures des roys' is in fact taken from the *Miroir*; so too, like most of the tales in the *Livre* concerning people of Rome, is the one which he says is 'contenu es croniques des romains'. There is no evidence that any of the Knight's stories were derived from the *Gesta Romanorum*, though analogues from tales in the *Gesta* have been noted here and there.[4]

---

[1] Grigsby, *A New Source*, p. 198.

[2] Cf. his modification of the well-known *fabliau* 'Les Braies au cordelier' (C ch. 62), where instead of merely being made to look foolish, as in other versions, the husband takes violent revenge on his wife and her lover.

[3] See Grigsby, *Miroir*, pp. 33, 35–9, 43, 48, 50–1, and *A New Source*, pp. 191, 206–7.

[4] e.g., in Wright/Munro, notes to 96/21 (96/22 in Wright), 195/2, Stolingwa, pp. 108, 111, 143.

Another source mentioned by the Knight himself is 'la vie des peres', to which he makes several passing allusions (C 71/4, and note); these suggest that he is recalling the tales from memory rather than copying a written source. The only story attributed by him to 'la vie des peres' which suggests that he may have had a written version before him is that of the Provost of Aquileia (C ch. 134), which he tells at some length. This was a well-known medieval tale of a *fabliau* type, and the work to which the Knight refers was not strictly a version of *Vitae Patrum* but a thirteenth-century poem known as the *Vie des Peres*, or *Vie des anciens Peres*, comprising seventy-four *contes dévots* drawn from various sources; only a few of its tales derive ultimately from the *Vitae Patrum*.[1]

Less specifically, the Knight refers also to collections of saints' legends (C 17/18–19, 20/16–17, 76/14–16, 91/33–5, etc.). Several of his stories, as those of St. Eustace (111/6 ff.), St. Elizabeth of Thuringia (117/11 ff.), St. Anastasia (118/20 ff.), St. Radegunda (118/36 ff.), St. Katharine (121/24 ff.), and St. Mary Magdalene (132/19 ff.) agree fairly closely with accounts in the *Legenda Aurea*, and a version of this was probably the source, direct or indirect, of many of his references to the saints.[2] Other stories of saints in the *Livre* have close parallels in collections of *exempla* like those of Jacques de Vitry, from whose *sermones vulgares* the Knight's stories of St. Bernard (ch. 26) and of St. Martin of Tours and St. Brice (ch. 28) may derive.[3] Stories of miraculous happenings, like those in chapters 7, 8, 9, and many others in the *Livre*, may derive similarly from collections of *exempla* destined to be used in sermons; one, indeed, the story of the Burgess's wife who was found to have the devil in the form of a toad inside her body, the Knight mentions that he had heard in a sermon (136/36 ff.); and even the Troy story (165/20 ff.) has become involved in a preacher's

---

[1] The source of the Knight's version of this tale was pointed out by C. L. Rosenthal, *The* Vitae Patrum *in Old and Middle English Literature* (Philadelphia, 1936): see pp. 36–8 and 114. Stolingwa (pp. 111–13) mentions various analogues, but does not explain the Knight's reference to 'la vie des peres'.

[2] French versions by Jean Belet and Jean de Vignay of the *Legenda Aurea* would have been available during the second half of the fourteenth century, but the Knight's direct source for some of these references may again have been the *Miroir des bonnes femmes*: see Grigsby, *Miroir*, pp. 34–5, and *A New Source*, pp. 191–4.

[3] See T. F. Crane, *The Exempla or illustrative Stories from the 'sermones vulgares' of Jacques de Vitry* (London, 1890), nos. cclxxiii (pp. 114 and 252) and ccxxxix (pp. 100 and 233–4); and Stolingwa, pp. 137–8.

tirade against 'Venus'. A first-hand account of a sermon (ch. 48) also provides the Knight with a searing attack upon extravagant fashions of dress and coiffure which he, like the bishop whom he quotes, thoroughly deplores.

Some of the tales have a decidedly more secular flavour, and seem to have been adapted by the Knight from current popular *fabliaux*: such are the stories of the magpie (ch. 15), of the woman who jumped on to the table (ch. 18), of the roper and his adulterous wife (ch. 62), and of the squire who told his wife that he had laid two eggs (ch. 74, 105/20 ff.).[1] These are told with humour and gusto, and are good examples of the gifts as a raconteur that the Knight undoubtedly possessed.

Stories from romance were probably less congenial to the Knight, or less suitable for his purposes, than *exempla*, legends, and *fabliaux*, but the passing references in the 'debate' on courtly love to the stories of the dame de Coucy and the châtelaine de Vergi (172/26–8, and notes) suggest that his readers would have been familiar with these tales.[2]

For many readers today, the most memorable of the stories will be those drawn from the Knight's own experience. Personalities of his own time, or of whom he must have heard in his family circle, provide material for some of the most piquant of the tales: such are the anecdotes of the sire de Beaumanoir (ch. 20), the maréchal de Clermont (ch. 21), Boucicaut (ch. 22), and Foulques de Laval (ch. 120). Equally interesting for both the general reader and the social historian are the tales of ordinary men and women of the time, typical of the kinds of people whom the Knight must have known well: the spoilt daughter whose home background is so realistically described (ch. 6); the contrasting reactions of two nieces to the arrival of their uncle (ch. 103), with descriptive touches that bring the domestic scene instantly to life; the daughter whose over-anxiety to make herself look attractive lost her a husband (ch. 119), a story whose outline is that of a typical *exemplum* but whose details suggest a kind of domestic situation with which the Knight may have been not unfamiliar. In stories like

---

[1] For other versions of these tales, see Stolingwa, pp. 102–9. They are not found in the *Miroir des bonnes femmes*.

[2] On these allusions, Boisard (ch. ii, p. 111) comments: 'Il est bien intéressant de penser qu'en Anjou, à cette époque troublée, circulaient dans les châteaux des manuscrits des romans romantiques ou des plus belles histoires d'amour que nous ait laissés le Moyen Âge.'

these, and in his accounts of social gatherings in which he had taken part or of which he had heard at first hand (29/36 ff., 43/29 ff., 73/10 ff.), the Knight shows himself to be an acute observer of human nature; and his vivid recording of conversation comes through even in Caxton's prose. Perhaps the most memorable of all the tales are the small personal incidents, autobiographical touches unusual in a work of this kind: the scene that he witnessed as a young soldier at the time of the siege of Aiguillon (104/22 ff.); boyhood memories of his grandmother (or step-grandmother)[1] and an experience shared with his young sisters (ch. 136); a family anecdote which gives an unforgettable picture of his father as a youth (ch. 115, a little spoilt in Caxton's translation); and a sympathetic account of the idiosyncrasies of an old lady whom he may have known personally, for he had taken the trouble to inquire about her and to visit her grave (ch. 135). Less immediately personal, but interesting as a reflection of the kind of talk that must often have been heard in the Knight's social circle, is the discussion of courtly love (chapters 122–33). The Knight puts it in the form of a *débat* between his wife and himself, but this is probably more a literary device, to air contrasting points of view on the matter, than the record of an actual conversation: the chevalier's arguments may reflect opinions that he had held in his younger days, but the more austere views expressed by the dame de la Tour may well have come to be his own.[2]

The Knight's personal interventions add much to the human appeal of the book, but they make its construction a little confused at times. The chapters on over-preoccupation with dress and cosmetics, for instance, are placed awkwardly between the 'nine follies' of Eve and the *exempla* of Lot's wife and daughters; the subject of dress is one on which the Knight evidently held strong and rather irritable views, for he returns to it several times. Certain main outlines of the plan are clear, but insertions or additions seem to have been made without much reference to the scheme as a whole, especially towards the end of the book. The section on the maxims of 'Cathon',[3] in particular, seems out of tune with the rest of the book and was perhaps tacked on as an afterthought. A

---

[1] See note to 182/21.

[2] The attitudes towards *amour courtois* revealed in this section are discussed by Kilgour, pp. 108–22, and Sidney Painter, *French Chivalry* (Baltimore, 1940), pp. 137–41.

[3] See note to 183/6 ff.

general plan of the *Livre*, showing the chief topics dealt with and the main digressions, is here appended:[1]

Introduction (prologue and ch. 1).

Section I (chapters 2–36). Advice on conduct, in religious observances and in daily life. Topics dealt with are: prayer (2–5); fasting (6–9); 'courtesy' and deportment (10–13); quarrelling (14); greed and deception (15); jealousy (16); submissiveness to one's husband (17–18); almsgiving (19); the adopting of new fashions in dress (20); behaviour at social gatherings (21–4); attitudes towards the wearing of finery (25–6); behaviour in relation to the service of the Mass (27–34); fornication in church (35–6).

Section II (chapters 37–81). Examples of sins and vices, illustrated by stories mainly of the 'euyl wymmen' of the Bible. After an introduction on the theme of good and evil examples (37–8), topics dealt with are: the sins of Eve (39–47); a digression on newfangled fashions (48, 50), the folly of being too impetuous and not taking the advice of one's elders (49), and the dangers of over-preoccupation with dress, finery, and make-up (50–4); incest, fornication, and adultery (55–62); pride, arrogance, and cruelty (63–7); envy (68–9); covetousness (70); wrath (71); disobedience (72); flattery (73); behaviour towards one's husband: one should not divulge his secrets, nor mock him in any way (74–5); incitement to adultery, and its consequences (76); foolish requests (77); deception (78); how the sins of parents can harm their children (79); patience in adversity (80); the wickedness of Herod and Herodias (81).

Section III (chapters 82–112). Examples of virtuous conduct illustrated by 'good wymmen': mainly of the Old Testament and the Apocrypha (82–97), and of the New Testament (98–110; 102–4 form a digression on the subjects of charity and forgiveness [102], dilatoriness, vanity, and dress [103], and pity [104], all illustrated by non-biblical *exempla*); and good women of the Knight's own time (111–12, and also 136).

Section IV (chapters 113–21). Advice and comments on various matters: widowhood and remarriage (end of 112, and 113); the importance of preserving one's reputation (114) and of taking the advice of one's elders (115); ways in which erring women have been put to shame or punished (116–17); the pure woman compared to a pearl; the fate of those who commit fornication and adultery (118); what can happen when vanity overrules common sense in the choice of one's attire (119–20); the 'Galoys' and 'Galoyses'; reflections on the power of the devil, and on true and false love (121); a woman must guard her reputation, and be wary of insincere advances (this chapter not in C, see note at 163/18).

---

[1] For literary evaluations of the *Livre*, the reader is referred in particular to Ferrier, pp. 3–14, and Werner Söderhjelm, *La Nouvelle française au XVe siècle* (Paris, 1910), ch. 1 ('La Nouvelle française avant le xve siècle'), pp. 24–6.

Section V (chapters 122–33). The *débat* between the Knight and his wife.

Section VI (chapters 134–6). Further examples of conduct: stories illustrating temptation and lechery (134), miserliness (135), and a 'contrary' example, of a lady who was good, generous, and devout (136).

Section VII (chapters 137–44). The three pieces of advice given by Cato to his son; how they were tested, and their wisdom proved. Women should keep their husband's secrets, and think well before they speak.

SELECT BIBLIOGRAPHY

THE list given below is of works which for convenience are referred to in this edition by abbreviated titles or by the author's surname only. References to other works are supplied where necessary in the Introduction and Notes. For wider studies of Caxton and his background, the reader is referred in particular to the book by N. F. Blake listed below.

DICTIONARIES, PERIODICALS, ETC.

Godefroy: F. Godefroy, *Dictionnaire de l'ancienne langue française*, Paris, 1881–1902.

Huguet: E. Huguet, *Dictionnaire de la langue française du seizième siècle*, Paris, 1925– .

Tobler–Lommatzsch: A. Tobler and E. Lommatzsch, *Altfranzösisches Wörterbuch*, Berlin, 1915– .

DBF.: *Dictionnaire de biographie française*, ed. J. Balteau *et al.*, Paris, 1933– .

MÆ.: *Medium Ævum.*

MED.: *Middle English Dictionary*, ed. Hans Kurath, Sherman M. Kuhn, and John Reidy, Ann Arbor, 1952– .

NQ.: *Notes and Queries.*

ODEP.: *The Oxford Dictionary of English Proverbs*, compiled by W. G. Smith; third edition revised by F. P. Wilson, Oxford, 1970.

OED.: *The Oxford English Dictionary on Historical Principles*, ed. J. A. H. Murray *et al.*, Oxford, 1884–1933.

PMLA.: *Publications of the Modern Language Association of America.*

STC.: *A Short-Title Catalogue of Books Printed in England, Scotland, and Ireland, 1475–1640*, compiled by A. W. Pollard and G. R. Redgrave *et al.*, London, The Bibliographical Society, 1926. A revised edition is forthcoming.

OTHER WORKS

Anselme: P. Anselme, *Histoire généalogique et chronologique de la maison royale de France*, third edition, Paris, 1726–33.

Blake: N. F. Blake, *Caxton and his World*, London, 1969.

Boisard: Pierre Boisard, *Le Roman de «Ponthus et Sidoine» et la famille de la Tour-Landry*. For an abstract of this work, see *Positions des thèses soutenues par les élèves de la promotion de 1958 pour obtenir le diplôme d'archiviste paléographe* (Paris, École des Chartes, 1958), pp. 11–14. (Except where I indicate that I have quoted from the abstract, my references are to the full text of this work, which M. Boisard kindly placed at my disposal.)

Crotch: W. J. B. Crotch, *The Prologues and Epilogues of William Caxton*, E.E.T.S., o.s. 176 (1928).

Evans: Joan Evans, *Dress in Medieval France*, Oxford, 1952.

Ferrier: Janet M. Ferrier, *French Prose Writers of the Fourteenth and Fifteenth Centuries*, Pergamon Press, Oxford, 1966.

Grigsby, *Miroir*: J. L. Grigsby, 'Miroir des bonnes femmes', *Romania*, lxxxii (1961), 458–81, and lxxxiii (1962), 30–51.

Grigsby, *A New Source*: J. L. Grigsby, 'A New Source of the *Livre du Chevalier de La Tour Landry*', *Romania*, lxxxiv (1963), 171–208.

Harvey, *Prolegomena*: Ruth Harvey, *Prolegomena to an Edition of 'Der Ritter vom Turn'*, in *Probleme mittelalterlicher Überlieferung und Textkritik* (Oxforder Colloquium, 1966), pp. 162–82; ed. Peter F. Ganz and Werner Schröder, Berlin, 1968.

Kellner: L. Kellner, *Caxton's 'Blanchardyn and Eglantyne'* c. *1489*, E.E.T.S., e.s. 58 (1890), Introduction.

Kilgour: R. L. Kilgour, *The Decline of Chivalry*, Cambridge, Mass., 1937.

Montaiglon: Anatole de Montaiglon, *Le Livre du Chevalier de La Tour Landry pour l'enseignement de ses filles*, Paris, 1854.

Morawski, *Diz*: J. Morawski, *Les Diz et proverbes des sages*, Paris, 1924.

Morawski, *Proverbes*: J. Morawski, *Proverbes français antérieurs au XVe siècle*, Paris, 1925.

Munro: *The Book of the Knight of La Tour-Landry*, ed. T. Wright, E.E.T.S., o.s. 33 (1868), revised by J. Munro, 1906.

Mustanoja: T. F. Mustanoja, *A Middle English Syntax*, Part I, Helsinki, 1960.

Stolingwa: Peter Stolingwa, *Zum Livre du Chevalier de La Tour Landry pour l'enseignement de ses filles. Die Breslauer Handscrift des Textes, die kulturhistorische Bedeutung des Werkes und seine Quellen*, Breslau, 1911.

Whiting: B. J. Whiting, with the collaboration of H. W. Whiting, *Proverbs, Sentences, and Proverbial Phrases from English Writings mainly before 1500*, Cambridge, Mass., and London, O.U.P., 1968.

Wiencke: H. Wiencke, *Die Sprache Caxtons* (Kölner anglistische Arbeiten XI), Leipzig, 1930.

Workman: S. K. Workman, *Fifteenth Century Translation as an Influence on English Prose*, Princeton, 1940.

Wright: *The Book of the Knight of La Tour-Landry*. ed. T. Wright, E.E.T.S., o.s. 33 (1868).

NOTE ON THE TEXT

THE text in this edition has been transcribed from a British Museum copy of Caxton's book, IB. 55085, collated with the five other copies and the fragment. Variants noticed are recorded in the textual footnotes. The spelling, punctuation,[1] and use of capitals in the original (apart from the use of internal and final W)[2] have been retained, but initial capitals are printed a conventional size and uniform spacing has been adopted. BM 2 has been taken as a guide for the insertion of paragraph marks,[3] except that in the present edition they are printed before all chapter headings on the assumption that this was what Caxton intended. Words divided between the end of one line and the beginning of another are sometimes but not always hyphenated in the original, as may be seen on Plate 2; it is sometimes difficult to be sure whether Caxton meant them to be divided or not, and editorial discretion has had to be used in these cases. An example is *to fore, tofore*, which when it occurs within the line is sometimes divided and sometimes joined. But since it occurs more often in the divided form, doubtful cases as at 15/39, a iiij/12–13 *to fore*, are divided in the present text. Occasionally, as at 59/24, d ij^v/3–4 *chyure fare*, reference to B which reads *chieurefare* has been the deciding factor.

Printing errors involving *n* and *u* have been corrected silently, and the three instances of turned *m* have also been corrected without notice.[4] Misprints and mechanical errors of omission, repetition, or transposition of letters or words have been corrected, with a footnote. Other emendation has been restricted to the correction of errors that may reasonably be regarded as typographical; where there is any doubt, the point is discussed in the Notes.

Abbreviations which occur are *þ^t*, *w^t*, the sign for the ampersand, and various shortenings of *capitulo*; all these, and the printing of superior *e* in *þ^e*, have been retained. The abbreviation stroke, which occurs frequently for *n* (see Plate 1, *husbōd*, Plate 2, *straūge*) and less often for *m*, has been expanded without notice.

[1] See p. xiv.
[2] See p. xv.
[3] See p. xiv.
[4] See p. xv.

A signature in square brackets marks the end of a page of C and refers to the page which follows. The numbering of the first quire apart from f. ij which is signed in C, v–viij of quires a–m, iiij of quire n, and of the versos of all folios, has been supplied by the editor.[1]

[1] For the signatures in C itself, see p. xii.

BOOK OF THE KNIGHT
OF THE TOWER

C 6970   B

ALle vertuouse doctryne & techynge had & lerned of suche as
haue endeuoured them to leue for a remembraunce after theyr
dethe to vs/ by whiche we ben enfourmed in scyence/ wysedom
and vnderstandyng of knowleche/ hou we ought to rewle our self
in this present lyf haue caused vs to know many good reules/ & 5
vertuouse maners to be gouerned by/ Emonge al other this book
is a special doctryne[1] & techyng by which al yong gentyl wymen
specially may lerne to bihaue them self vertuously/ as wel in their
vyrgynyte as in their wedlok & wedowhede/ as al along shal be
more playnly said in the same/ which boke is comen to my handes 10
by the request & desyre of a noble lady which hath brou3t forth
many noble & fayr dou3ters which ben vertuously nourisshed &
lerned/ And for very ziele & loue that she hath alway had to her
fayr children & yet hath for to haue more knouleche in vertue to
thende þt they may alwey perseuere in þe same hath[2] desired & 15
required me to translate & reduce this said book out of frenssh in
to our vulgar englissh/ to thende that it may the better be vnder-
stonde of al suche as shal rede or here it/ wherfor atte contem-
placion of her good grace after the lytel connyng that god hath
sent me/ I haue endeuoyryd me to obeye her noble desyre & 20
request/ In whiche werk I fynd many vertuous good enseygne-
mentis & lernynges by euydent histories of auctorite & good
ensamples for al maner peple in generally/ but in especial for
ladyes & gentilwymen dou3ters to lordes & gentilmen/ For whiche
book al the gentilwymen now lyuyng & herafter to come or shal 25
be arn bounde to gyue laude praysyng & thankynges to the
auctor of this book & also to the lady that caused me to translate
it & to pray for her long lyf & welfare/ & when god wil calle her fro
this transitory lyf that she may regne in heuen sempiternally
where as is Ioye & blysse without ende/ Thenne for as moche as 30
this book is necessary to euery gentilwoman of what estate she be
I aduyse euery gentilman or woman hauyng such children/ desy-
ryng them to be vertuously brou3t forth to gete & haue this book
to thende that they may lerne/ hou they ou3t to gouerne them ver-
tuously in this present lyf/ by whiche they may the better & 35
hastlyer come to worship and good renommee/ And I desyre all

[1] doctry ne JR   [2] bath BM 2

them that shall lerne or see ony thynge in this sayd book/ by whiche
they shal ben the wyser & better/ that they gyue laude & thankyng
[f. jᵛ] to the sayd ladyes good grace/ and also to praye for her/ And
where as ony defaulte shalle be founde in the reducynge and trans-
5 latynge in to our Englysshe tongue/ that it be arrettid to me whiche
am Ignoraunt and not expert in the werke thou3 so be that I haue
emprysed here to fore to smatre me in suche translacions whiche
I confesse and knowleche me ignoraunt and therin to be Imperfect/
wherfore I humbly requyre and byseche my sayd good lady to
10 pardonne me of my symple and rude reducynge/ And yf ony
thynge be sayd or made vnto her playsyre/ than I thynke my labour
wel employed/ whome I humbly byseche to receyue this lytel book
in gree & thanke/ & I shalle pray to almyghty god for her longe and
good lyf/ and to send to her after this shorte and transytory lyf
15 euerlastyng lyf in heuen Amen/ And alle other that be vnder-
standyng & fyndyng ony defaute/ I requyre & pray them of theyre
charyte to correcte and amende hit/ and so doyng they shal deserue
thanke and meryte of god/ to whome I shalle pray for them/ [f. ij]

❡ Here foloweth the table of the Rubryshes and the chapytres of the booke of thenseygnementes and techynge that the knyght of the Towre made to his doughters

¹ langa- | gagenrs C

---

[1] C *omits* were   [2] lxxvij᷉ C

This chapyter sheweth how be it that a woman haue an
euyl and felon husbond/ Neuertheles she ought not
therfore leue the seruyse of god/ Capitulo   C

How it is good to herberowe and receyue in his hows
the seruauntes and mynystres of god/ Capitulo/   C j 5

Of a burgeyses wyf/ whiche wold neuer pardonne her
euylle wylle to her neyghbour/ wherfore she was
dampned/ ca/   C ij

Of them whiche ought to come to theyr carnal frendes
in What [f. iiij] someuer estate they be/ Capitulo   C iij 10

Of a good knyght whiche fought ageynst a fals knyghte
for the pyte of a mayde/ capitulo   C iiij

Of the thre Maryes whiche came to the sepulcre so
erly/ Capitulo   C v

Thexample of the folysshe vyrgyns/ and also of the   15
wyse and prudente vyrgyns/ Capitulo   C vj

Of the gloryous and blessyd vyrgyne Marye/ capitulo   C vij

How euery good woman[1] ought to be meke and humble
after thexample of the blessyd vyrgyne Marye/ capitulo   C viij

How euery good woman ought to be pyteous by thex-   20
ample of oure blessyd lady Marye/ capitulo   C ix

How wymmen ought to be charytable by thexample of
our lady/ capitulo   C x

Of the quene Iane of Fraunce/ capitulo   C xj

Example of good ladyes of the tyme presente/ capitulo   C xij 25

How a woman ought not to marye her self without the
counceylle of her parentes and Frendes/ capitulo   C xiij

How euery good woman ought wel to kepe her renom-
mee/ capitulo   C xiiij

How thauncyent were wonte to lerne the yonge/ ca/   C xv 30

How hit was wonte to departe the dyffamed wymmen
fro the felauship & companye of the good and trewe/
capitulo   C xvj

How before this tyme men punysshed them that were
dyffamed/ Capitulo   C xvij 35

How god compareth the good wymmen to the precious
perle or Margaryte/ capitulo   C xviij

How a doughter of a knyght lost her maryage/ capitulo   C xix

How loue wylle be kepte warme/ capitulo   C xx

[1] women C

Explicit   [a j]

        [1] louysshe C

¶ Here begynneth the book whiche the knyght of the toure made/
And speketh of many fayre ensamples and thensygnementys and
techyng of his doughters

¶ Prologue

IN the yere of oure Lord a·M, thre honderd/ lxxj/ as I was in 5
a gardyn vnder a shadowe/ as it were in thyssue of Aprylle/ all
moornyng and pensyf/ But a lytel I reioysed me in the sowne and
songe of the fowles sauuage, whiche songe in theyr langage/ as the
Merle/ the Mauys the thrustell/ and the nyghtyngale/ whiche were
gay/ and lusty/ This swete songe enlustyed me/ and made myn 10
herte all tenioye/ So that thenne I wente remembryng of the tyme
passed in my youthe/ How loue hadde holde me in that tyme in his
seruyce/ by grete distresse/ In whiche I was many an houre gladde,
and ioyeful/ and many another tyme sorowful/ lyke as it doth to
many a louer, But alle myn euylles haue rewarded me. Sythe that 15
the fayre and good hath gyuen to me/ whiche hath knowleche of
alle honoure/ alle good/ and fayre mayntenyng/ And of alle good
she semed me the best and the floure· In whome I so moche me
delyted, For in that tyme I made songes/ layes. Roundels balades/
Vyrelayes/ and newe songes in the mooste best wyse I coude, But 20
the deth. whiche spareth none hath taken her/ For whome I haue
receyued many sorowes and heuynesses In suche wyse that I haue
passed my lyf more than twenty yere heuy and sorowfull/ For the
very herte of a trewe louer shall neuer in ony tyme ne day forgete
good loue/ but euermore shal remembre it, And thus in that tyme 25
as I was in a grete pensyfnes/ and thought I behelde[1] in the way/
and sawe my doughters comyng/ Of whome I hadde grete desyre
that they shold torne to honoure aboue alle other thyng, For they
ben yong & litil/ & dysgarnysshed of al wytte & reson/ wherfor
they ought at begynnyng to be taught & chastysed curtoisly by 30
good ensamples & doctrynes as dide a quene I suppose she was
quene of hongry/ whiche [a jᵛ] fayre and swetely chastysed her
doughters/ and them endoctryned as is conteyned in her book/

---

[1] behelde: *in all copies except BM 2 the fourth letter is not clear, but is more
like e than o. In BM 2 it is a small clear o, but this has probably been touched in by
a 'restorer'. See p. xvi.*

And therfor when I saw them come toward me, I remembryd me
of the tyme when I was yong and roode with my felauship and
companyes in poytou/ and in other places/ And I remembre me
moche wel of the fayttes and sayenges, that they told of suche
5 thynges/ as they fond with the ladyes and damoyselles/ that they
requyred and prayd of loue/ And yf one wold not entende to theyr
prayer/ yet another wold requyre withoute abydyng, And though
so were that they had good or euyll answers/ of al that they rought
not/ For they had neyther drede ne shame/ so moche were they
10 endurate and acustomed/ And were moche wel bespoken/ and had
fayre langage For many tymes they wold haue oueral deduyte,
And thus they doo no thyng but deceyue good ladyes/ and damoy-
sellys. and bere ouerall the tydynges/ somme trewe/ and somme
lesynges/ Wherof there happed many tymes. iniuryes/ and many
15 vylaynous diffames withoute cause and withoute reason, And in
alle the world is no gretter treson, than for to deceyue gentyll
wymmen/ ne to encrece ony vylaynous blame/ For many ben
deceyued by the grete othes· that they vse/ wherof I debate me
oftyme with them. And saye to them/ ye ouer false men, how may
20 the goddes suffre yow to lyue/ that soo oftymes ye periure and
forswere youre self, For ye hold no feythe/ But none putt hit in
araye, by cause they be so moche and so ful of disaraye/ And by
cause I sawe that tyme soo ledde and disposed/ yet I doute me that
somme ben suche in this tyme present/ Therfore I concluded that
25 I wold doo make a lytel booke/ wherin I wold doo be wreton the
good maners and good dedes of good ladyes and wymmen/ and of
theyr lyues/ soo that for theyr vertues and bountees they ben
honoured/ And that after theyr dethe ben renommed and preysed
and shal be vnto the ende of the worlde for to take of them good
30 ensample and contenaunce/ And also by the contrarye I shall doo
wryte and set in a book the myshappe and vyces of euylle wymmen/
whiche haue vsyd theyr lyf/ and now haue blame/ To the ende/
that the euylle maye bee eschewed· by whiche they myght erre/
Whiche yet ben blamed/ shamed/ and dyffamed/ And for this cause
35 that I haue here sayd/ I haue thought on my wel bylouyd dough-
ters· whome I see so lytel to make to them a litil book/ for to lerne
to rede, to thende that they maye [a ij] lerne and studye/ &
vnderstonde the good and euylle that is passyd/ for to kepe them
fro hym, whiche is yet to come/ For suche ther be that lawgheth
40 to fore yow/ whiche after youre back goo mockyng and lyeng/

Wherfor it is an hard thyng to knowe the world that is now present/
And for these resons as I haue sayd I went oute of the gardyn/ and
fond in my weye two preestes and two clerkes that I hadde/ and
tolde to them· that I wolde make a book and an examplayre for
my doughters to lerne. to rede and vnderstonde/ how they ought 5
to gouerne them self/ and to kepe them from euylle/ And thenne
I made them to come & rede before me the book of the byble. the
gestes of the kynges/ the cronycles of fraunce and of Englond//
and many other straunge historyes/ and made them to rede euery
book/ And dyde doo make of them this book. whiche I wold not 10
set in ryme/ but al along in prose for to abredge/ and also for the
better to be vnderstonden And also for the grete loue that I haue
to my doughters/ whom I loue/ as a fader ought to loue them/ And
thenne myn herte shal haue parfyte ioye. yf they torne to good and
to honoure/ That is to serue and loue god/ and to haue the loue 15
and the grace of their neyghbours/ and of the world/ And by cause
euery fader and moder after god and nature ought to teche &
enforme their children and to distourne them fro the euyll waye/
and to shewe to them the right weye and true pathe/ as wel for the
sauacion of theyr sowles/ as for thonoure of the body erthely/ I 20
haue made two bookes/ that one for my sonnes/ and that other for
my doughters for to lerne to rede/ And thus in lernynge hit shalle
not be/ but that they shalle reteyne somme good ensample/ or for
to flee the euylle and reteyne the good. For it may not be but in
somtyme they shal remembre somme good ensample/ or som good 25
lore after that hit shalle falle/ and come to theyr mynde in spekyng
vpon this matere/

❡ Thus endeth the prologue

❡ Here foloweth the book of thensygnemens and techynges of the
knyght of the Toure/ And first how god ought to be honoured 30
aboue all thynges/   Capitulo primo [a iij][1]

IT is moche fayre and ryght a noble thyng for to see and beholde
thauncyent hystoryes/ whiche haue ben wreton of oure pre-
decessours/ for to shewe to vs good ensamples/ and to aduertyse
vs how we may see the good dedes· that they folowed/ and teschewe 35
the euyll as may be sene/ that they eschewed/ Thenne I shalle
speke/ and saye to them thus/ My ryght dere doughters for as

[1] a ij[v] is blank

moche as I am old/ and that I haue sene the world more lenger
than ye haue/ I shall shewe to yow a partye of the world after my
scyence/ whiche is not ouer grete/ But the grete loue that I haue to
yow/ And the desyre that I haue/ that ye torne youre hertes and
5 youre thoughtes to drede god/ and to serue hym, by whiche ye
may gete wele and honoure in this world and in that other/ For
certeynly al the very wele honoure/ and al thoneste of man and
of woman cometh of hym/ and of the grace of his hooly spyryte/
And also gyueth long lyf and shorte in worldly and erthely thynges/
10 suche as hit plesyth hym/ For alle thyng falleth at his playsyre and
ordynaunce, And also gyueth for all suche wele and seruyce as is
done to hym an honderd fold double/ And therfore my right dere
doughters it is good to serue suche a lord. whiche rewardeth[1] an
honderd fold double/

15 ⟪ How the matyns and houres ought to be said/ Capitulo secundo

ANd by cause that the fyrst werke & labour that man or woman
ought to doo/ is for to adoure and worshipe oure lord/ and
saye his seruyse/ That is to vnderstande/ that as soone as he awaketh/
he ought to knowleche hym for his lord and maker/ and hym self
20 to be his creature That is to wete· to saye his matyns/ houres and
his orysons, yf he be a clerk and to rendre and yelde to hym
thankynges and preisynges/ As to say/ laudate dominum omnes
gentes, Benedicamus patrem et filium cum sancto spiritu/ or suche
other thynges as yelde & gyue thankynges & preysynges vnto god.
25 For it is a gretter thyng to thanke and blysse oure lord god/ than
to requyre & demaunde hym, For requeste/ demaunde/ yefte of
guerdon & thankynges/ and to yelde preysynges is thoffyce of
angels. which alwey gyue thankynges/ honoure, and preysyng vnto
god/ for it is [a iij^v] better to thanke god/ than to requyre hym/ by
30 cause he knoweth better what is good for a man or a woman than
they wote them self/ After we ought to praye for them/ that ben
dede to fore we goo to slepe/ And also the dede men praye for
them/ that praye for hem/ And also forgete not the blessid and
swete Vyrgyne Marye/ whiche nyght and day prayeth for vs,
35 And also to recommaunde yow to the hooly sayntes of heuen/ And
when this is done/ thenne maye ye well goo slepe/ For this ought
to be done as ofte as ye awake

[1] rewarded C

¶ Of twoo doughters of the Emperoure that one synfull And that
other deuoute/   Capitulo Tercio

IT is conteyned in thystorye of Constantynople. that an Emperour
hadde two doughters/ Of whome the yongest was of good maners
and loued god/ and honoured & prayd to hym alwey when she 5
awoke/ and moche deuoutely praid for the sowles of them that
were dede/ And these two yong ladyes lay bothe in one bedde/ And
whan the oldest awoke/ and herd her suster saye her prayers/ she
mocked and scorned her/ and said to her that she letted her to
slepe/ Thenne it happed that youthe and the grete ease that they 10
hadde ben norysshed in/ caused them to loue two knyghtes
bretheren/ whiche were twoo goodly men and moche gentyll/ And
so long endured theyr playsyre and loue that they discouered eche
to her loue the secrete of their amerous desyre/ in soo moche that
they sett a certeyne houre to these knyghtes for to come to them 15
pryuely by nyght/ And when he that shold come to the yonger/
supposyd to haue entryd within the Courteyns/ hym semed that
he sawe moo than a thousand men in sudaryes lyke dede men/
whiche were aboute the damoysell he hadde so grete fere and
hydoure. that he was al affrayed/ Wherof he tooke the feures/ and 20
was seke in his bedde/ But to that other knyght it happed no thyng
so. for he gate the oldest doughter of the emperoure with child·
And whan the Emperoure knewe that she was grete with child/
he made her to be drowned in a nyзt/ & dyd do the knyзt to be
flayn al quyck. Thus for this false delyte they deyde both tweyn/ 25
But that other doughter was saued lyke as I haue said & shall saye/
when it cam on the morn [a iiij] it was said oueral/ that the knyght
was seke in his bedde/ Thenne she for whome he tooke his maladye
wente for to see hym/ And he told to her all the trouthe/ how
when he supposid to haue entrid within the courteyns/ he sawe 30
a merueylous grete nombre of dede men in sudaryes/ aboute her/
Of whome he said/ I had so grete drede and hydoure/ that I was
taken with thaccesse or feures/ and also was al moost oute of my
wytte for fere/ and yet am all affrayed/ And when the damoysel
herd the trouthe/ she was merueylously ioyeful/ and thanked god 35
moche humbly/ whiche had saued her fro perisshyng and dis-
honoure/ And from than forthon/ she worshyped and prayed god
alwey when she awaked And praid moche deuoutely for all Crysten
sowles more than to fore/ and kepte her chastly and clene/ And

it was not long after that a grete kyng of grece desyred and de-
maunded her of her fader to haue her in maryage/ And her fader
gafe her to hym/ And she was after a good lady and deuoute/ and
of moche grete renomme/ Thus was she saued for prayeng to god/
5 and thankyng hym, and also for prayeng for them that ben dede/
And her elder suster/ that scorned and mocked her/ was drowned
and dishonoured, And therfore my dere doughters remembre yow
ofte of this example alwey whan ye awake/ And slepe not ageyne
till that ye haue praid for them that ben departed oute of this world
10 lyke as dyde the doughter of the emperour, And yet I wolde wel
that ye shold knowe thensample of a Damoyselle· whiche a greete
lord wold haue for fayre or fowle for to accomplysshe his fowle
playsyr and delyte

(How we ought to praye for them that ben dede Capitulo quarto

15 IT happed in suche wyse/ that this lord dyd do espye/ where as
this Damoyselle was entred in to an hoole. where as she entrid
& rested there for drede of hym, & that was in a busshe/ And she
sayd vygylles for the dede men/ And this grete lord entryd in to
the hoole, And sawe her there/ And wende anone to haue accom-
20 plysshyd his fowle delyte/ But when he supposed to haue taken
her/ hym [a iiij^v] semed that he sawe more than ten thousand
prysonners buryed that kepte her/ And had of them so grete fere
and drede/ that anon he torned and fled/ & sente to her word/ that
for certayne/ he wolde neuer pursewe her more for suche fayte/
25 and that she had ouer grete a companye that kepte her/ And after
he cam/ and spak to her and demaunded of her what was the grete
companye/ that was with her/ And she said that she knewe of no
thyng at that tyme whan he cam/ sauf that thenne she said the
Vygylle for them that were deed/ And thenne thought the lord wel
30 that they were they that kepte her/ And therfor this is a fayre
example to praye for them that ben departed oute of this world
at al tymes

(How we ought to saye oure houres and prayers   ca°/ v°

FAyre doughters whan ye ryse oute of youre bedde, thenne entre
35 in to the seruyse of the hyhe lord· and begyn ye your matyns/
This ought be youre first werk, and your firste labour/ And when
ye shal say them· saye ye them with good herte And thynke ye on

none other thyng yf ye may/ For ye may not goo two weyes at
ones/ For ye must goo that one or that other/ Thus is it of the
seruyce of god/ For as the wyseman saith in sapyence/ As moche
auayleth it hym/ that redeth & vnderstondeth not/ as it doth to
hym/ that hunteth/ and taketh not/ And therfore/ he that thynketh 5
on erthely thynges/ and seyth his Pater noster· or prayers. that
toucheth heuenly thynges· doth a thyng that is contrary/ And it
proufyteth not/ it is not but for to mocke god And therfore saith
the hooly scripture/ that the short prayer perceth heuen. But that
is to saye/ that more auayleth a short prayer and said with good 10
herte/ and deuoutely/ than a grete and longe prayer/ and to thynke
on other thynges/ And when more is said deuoutely/ than is it
more worthe/ and more deseruyth he meryte And yet seith the
hooly scripture/ that lyke as the swete dewe of Maye and of
Aprylle pleseth moche vnto the erthe/ and attempreth it swetely 15
in makyng to germyne and fructyfye/ Ryght so ben the heures and
prayers deuoutely said playsaunt to fore god Thenne ye shall
fynde in many places/ and specially in the legende of hooly con-
fessours· of vyrgyns/ and of other hooly wymmen whiche made her
beddes of hard and roughe thynges/ and laye theron for to slepe 20
the lasse/ & to haue the lasse reste/ For to wepe [a v] ofte/ and
many tymes to wake· for to entre in to prayers/ and in the seruyce
of god/ wherin they held hem day and nyght/ And for that seruyce
and laboure haue they goten/ as it is shewed openly to the world/
that they ben in the hooly ioye with hym/ by that/ that he doth for 25
them euydent myracles/ For thus god rewardeth the seruyce that
is done to hym an honderd fold double as I haue seid to fore/ And
therfore fayre doughters/ saye your heures and prayers deuoutely·
and with good herte· without thynkyng on ony other thynge/ And
beware that ye breke not youre faste/ till that ye haue said youre 30
matyns and heures/ For a ful bely shal neuer be humble ne deuoute/
Also see wel to/ that ye here alle the masses that ye maye here/ For
grete good shalle come therof· Wherof I shall saye an ensample of
this matere

℄ How good doughters ought to faste/ Capitulo sexto   35

THere was a knyght/ that hadde two doughters/ one that was
by his first wyf/ And that other/ by his second/ And she that
he had by his first wyf/ was meruaylously deuoute/ ne neuer wold

ete/ till that she had said all her houres and herd all the masses
that she myght here/ And that other douȝter was holden so ten-
dyrly, and so moche louyd, that she was suffred to haue alle her
wylle, For as soone as she had herd a lytill masse/ and hadde saide
5 twoo or thre pater nostres/ she wente in to the garderobe/ and there
ete a soupe or somme lycorous thyng/ & sayd that her hede oke for
fastyng/ but all this was but an euylle custumme/ And also when
her fader and moder were a bedde· thenne must she goo ete somme
good morsell· or somme good mete And this lyf ledde she/ tyl she
10 was maryed vnto a knyȝt/ whiche was wyse and subtyle/ Thenne
it happed that her lord knewe her manere/ whiche was euyll· bothe
for the body/ & the soule, and told/ and shewed this to her moche
honestly and swetely many tymes/ and said she dyd euyll to vse
suche a lyf, but neuer she wold leue it, for faire spekyng/ ne for
15 thyng/ that he couthe say or doo Thenne it happed/ that on a nyght/
he had slepte his first slepe/ And tasted beside hym/ and found her
not/ wherof he was moch angry, And aroos from his bed/ And cast
aboute hym a furryd mantell, and entred in to his garderobe. where
as his wyf was [a vᵛ] with his clerk, and two of his seruauntes· and
20 ete and played so. that there was a grete noyse/ and the men and
wymmen iaped to geder eche with other, And the lord that sawe all
this arraye was moche wrothe and felle/ And helde a staf in his
honde for to smyte one of his seruauntes, whiche had embracid
one of the wymmen of the chambre/ and smote so sore that ser-
25 uaunt/ that a splynt sprange out of the staf in to the one eye of his
wyf, which was by hym/ in suche manere/ that by mysauenture
her eye was smeton oute/ and lost her eye/ And thus her husbond
had her in suche hate. that he tooke his herte fro her/ and set it in
another, in suche wyse that her houshold and menage wente all to
30 nought and to perdicion/ This happed by the euyl gouernaunce
of his wyf/ whiche was acustommed to lyue dyssolutely and dis-
ordynately/ bothe on mornynges/ and on euenynges/ wherof the
grete part of the harme was heres/ by cause she lost her eye, and the
loue of her husbond/ Thenne was she in an euyll astate & moche
35 lassed and lesse sette by of al men that knewe her. And therfor it
is goode to saye their houres/ and here al the masses fastyng· And
accustomme them to lyue sobyrly and honnestly, For al cometh by
accustommaunce and vsage, as it happed to her suster/ She vsyd
fro her youthe to serue god/ and to goo to the chirche/ as for to
40 saye her matyns and houres deuoutely/ and here alle the masses

fastyng/ And therfore it happed that god rewarded and gafe to her a knyght ryche and puyssaunt/ And she lyued with hym well and honestly. and in good and grete pees. And thenne it happed that theyr fader whiche was a wyse man wente for to see his two doughters/ And fonde with tholder grete honours and grete 5 rychesse/ and was receyued there moche honourably/ And of that other whiche had her eye oute/ he fond her all oute of arraye And how she had gouerned her nycely and wantonly/ Thenne it happed that when he was comen home ageyne/ he recounted all[1] to his wyf/ And moche cruelly repreued her/ by cause she had lost 10 her doughter/ by cause she had kokered her and norysshed tendyrly/ And that she had gyuen her the reyne ouerlong in suffryng her to do all her wylle/ wherfore she was in an hard caas/ And by this ensample it is good to serue god· & here all the masses/ that maye be herd fastyng/ And to take on her/ honeste and sobrenes of 15 mete and drynke. in due tyme/ as aboute the houre of tyerce/ at mydday/ at souper at houre couenable/ after the tyme/ For suche lyfe as ye hauc vsed & mayntened in your youthe. ye wold mayntene [a vj] and vse in your old age

(How good doughters ought to fast/ till they be maryed   20
                                        Capitulo septimo

ALso my dere doughters/ ye ought to faste tyll that ye be maryed thre or foure dayes in the weke. For the better to adaunte youre flesshe/ that it meue not ouermoche/ for to kepe yow more clene and holyly in the seruyce of god/ Whiche shal kepe and 25 guerdone[2] yow double/ And yf ye may not faste the thre dayes/ yet at the lest fast frydaye in thonoure of the precious blood and of the passion of Ihesu crist that suffred deth for vs/ And yf ye faste it not to brede & water atte lest take no thyng that suffreth deth/ For it is a moche good thyng as I haue herd telle of a knyght a 30 moche noble man that was in a batayle of Crysten men ageynst the sarasyns/ It happed that a Crysten man had his heede smyten of with a swerde/ and spack after tyll that the preest cam/ and confessid hym/ And he demaunded of hym/ for what meryte it was that he myȝt speke withoute the body. And the hede answerd hym/ 35 that no goode dede was done to god/ but that it gate grace. And that he had kepte the wednesdaye fro etyng of flesshe in thonoure

---

[1] C *omits* all   [2] guerdome C

of the sone of god· that was thenne sold/ And the frydaye he ete no
thyng/ that suffred deth₁ And for this seruyce god wold not that
he shold be dampned/ ne that he shold deye in dedely synne/
wherof he was not confessid/ This is a moche fayre example₁ and
5 ought to be remembryd/ that suche thynge as suffreth deth ought
not be eten on the fryday/ And also my faire doughters/ it is
moche good to faste the saterday/ in thonoure of oure lady and of
her hooly vyrgynyte/ to thende that she gete grace for yow for to
kepe clene youre vyrgynyte and youre chastyte in the grace of god.
10 and in the loue of youre frendes/ that none euyll temptacions ouer
maystrye yow not₁ And hit is a grete vyctory ageynst the flesshe/
and a moche hooly thyng/ And I saye to yow for trouthe/ that it
shalle be to yow a lyght thyng/ yf ye acustomme yow therin₁ For
it is but acustomaunce for to here the masse/ and the seruyce of
15 god/ for to saye your houres. and to doo al other hooly werkes/ as
haue done these holy wymmen₁lyke as it is conteyned in the legend-
is [a vjᵛ] And in the lyues of the sayntes of heuen

(⸿ Of a comyn woman that wente to see her loue/ and fylle in a
pytte/   Capitulo Octauo

20 THenne I wolde that ye knewe thexample of a folysshe woman
that fasted the fryday/ of whome I shall telle to yow the hys-
torye/ Ther was a folysshe woman in the Cyte of Rome/ that alwey
fasted the fryday in thonoure of the passyon of swete Ihesu Criste·
And the saterday in thonoure of the Vyrgynyte of oure lady₁ And
25 alwey these two dayes she kepte surely· Hit happed on a nyght
that she went toward her loue/ when it was derk₁ And sodenly or
she was ware/ she felle in to a pytte· whiche was twenty fadom
depe/ And as she was fallyng/ she escryed with an hyhe voys/ lady
helpe/ and she fylle vpon the water₁ and fond it hard as a plank.
30 And there cam a voys to her that saide/ in thonoure of the vyrgyn
Marye₁ and of her sone for whome thou hast fasted/ thou art
saued/ And fro hensforthe kepe thy body clene fro the synne of thy
flesshe/ And on the morn peple cam for to drawe water₁ and fond
the woman in the pytte oute wherof anone she was drawen vp/
35 and lete goo₁ And the peple merueyled moche how she was
saued/ And she said to them how that a voys had said to her/ that
it was for the fastynges/ that she had kept the fryday and saterday/
as ye haue herd/ And for this grace that god and the blessid

Vyrgyn oure lady saynt Marye had done to her/ she made a vowe
to them/ that she shold kepe her chaste/ and clene. And shold vse
her lyf in the seruyce of god and of his chirche· and euer after
nyght and day she serued in the chirche for to lyghte the torches/
tapres/ and lampes/ and to kepe clene the chirche/ Now on a nyght, 5
there cam to her a Vysyon/ that she drewe· and took oute of a
donghylle a vessell/ lyke to a plater of syluer/ And when she beheld
hit/ she sawe therin many black spottes/ and a voys cam sayeng.
scoure and make clene this plater· And take awey tho blak spottes/
so long/ tyll it be as clene and whyte, as it was when it cam from 10
the handes of the maystre goldsmythe, And this aduysyon cam
to her thre tymes/ And when she awoke/ she remembryd her
aduysyon to god And when hit was hyhe day/ she wente for to
confesse her, to an [a vij] hooly man/ and told to hym her aduysyon/
And when the good man had herd all the maner/ he said to her/ 15
Fayre doughter/ ye ar moche beholden to serue god/ whan he
wylle youre saluacion/ and warneth. and sheweth to yow/ how ye
ought to wasshe yow/ and make you clene by confession of your
synnes/ And I shall shewe yow/ hou he hath shewed by youre
aduysyon the Vessel of siluer/ whiche was foully bespottyd of the 20
donghylle/ whiche sygnyfyeth the sowle that is in the body/ And
yf the body consentid not to doo synne/ she shold be alwey whyte
as the vessel of syluer/ that cometh fro the goldsmythe, Ryght
so is the sowle when hit cometh fro the fonte of baptcme, And lyke
as the Vessel that ye sawe was in the donge, in lyke wyse is the 25
sowle in the body/ whiche is no thynge but donge, and fylthe/ For
when the Chaytyf body hath synned by his fals delytes. for euery
synne that he hath done/ ther cometh a black spot in the sowle/
And that abydeth vnto the tyme/ that the body whiche dyde the
trespas haue confessid and bewaylyd it in suche manere as he dyde 30
the dede, and therof hath made satisfaction/ And therfor fayre
doughter the voys of the vysyon hath said. that ye shold make
yow clene & whyte lyke the syluer that cometh fro the goldsmyth/
For when ye come fro the fonte of baptesme/ after ye ought put
it in place. where it shold be kepte clene and withoute ordure/ 35
that is to saye to kepe you fro goyng in to place/ where as ye ought
absteyne you for to doo synne, And kepe yow wel that ye synne
nomore/ For it is a good thyng to be shryuen/ but it is better after
the confession to kepe hym that he falle not ageyne therto/ For the
tornyng ageyne is wors than the first, And when ye shold be 40

shryuen/ ye ought to saye alle/ and reteyne no thyng behynde/ And
it ought to be said in the manere as the dede was done/ Thenne
my fair douȝters said the good man/ I shalle telle to yow an en-
sample of a bourgeyse a moche myghty woman

5 ¶ Of her that deyde. and durst not confesse hir synne/ cap⁹   ix⁹

THere was a woman of grete renomme and fame lyke to be a
blessid woman and charitable/ For she fasted thre dayes in
the weke, of whiche she fasted tweyne to brede and to water, and
gafe moche almesse· vysyted [a vijᵛ] the seke/ norysshed the
10 orphanes/ and was at masse vnto mydday And said many orysons
and prayers/ And lyued an hooly lyf/ as a good woman ought to
doo, And it happed that she departed oute of this world/ by whome
oure lord wold shewe ensample/ how she was lost for one only
dedely synne/ For the sepulture in whiche she was leyd bigan
15 to fume/ & smoken/ and the erth to brenne· and there had ben
seen on the graue ouermoche torment And the peple of the Coun-
trey merueyled moche, what it mente For they wende veryly, that
she hadde be saued aboue alle other wymmen/ Thenne was there
an hooly man in the Cyte, which toke the crosse/ the stole, and
20 hooly water/ and coniured the sowle in the name of god/ And
requyryd of almyghty god/ that it plesyd hym to shewe to hym/
wherfore this stenche and this tormente was there/ Thenne a voys
was herd/ that sayd/ I am the poure synnar. that am dampned to
perpetuel fyre. For god sheweth that my wretchyd body gyueth
25 oute smoke and torment by ensample/ And I shall telle to yow/ how
it hath bifalle me by the synne of my flesshe/ I laye ones with a
Monk/ And I durst neuer confesse me therof, for doubte to be
accused for shame of the world, And I doubted more the bobaunce
of the world/ than the spyrytuel vengeaunce of my synne/ I fasted/
30 I gaf for goddes sake my good/ I herd masses/ and said many
orysons & heures/ And me semed the grete good dedes and
abstynence that I dyde quenchyd and estyncted al my synnes/
whiche I durst not telle ne saye to the preest/ wherfore I am
deceyued and loste/ For I telle wel vnto alle· that who that dyeth
35 in dedely synne/ and wylle not forthynke it. he is dampned per-
petuelly/ For the synne ought to be confessid also foully as the
dede was done/ and by the same manere, And when she had al
said/ alle they that were there present were moche abasshed/ For

there was none, but that he thou3t she had be saued/ And thus said
this good man this ensample to this woman that confessyd her,
that she shold confesse and telle her synnes lyke as she had done
them/ and she shold put aweye the spottes of the syluer vessel/
These ben the spottes of the sowle/ And thenne this woman con- 5
fessid her/ and lyued after an holy lyf· And thus the begynnyng
of her sauacion/ cam of the fastynges· that she fasted on the fryday
in thonoure of the passion of oure lord/ and the saterday for
thonoure of the vyrgynyte of our blessid lady/ By whiche she was
saued from perylle/ For ther is no good dede done/ but it is re- 10
warded, And it is a moche hooly [a viij] thyng to faste, And the
more payne it doth or hurte to the heede or body. so moche is the
fastyng more of meryte, & greter of valewe For yf the fastyng
greuyd not, there shold therof be no mede ne merite/ & yet for to
shewe an ensample how fastyng is of grete meryte, It is trouthe/ 15
that the kynge of Nynyue and alle his Cyte were saued therby,
as it is conteyned in the grete book of the byble, For god had doo
synken certayne Cytees and townes for the grete synnes that they
delyted in/ And god commaunded his prophete to telle to this
kyng/ and to the Cyte/ that yf they amended them not/ that they 20
shold perysshe in lyke wyse/ Thenne the kyng and the peple of
the cyte had grete drede and fere/ And for tappease the yre of god/
alle they that were of age fasted fourty dayes and fourty nyghtes/
and kneled doune on her knees/ and putte sackes on theyr hedes
in grete humylyte. wherfore god took mercy on them, and repeled 25
his sentence/ And so by theyr mekenes and fastynge they were
saued/ And therfore my fayre doughters, fastyng is an abstynence
and a vertu moche couenable/ whiche withdraweth and restreyneth
the flesshe from euylle desyres· And humbleth the herte· and
geteth pardon and grace of god And thenne all yong wymmen/ 30
and specyally the maydens and wydowes ought to fast/ as I haue
said here to fore by these ensamples/ whiche by the playsyre of
god. ye shall well reteyne and kepe

⟨ How good wymmen ought to mayntene them self curtoysly.
capitulo　　　　　　　　　　　　　　　　　　　Decimo 35

AFter this/ my doughters/ see ye wel to. that ye be curtois and
humble, For there is no gretter vertue for to cause yow to
haue the grace of god/ and the loue of alle peple. than for to be

humble and curtoyse. For curtosye ouercometh all them that ben
felouns prowde by thensample of the sperhauk Take a sperhauke
ramage/ And calle hym curtoysly/ and ye shal make hym come frely
to yow· ye fro the tree/ he shalle come vppon youre fyste/ And yf
5 ye be not curtoyse/ but rude and cruel/ he shal neuer come/ Thenne
syth that curtosye vaynquysshyth a wylde byrde/ whiche hath in
hym no reson/ Thenne ought she wel refrayne a man and woman
moche more. that they be not ne haue the herte orguyllous and
fyers/ Curtosye is the fyrst waye and the entre of alle frendship
10 and of alle worldly loue/ And she that [a viij^v] vaynquyssheth hye
courages/ and that amolysshyth thyre and wrathe of euery creature/
Therfore thenne hit is a fayre thyng to be curtoys· I knowe a lord
in this Countrey/ whiche hath goten and conquerd moo knyghtes/
squyers and other peple to serue hym and to doo his playsyrs by his
15 grete curtosye in the tyme/ that he bare armes/ than other dyd for
money/ eyther for other thynges/ And this is my lord of Craon/
whiche ought wel to be honoured/ and to be preysyd for his cur-
tosye aboue all other knyghtes that I know/ and I knowe that he hath
goten by his curtosye moche loue and renomme of ryght grete
20 ladyes/ and also of other grete and smale. Therfor my fayre
doughters shewe youre curtosye vnto the mene and smal peple/
for to do them honoure/ And to speke to them fayre and swetely/
And for to answere them curtoysly/ they shalle bere and doo the
gretter reuerence/ gretter preysyng and renommee than the grete/
25 For thonour of the curtosye that is done and gyuen to the grete
astates/ is but their ryght/ But that whiche is done vnto smal
gentylmen and gentyl wymmen and to other of lasse degre/ that
honoure and curtosye comen of a fre and a curtoys hert/ And the
lytell or poure man or woman to whome it is done/ thynketh that
30 he is happy to receyue it and hath therin a grete¹ playsyre/ And
gyueth ageyne grete honoure to hym or her/ that hath done to
hym suche curtosye and honoure/ And by this maner of the smal
peple to whome is done suche curtosye or honoure cometh the
grete loos and renomme/ whiche groweth fro day to day/ It hapned
35 that I was in a companye of knyghtes and ladyes/ And a grete lady
tooke of her hood and humbled her self curtoysly vnto a tayloure/
And ther was a knyght that said to her/ Madame why haue ye
taken of youre hoode vnto a taylloure/ And she answerd that she had
leuer to take it of to· hym/ than to haue lefte it vnto a gentyll

¹ agrete C

man/ And that was reputed for ryght wel done/ and as for the best
tauʒt of all the other

(How yonge maydens ought not to torne their heedes lyghtely
here ne there/ Capitulo   xj

AFter this in sayeng to them/ be ye not like ne semblable the 5
tortuse ne to the Crane. whiche torne their visage and the
heede aboue their sholders/ and wynde their hede here [b j] and
there as a vane, But haue youre regard and manere stedfast lyke
as the hare hath, which is a beest that seeth alwey to fore hym
euen right forth. withoute tornyng of his heede here· ne there, 10
Alwey see that ye be stedfast in lokyng playnly to fore you And yf
ye wylle loke a syde/ torne youre vysage & youre body to geder/
And so shalle ye hold you in youre estate more ferme & sure· For
they be mocqued that so lyghtely cast their sight and hede and
torne their vysage here and there   15

(How the doughters of the kyng of denmarke lost their husbonde
by cause of theyr maners Capitulo   xij?

THenne I wold wel/ that ye had vnderstonden thensample of
the doughters of the kyng of denmarke/ whiche I shall acompte
to yow/ Ther ben foure kynges on this side the see/ that auncyently 20
maryed for honoure withoute couetyse of lond with doughters of
kynges and hyghe prynces that were wel born/ and had good
renomme of good maners/ of good mayntene and stedfast, And they
shold be sene yf they were wel shapen and lyke to bere children/
and that they had suche thynges/ as wymmen ought to haue/ And 25
these ben the foure kynges/ the kyng of Fraunce/ whiche is the
moost grettest and noble/ the next is the kyng of Englond/ the
thyrd is the kyng of spayne/ and the fourth is the kyng of hongarye/
whiche is by right Marchal of Cristen men in werres ageynst the
hethen men and sarasyns/ So it happed that the kyng of Englond 30
was for to marye/ And he herd saye that the kynge of denmarke
had thre fayre doughters and moche wel born/ And by cause this
kyng was a moche wyse man, And the quene a blessid woman and
of good lyf, he sente certayne knyghtes and ladyes of the mooste
suffisaunt of his royamme for to see these doughters/ And so passed 35
the see/ and camen in to denmark/ when the kyng & the quene

saw the messagers they had grete ioye/ & honoured & fested them
foure dayes/ & none knewe the trouthe whiche of them shold be
chosen/ And they affayted & arayed the doughters the best wyse
they my3t/ And ther was in this companye a knyght and a lady
5 right connyng and moche subtyl whiche took good heede and set
their ententes for to see the manere of these thre yong ladyes &
their contenaunces/ & [b jᵛ] otherwhyle spaken and had comyny-
cacyon with hem/ And them semed that the oldest was the fayrest/
but she had not the mooste sure manere in her beholdyng/ but ofte
10 loked here and there· And torned ofte her heede on her sholders/
& had her sight ventillous lyke a vane/ The second doughter had
moche talkyng and spacke ofte tofore she vnderstood that whiche
was said to her/ The third was not the fayrest of them/ but she was
moost agreable. & mayntened her manere more sure and sadly/ &
15 spak but litil/ & that was wel demeurly. & her regard & sight was
more ferme/ & humble than of that other two/ and thembassatours
took their aduys & counceil that they wold retorne vnto the kyng
their lord/ & saye to hym suche thyng as they had founden/ &
thenne he my3t take her that plesid hym/ Thenne they cam to the
20 kyng & quene for to take their leue/ & thanked them moche of their
good companye & of thonour that they had done to them/ & that
they wold wel reporte to their lorde suche thynges as they had
sene of their dou3ters/ vpon whiche he myght do his plaisir. The
kyng thenne lycencyd them & gaf to them fair gyftes/ & so they
25 departed & cam in to englond And recounted to their lord thon-
oure that the kyng & quene had done to them/ & after they reported
the beaultes of the doughters/ their maners/ & mayntenes/ & thus
ther was ynough spoken of eche of them/ & there were ynough
that susteyned to take tholdest or the seconde/ for thonour/ &
30 that hit were best to take tholdest/ & when all this mater had ben
wel beten & discussed/ the kyng whiche was wyse of naturell
wytte spak of the yongest & said thus Myn auncetours maryed them
but for worship without couetyse & for bounte of the woman &
not for plaisaunce. but I haue herd ofter myshappe for to take a
35 wyf for beaulte or for plaisaunce than to take her/ whiche is of
stedfast manere/ & that hath fair mayntene/ And there is not in
the world so grete ease/ as to haue a wyfe sure & stedfast/ ne none
so grete & fair noblesse/ & therfor I chose the thyrd doughter/
For I wylle haue none of the other. & thenne he sent for to fetche
40 her/ wherof the two older doughters had grete despyte & grete

desdayne/ And thus she that hadde the better and the more sure manere was made quene of Englond/ and tholdest was refused for her wylde lokynge/ which was ouer ventyllous And that other suster by cause she spak ouermoche/ Now fayre doughters take ye ensample by the doughters of the kyng of denmarke/ And late 5 not your eyen ben ouer ventyllous/ ne tourne not youre hede hyder ne thyder/ But when ye wille see ony thyng [b ij]¹ on ony syde torne your vysage and youre body to geder/ And be not ouer full of wordes/ For who that speketh ouermoche₁ is not reputed for wyse. And ye ought wel at leyser vnderstande to fore that ye 10 answere· And yf ye make a lytell pause bytwene/ ye shall answere the better/ and the more wysely₁ For the prouerbe sayth that as moche auayleth to hym that hereth/ and no thyng vnderstondeth. as to hym that hunteth and no thyng taketh as is sayd to fore₁ And yet my fayre doughters I shall saye to yow/ of a fayt that happed 15 me of this mater/ It happed me ones that I was spoken to of mary- age/ for to marye with a noble woman/ whiche had fader and moder· And my lord my fader ladde me thyder for to see her/ whan we were there/ there was made to vs grete chere & ioyous. And I beheld her₁ of whome I was spoken to And I set my self in com- 20 mynycacyon with her of many thynges₁ for to know the better her mayntenyng & gouernaunce/ & so we fill in spekyng of prysoners/ And thenne I said to her/ damoysell I wold wel and had leuer be youre prysoner than ony others/ & I thenke that youre pryson shold not be so hard ne cruell₁ as is the pryson of englissh men/ 25 And she ansuerd me that she had late sene such one/ that she wold wel that he were her prysoner/ & I demanded her₁ yf she wold yeue hym euyl pryson/ & she answerd me nay/ but that she wold kepe hym as derworthely as her owne body/ & I said to her/ that he who someuer he was he was wel happy & eurous for to haue so 30 swete & noble a pryson/ Shall I saye to yow She louyd hym ynough/ And had her eye quyck & lyght₁ & she was ful of wordes/ & when we shold departe she was aperte/ for she praid me two or thre tymes/ that I shold not leue/ but come see her how someuer it went/ but I helde me al styll/ for I had neuer sene her to fore/ & 35 she wist wel that there was spoken of maryage of her and of me/ And when we were departed₁ my lord my fader demaunded me what me semed of her that I had sene/ & bad me to telle hym myn

---

¹ *Signed* h ij *in* BM 2, *but this may be the result of incorrect touching up by a* '*restorer*'. *See p.* xvi.

aduys/ & I answerd to hym & said that she was good & faire/ but
I shall neuer be more nerre her than I am/ yf it please you/ & told
to hym how me semed of her & of her estate/ and thenne he said/
that he wold not also that I shold haue her/ & therfor the ouer
5 grete malepertnes & the lyght manere that me semed to see in her,
discouraged me so that I maryed not with her/ wherof I haue
thanked god sith many tymes/ for it was not after a yere & an half
that she was blamed, but I wote neither it were with wrong or
right, & soone after she deyde/ & therfor my fair douȝters [b ijᵛ]
10 al gentyl wymmen and noble maydens of good lygnage/ ought to
be softe/ humble/ Rype/ stedfast of estate and of manere/ of lytel
speche to answere curtoisly· and not to be ouer wyld to sprynge
ne lepe¹/ ne cast her syght ouer lyghtely/ For in lytel doyng ne
cometh but good/ For many haue lost their maryage for to shewe
15 them ouer moche/ and to make ouer grete semblaunce. wherof
oftymes were supposed other thynges in them/ than euer were
done or thought/

(How the doughter of Aragon lost her maryage/ Capitulo   xiij

I Wold that ye shold knowe how the doughter of the kynge of
20 Aragon lost the kyng of spayne by her folye/ It is conteyned in
the gestys of spayne, that a kyng of Aragon hadde two doughters/
of whome the kyng of spayne wolde haue one/ And for to chese
her that best plesyd hym/ he disguysed hym self in the fourme of
a seruaunt/ And wente with his embassatours/ that is to saye· his
25 Messagyers/ and with a bisshop and with two barons/ And it is
not to be demaunded/ but that the kyng made to them grete
honoure and ioye/ The doughters of the kyng arrayed and attoured
them the best wyse that they myght/ And in especial the oldest/
whiche thought that theyr comynge was for her/ And so they were
30 there in the Courte thre dayes for to see and behold the counten-
aunces/ wherof it happed that in the mornyng whan they salewed
them/ the oldest answerd no thyng but bitwene her teeth/ as she
that was fyers and of grete porte But her suster was humble and ful
of grete curtosye/ and salewed humbly the grete and smale, After
35 he beheld on a tyme that these two susters playd at tables with
two knyghtes. but tholdest chyd with one of the knyghtes/ And
demened strongly foule chere. But the yonger suster/ which had

¹ le pe C

also lost made no semblant of her losse/ but made as good chere/
as she had wonne/ The kyng of spayne sawe and beheld al this/
and drewe hym a part/ and called his counceylle/ and said to them/
ye knowe wel that the kynges of fraunce ne of spayne ought not
to marye them for couetyse but nobly· and a woman of good 5
maners wel born/ and disposed to come to honoure/ and to bere
fruyte/ And for as moche as I haue sene these two damoyselles·
And haue byholden their maners and theyr guyses/ me semeth
that the yongest is moost humble and moost curtois/ and is not
of so haultayn courage/ as is the oldest/ And they answerd to hym/ 10
[b iij] Syre tholdest is more fayre/ And he answerd to them/ none
honoure/ ne beaulte. ne none erthely good may compare to bounte
ne to good maners/ And in especial to humylyte/ And by cause
I haue sene her the more humble and the more curtoys/ I wylle
haue her/ And thus chaas her/ And thenne the bisshop and the 15
barons cam to the kyng of Aragon/ and demaunded of hym the
yonger doughter/ Thenne the kyng and alle his peple were moche
esmerueyled that they took not the oldest/ whiche was moost
fayre/ But thus it happed that the yonger was quene of spayne/ by
cause she was humble and softe of speche to greete and smale/ by 20
her grete curtosye/ wherof the oldest doughter had so greete
desdayn & so grete despit þt she bycam al frantyke & from her
self & therfore this is a fayre ensample/ how by curtosye and
humylyte is goten the loue of god and of the world/ For there is
no thyng so playsaunt as Humblesse curtosye· and to salewe fayre 25
the peple grete and smale/ and to make no chere of losse ne of
wynnyng/ For no gentyl wymmen ought to make none effrayes
in them/ but ought to haue gentyl hertes and softe answers And
to be humble/ For as god sayth in the gospel/ he that is moost
worthe and mooste knoweth/ moost humbleth hym/ lyke as dyde 30
the yonger doughter of Aaragon/ whiche for hir humylyte and
curtosye conquerd to be quene of spayne/ and took it fro hir older
suster

(Of them that ben chydars or scoldes/   cap°/ xiiij/

FAyre doughters/ see that ye begynne no strif to no foole/ ne to 35
them that ben hasty and hoote/ For it is grete perill Wherof I
shal shewe to you an Ensample/ whiche I sawe happen in a Castel/
wherin many ladyes & damoysels duelleden/ And ther was a

damoysell douȝter of a right gentyl knyȝt And she waxe angry
in playeng atte tables with a gentylman/ whiche was hoote and
hasty and moost Ryotous/ And was not right wyse/ And the debate
was of a dyes. whiche she saide was not truly made/ And soo moche
5 it encreaced that wordes were enhaunced/ and that she saide he
was a coward and a foole. And so they lefte theyr playe by chydynge
and strif/ Thenne said I to the damoyselle/ My fayre Cosyn/ Angre
you with no thyng. that he saith/ For ye knowe wel/ he is of hau-
tayn¹ wordes & of folissh answers/ wherfor I praye yow for your
10 honour that ye take no debate ageynst hym/ & I told her & coun-
ceiled feithfully/ as I wold haue said to my suster but she wold
not bileue me/ but yet did chide more after this than to fore/ And
she sayd to hym that he was [b iijᵛ] nought worth· and many other
wordes/ And he answerd to her/ that he was better for a man/
15 than she was for a woman/ & she said that he said not trouth/ &
soo the wordes aroos/ that he said yf she had ben wyse and good/
she shold not come by nyght in to the mennes chambres/ and kysse
them and embrace them without Candell/ And she supposed well
to haue auenged her/ and sayd to hym that he lyed/ And he said
20 he dyde not/ and that suche one & suche one had sene it/ And there
was moche peple/ that herd hit/ whiche knewe no thyng therof to
fore/ And many of them sayd/ that a good stylle/ and not so to haue
chyden had ben better for her & that she was beten with her owne
staf/ that is to saye by her tonge/ and by hir hasty spekyng/ And
25 after these wordes she wepte and said that he had diffamed her/
and that it shold not be left so And she reassayled hym to fore them
alle in suche wyse/ that he said yet more fowle and shameful wordes
to the dishonoure of hyr that she shall neuer recouer for socoure
that she can make/ And thus was she shamed by the haultesse of
30 her herte/ And therfore is² this a good ensample/ how no woman
ought to chyde ne stryue ageynst a foole/ ne with peple that haue
haultayn courage/ but they ought teschewe them/ For whan they
see that they wil speke grossely and hyghe/ they sholde lete them
alone· and holde them al styll/ and saye to them/ Fayr frende I see
35 wel that ye speke hyhe and wylle ryotte/ Now wylle I leue yow/
and so departe and goo fro hym/ lyke as a knyght dyd to a lady that
I knowe/ whiche had an euylle heede/ and saide many oultrages to
the knyght to fore all the peple· To whome the knyght said/
Madame yf it plesyth yow saye ye as many merueyles as ye wylle/

---

¹ haũtayn C   ² C *omits* is

And yf I here yow/ I doo yow no wrong. I see well ye be maryed/
wherof I am sory/ But now for al that she wolde not be stylle/ but
chode more than to fore/ And when the knyght sawe/ that she wolde
not leue ne be stylle for no thyng/ he took a lytell wyspe of strawe
that he fond/ And set it to fore her/ And saide to her Madame/ yf 5
ye chyde more/ so chyde to this wyspe of strawe// For I leue it here
for me/ And wente his way/ and lefte hyr there/ and it was reputed
for wel done of the knyght/ that soo lefte her/ And she was hol-
den for more foole than to fore. For when she fonde not/ to whome
she myght chyde/ she restreyned her yf she wolde· And thus ought 10
hit to be done/ For hit is not honest ne good folke to stryue with
fooles/ ne to chydars· ne to suche as haue euylle heedes and ben
hasty and hoote/ but teschewe them lyke [b iiij] as the knyght dyd
this lady/ of whome ye haue herd/

℄ Of her that ete the Eele and plumed her pye/ Capitulo/   xv/ 15

I Shall telle to yow an Ensample herof vpon the fayt of wymmen
that ete the good morsels behynde theyr husbondes/ There was
a damoyselle that had a pye in a cage whiche spak and said all that
she sawe/ And it happed that the lord of the hows made to kepe
a grete Ele in a tronke in a ponde And he kepte it moche der- 20
worthely for to gyue it to som good lord of his/ or to somme
frende/ yf they come to see hym/ And it happed that the lady saide
to the Chamberere/ that it were good to ete the grete ele/ And they
thought that they wold saye to theyr lord/ that theues had eten
hym/ And when the lord cam home/ the pye began to telle and 25
saye to hym/ My lady hath eten the Ele/ And when the lord herd
this/ he wente to his ponde/ and fonde not his ele/ And cam home
to his wyf/ and demaunded her what was befallen of his ele/ And
she supposed to haue excused her/ And he said that he was acer-
teyned therof/ And that the pye had tolde hym/ And in the hous 30
therfore was grete sorowe and noyse/ But when the lord was gone
oute/ the lady and the chamberere cam to the pye/ and plucked of
alle the fethers of his hede· sayeng Thou hast discouered vs of the
ele/ and thus was the poure pye plumed and lost the fethers of
his hede. But fro than forthon yf ony man cam in to that hows/ 35
that was balled or pylled or had an hyhe forhede/ the pye wolde
saye to them/ ye haue told my lord of the ele/ And therfore this
is a good ensample/ that no good woman sholde not ete for hir

lycorousnes the swete/· or deynte morsels withoute the wytyng of
her husbond· but yf she employed[1] it well with honoure/ This
damoysell was after moche scorned & mocked for that ele by cause
of the pye that so ofte remembryd it to suche as cam thyder so
5 ballyd or pylled

(How wymmen ought not to be Ielous. Capitulo/   xvj

I Shall saye to yow an ensample of this euyl thyng Ialousye
There was a damoyselle maryed to a squyer/ whiche loued
[b iiijᵛ] so wel her husbond that she was Ielouse of all them that he
10 spak to/ wherfor her husbond blamed and repreuyd her ofte/ but
it auayled no thynge· And among al other she was Ielouse of a
damoyselle of the Countrey whiche was of haultayn courage/ And
so it happed on a tyme/ that she dyd chyde ageynst this damoyselle/
And reproched her of her husbond· And that other said/ that by
15 her fayth/ she said not wel ne trouthe/ And that other said that she
lyed/ And thus began they to fyght and smyte/ eche other fyersly.
And she that was accused tooke a staf/ and smote that other on the
nose suche a stroke/ that she brack the bone/ wherof she had euer
after a croked nose/ whiche is the moost syttyng membre that a
20 man or woman may haue/ as it that stondeth in the myddes of the
vysage/ So was this woman al blemysshed and blamed of her
husbond/ and oftymes reproched/ so that it had ben moche better
for her not to haue ben Ielouse/ and to haue kept her vysage hoole
withoute blemysshe/ And thus by the dysfyguryng of her nose and
25 myschaunce/ her husbond myght not loue her soo parfytely after/
as he dyde to fore/ as he was woned to doo/ And otherwhyle took
other/ And thus lost she the loue and thonoure of her husbond
by her Ielousye/ and her folye/ This is a right good ensample for
al good ladyes and gentyl wymmen/ how they ought to make sem-
30 blaunt of suche thynges/ and to suffre fayre and curtoisly their
sorowe yf they haue ony/ Lyke as dide one myn Aunte. whiche
hath told it me many tymes/ This good lady was lady of languyller/
whiche thenne had a lord to her husbond. that myght wel/ and held
of rente for ·xv· C. pound a yere & helde a merueylous noble estate/
35 but her husbond was lecherous so moche/ that he held alwey a
woman or tweyne in his hous/ And oftymes he roos fro his wyf/
and wente to his concubynes/ And when he cam fro his folye/ he

[1] emploed C

fond a candel lyght/ and water with a towayll to wesshe his hondes/
And when he was come ageyn she said no thyng/ but praid hym
to wesshe his hondes, And he said that he cam from the preuy
chambre· And therfor said she by cause ye come fro thens, ye
haue the more nede to wasshe yow/ And otherwyse she repreuyd 5
hym not/ But somtyme she said to hym pryuely bitwene them
bothe only/ My lord I wote wel and knowe of youre fait with
suche one and suche one/ but neuer for me by goddes grace, sith
that it is youre playsire, And that I can by no mene remedye it·
I shal not make to yow the werse chere/ ne semblaunt. ne to them 10
also/ For I were ⌊b v⌋ wel a foole to breke my heede for the debate
of¹ youre marchaundise. sith it may be none other wyse/ but I pray
you my lord atte leste that ye make me no worse chere/ ne that
I lese not youre loue/ ne your good semblaunt/ For of the surplus
I shall wel deporte and forbere/ And shal suffre all that it shall 15
playse yow to commaunde me/ And truly by the softe and swete
wordes that she said to hym, his herte malte/ and wexe pytous/
and kept hym self from it a good whyle. And duryng her lyf by
grete curtosye and humble obeysaunce she vaynquysshid² hym/
For by other wey/ she had neuer done it/ And at the last he repentyd 20
hym/ and kepte hym only to her/ This is a faire ensample, how
by curtosye and obeysaunce a woman may best ouercome and
withdraw her lord and husbond fro suche feet and dedes/ and
sonner than by rudesse/ For a man is of suche courage, that when
they be ronne on with fyersnes and rudesse/ they done hit the 25
rather/ and ben the worse/ And for so moche for to saye trouthe,
and ryght/ an husbond ought not to conne his wyf maulgre/ yf
she be somwhat Ielous of hym/ For the wise man saith that Ialousye
is experyence of loue/ And I trowe he saith sooth/ For I shold not
moche retche of suche one/ as I set not by/ and that I had no cause 30
to loue whether he dyde wel or euyll/ but of my neyghbour or of
my frende I shold be sory and heuy at my herte yf he had ony
harme or disease/ And therfore Ielousye is not withoute grete
loue, But hit is in two maners/ of whiche that one is werse than
that other For it is in somme/ in whome ben no good resons, And 35
that is moche better to suffre for his honoure and for his estate/
than for to haue it, And also a man ought to conne not ouermoche
maulgre to his wyf/ yf she be a lytell Ialouse ouer hym/ For therby
she sheweth how her herte doubteth and hath grete fere/ that

¹ fo C   ² vaynquysshith C

another haue not the loue that she ought to haue of ryght. after
god and the chirche/ but she that is wyse maketh lytell semblaunt/
and she ought to refreyne her wel/ and to bere her euyll curtoisly
and couuertly/ And in like wise ought a man to make as litell
5 semblaunt as he maye/ It is wisedom to hym that may kepe hym,
but alweye the wif that seeth that her husbond be a lytell Ialouse
of her. yf she apperceyue that she hath caused it of ony folissh
plesaunces/ whiche plese hym not/ the good wif thenne ought to
deporte and forbere wisely withoute makyng semblaunt to fore
10 ony/ how she speketh or maketh ony chere by ony weye, And
ought to saye by twene them bothe wysely. and the moost swetely
that she may [b v^v] sayenge that she knoweth wel/ that the grete
loue that he hath to her, hath made hym to fere and doute that
she torneth not her loue awey from hym/ And to saye to hym that
15 he haue no doute ne be not aferd/ For by the grace of god she shalle
kepe thonoure well of them bothe/ And thus by fayre and softe
wordes to meue/ & take from hym & bryng hym fro his folissh
Melancolye/ For yf she take it in angre, and haue hyhe wordes she
shalle enlumyne the fire and make it werse/ and to make it werse
20 than it was to fore. For many wymmen ben more fyers in theyr
lesynges and lyes/ than in theyr trewe sayenges and wordes/ And
therfore many haue grete doubte/ And thus I saye yow that the
good wyf how wel that she haue a lytel suspection of Ryotte or
greef she ought not the lesse to loue her lord and husbond for a
25 lytell Ielousye/ For she ought to thynke that is the right grete
loue that she hath to hym/ And how he hath grete doute and fere
in his herte that another haue not the loue· that he ought to haue
by his right after god and hooly chirche, And to thynke and
beholde, that yf another withdrawe the loue/ that he ought to
30 haue/ that neuer he shal loue her/ and that the loue and the ioye
of theyr maryage shold be lost/ And theyr good and menage shold
torne to declyne and faile fro day to day/ And this is a thyng, that
moche peple ought to remembre and texpresse oft in theyr mynde/
And therfore this is a good ensample/ how the courage & thought
35 ought to be mesured

(How a good woman ought not to stryue with her husbond/
                                        Capitulo/ xvij/

AFter this a woman in no maner wyse ought stryue ageynst her
husbond/ ne answere hym so that he take therby displaysyre/
lyke as dyde the wyf of a burgeys whiche answerd to her husbond 5
so noiously. and shamefully to fore the peple/ that he bicam angry
and felle to see hym self so rewlyd to fore the peple/ that he had
therof shame/ And he said to her/ and bad her ones or twyes/ that
she shold be stylle and leue/ but she wold not/ & her husbond
whiche was wrothe smote her with his fyste to the erthe· And smote 10
her with his foote on the vysage so that he brake her nose/ by
whiche she was euer after al disfygured· And soo by her ryotte
and ennoye she gate her a croked nose [b vj] moche euyll/ It had
ben moche better for her· that she had holden her stylle and hadde
suffred/ yet it is reson and ryght that the husbonde haue the hyhe 15
wordes/ and it is but honoure to a good woman to suffre and
holde her in pees/ and leue the haultayn langage to her husbond
and lord/ And also it is in the contrarye to a woman grete shame and
vylonye to stryue ageynst her husbond be it wrong or right/ And
in especial to fore the peple/ I say not/ but when she shall fynd 20
hym alone and tyme/ but that she may wel reprehende hym and
aduyse hym in shewyng curtoysly that he had wrong and vnright
with hym/ And yf he be a man resonable/ he shal conne her thanke/
And yf he be other/ yet hath not she done but her parte/ For right
so shold a wyse woman do/ by thensample of the wyse quene 25
hester/ wyf of the kyng Assuere/ whiche was moche melancolyque
and hasty/ But the good lady answerd not to his yre/ But after
when she sawe hym well attempryd/ place/ and tyme/ thenne
dyde she what she wold/ And it was grete wysedom of a woman/
And thus ought wyse wymmen to do/ By this ensample/ the 30
wymmen that ben chydars and rampynge ben not of suche obey-
saunce/ as was a wyf of a marchaunt/ of whome I shall saye and
telle to yow·

(How a woman sprange vpon the table· Capitulo   xviij⁰

IN a tyme it happed that Marchauntes of Fraunce cam from 35
certayn Fayres/ where as they sought Draperye/ And as they
cam with Marchaundyse fro Roan/ that one of them said/ it is

a moche fayre thynge a man to haue a wif obeysaunt in alle thynges
to her husbond/ Verayly sayde that one/ my wyf obeyeth me well₁
And the second said. I trowe/ that my wyf obeyeth[1] me better/
ye sayd the thyrd/ lete laye a wager/ that whiche wyf of vs thre
5 that obeyeth best her husbond/ and doeth sonnest his commaun-
dement that he wynne the wager/ wherupon they waged a Iewele/
and accorded al thre to the same/ & sworen that none shold
aduertyse his wyf of this bargayn₁ sauf only to saye to her/ doo
that whiche I shall commaunde what someuer it be/ After when
10 they cam to the first mans hows/ he sayd to his wyf Sprynge in to
this bacyne₁ and she answerd₁ wherfore or what nede is it. And he
said by cause it playsyth me so/ and I wyll that thou do so/ Truly
said she I shall knowe fyrst wherfor [b vjᵛ] I shal sprynge/ And soo
she wold not doo it· And her husbond waxe moche angry and
15 felle₁ and gafe her a buffet₁ After thys they cam to the second
marchauntes[2] hows/ and he saide to his wyf lyke as that other
saide/ that she wold doo his commaundement/ And it was not long
after that he said to her/ Sprynge in to the basyn/ And she de-
maunded hym wherfore₁ And at the last ende for ought that he
20 dyde/ she dyd it not/ wherfore she was beten as that other was/
Thenne cam they to the thyrd mans hous And there was the table
couered· and mete set theron And the marchaunt said to thother
marchauntes in theyr eres/ that after dyner he wold commaunde
her to sprynge in to the bacyn/ And the husbond said to his wyf/
25 that what someuer he commaunded her she shold do it/ his wyf
whiche that moche louyd hym and dred hym herd wel the word.
And it was so that they bygan to ete/ and there was no salt vpon
the table/ And the good man sayd to his wyf/ Sail sur table And
the good wyf whiche hadde fere to disobeye hym₁ sprang vpon the
30 table and ouerthrewe table/ mete/ wyn/ and platers to the ground/
How said the good man/ is this the manere/ Conne ye none other
playe but this/ are ye mad or oute of youre wyt. Syre said she/
I haue done youre commaundement₁ haue ye not said that youre
commaundement shold be done what someuer it was. Certaynly
35 I haue it done to my power how be it that it is youre harme and
hurte as moche as myn. For ye said to me that I shold sprynge on
the table/ I said he/ I sayd ther lacked salt vpon the table₁ In good
feyth I vnderstode said she for to spryng/ thenne was ther laughter
ynouȝ & al was taken for a bourd and a mocquerye₁ Thenne the

---

¹ obeye C   ² mrachauntes C

other two Marchauntes said it was no nede to late her sprynge in
the basyn/ For she had done ynough/ And that her husbond had
wonne the wager/ And she was more preised than the other two
that wold not do the commaundement of theyr husbondes. For
moyen peple chastysen theyr wyues by buffettys and strokes/ but 5
gentyl wymmen ought to be chastysed by fayre semblaunt and by
curtosye₁ For other wyse ought not to be done to them. And ther-
fore euery gentyl woman sheweth whether she haue gentyll courage
or none That is to wyte that she sheweth by faire semblaunt and
by curtosye that she obeyeth and hath euer doubte to disobeye/ 10
leste ony harme come or myght happen or falle to her· For the
other two wyues obeyed not their husbondes lyke as the good wyf
dyde to the thyrdde marchaunt whiche for fere of disobeysaunce
to her [b vij] husbond sprange vpon the table₁ and threwe doune
alle₁ And thus ought euery good woman to fere and obeye her lord 15
& husbonde and to doo his commaundement is hit right or wrong/
yf the commaundement be not ouer outrageous/ And yf ther be
vyce therin/ she is not to blame/ but the blame abydeth vppon
her lord and husbonde/ And also that she ought not tansuere to
euery word of euery husbond ne of other/ And that therin is 20
perylle lyke as was of the knyghtes doughter/ that sette her honoure
in grete balaunce for to stryue and answere to the hasty squyer
that sayd to her vylonye as a foole/ For many ben so haultayn and
of soo euyl courage/ that they saye in hastynesse and hete alle that
they knowe and cometh to mouthe/ Therfore it is grete peryll to 25
begynne strif to suche peple/ For who soo doth/ he set his honoure
in grete aduenture/ For many saye in theyr angre more than they
knowe for to auenge them

¶ Of the woman that gaf the flesshe to her houndes/ capitulo/ xix

I Shal saye to yow an Ensample of a lady that yaf the flesshe 30
and good morsels to her lytell houndes/ Ther was a lady whiche
hadde two small houndes/ whome she moche loued and had soo
derworthe that¹ she took in them greete playsaunce/ She made for
them dayly dysshes of sowpes/ and after gaf to them flesshe and
other fryandyses delycyous/ And on a tyme there was a frere 35
mendycaunt that said to her that it was euyll done to gyue suche
metes to the houndes that were grete & fatte/ where as there were

¹ that that C

moche poure peple lene and drye for hongre/ Thus he prechyd
vnto the lady/ but for al that she wold not leue it/ Soo thenne
a lytel afterward this lady bycam seke vnto the deth, And ther
happed a wonder thyng/ whiche was sene al apertely. For ther cam
5 vpon her bed two lytel black dogges/ And whan she drewe on and
was in a traunce they were about her mouthe/ and lycked her
lyppes/ And where as they lycked her on the mouthe/ it bycam as
black as a Cole, This I haue herd of a damoyselle that said that
she had sene al this. And named to me the lady/ This is a good
10 ensample to euery good lady and woman/ how they ought not to
haue ouer grete plaisyre in suche thynges, ne to yeue flesshe/ ne
lychorous metes to the [b vij^v] houndes. For lack of whiche the
poure peple of god dye for honger the whiche ben the creatures of
god made to his semblaunce and lykenes/ and ben his seruauntes/
15 Suche wymmen vnderstande not the word of god in the gospel/
where as god sayth/ he that doth wel to the poure/ doth to me
seruyce/ These wymmen resemble not vnto the good quene
blanche, that was moder of saynt lowys whiche dyd do gyue in hir
syght the mete to the moost nedy and meseased. And after saynt
20 lowys dyd in lyke wyse, For he vysyted the poure peple and fedde
them with his own honde/ The plaisire of euery good woman is
to see the faderles and moderles children and lytel poure children
and them norysshe and clothe/ as dide the holy lady that was
Countesse of Mauns whiche norysshed wel thyrtty orphanes/ and
25 the lytel poure children for pyte/ and therin was al hir disporte/
And therfor she was louyd of god/ and had an holy lyf and a good
ende/ And ther was sene at her deth a grete clerenes and lyght alle
full of lytel children/ These were not the smale houndes that were
black/ whiche were sene with the other/ as ye haue herd to fore

30 ⸿ Of them that take first newe gyses   capitulo/ xx

FAyre doughters I praye yow that ye ben not the fyrste for to
take on yow newe arraye ne gyses. and that ye in this caas be
the last and tarye lengest/ And in especialle the newe gyses of
wymmen of straunge Countre. For I shalle saye yow of a debate
35 whiche was of¹ a baronnesse. that duellyd in guyenne/ And of the
lord of beaumont fader of hym that is now lord, whiche was a
subtyle and a wyse knyght/ This lady aresonned hym of his wyf/

¹ f C

And said fayre Cosyn· I am come fro brytayne and haue sene my
fayre Cosyn your wyf. whiche is not arayed ne aourned as ben the
ladyes of guyenne ne of many other places/ For her pourfyls of
her garnementes ne of her hodes ben not grete ynough after the
gyse that now is vsed, Thenne the knyght answerd to her· Madame 5
syth she is not arayed after your gyse, and that her pourfyls seme
lytell/ wherfore ye blame me be ye certeyn that ye shal blame me
nomore therfore/ For I shall doo araye her as queyntely and as
nobly as ye or ony other ben [b viij] and yet more/ For ye haue
not but the half of your garnementes and of your hoodes¹ torned 10
outward with grys and ermynes/ but I shalle doo to her better/
For I shalle make her kirtels and hoodes alle the furre outward,
& so she shalle be better pourfylled than ye ne the other/ And after
this he said/ Madame/ thynke ye/ that I ne wylle wel that she be
arayed after the good ladyes of the Countre/ yes veryly/ but I 15
wylle not that she chaunge the guyse of good wymmen/ ne of the
ladyes of worship of Fraunce and of this Countre/ whiche vse not
the gyse of the loues ne of the lemmans of thenglysshe men/ ne of
the peple of companyes/ For these ben they that first knewe this
gyse in brytayne and in Guyenne of these grete pourfyls and of the 20
Coursettys torned by the sydes/ For I was of that tyme and sawe
it/ And for to take the guyse of suche wymmen that brought it
firste hyther/ I holde them cuyl counceyled and also them euyll
aduysed that arraye them so/ and also them that take and vse hit/
how wel that the pryncesse and other ladyoo of Englond· whiche 25
after theyr longe comyng maye wel do it/ But I haue herd of the
sages that euery good lady & woman ought to kepe the gyse & state
of the good ladyes and wymmen of theyr Countre & comyn gyse of
the Royamme/ of whiche they ben of/ And that they ben moost
wyse that ben the laste that take suche noueltees and newe gyses/ 30
And thus by renomme the ladyes of Fraunce and of these lowe
marches ben holden the best ladyes that ben and lest blamed
These wordes were said to fore moche peple/ wherof the lady
held her self nyce/ and wyst not what to answere/ And thenne many
of them bigan to murmure/ and said among them/ that she had 35
done better for to haue holden her stylle and said nought/ And ther-
fore my fair doughters this is a faire Ensample for to take and
holde astate moyen and the gyse of the good ladyes of the Countre
and of the comune of the royamme/ that they ben of That is to

¹ hoode C

saye/ of that whiche the good ladyes vse comunely, & that is a
noble thyng/ For to take a newe gyse comen by straunge wymmen
and fro other Countrees/ they ben more mocqued/ and scorned,
than for to kepe the gyse of their Countre/ as ye haue herd of the
5 good knyght that was wyse/ and of grete gouernement in repreuyng
of the lady/ And knowe ye for certayne/ that they that first done
and take the newe gyses/ ben scorned & mocked, But god haue
mercy on vs at this day/ after that som haue herd that ony newe
facion or nouelte of goune or arraye [b viijᵛ] shall neuer reste till
10 they haue therof a Copye/ And shullen saye to their lord or husbond
dayly/ Suche thyng/ and suche shold become me wel/ and it is
right faire/ I praye yow that I may haue it/ yf their lord or husbond
saye to her, my loue yf suche one haue it/ other that ben holden
as wyse as she haue it not/ And she thenne wylle saye what though
15 they can not araye them, what haue I doo with all/ Sith that suche
one hath it. I may wel haue it/ and were it as wel as she/ And I say
you that they shal fynd so many resons/ that they must nedes haue
theyr parte/ but these maner of wymmen ben not founde the moost
wyse ne moost connyng/ but they haue their hert moost sette to
20 the plesaunce of the world/ I speke not vpon the ladyes ne the
damoysels that maye wel do at their lust and gyse/ For ageynst
their estate I thynk not to speke ony thyng that may displese them
yf I may knowe it/ For it apperteyneth not/ ne is syttyng to me but
to honoure and obeye them to my powere/ ne I entende not to
25 speke ageynst them by this book/ but to my owne doughters/
wymmen and seruauntes/ to whome I may say that as it shal plese
me. and after my wylle

(How me ought not to stryue ayenst them that ben langageurs and
full of wordes, Capitulo
                                                                    xxj

30 FAyre doughters I shall saye to yow an Ensample, how it is
  peryllous to speke and holde stryf to peple that haue the world
in their hande/ and that haue manere and wytte to speke. For
gladly men ne wynne but lytel to holde stryf of bourdes and Iapes
to suche men/ For it happed at a grete feste where as were many
35 grete ladyes and lordes/ And that ther was the marchal of Cler-
mont/ whiche merueiloussly had the world in honde as of fayre
spekyng and lyeng subtylly/ and to knowe hym self and his beyng
among alle knyghtes and ladyes/ So thenne ther was one lady that

said to hym. to fore alle the peple, Clermont, in good faythe ye
ought to gyue grete guerdon vnto god/ For ye be a good knyght
and semely ynough. and ye knowe many and conne many meruey-
les. and were parfite ynough/ yf your mockyng ne were and youre
euyll tonge. whiche somtyme can not be stylle/ Now Madame is 5
this the worst tatche that I haue/ [c j] She sayd ye/ Now see we
thenne in this poynt as me semeth for to Iuge rightfully/ that I
haue not so euylle a tonge as ye, And I shalle saye yow wherfore,
ye haue me repreuyd and tolde me the worst tatche that I haue
after youre aduys/ And I haue not said the worst tatche that I 10
knowe in yow/ what wrong hauc I doo thenne/ Madame I am not
so swyfte of my speche as ye are, The lady helde her pees thenne/
And wold that she had not stryuen ne spoken to hym for dyuerse
causes, whiche I reherce not· as I haue herd recounted that it was
ynough spoken, And somme said that it had be¹ better for her to 15
haue ben stylle/ And therfore this is a good Ensample/ For it is
bettcr somtyme to be stylle and saye no thyng than to be ouer
apperte and begynne wordes to such men/ as haue their wordes
redy at hand/ And that haue no shame to saye double wordes
hauyng dyuerse ententes/ And therfore take ye heede to whome 20
ye enterpryse to speke/ and beware that ye saye no thyng to theyr
displaisire/ For for to stryue is moche peryllous

(Of thre ladyes that aresonned Boussycault. capitulo/ xxijᵉ

Yᴇᴛ shalle I saye to yow of this matere/ how it happed that
thre ladyes supposed to haue shamed Boussycault And what 25
fylle therof/ Boussycault was a wyse man, and wel bespoken amonge
alle other knyghtes/ And hadde the world and rule at the wylle
among grete lordes and ladyes. So it happed at a feste that thre
grete ladyes satte in a Closette/ and spaken of theyr good auentures
so long/ that that one said to the other, Foull falle to her of vs/ 30
that wil not say for good companye yf she were this yere praid &
requyred of loue/ veryly seid one of them, I haue ben desired within
this yere/ by my feyth seid þᵗ other so haue I/ & I also said the
thyrd/ Now saide one that was most peert/ Foule be she that wylle
not discouere his name/ that laste desyred vs/ By my feyth said 35
one/ yf ye wylle ensure vs to saye the same also/ we shall saye truly
the treuthe. And she agreed & said that it was boussycault, ye said

¹ C *omits* be

that other. certeynly it was he that desyred me/ Certaynly so dyd
he me said the thirdde/ Ha Ha said they is hit soo/ Certeynly he is
not so loyal ne trewe as we had supposed/ He is not but a bourdour/
and a deceyuer of ladyes/ late vs sende for hym/ And anone he was
5 fette/ [c jᵛ] and cam/ and said to them· My ladyes what pleseth
yow/ they saide we haue for to speke with yow/ Sytte here doune
by vs/ And wolde haue made hym sytte at theyr feete. but he
answerd them and said. Sith I am comen at youre sendyng fore/
late me haue a chayer or a stoole to sytte on/ For yf I shold sytte
10 lowe I myght breke my poyntes or layners· & ye myght bere me
on hond that it were another thyng. And so he must haue a syege
to sytt on/ And when he was set. the ladyes that were wel born
began to saye to hym/ how is hit Boussycault· that we haue ben
deceyued by yow in tyme passed· For we had supposed that ye
15 had ben feithfull and trewe/ And ye are not but a trompeur and
a mockar of ladyes· It is al youre condicion/ how said boussicault
my ladyes knowe ye that I haue done ony deceyte or tromperye/
yes said that one. For ye haue desired my faire Cosyns/ that ben
here/ & also so haue ye me/ And ye haue sworen to eche of vs that
20 ye louyd eche best aboue al creatures/ this is a grete lesyng/ & it is
not trouthe/ For ye be not worthy ne of valewe to haue thre. And
therfore ye ben fals and deceyuable. And ye ought not to be putt
in the nombre ne in thacounte of good and trewe knyghtes/ Now
my ladyes haue ye al said/ ye haue grete vnright/ & I shall tell
25 yow wherfore/ For at the tyme that I said so to eche of yow/ I had
thenne my plesaunce/ And thought so at that tyme. And therfore
ye doo wronge to holde me for a deceyuer/ But me behoueth to
suffre of yow/ For ye haue youre parlementes vpon me/ And when
they sawe that he was not abasshed/ they bygan to saye/ what shall
30 we doo/ late vs drawe lotte for hym/ & she that hath the shortest
shall haue hym/ For yf I lose/ I shall quyte my part truly/ And I
myn said the other/ Thenne answerd he and said to them/ nay my
ladyes/ by the sacrament of god/ I am not soo to be departed ne to
be left/ For there is here no woman that I wyll abyde with/ And
35 therwith he aroos and wente his way And they aboden in the shame
more abasshed than he was/ And therfore it is grete perylle to
begynne strif or debate wyth men that knowe the world/ and that
can mayntene their manere And therfore this is a good Ensample
not for to stryue ne to haue wordes with suche maner men/ For
40 in all thyng is manere For other whyle they that wene to know

moost/ ben somtyme deceyued, And therfore I wold that ye shold remembre an Ensample semblable to this matere

℃ Of thre ladyes that accuseden one knyght/ capitulo,   xxiij
[c ij]

IT was so on a tyme that thre ladyes accuseden a knyght of suche 5
a caas and of suche a deceyuaunce, And had shitte hym in a chambre alone/ and euery lady had a damoyselle/ And that not-withstondyng they iuged hym to deth/ sayeng that he neuer after sholde deceyue in suche manere lady/ woman/ ne maide/ And they were so angry and wroth toward hym/ that eche of them helde 10 a knyf to slee hym/ And thenne he saide to them My ladyes syth it pleseth yow/ that I shall dye withoute remedye and withoute mercy/ I praye yow alle that it plese yow to graunte me a bone & a yefte, And they acorded & graunted it hym And thenne saide he, wyte ye what ye haue graunted, & they said nay/ but ye say it 15 to vs/ I desyre thenne saide he that the strongest hore of you smyte me the first stroke/ Thenne were they al abasshed & eche of them behelde other/ & eueriche thought in hym self· yf I sholde smyte the first stroke/ I sholde be dishonoured & shamed. & whan he sawe them so astonyed & esbayed/ he ran to the dore and opened 20 it/ & went out/ & so departed fro them/ & thus the knyght saued hym self/ & they abode all astonyed & mocked/ & therfor a lytel aduysement is moche worth at nede/ be it to man or woman, Thenne I leue to speke more of this matere, And come ageyne to speke of them that haue their herte all on the world, as to be att 25 feestes, Ioustes and carolles & to goo on pilgremages more for disporte than for deuocion

℃ Of them that gladly go to festes and Ioustes capitulo   xxiiij

I Shall saye to yow an Ensample of a good lady that gat a grete blame at a grete feste of a round table atte Ioustes· This good 30 lady was yonge. And her herte was set[1] to the world for to daunce and synge well. wherfore[2] the lordes and knyghtes loued her wel· Not withstondyng hir lord her husbond was no thyng plesid that she went so gladly/ but she ofte praide and requyred hym to gyue her leue/ And her husbonde dyde soo for fere to stande oute of the 35 grace of other lordes/ And by cause they sholde not saye/ that he

---

[1] wasset C   [2] whefore C

were not Ielouse/ And he hym self also spente largely for to ac-
queynte hym att the feestes/ And for the honoure of them bothe/
But [c ij^v] she myght wel apperceyue/ that yf she had wold don
the playsire and wylle of her husbond/ that she shold not haue
5 gone thyder/ Hit happed on a tyme as she was acustomed to daunce
in a feste all nyght tyl hit was daye/ that sodenly the torches and
lyghtes were al quenchid/ And there was made grete hues and
cryes/ & when the lyght was brought ageyne· the broder of the
husbond of this lady sawe that a lord a knyght helde this lady/
10 and had put her a lytel a parte or a syde/ And in good feithe/ I
thynke veryly/ that there was done thenne none harme/ ne vylonye/
But neuertheles the broder said so moche that her husbond knewe
therof/ And he had so grete sorowe in his herte therof/ that he
mystruste her all his lyf after· ne neuer had syth that tyme to her
15 soo grete loue ne playsaunce/ as he was woned to haue/ For he was
a foole/ and so was she also/ And euer after eche arred at other
lyke houndes. And they lost all their goodes and housholde. And
all for a lytell occasion/ I knowe wel also another fayr lady/ that
moche gladly wold be ledde to the feestes/ And was therfor blamed
20 and sklaundred with a grete lord· wherfore she took a thought &
bycam seke a long tyme of soo grete a sekenes/ that she[1] was all
deffeted/ And had no thyng on her/ but skyn & bone And began
to drawe toward her deth/ wherfore the sacrament was brought to
her/ Thenne said she to fore all that were there/ My lordes & my
25 frendes/ behold & see/ In what poynt I am/ I was wonte to be
whyte/ Rody/ fatte/ and the world preysed my beaute/ Now maye
ye see what I am/ I am not lyke as I was woned to be/ I was
acustomed to loue festes/ Ioustes & torneyes but the tyme is
passid/ me behoueth to goo to therthe that I cam fro/ And also my
30 right dere frendes/ it is said and moch spoken of me and of my
lord of Craon/ But by that god that I owe to receyue/ and on the
dampnacion of my sowle/ he neuer requyred me of vylonye/ ne
neuer did to me more/ than the fader that engendryd me/ I say not
but that he lay in my bed/ but that was withoute vylonye or thynk-
35 yng of ony euyll/ Thenne were there moche peple abasshed that
supposed wel/ it had ben all otherwyse/ Not withstondynge yet
had she be sklaundred and blamed therfore a fore tyme/ and her
honoure hurte/ And for these thynges it is grete perylle to alle
good ladyes that haue their hertes ouermoche set on the world·

¹ she | she C

ne be ouer desyrous to goo to suche feestes/ that they may kepe
them honourably╷ The feestes and reuelles ben cause of [c iij]
whiche many good ladyes and gentyl women gete moche blame
and noyse withoute cause/ And neuertheles I say not but that they
must somtyme obeye their husbondes and their frendes/ & go 5
thyder/ But my doughters yf it happen that ye goo/ And that ye
maye not refuse it goodly/ whan it cometh to nyght that they shal
daunce and synge/ so kepe yow that for the speche of the world/
ye haue alwey by you somme of youre frendes or of youre ser-
uauntes/ For yf it so happed/ that the torches or lyght were quen- 10
chyd and put oute/ that they myght abyde by yow/ not for doutyng
of ony euyl╷ but for the perylle of euyll eyen/ and of euylle tonges/
that alweye espye/ and seye more harme than ther is/ And also for
more surely to kepe youre honoure/ youre name and youre good
fame. ageynst lyers/ that wylle alwey saye the euylle and leue the good 15

ℂ Of them that wylle not were theyr good clothes on hyghe festes
and holy dayes/ capitulo/   xxv

AN other ensample I shalle telle you of them· that wylle not
were theyr gounes ne clothes on hyhe festes. and on sondayes
for the honoure of oure lord/ Thenne I wold that ye sholde take 20
ensample how a damoyselle repreuyd her lady There was a lady/
whiche had good gounes & ryche/ but she wolde not were them
on sondayes/ ne on festful dayes╷ but yf she supposed to fynde
there noble men of estate/ So it happed at a feste of oure lady.
whiche was on a sonday/ that her damoysell said to her Madame 25
why clothe ye not with youre good gowne this day for the loue of
oure lady/ and of the sonday/ I sayd she╷ for I se no men of estate
here/ a ha said the damoysell/ god and his moder ben more grete
than ony other/ And they ought to be honoured more than ony
worldly thyng/ For he may gyue and take awey alle thynges at his 30
plaisire/ For all good and all honoure cometh of hym and of his
blessid dere moder/ and on theyr hooly dayes we ought to arraye
vs the better/ holde youre pees said the lady/ God and the preest
and the peple see me al day/ but folke of estate see me not alwey/
& therfor it is gretter honour to me to aray & make me fresshe for 35
them/ Madame said the damoisel that is euil [c iijᵛ] sayd╷ It is not
sayd the lady/ late come al that may come therof Anone with that
worde there cam a wynde all hoote. and smote her in suche wyse

that she myght not styre ne remeue/ more than a stone/ And
thenne she confessid her and repentyd/ and auowed to many
pylgremages/ And was caryed in a lytyer/ And she told to al men
of worship that she fonde the cause of this maladye that had so
5 taken her/ And that it was the vengeaunce of god/ And she said
that she had more grete ioye and gretter playsyre for to make her
queynt and gaye for peple of estate that cam from without forth
in to suche a place where as she was for to playse them· and to
haue parte of their beholdynges, than she dyde for ony deuocion
10 at the hyhe festes of oure lord. ne of his sayntes/ And sithe she
sayd to gentyll wymmen. where as she arayed her, My loues/ loo
see here the vengeaunce of god/ And tolde to them alle the fayt
And saide to them, I was woned to haue a faire body and gente/
And so sayd euery man of me/ And for the preysyng the bobaunce
15 and the glorye that I took/ I clad me with ryche clothes and fyn
wel pourfyld and furryd· And shewed them att festes and Iustes/
For somtyme the fruyte that was in me· was nouȝt & folye/ &
alle that I dyde was for the glorye and loos of the world/ And whan
I herde saye of the companye/ that sayde for to please me/ loo
20 there is a wel bodyed woman, which is wel worthy to be bilouyd
of somme knyght/ Thenne al my herte reioysed in me/ Now maye
ye see what I am, For I am now gretter than a pype. And am not
like as I was, ne the gownes ne robes that I loued, & had so dere.
that I wold not were them on sondayes ne on the feestes for
25 thonoure of god shall now neuer serue me/ And therfor my fair
loues & frendes/ god hath shewed to me my folye/ that spared
myn araye on holy dayes for to shewe me fresshe & Ioly to fore
men of astate for to haue preysyng & beholdyng of them, wherfore
I pray yow my frendes, that ye take ensample here at me/ Thus
30 complayned this good lady al seke and swollen/ vij/ yere/ And after
when god had sene her contricion & her repentaunce, he sente to
her helthe/ & was hoole after her lyf/ & was euer after moche
humble· towarde god/ And gafe the moste parte of her goodes for
goddes sake/ & helde her afterward symply and had not her herte
35 set toward the world/ as she was woned/ & therfor my fair dough-
ters this is a goode ensample hou ye ought to apparayle yow· &
were youre good clothes on the sondayes, & the good feestes for
thonoure and the loue of god which gyueth [c iiij]¹ all/ And for

---

¹ d iiij C, *but a correction in early manuscript (now barely visible in BM 2) has
been made in all copies.*

thonoure of his swete moder & of the hooly sayntes more than for
worldly people/ whiche ben no thyng but fylthe/ & erthe/ And for
theyr regard and preysyng/ For they that soo done for their plai-
saunce displese god/ And he shal take vengeaunce on them in this
world/ or in that other/ like as he dyd of the lady of whiche ye 5
haue herd/ And therfore this is a good Ensample to all good ladyes
and to alle good wymmen

℄ Of the suster of seynt Bernard whiche cam to see hym in grete
araye Capitulo   xxvj

ONe Ensample. wylle I telle yow after this matere/ It happed 10
that seynt bernard whiche was an hooly man/ and of hyhe
lygnage lefte all his grete possessions/ and noblesse for to serue
god in an Abbaye and to lede the better his lyf/ he was chosen
Abbot· and ware hayer and dyd grete abstynence/ & was a grete
almes man to the poure/ And he had a suster whiche was a grete 15
lady/ and she cam for to see hym with grete foyson of peple nobly
arrayed with ryche robes set with perles & precious stones/ & in
this grete estate she cam to fore her broder whiche was a good and
holy man/ And whan saynt Bernard sawe her in this araye/ he
blessid hym/ and torned to her his back/ And the lady was gretely 20
abasshed by cause he deyned not to speke to her/ & he sente her
worde that he was aferd to see her in so grete pryde/ & so desguysed
& deffaited/ Thenne she dide of her ryche atours & ryche robes/
& arayed her moche symply/ & thenne he cam to her & said/ fair
suster. yf I loue your body I owe by reson moch more to loue youre 25
sowle/ Wene ye not that it displesyth god & hys sayntes & to all
the Courte of heuen to see suche pryde and bobaunce set vp· And
to araye karoyn/ that within a day after the sowle shal departe
shalle so rote and stynke/ that no creature may feele ne see it
withoute errour and abhomynacion/ Faire suster/ why thynke not 30
ye ones a day/ how the poure dye for cold/ and for hongre ther
withoute/ where as the tenthe parte of youre queynteryes and
noblesses myght refresshe and clothe moo than xl persones ageynst
the cold. Thenne this hooly man declared to her hou [c iiijᵛ] she
shold leue the folye of the world· and the bobaunce therof/ and 35
shewed to her how she shold saue her sowle soo moche that the
good lady wepte/ And after she dyde doo selle the moost parte
of her ryche Roobes and ryche araye/ And ledde soo hooly a lyf/

that she had the grace of god and of the world/ that is to say of
good and wyse men/ whiche ben better than fooles· And therfor
my fayr doughters this is a fair Ensample that ye ought not haue
youre herte set toward the world/ ne to fynde and set these newe
5 gyses and queyntyses to please with the world· but that ye departe
so with god/ whiche all sendeth/ And soo may ye gete youre saua-
cion/ For it is better to haue lasse gownes and robes/ that the poure
may haue theyr parte/ For who someuer sette all his entent for
to haue the playsyr of the world/ I am certayne that it is folye
10 and temptacion of the fende oure enemye/ And ye ought more
better to araye yow for the loue and honoure of god/ than for the
folysshe thought of the world whiche is but a shadowe vnto the
regard of hym that all maye and al gyueth/ and alwey endureth
his glorye/

15 ⟨ Of them that playe and iape at the masse/ capitulo/   xxvij

I Shalle telle yow another Ensample of them that Iangle at the
masse· when they ought to here the seruyse of god/ It is con-
teyned in the gestys of Athenes/ that ther was an heremyte a moche
hooly man and of blessid lyf/ And he had a Chappel in his her-
20 mytage of saynt Iohan/ And thyder cam many knyghtes/ squyers
ladyes and damoysels of the Countre/ as wel for the feste/ as for
the holynes of hym/ And this hooly heremyte songe the masse.
And when he torned hym after the gospel/ he behelde the ladyes
and damoisels/ knyȝtes and squyers/ that bourded & iangled in the
25 tyme of the masse and rouned one with another/ And he beheld
moche theyr contenaunce/ And he sawe that at eche ere of man
and woman was a fende moche black and horryble/ whiche also
laughed and Iangled amonge them/ and wrote the wordes that
were said/ These fendes wenten spryngyng vppon theyr queynt
30 arayement/ and nyce araye lyke as the smale byrdes that lepe fro
braunche to braunche/ And this hooly man blessid hym and mer-
ueyled/ And when [c v] he was in his canon aboute thende he
herde them speke and laughe/ And thenne he smote the booke for
to make them be stylle/ but somme there were that wold not/
35 Thenne said he/ fayre lord god make thou them to hold their pees/
and be styll/ and that they maye knowe their folye/ Thenne they
that soo laughed/ bigan to crye and braye/ bothe men and wymmen
as demonyakes and suffryng so grete peyne. that it was a pytous

thyng to see and here And when the masse was songen/ the hooly
heremyte said/ hou he hadde sene the fendes of helle laugh vpon
them with euyl contenaunces when he was at the masse/ And after
he told them that they fylle in grete perylle when they spak and
bourded/ and of the grete synne that they dide in the tyme of the 5
masse/ when they sholde haue ben in the seruyse of god/ To whiche
none ought to come/ but for to gyue laude/ praye humbly and
deuoutely to worshippe god/ And after this he said/ how he sawe
the fendes lepe & sprynge vpon the hornes/ & other nyce apparaylle
of many wymmen/ And they were tho that talked and Iangled with 10
company And they that thought more to complaire and plese
their amorettes & delytes of the world/ than to plese god/ & to
haue the regardes & beholdynges of the musardes/ on them/ he saw
on these the fendes pynne their keuerchyefs/ but vpon them þᵗ
sayd their prayers & were in deuocion/ they were not on them ne 15
touched them how well there were ynough of them/ that were wel
arayed & curyously/ But it holdeth more in the hert than in
thabyte/ And after he said that they¹ that soo arayed them for to
ben the beter sene/ and take heede of· done grete synne/ And they
that take playsir in the seruyse of god/ angre sore and gyuen grete 20
debate to the fende oure enemy/ After that he had said thus many
thynges/ the wymmen and they that cryed and were so tormented/
threwe awey their gaye arraye/ as peple oute of theyr wyt/ And
alweye abode they there in suche manere nyne dayes/ And on the
tenthe day they were brought ageyne to their right mynde/ by the 25
prayer of the hooly heremyte· And thus were they chastised/ that
fro than forthon/ they kepte them from spekyng and Ianglyng in
the tyme² of the seruyce of god/ wherfore we may wel vnderstonde
by this ensample that no persone ought not talk in the chirche ne
distourble the seruyse of god [c vᵛ]   30

(An Ensample that happed at the masse of seynt Martyn
                                              capitulo/ xxviij

ANd yet I shalle saye to yow what befelle att the masse of seynt
Martyn of Tours/ The hooly man songe the masse And his
godsone seynt Bryce helpe hym to synge which was after hym 35
Archebisshop of Tours/ This saynt Bryce began to laughe/ And
saynt Martyn apperceyued it/ And when the masse was done/

---

¹ C omits that they   ² thetyme C

seynt Martyn callyd hym/ And demaunded of hym why he
laughed/ And he answerd hym that he had sene the deuyll/ whiche
put in wrytynge/ alle that the men and wymmen talked to geder
as longe as he sayd the masse/ Thenne it happed/ that the par-
5 chemyn in whiche the fende wrote/ was ouer shorte/ And he began
to drawe it oute a long with his teeth. for to make it larger/ And
when he so drewe with his teeth/ the perchemyn escaped fro hym/
in suche wyse that he smote his heede ayenst the stone walle/ And
for that cause I lough/ And whan saynt Martyn hadde herd that
10 seynt Bryce had sene this/ he preched vpon this mater to the peple/
how it was grete perylle to speke & talke in the masse tyme/ and in
the tyme of the seruyce of god/ And yet susteyne the grete clerkes
that me ought not saye no prayers in the masse tyme/ And in
especial whyle the gospell is red and per omnia with the preface/
15 And for these causes aforsaid my fair doughters/ ye haue herby a
fayre ensample/ how that ye ouȝt to mayntene you humbly and
deuoutely in the Chirche/ and not to talke ne iangle for no thyng
that may happen

℘ Of a knyght that causid all a towne to lese theyr masse where as
20 he dwellyd/ capitulo   xxix°

ANother Ensample I shalle telle yow of them that lose their
masse/ and also to make other to lese it/ I haue herd told of
a knyght and of a lady/ that fro theyr youth took grete plaisire to
slepe to fore none. And this they vsed in suche manere that oftymes
25 they lost theyr masse/ And causid alle the[1] parysshe to lose it also/
in whiche they dwellyd/ For he was [c vj] lord and patron of the
parysshe/ And the parson durst not withsaye hym/ So it happed
on a sonday/ that they sente to the parson that he shold tarye for
them/ And whan they cam/ it was passed mydday/ And they of the
30 parysshe told the preest that it was past none/ And therfor he
durst not synge masse/ And so they hadde no masse that daye/
wherfore the peple of the parysshe were moche angry/ but they
must nedes suffre/ And it hapned in the same nyght that the preest
had a vysyon/ that hym semed/ that he kept a grete flock of sheep.
35 in a felde/ where as was no grasse/ And he wold haue brought
them in a pasture for to haue fedde them/ where to was but one
path/ and in that path was a black swyn and a sowe/ whiche lay

---

[1] the (first word in last line of page) missing, with gap, in JR and NY

ouerthwert the way/ And these hogges were horned/ And he had
soo grete drede and fere/ bothe he/ and his shepe. that he durst
not entre in to his pasture/ And anon they torned back to their
feld withoute pasture/ And soo they had no mete, And thenne hym
thought one saide to hym/ leuest thou to gyue pasture to thy sheep/ 5
for fere of these horned beestes/ & there with al he awoke, And
in lyke wyse this vysion happed the same nyght to the knyght
and to the lady his wyfe· for them semed that they become a bore
and a sowe/ and were also horned/ And that they wold not suffre
the sheep to passe and goo to their pasture/ And sith them semed/ 10
ther cam a grete chace of black hunters syttyng vpon grete black
horses/ which had with them grete quantyte of grehoundes and
black dogges/ whome them semed. they vncoupled/ and dide set
them on hem, and made them all to drawe hem/ and byte them
by the eres/ armes/ and thyes/ And blewe their hornes/ halowed 15
and cryed/ And this chace or huntyng endured on them so longe,
that them semed that they were taken & slayn/ & ther with all they
awoke beyng sore agast & effrayed/ & this aduysion happed and
cam to them two tymes/ Now it happed that the preest cam vnto
the place/ where this knyght & lady were, And they tolde to hym 20
their vysyon, And in lyke wyse the preest told to them his/ wherof
they were sore admerueyled and abasshed by cause they were
lyke, Thenne the preest aduysed hym/ and sayde to the knyght/
Syre there is an hooly hermyte here by in suche a foreste/ whiche
shalle make vs wyse and vnderstonde of this thynge/ Thenne they 25
wente to this hooly man/ and recounted to hym theyr aduysyon,
fro poynt to poynt/ And thys hooly man which was wyse and of a
blessid lyf/ declared to them all their fait/ And said to the knyght
& his wyf· ye be the black [c vj^v] swyne, whiche kepe the pathe and
the entre of the pasture. that the sheepe may not fede them/ ne 30
may not ete of the good pasture That is to saye that ye be lord of
the parysshe, in whiche ye dwelle And ye haue distourbled and
lette the good peple and parisshens for to here the seruyse of god,
which is good pasture & refresshyng of the spyrituel lyf of the
sowle/ by cause of youre latchesse and youre long reste, And the 35
hornes that ye haue ben the braunches of youre synnes/ whiche
ben moche grete/ And in especiall of the grete synnes that ye haue
done in lettyng other fro the benefete and the seruyce of god/
whiche ye may not amende but by greete penaunce and tormente/
And therfore the vengeaunce of the wrong that ye haue done/ is 40

shewed to yow/ that ye shall be tormentyd and hunted of the
fendes of helle/ And at the last ye shalle be taken and slayn by the
very huntyng of deuyls/ lyke as it was shewed to yow by youre
aduysyon/ And I say you certaynly. that it hadde ben lasse synne
5 an honderd ageynst one, that ye had herde no masse than for to
take fro the good peple ne fro the preest their deuocion/ for when
he abode ouer long, he was angry & synned in the synne of wrathe,
and the good peple also/ of whome somme wente to tauerne/ And
other lost their deuocion and alle good charyte/ And all the synnes
10 and euyls comen of yow/ & by youre slouthe/ wherof ye shall gyue
a rekenyng perauenter hastlyer than ye wene/ For ye shalle be
hunted and put to deth lyke as ye haue sene in youre aduysyon/
That is to say that ye ben in the wey to be dampned/ yf ye put not
therto remedye/ Thenne the knyght was moche abasshed/ and
15 demaunded of hym counceil how he myght doo/ Thenne the hooly
man said that he shold thre sondayes knele to fore his parisshens/
and crye them mercy/ and praye them to pardone hym/ And that
they wold praye to god for hym and his wyf also/ And from thenne
forthon they wold be the first to fore other at the Chirche/ and
20 there he confessid hym to the heremyte/ And he gafe to hym that
penaunce and other/ And fro than forthon he chastysed hym self/
And he and his wyf thanked oure lord/ that he vouchesauf to shewe
to them this demonstraunce/ And I saye yow that fro than forthon/
they were the first that cam to the chirche/ And also the hooly
25 heremyte said to the preest and declared to hym his vision. and
tolde hym that god ought to be more drad and serued than the
world. And therfore my faire doughters/ take herby a good
ensample/ that for your plaisire ye cause none to lese their masse/
ne theyr [c vij] deuocion for your slouthe and neclygence/ For it
30 were better that ye herd none/ And I wolde wel, that ye shold
knowe and lerne thensample of a lady/ that spended the fourthe
parte of the daye for to araye her/

(Of a lady that dispended the fourthe parte of the day for to araye
her/ capitulo/   xxx

35 THer was a lady/ whiche had her lodgyng by the chirche/ And
     she was alweye acustomed for to be long to araye her/ And to
make her fresshe and gay, in so moche that it annoyed and greued
moche the parson of the Chirche/ and the parysshens/ And it

happed on a sonday that she was so long/ that she sente to the
preest/ that he shold tarye for her/ lyke as she had ben acustomed·
And it was thenne ferforthe on the day, And it annoyed the peple/
And there were somme that said. how is hit/ shall not this lady
this day be pynned ne wel besene in a Myrroure/ And somme said 5
softely. god sende to her an euyll syght. in her myrroure that
causeth vs this day. and so oftymes to muse & to abyde for her.
& thenne as it plesyd god for an ensample. as she loked in the
Myrroure she sawe therin the fende/ whiche shewed to her his
hynder parte so fowle and horryble/ that the lady wente oute of 10
her wytte/ and was al demonyak a long tyme/ and after god sente
to her helthe/ And after she was not so long in arayeng but thanked
god that had so suffred her to be chastysed/ And therfore this is
a good ensample, how me ought not to be so long/ for to apparayle
ne to make her gaye/ as for to lese the seruyse of the masse. ne to 15
make other to lese the seruyce of god

(How god sprange in to the mouthe of a hooly lady, cap° xxxj°

NOw I shalle telle yow vpon this matere of a good lady whiche
was hooly of lyf/ and moche loued god & his seruyse/ And
that day that she herd no masse/ she ete neither flesshe ne fysshe. 20
so euyll at ease was she at her herte, So it happed on a tyme/ that
her chappellayn was in suche wyse seke/ that he [c vijᵛ] myght not
synge masse/ The good lady was not wel at ease att her herte/
by cause she had lost her seruyse/ And walked out of her Castel
sayenge, O good lorde/ forgete vs not, but plese hit the to pourueye 25
to vs that we may here the holy seruyce/ and in sayeng these
wordes/ she sawe two freres of relygyon comyng, of whom she
had grete ioye, And anone she demaunded yf they had said masse,
And they said nay/ And she desyred them to synge, And they
saide gladly/ yf it please god/ And when the good lady herd that 30
she thanked god/ And the yonger songe first/ And thenne whan
he had made thre pyeces of the sacrament/ the olde frere beheld
it. And sawe one of the partes spryng in to the mouthe of the good
lady/ in maner of a lytel bryght clerenes, The yonge frere loked all
aboute/ where hit was become/ And that other trembled for fere 35
and sorowe of his felawe/ And cam to hym and sayd that he sholde
not be dismayed/ For that he sought was in the mouthe of the
good lady· Thenne was he wel assured and thanked god of the

myracle that thus happed to this good lady/ that so moche louyd
the seruyse of god, Loo my faire doughters· this is a good ensample
for you certayn/ They that loue god in his seruyse/ god loueth them/
as it is shewed appertely, by this good lady/ whiche had so grete
5 desyre to see hym and here his seruyse as afore is said/

(Of a Countesse that euery day herd thre masses/ capitulo/ xxxij/

I Wolde that ye sholde wel reteyne an ensample of a good lady,
a Countesse/ whiche euery day wolde here thre masses/ And
on a tyme she wente a pylgremage· And hit happed of one of¹ her
10 Chappellayns to falle of an hors to therthe/ so that he was so hurte
that he myght not saye masse/ The lady was at ouer a grete mes-
chyef for to lose one of her masses/ And she complayned deuoutely
to god/ And anone god sente to her an Angel in stede of a preest/
whiche songe the third masse/ but when he had songen/ and was
15 vnreuested/ it was not knowen where he bicam for ony serche
that they couthe make. Thenne thought the good lady/ that god
hadde sente hym to her/ And thanked hym moche humbly/ and
this is a faire Ensample how god purueyeth to them that haue
deuocion in hym/ and in his seruyce, But I trowe that ther ben
20 many ladyes at this day/ that passe [c viij] wel with lasse than
thre masses/ For it suffyseth them ynowe of one masse only/ soo
lytell loue and deuocion/ haue they in god/ & in his seruyce, For
in herynge of his seruyse his propre persone fonde hym/ For who
someuer loueth and dredeth hym, he wyl oft see hym and here
25 his hooly word/ And in lyke wyse the contrary/ For he that hath
not wel set his hert to hym ward/ he passeth lyghtely as many doo
in thise dayes/ whiche haue their herte more set on the world/ and
on the delyte of the flesshe, than on god.

(Of a yong amorouse lady/ and of an esquyer/ Capitulo/   xxxiij

30 I Shalle telle to yow an Ensample of a yong lady· whiche had
sette her hert on the world/ And vnto her repayred a squyer/
whiche was Ioly and amourous on her/ And she ne hated hym not/
And more for to haue ease and delyte for to speke and bourde to
geder/ she made her lord and husbond to bileue that she had auowed
35 to go a pylgremage/ & her husbond whiche was a good man suffred

---

¹ C *omits* one of

her by cause he wold not displease her/ and so it happed on a tyme
that she and this squyer went a pylgremage vnto a monastery of
oure lady/ And they were in grete plaisire on the way for to speke
to geder/ For they entended wel other thynges than to saye theyr
matyns/ And they had grete playsyre and delyte on the wey/ wherof 5
it happed that when they were comen in to the chirche, and were
in the myddel of the masse/ the fowle fende/ whiche is alwey in a
wayte tenflamme & tempte man and woman/ helde them so subget
in this temptacion and fowle plaisire, that they had theyr eyen and
plesaunces more to beholde eche other/ and to make smale signes 10
and tokenes of loue than they had in the dyuyne seruyse/ or for to
saye deuoutely theyr prayers/ And soo it happed by open myracle/
that soo grete a maladye tooke the said lady, that sodenly she
swouned/ And they knewe not whether she was dede or a lyue/
And so she was born thennes in mennes armes in to the towne/ 15
as a dede body/ And her husbonde and frendes were sente fore/
whiche were moche sorowfull of this aduenture, And they beheld
hyr/ and wist not whether she wold dye or lyue/ Thenne it happed
that the lady whiche was in grete payne sawe a merueylous
aduysyon/ for her semed that she sawe her fader and moder/ 20
whiche had ben dede [c viijᵛ] long to fore/ her moder shewed to
her/ her brest/ sayeng/ Fayre doughter/ loo here thy noreture/ loue
and honoure thy husbond and lord, as thou dydest this brest that
gaf the to sowke/ Sythe that the Chirche hath gyuen hym to the·
And after her fader sayd to her. Fair doughter why hast thou more 25
plesaunce and gretter loue to other than to thyn owne lord and
husbond/ Beholde this pytte that is beside the/ And know thou
for certayn/ yf thou falle in this fire of euyll hete/ that thou shalt
abyde therin/ And thenne she loked and sawe a pytte ful of fyre
so nyghe to her/ that almoost she had fallen therin. And she was 30
thenne all effrayed/ And after this her fader and moder shewed to
her wel an honderd preestes reuested al in whyte/ And the fader
and moder said to her, Fair doughter we thanke the, by cause that
thou hast reuested this folke here/ And after that her semed that
she sawe thymage of oure lady holdyng a Cote and a sherte/ and 35
sayd to her, This Cote and this sherte kepe the fro fallyng in this
pytte Thou hast defowled my hows and mocked it/ And in this
effraye, she awoke/ and gaf a grete syghe· And thenne had her
lord & her frendes grete ioye/ and sawe well that she was not deed/
And this lady felt her self al wery/ and feble of the aduysyon & 40

drede of the fyre/ and of the flamme of the pytte/ in whiche she
was almoost falle/ And she demaunded to haue a preest/ And anon
was fette to her an hooly man a relygyous whiche was a grete
Clerke/ and ware the hayre and lyued an hooly lyf/ And to hym
5 she confessid her/ and tolde to hym all her aduysyons and the
grete drede that she had to falle in to the pyt/ And there she tolde
to hym all her synnes. & her yong wantoun lyf/ And the holy man
declared to her/ hir aduysyon/ & said to her in this wyse

℄ Yet of the same/ Capitulo   xxxiiij[1]

10 D Ame ye ben moche beholdynge to god/ and to his swete
moder/ whiche wylle not haue yow dampned/ ne the perdicion
of youre sowle/ But they shewe to yow youre perylle and youre
saluacion/ First they haue shewed to yow youre fader and moder/
And youre moder said to yow/ Fayre doughter see the breestes.
15 of whiche thou hast taken thyn noreture loue & honoure thy
husbond. lyke as thou hast done these brestes/ [d j][2] That is to
vnderstonde/ ye ought to loue & fere hym/ like as ye loued the
pappes of youre moder/ & ther ye took youre norysshynge And
like as the childe leueth alle thynges for loue of the tete. & for the
20 swetenes of the mylke/ wherof he taketh his foode/ ryght so ought
euery good woman next god and his hooly lawe loue her husbond
aboue al other/ and leue all other loues for hym/ In lyke wyse as
oure lord saith with his hooly mouthe/ that a man shold leue fader
& moder/ suster & broder/ & abyde with his wyf & wyf with[3] her
25 husbonde/ & that they be not tweyne but one flessh/ & þᵗ god hath
ioyned man may not departe/ & also where ye said that youre
moder saide/ ye tooke youre noreture in her pappes & your welthe/
that is to say/ yf ye loue youre husbond aboue al other/ thenne shall
your noreture growe & encrece from day to day/ like as the child
30 groweth by his noreture of the pappe & by the swetenes of the
mylke/ which signyfyeth the grete swetenes the ioye the loue that
ouȝt to be in trewe mariage/ & the grace of god duelleth in them/
After your fader said/ faire douȝter. why hast thou more gretter
loue & plaisaunce to other than to thyn husbond/ beholde the pitte
35 that is beside the/ & knowe thou verily yf thou fall in the pitte with

---

[1] xxxxiiij C
[2] *Signature missing in* BM 2 *and* JR; *supplied in early manuscript in other copies*
[3] with wyf C

grete hete/ that thou shalt be lost therin/ that is to saye/ that if
thou loue more another than thy lord/ thou shalt fall in to the pyt/
where ye shal be brent & broiled for the delyte of euil plaisaunce
& euyll hete/ And therfore he shewed to yow the pytte of fire &
of hete/ And the vengeaunce & the pugnycion that behoueth to 5
ensue for this delite & the hete of the folissh plaisaunce. After he
shewed to you the prestes in white/ & said that ye had reuested
them/ wherof he thanked you/ that signefiance is/ that ye haue do
reuestid prestes/ & done said masses for them/ & in like maner
pray they for you· & they ben sory when they see them that done 10
good for them ben sent to perdicion/ as ye may wel apperceyue
that they were sory of the temptacion that ye had in the foule
plaisaunce/ in which ye were in the wey for to be lost/ & therfor
they cam for to socour you for loue of the good dedes of the masses
& almcsscs that ye haue done for them/ After ye saw thymage of 15
our lady that held a cote & a shirte/ & said this cote & this shirt
haue kept the fro fallyng in to the pytte/ for thou hast defouled
my hous & mocked it/ That is to saye that ye haue ben in the chirch
in gretter loue of another/ than of hym/ They were the folisshe
regardes & the folisshe plaisires þᵗ ye toke hym/ for whom ye 20
emprised & toke the Iourneye/ & also the vois said to you þᵗ haue
fouled & mocked his hous þᵗ is his chirch [d jᵛ] For all they that
come thyder for ony other playsaunce/ but for the deuocion of
hooly placc/ & doo not the seruyse of god/ but come for their
plaisire and worldly delyte/ they mocke the chirche and the hows 25
of god/ After ye defowled it when ye synned there lyke as the voys
said to yow. that was when ye hadde youre herte sette more in the
plaisire of folye/ than on the dyuyne seruyse/ And of that trespas
god hath wylled to shewe to you youre defaulte/ And hath sente
to yow this grete euylle and sekenes/ that ye haue now felt/ And this 30
grace and chastysement is comen to yow for the seruyse & good
dede that ye dyde to two poure wymmen/ of whiche ye gaf to one
a Cote/ & to that other a smok And the voys said to yow/ that the
Cote and smock haue kepte you fro¹ fallyng in to the pytte/ that
is to say that the good deede and thalmesse that ye haue done for 35
goddes sake haue kept you fro perysshynge/ For yf ye hadde fallen
in to the folye and fowle playsyre· where ye had set youre herte
in/ ye had ben vtterly loste and perysshed/ wherfore ye ought to
gyue grete thankyng & seruyse to god/ that he hath vouchedsauf

¹ feo C

to shewe yow youre errour Now ought ye from hens forth to kepe
yow from fallynge in suche perylle/ as for to lose all honoure and
youre sowle/ and not to haue plaisire to loue none so moche as
youre lord youre husbond to whome ye haue promysed feith and
5 trouthe/ and ye ought not to chaunge for better ne werse/ And yf
she chaunge and loue an other/ than she lyeth and periureth[1] her
feithe and trouthe, Now haue ye here god be thanked a faire
myroure all lyke as the wyse man shewed yow the aduysyon/ And
thus he confessid & tauȝt her the best wyse he couthe· & the lady
10 wexed al hole/ and thanked god and lefte all her folysshe plaisaunce,
Thenne it happed aboute half yere after/ that the squyer that loued
her peramours cam from a vyage/ and from an armee where he
had ben/ And cam to her queynt and Iolye/ And began to bourde
and iape/ & speke suche langage as he had to fore other tymes
15 vsed/ And he fonde her all straunge/ thenne was he all abasshed
and admerueyled/ And demaunded her and said/ Madame at what
playe haue I lost the good tyme, the lyf and the hope/ that I haue
had to lyue with you Ioiously/ And she answerd to hym that all
that tyme was passid/ For neuer as long as I lyue sayd she I purpose
20 to loue ne haue plaisaunce with[2] none· sauf with my lord my
husbonde, And thenne she told to hym the aduenture that happed
her in the chirch· And he thought and supposed [d ij] wel to haue
torned her/ but he myght not/ And when he sawe that she was
ferme and constaunt/ he lefte her/ And after sayd/ and tolde to
25 many other the constaunce and stedfastnes of her, wherof he
moche preysed and honoured her the more/ And therfore here is
a good Ensample/ how me ought not to goo to hooly pylgremages
for no foolysshe playsaunces/ but only for the dyuyne seruyse and
for the loue of god/ And how good it is for to praye/ and to doo
30 saye masses for the soules of fader/ moder and other frendes/ For
in lyke wyse they praye and empetre grace for them that ben alyue
that remembre them/ and doo good for them as ye haue herde/
And also it is good to gyue almesse for gods sake/ for the almesses
geten grace of god to them/ that gyue them lyke as ye haue herd/
35 And nowe I shalle telle yow another ensample that happed in a
Chirche/ whiche was called oure lady of Bealem

[1] periured C   [2] thith C

¶ Of the man and woman that made fornycacion within the
Chirche/ Capitulo   xxxv

IT befelle in the same chirche vpon the Vygyl or euen of oure
lady that one named Perrot Lenard/ whiche was sergeaunt of
the saide chirche that same yere laye with a woman vnder an 5
Awter/ in whiche place this myracle befelle/ They were ioyned to
geder as a dogge is to a bytche/ And in this manere they were
founden & taken/ & so ioyned & knytted to¹ geder they were all
the hole day/ in so moche that they of the chirch & of the Countrey
had leyser ynough to see & behold them· For they couthe not 10
departe one fro another/ wherfore a procession was made for to
pray god for them/ And soo aboute the euenyng of the daye they
were losed and departed. that one fro that other/ Neuertheles
nedeful and right it was that the Chirche shold be newe halowed,
And that the said perrot for his penaunce shold goo al about the 15
Chirche al naked on thre sondayes/ betyng hym self, rehercyng
and tellyng his defaute and synne, And therfore here is to euery
man a good ensample/ how that he shold hold hym clenly and
honestly in holy chirche. And yet shall I telle yow an other en-
sample vpon the same matere, whiche byfelle in the partyes of 20
peytow, whiche is not past thre yere [d ijᵛ]

¶ Of a Monke that made fornycacion in his Abbeye/
Capitulo   xxxvj

IN pytowe was an Abbeye whiche was named chyurefare/ of
whiche Abbeye the chirche hath be sore empeired and wast by 25
the warre, The pryoure of the same Abbeye hadde a neuewe that
had to name pygrere/ It befell on a sonday after matyns were done,
And as the Monkes made hem redy toward the hyghe masse/ that
this Pygrere was demaunded and asked for/ and sought all aboute/
and he couthe not be founden, but at the last so grete serche was 30
made for hym. that he was founde within the Chirche lyeng vpon
a woman in grete distresse and hard empesshed. For so nyghe they
touched and ioyned one to other that they myght not departe
nor styre one fro other/ but bothe at ones. And in suche manere
and poynt they were so longe that alle the monkes cam thyder 35
or they were losed· And when the poure Monke sawe his vncle and

---

¹ knyttedto C

al the other monkes with hym/ he had grete shame and grete
sorowe in his herte/ And for this cause and meschyef¹ lefte he that
Abbeye/ and wente in another somwhere/ Here may be taken grete
Ensample/ how men ought wel to kepe them self fro synne doyng
5 in hooly places/ specially of flesshely delyte or lecherye/ bothe in
spekyng or in ony other maner/ For it is not conuenient that a man
in suche places loke nor beholde maide ne woman. but by thought
and weye of maryage· For as god sayth in the Euangely/ as telleth
and recounteth one Euangelyste/ sayng that the swete Ihesu Cryst
10 entred or went in a chirche. whiche at that tyme was called the
Temple/ where as men sold Mercery and other ware/ And as oure
lord god sawe this/ he put them oute euerychone/ And sayd that
his hows sholde be kepte clene/ And that it ought to be the hows
of hooly orysons and prayers. and not hows of Marchaundyse nor
15 pytte or spelonke for theues/ And for to conferme these reasons
oure lord god hath wel shewed to vs appert or knowen myracles/
whiche of late he hath made in the forsayd Chirches as ye haue
herd/ And how that moche displesyth hym that men defowle his
hooly hows and his hooly Chirche [d iij]

20 ⟨ Of the vyces that renne & ben in many one/ Capitulo/   xxxvij

MY faire doughters he that the best or good seeth/ and taketh
the bad or euylle. it is good right that after therof he hym
repente/ I say so by cause that we haue thorugh this world many
euylle and badde Ensamples/ and mo ther be that rather and soner
25 taken the bad than the best or good/ They that soo doo ben fooles/
For they put them self oute of the ryght way that is oute of the
commaundements of god/ whiche all good/ and also oure saluacion
techeth vs/ And he gyueth vs it both by writynges and by lawe/
the whiche we hold and sette but litil by/ For we see that the moost
30 parte of the world rewleth and guydeth them self after the carnal
or flesshely delyte and wylle/ And ben ful of veyne glorye and
dampnable worship. The one is prowde for his scyence/ the other
for his Rychesse/ Somme for their gentylnesse/ Other be that ben
enuyous of the goodes and worship that they see in other folk more
35 than in them self/ Other be that ben yrous and kepe euylle wylle
in their hertes to the folk Other be that ben so esprysed and
brennynge in the hete and stynkyng fyre of lecherye that they be

¹ mesehyef C

wors than wylde beestes/ Other ben glotouns & lecherous, whiche
taken ouer moche good wynes and of delycate metes. Other also
that ben couetous to haue other mennes goode/ Other be that ben
theues/ vsurers/ Rauynours/ traytours and backbyters/ This maner
of folk thenne sheweth wel/ that they be sones and disciples of the 5
deuylle/ For wel they ensyewe and folowe the doctryne and faites
of hym their mayster, by whoos counceylle and¹ temptacion they
be ioyned with synne and lyeng in the way of dampnacion· And
therin the deuyll holdeth them faste bounden vnto the tyme of
shewynges of very and pure confession And of this manere the 10
moost parte of the world is entatched and ouercome/

(Of the good condycions· that ben in dyuerse and many maners/
amonge folke/ Capitulo xxxviij [d iijᵛ]

ALso ther be² other that ben sage and wyse/ whiche haue al
their herte and truste in god/ And for the loue and drede that 15
they haue toward hym/ they hold them clenly and fro synne/
alwey fyghtynge ageynste the fire of lecherye/ Also they hold them
sobirly fro etynge of delycious metes and wynes kepyng good
dyete/ For suche delycates ben but the bronde that lyghteth and
sparkleth the fire of lecherye/ Other ther ben that haue grace/ 20
wytte and suffisaunce ageynste couetyse/ And other that haue a fre
hert and pyteous vpon other mens peynes// and ben trewe and
rightful toward their neyghbours/ And also ben peasyble. And
therfor oure lord god maketh them to lyue in pees and peasybly,
For who that the euyll and the Ryote seketh/ anguysshe and 25
doloure shal soone folowe hym/ Many men by their grete Ire and
angre beten them self with their owne staf, And euery day ben
aboute to purchace to them self grete peyne and sorowe/ And
therfore oure lord God in the Euangely/ blesseth alle them that
ben debonaire, and peasyble of herte/ Alle suche folke that so clerly 30
and feruently byhauen and mayntene them self in the loue and
drede of god and of theyr neighbours shewe wel that they be wel
lyke theyr mayster. that is god the fader/ of whome they holden
and kepe the hooly commaundementes/ as hooly chirche techeth
them/ & they haue a fre herte to witholde them after thexamplayre 35
of his sone whiche is thexemplaire of life, and of ioye perdurable/
And is the swete welle or fountayn/ wherynne men may fynde

¹ coceunylle nad C ² he C

alle goodnesse and sauement And therfore fayr doughters/ haue
ye euer youre herte in hym/ and loue and drede hym/ And he shalle
saue yow fro alle peryls/ and fro all euylle temptacions/ Wherfore
my faire doughters I wylle shewe and declare vnto yow by this
5 book the trewe women and good ladyes/ that oure lord god
preyseth[1] so moche in his byble/ by whoos hooly dedes and opera-
cions were and shalle be euermore preysed/ Wherby ye may take
good Ensample of honest and clenly lyuynge/ And also I shalle
shewe yow somme euyl wymmen that were furyous and replenys-
10 shed of alle malyce/ the whiche fynysshed theyr lyf in grete
sorowe and heuynesse/ to thende ye take of them goode Ensample
to kepe yow fro all euylle and fro the perdycyon. wher as they fallen
in [d iiij]

(Thensample of Eue oure first moder　　　　　capitulo/ xxxix

15 THe first ensample of euyll and of synne/ wherby the deth is
come and entred in to this world cam by Eue our first moder/
that lytell kepte the commaundement of god/ and the worship
wherin he had enhaunced and put her/ for he hadde made her
lady/ of alle thynges lyuyng that were vnder the heuen/ whiche
20 al were obeyeng to her/ And yf she had not falle in to the synne of
inobedyence/ there had be no fysshe in the see ne beest on therthe/
ne byrde in thayer/ but that they had al be vnder her obeisaunce/
& at her will myght haue take them. and dyuyse & haue them
where someuer she wold/ Also she shold haue had children with-
25 out ony dolour or peyne/ & neuer she shold haue had honger ne
thurst/ nother cold ne hete/ trauaylle/ ne sekenesse/ tristesse or
heuynesse of herte ne erthely deth/ No water myght haue drouned
her ne fyre myght haue conbusted[2] or brente her/ ne glayue[3] or
wepen myght haue hurte her· no thyng myght ennoye her/
30 　Thenne loke we and thynke how a synne alone withoute ony
more was cause to putt her fro thys grete honoure and worshyp
and make her falle so lowe and in suche seruage/ For she lost all
that is before rehercyd only for the synne of Inobedyence/ Loke
ye wel thenne/ that ye kepe yow fro it/ as I trust in god/ ye shall
35 remembrynge this Ensample. And knowe ye that the synne of oure
first moder Eue/ cam by euylle and shrewed aqueyntaunce by cause
she helde parlement with the serpente/ whiche as the Hystorye

　　　　[1] preyse C　　　　[2] conbusced C　　　　[3] glauye C

sayth· hadde a face ryght fayre lyke the face of a woman And
spack ryght mekely/ she herde hym with alle her wylle/ and pryuely/
where Inne she dyde lyke a foole/ For yf at the begynnynge she
hadde not herde hym/ But hadde come to her lord she hadde
dyscomfyted and ouercome hym to grete shame/ And soo the foole 5
herynge of hym tourned her in to grete losse & damage/ And
therfore my fayre doughters/ It is not good to here folke, that ben
in theyr speche blandysshynge and castynge many flaterynge
wordes/ For they bene fulle of decepcion/ The Serpente found
Eue ferre froo her lord/ and allone/ Wherfore atte his beste leyser, 10
he shewed her his deceyuable purpos and false langage/ For the
whiche [d iiij^v] cause it is not good to be alone with ony other/ with-
oute he be of his next parente or kynrede/ Not withstandynge I
saye not but men may wel bere honoure to euery one after he is
worthy/ but men put more his honoure and worship in Ieopardy 15
and daunger by answere to moche/ than by fewe and short answere/
For one word bryngeth in another

⟨ Of the second folye of Eue/ Capitulo xl?

THe seconde folye of Eue oure firste moder is/ that she to
lyghtely answerd withoute remembryng her ne thynkyng to 20
no harme/ as lucifer demaunded and asked of her why she and her
husbonde ete not of the fruyte of the tree of lyf as they dyd of
other/ she withoute takyng ony counceylle of her husbond answerd
and helde with hym talkyng wherof she dide lyke a foole and
myshapped her/ For the answere was not conuenyent to her/ but 25
it longed and apperteyned to her lord Adam by cause god had
gyuen to her lord the kepyng of her and of the fruyte/ And to
hym hadde deuysed and tolde/ of whiche fruytes they sholde ete/
And therfore she myghte haue answerd/ that he shold speke to her
lord/ and not to her/ And therfore my faire doughters herin maye 30
ye take good Ensample, that yf one requyre yow of foly/ or of ony
thyng that toucheth youre honoure and worship· ye may wel couer
and hyde it/ sayeng that ye therof shal speke therof to youre lord/
Wherfore my fayr doughters I wolde that ye wel withheld within
youre hert thexample of a good lady of Acquyllee/ whiche the 35
prynce of that Countre praid of foule loue/ And whan he had
ynough prayd and spoken to her/ she answerd that she sholde
therof speke to her lord/ And when the prynce sawe this· he lefte

her in pees/ and neuer syth spack to her therof, and said to many one that she was one of the moost parfyte & best lady that was in his land/ & in this manere the good lady receyued grete preysyng and louyng of many one. And soo ought euery goode woman doo/
5 and not answere after her owne wylle

(The thyrdde folye of Eue   capitulo[1]/ xlj, [d v]

THe thyrd folye of Eue was. that she was not remembryng the defence of god/ whiche he made to her/ & to her lord. For god tolde them. that yf they ete of that fruyte they shold deye of it.
10 And therfore when she answerd to thenemy lucifer/ she told hym not playnly the trouthe/ but said yf we ete of it/ it myght fortune soo that by aduenture we shold dye/ She dyde put condicion in her answere/ as many folysshe women doo when men speke to them of foly/ but oure lord god spak to them withoute ony con-
15 dicion/ and withoute auenture/ Her symple and folysshe[2] answer gaf to the serpent lucifer gretter boldenesse to speke to her more largely and to tempte her more playnly/ She did as they that herkene. and that lyghtely answer to them that requyre them of fowle loue/ For by theyr symple and vnwyse[3] answere and by the
20 herkynge of the fowle talkynge of them/ that praye them of soo fowle loue/ they gyue to them place and leue to speke ferthermore, as it happed to eue oure fyrst moder/ whiche herd thenemy that tempted her/ and said to her/ ye may wel take of the fruyte and ete of it/ and so shalle ye knowe bothe good and euil as wel as he that
25 suche deffence hath made vnto yow, Ye knowe not why he hath forbede that ye shold ete none of it, It is bycause that yf[4] ye shold ete of it/ ye sholde be as fayre as bryght shynyng and as myghty as he hym self is/ And soo the foole and vnwise wende he had told trouthe/ and byleued hym by couetyse and by his faire spekynge/
30 as done the folysshe wymmen that ben[5] of lyght byleue/ as they here the faire semely wordes and blandysshynge wordes of the Ianglours/ that gyue them counceylle to playe and take the worldly disportes ageynst their worship and honoure, and by their flater-ynge wordes and promysses/ whiche they hold not they deceyue
35 them, soo that the poure and vnwyse wymmen byleue them in so moche that they consent & graunte to the fowle delyte. of whiche

---

[1] capituto C   [2] folyssle C   [3] wyse C
[4] C *omits* yf   [5] hen C

they be by them so tempted/ wherof afterwarde they hold them self deceyued & ashamed/ For when they haue done with them their fowle delyte and accomplysshed their wylle/ they leue hem as shamefully defamed.

(Of the fourth folye of Eue   cap°/ xlij°/ [d v^v] 5

THe fourthe foly of Eue was the foolyssh beholdynge/ when she loked and behelde the tree & the fruyte forbeden that god had to them defended/ This tree was to her eyen so fayre and so delectable/ that she only by the sight of hit she desyred of the fruyte to thende she shold ete it/ And soo by her foolysshe lokynge. 10 she felle in a foule thought/ Therfor by a foule beholdynge and lokynge come oftymes many peryls/ for as the sage saith/ The worst enmye[1] that men hath. is the eye/ Many haue be deceyued thorugh fals beholdynge/ For there be many men that by their grete arte make a fals semblaunt[2]/ or behauyng of a fals beholdynge/ 15 as many one that behold and loke stedfastly shewyng by their loke to be debonaire and gracious/ wherof many a woman is by suche fals beholdyng deceyued/ for they wene & thynk that they make suche lokyng & haue suche byhauyng only by the destresse of loue· But they doo it for no thynge els than for to deceyue them/ And 20 therfore this is a good Ensample to a warraunt and kepe hym self of fals beholdynge/ Neuertheles oftyme many one is by them deceyued/ for when thenemye fyndeth them in suche foole lokynge & delyte. he pryketh and enflammeth them by suche temptacion. wherin he holdeth them fast bounden/ in soo moche that he maketh 25 them to fall in the fylthe or ordure of that they desire to doo/ wherfore they lose bothe body & sowle/ thenne all this euylle cometh[3] only by fowle beholdynge. And therfore I wold ye wyste and knewe thensample of kynge dauyd/ that only by a foule loke in beholdyng the wyf of Vrye his knyght he felle in fornycacion of 30 auoutrye. And after in homycyde/ in makyng hym to be put to dethe/ wherof god toke grete vengeaunce on hym/ and vpon his peple/ whiche occasion cam only by fowle beholdynge/ as it befelle by oure first moder Eue/ that by her foolysshe loke & plaisir she felle in the fait or dede/ whiche alle the world and the humayne 35 lygnage bought ful dere/ By this lokynge fait or dede cam the deth

---

[1] enuye C   [2] samblaūt C   [3] come C

in to the world/ And therfore this is a good ensample for to kepe
hym self fro suche folyssh and fals lokynge₁

⟨ Of the fyfthe folye of Eue   cap°₁ xliij

5 THe fyfthe folye of Eue was when she took and touched the
fruyte/ It hadde be better that she had had no handes/ For
[d vj] ouermoche peryllous was the touchynge of it/ But after the
lokynge that she had had. And as the two vyces and her wyll were
acordynge to geder she hadde no fere ne drede no thynge/ but
touched it/ and tooke of it at her wylle/ And therfore saith the sage
10 that men ought to kepe hym self fro touchynge of ony delyte/
wherby the sowle and the body myght be hurte in ony manere/
For foolisshe touchyng chaufeth¹ and enflammeth² the herte/ And
when Reason is blynde₁ whiche ought to rewle and gouerne both
herte & body. men fall in synne and in foolysshe delyte And yet
15 saith the sage/ who that surely wyl kepe hym self and clenly/ he
ought to locke his handes twyes or thryes. or that he come to towche
or tast ony fowle thynge/ It is to saye that or he enterprise or
vndertake ony fait or dede₁ he ought fyrst to thynke two or thre
tymes/ For touchynge and kyssyng meueth bothe blood and flesshe
20 in so moche that they forgete the fere and drede of god/ and the
worship of the world/ And soo many euylle dedes bicomen by
foolisshe attouchementis/ As in like wise bifelle to Eue that touchid
to the fruyte forboden

⟨ Of the sixthe folye of Eue₁   capitulo xliiij°

25 THe sixthe folye was that she ete of the fruyte. this was the
moost perillous poynt of the dolorous fait₁ For by the same fait
or dede. we & alle the world were delyuerd to the perille of the deth
of helle/ and made straungers of the greete ioye of paradys. how
many an euylle dede and dolorous become in the world only by
30 that etyng/ god knoweth it/ he god whiche is almyghty₁ how sholde
men knowe how and in whiche maner thou shalt punysshe them₁
that done suche foolisshe and fowle faites/ And that delyteth them
in delicious metes₁ and in strong and swete wynes₁ wherof they
norysshe their body and fylle theyr bely by which delyte they be
35 chaufed and meued to the fowle delyte of lechery and to many

---

¹ chaufe C   ² enflamme C

other synne/ Why take they no hede to the poure/ hongrye/ that
deye for cold and for hongre and thurste, of whiche god shalle
aske and demaunde to them acompte the daye of his grete Iuge-
ment/ And knowe ye that synne is not only in takyng to moche of
metes and wynes, but gretter synne is of the delite that men take 5
in the sauoure and etyng of them/ wherfore [d vj^v] the sage sayth
that the dethe lyeth vnder the delytes as the nette vnder the fisshe
whiche is cause of his deth/ Lyke wyse the sauour and delite that
men take in delycious metes bryngeth the sowle to deth/ And right
soo as the delyte of the appell brought Eue to deth/ in suche wyse 10
be brought to their ende many[1] one by the delyte that they take
in delicious metes and good wynes,

❡ The seuenthe folye of Eue, Capitulo xlv

THe seuenthe folye was/ that she byleued not what oure lord god
had told her and to adam her lord/ that is, that she shold dye yf 15
she ete of the fruyte/ But he told her not that she shold soone deye
of bodely dethe/ but symply had saide to her/ that she shold dye
as she did/ Fyrst her sowle and after of bodely deth as she long
tyme had be in the laboure and peyne of the world. and that she
hadde suffred moche sorowe and susteyned many meschyefs 20
peynes and dolours, as god told & promysed her, And after her
deth she descended and fylle in a derke and obscure pryson/
wheroute none scapeth/ that was the lymbo of helle where she and
her husbond with all their lygnage were in pryson vnto the tyme
that oure lord Ihesu Crist was put on the Cros whiche space of 25
tyme was fyue thousand yere and moo/ And that same tyme god
delyuerd them/ & also al tho that had serued hym and hadde be
obeisshyng to his commaundements in the old and auncyent lawe/
And the cursed and euylle folke full of synne he lete in the pryson
of helle/ he took with hym the whete/ and the strawe he lete 30
brenne/ Allas why thynk we not/ also they that be slepynge in
synne to amende vs/ and not euer striue with the folysshe hope
that we haue of longe lyf and not abyde tylle we see vs nyghe oure
terme and ende/ Suche folk seeth not the deth that of nyghe
foloweth them· whiche sodenly shalle come/ as the theef that 35
cometh in atte back dore to robbe and kytte mennes throtes/ And
no man knoweth when he cometh, And after this theef stelyng

[1] may C

day by day is destroyed/ Lyke wyse is of the synners that synne
day by daye/ tyl the deth taketh them and destroyeth them Also
as the theef that steleth/ and that can not hym self absteyne fro
euylle doynge/ and hath a delyte in his theeftes tylle the tyme he is
5 taken and put to deth/ Lyke wyse of the synner that so[1] [d vij] moche
goth and cometh to his folysshe playsaunce and to his delytes that
men ben perceyuyng of it/ in so moche that he is ashamed and
dyffamed of the world/ and hated of god and of the sages/

⟨ Of the eyghte folye of Eue/   capitulo xlvj°

10 THe eight folye of Eue. was/ that she gaf thappel to her husbond/
and praid hym to ete of it/ as she dyde/ And as a foole wold not
disobeye her/ And therfore they were bothe partyners of oure grete
sorowe and euylle/ Here thenne is a good ensample/ For yf ony
woman counceylle ony thyng to her husbond/ he ought first to
15 thynke yf she said well or not/ and to what ende her counceylle
shalle mowe come/ or that he to her counseylle gyue ony consent/
For none ought to be enclyned toward his wyf ne so obeysshynge/
but that he fyrst consydere yf she saith wel or not/ Many wymmen
be/ that gyue no force and care of no thyng/ but that they may
20 haue their wylle/ I my self knewe a Baron/ that byleued in all
thynges his wyf. in soo moche/ that by her foolysshe counceylle/
he tooke deth/ wherof it was grete pyte and damage/ But better
it had be to hym that he had dredde her lesse and lesse byleued/
Lyke as Adam folysshly bileuyd hys wyf to his and oure also
25 grete meschyef and sorowe/ Therfore euery good woman ought to
thynke wel/ what counceylle she wyll gyue to her lorde/ and that
she counceyl hym not to doo ony thyng· wherby he or she may
haue ony shame or damage in acomplysshynge her folyssh wylle/
For and she be wyse she ought to thynke to what ende other good
30 or euylle/ her counceylle may come/ And lyke as eue wold not do
wel/ neuertheles she ought not to counceylle other to doo euylle/
For it suffysed wel/ and to moche yf she dyde it/ Herupon may
we take good Ensample/ for yf one wylle not faste ne doo ony good/
he ought not to gyue to ony other shrewde counceylle that may kepe
35 hym fro good and holy doynge· And therfore saith the sage/ he that
so counceyleth other hath the gretter parte of the synne/ And therfore
yf one wylle do no good/ lete other doo as they be wyllyng to doo

[1] so || so C

¶ The nynthe folye of Eue Capitulo   xlvij [d vij^v]

THe nynthe folye of Eue was the last and moost/ For as god
dyde putt her to reason/ askyng to her/ why she had trespaced
his commaundement/ and had made her lord to falle in synne/ she
thenne wold haue excused her/ and sayd that the serpent had so 5
counceyled her/ and had made her to do it/ She wende to alyght
her euylle and her synne/ puttyng the charge of the dede vpon
other/ Wherfore it semed that god therfore was more angry thenne
than he was before/ For he said that fro thens forthon sholde the
bataylle be of it bytwene her and the enemye/ by cause she wold 10
be lyke vnto god/ also that she dyd trespasse his commaundement/
And bicause she byleued more in the enemye than she dyde in
hym/ that had made her/ Also by cause she deceyued her lord by
hir folyssh counceylle/ and that she wolde haue excused her synne
and mysdede/ god put the bataylle bytwene man and thenemy/ For 15
thexcusacions of eue displeasid moche to god/ as done now these
dayes they that confesse them & publysshynge their mysfaytes and
synnes. excuse them self in theyr confession/ that is to wyte that
they ne confesse or telle their synnes so vylaynsly as they made
them & therfor they be semblable and lyke vnto oure fyrst moder 20
Eue/ whiche excused her/ But saynt Powle saith that who so wylle
be well & clenly wasshed of synne/ he ought to confesse and telle
it as shamefully as he hath done/ or els he is not clene of synne.
For as saynt Peter sayth/ Lyke so as the theef dwelleth fayn there
as he may be hyd and there as men hyde and couere his thefte/ 25
and goth not there as men crye after hym/ Ryght so and by sem-
blable manere dothe synne in suche folke· For they be lodged with
thenemy whiche hydeth their theftes/ that is to saye their synnes
by subtyle temptacion/ Here shalle I leue to speke of Eue oure
fyrst moder. and shalle telle yow how none wyse woman ne 30
oughte to be to hasty in takynge ony newe thynges brought vp/
ne other noueltees/ And how syth late a hooly man dyd preche
therof/ And after this matere I shalle telle and reherce vnto yow
the ensample of a knyght that had thre wyues/ and all vppon this
matere/ And thenne I shalle tourne ageyne to the tale and matere of 35
the euylle and shrewde wyues/ And also I shalle telle of the good
and hooly wymmen/ And how the hooly scripture preyseth them

¶ How a hooly bisshop reprysed and taught many ladyes
Capitulo   xlviij/ [d viij]

I Shalle telle yow how a hooly man late dide preche/ and was a
bisshop a right good clerke/ At his prechynge & sermon were
5 many ladyes and damoisellys/ of which som were dressid and
clothed after the newe manere/ the remenaunt of their heedes was
lyke two hornes/ and their gownes made after the newe gyse.
wherof the good hooly man had merueyle. and began to repreue
them gyuynge and rehercynge to fore them many a fair ensample/
10 and told them how the deluge or gaderyng of waters in the dayes
of Noe was bycause of the pryde and desguysynge of men and
specially of wymmen/ that counterfeted them self of newe and
dishonest rayments/ And thenne when thenemye sawe their grete
pryde and their desguysynge/ he made them to falle in the fylthe
15 of the stynkyng synne of lecherye/ whiche thynge was so moche
displesynge to god. that he dyde made to rayne fourty dayes and
fourty nyghtes/ withoute cessynge/ in so moche that the waters
were aboue the erthe/ and surmounted by heyght of ten Cubites
vpon the hyhest montayn/ Thenne was all the world drowned and
20 perysshed/ and none abode on lyue/ sauf only. Noe. his wyf/ his
thre sones· and his thre doughters/ And alle this grete meschyef
cam bycause of that synne/ And thenne as the bisshop had shewed
to them this fayte & many other/ he said that the wymmen that
were so horned were like the snayles¹ that ben horned. He said
25 more/ I doute said he that betwyxt their hornes thenemye hath
made his mancion & dwellynge/ For as they take hooly water/ they
cast dounward theyr faces/ And that maketh the deuylle syttynge
vpon their heede by nature and strengthe of the hooly water/ He
tolde and reherced to them many merueyles in so moche. that at
30 the ende of his predicacion he made hem to be mowrnynge and
full of thought/ For he hadde repreued them so sore/ that they had
so grete shame/ that they ne durst lyfte vp their hedes/ and helde
them mocked/ and diffamed of their vyce/ And after many of them
caste awey their braunches and hornes/ and held them lowe and
35 went symply/ For he saide that suche coyntyses & suche contre-
faytyng and suche wantonnesse were to compare to the Copspyn
that maketh his nette/ to take the flyes/ Ryght soo dothe the deuylle
by his temptacion the desguysyng in men and wymmen/ to the

¹ snayle C

ende they may be enamoured one of other. and for to take and
brynge them to the delyte of lechery/ He taketh them/ and byndeth
them/ as the copspyn doth the flees in her nette as a holy heremyte
[d viij^v] telleth in the booke of the faders of lyf/ to whome was
shewed by tonge as ye may fynde playnly in the said book. And 5
yet he saith that the coulpe of the synne was in them/ that first
tooke & brought vp suche desguysynge and that euery good
womman and wyse ought wel to drede the takynge and werynge
of suche raymentes vnto the tyme she seeth that euery one
comynly took and went in hem/ For after the word of god/ the 10
first shall be the most blamed/ And the last shal syt on the hyhe
syege/ The bisshop that a good man was sayd an Ensample vpon
the fait of them that hasted them to be the fyrst in takynge and
bryngynge vp suche noueltees/ And said thus.

¶ How the yong ladyes were scorned and mocked of the olde & 15
Auncyent/ Capitulo   xlix

IT befelle that many ladyes and damoysels were come at the
weddyng of a maide/ As they were goyng to ward the place/
where as the dyncr sholde be/ they found a passynge fowle wey
within a medowe/ Thenne said the yong ladyes¹/ We shalle wel go 20
thorugh this medowe and leue the hyhe waye The Auncyent and
wyse said they shold go the hyhe way/ For it was the best and
more sure goynge and moost drye/ The yong ladyes that ful were
of their wylle/ wold not folowe them/ and thought they shold be
bifore them/ at the said place/ And soo they tooke their weye 25
thorugh the medowe/ where were old cloddes all roten/ And as they
were vpon them/ they brake vnder theyr feet/ And soo they felle
in the myere and dyrte vnto the knees/ And with grete peyne cam
they oute ageyne/ and took the hyghe weye/ They made clene their
hosen and gownes with theyr knyues the best they couthe/ So long 30
they were in wasshyng of their hoses and gownes/ that they myght
not come to the begynnyng² of the dyner/ Euery one demaunded
& asked after them· but no body couth tell of them/ At the last
they cam as the fyrst mes or cours was eten/ & after they had taken
their refection & wel dronken they beganne to telle and recounte 35
how they were falle in the myre vnto the knees to/ Ye said thenne
a good auncyent/ and wyse lady that was come by the hyhe weye/

<hr/>

¹ lady C   ² begynnnyng C

Ye wend to take the shortest way to thende/ ye myght be the sonner
& fyrst at the place [e j] & wold not folowe vs/ hit is wel bestowed/
For I telle yow for certayne that some wene to auaunce them self/
5 that hyndreth them/ And suche one is that weneth to be the first
and formest that ofte fyndeth her the last of all/ She gaf them these
two notables/ to thende they shold know their faute/ for as saith
the said holy man thus is hit of this worlde/ they that first may
haue noueltees of the world· wene to doo wel and be therfore
10 enhaunced and tofore other ben holden and wysshed/ but as for
one that holdeth hit wel done/ there ben ten that moken[1] of hit/
For suche one preyseth their doynge before them/ that behynde
their back putteth out his tonge scornynge and mockyng them

(Yet of the same   capitulo/

SHe holdeth her self the best welcome that firste bryngeth vpon
15 her ony noueltees/ But as the good and hooly man saith/
they that firste take suche newe raymentis be lyke to the yong
ladyes that fylle in the myere/ wherof they were mocked by the
wyse ladyes that took the best and ryght wey/ for men may not
mocke them that kepe suche wey/ And that vse their lyf after
20 reason and not after theyr owne wylle/ I say not/ but that whan
that manere of newe raymentis is taken & comynly wered of euery
one/ & in euery towne/ it may be thenne worne & taken/ but yet the
wyse woman shal leue and forbere it yf she can And suche wymmen
shalle not be lyke ne compared to them that fylle in the myere by
25 cause they wold be first in the place/ & they were the last/ Ther-
fore my faire doughters hit is good that none hast her not/ but
good is to holde the myddel estate/ The lesse is the moost certayne
and seurest/ but as now is a cursed and shrewed world/ For yf
somme folysshe woman full of her wylle taketh & bryngeth vpon
30 her ony noueltee & newe estate/ euery other one shalle soone saye
to her lorde/ Syre it is told to me that suche one hath suche a
thynge that ouer faire is/ and that so wel becometh her/ I pray
yow good syre that I may haue suche one/ for I am as good and as
gentyll of blood/ And ye as Gentyl a man as she and her lord ben/
35 & haue as wel for to paye as she hath/ [e jᵛ] And thus she shalle
fynde soo many reasons. that she shalle haue her wylle/ or els
ryote and noyse shalle all day be at home/ and neuer shalle be ther

[1] maken C

And thus she shalle fynde soo many reasons. that she shalle haue
her wylle/or els ryote and noyse shalle all day be at home , and
neuer shalle be ther pees / tylle she haue her parte · be it right or
wronge/She shalle not loke yf ony of hir neyghbours haue that
thynge that she wylle haue/Also she shalle not abyde till euery of
ne haue it, but the hastlyest that she may she shalle doo shape & ma-
ke it/And forthwith shalle were it/It is meruieyle of suche wyn
tyse and noneltees / wherof the grete clerkes say that seynge the
men and wymmen so desguysed and takyng euery day newe rai
mentes/they doute that the world shalle perysshe/ as it dyd in ty-
me of Noe /that the wymmen desguysed them and also the men
whiche displesid god/And theruppon I shalle reherce yow merueil
whiche a good lady dyde recounte to me in this same yere/
She tolde and saide to me that she with many other ladyes were
come to a feeste of seynt Margrete/where as euery yere was gre-
te assemble made/There cam a lady moche wynt and Jolp/and
dyuersly disguysed and arraid more than ony other there /
And by cause of her straūge and newe array euerychone of them
cam to beholde and loke on her/as it had be a wylde best/
For her clothynge and araye was different and no thyng lyke
to theyr/And therfore she had wel her part beholdynge & lokynge
Thenne said the good lady estw her/   My frende telle ye vs yf
it please yow how ye name that array that ye haue on your heed
She answerde and saide the galhows aray /   God blesse vs
said the good lady·the name of hit is not faire/And I ne wote
how suche aray may plese yow/   The tydyngr of this aray
and of his name were borne al aboute hyghe and lowe · wherof
euery one scorned and mocked her·And as mockynge and scor-
nynge cam there she was to beholde and loke vpon her/   I dyd
aske of the good lady·the manere and facion of the same araye,
And she tolde me the manere of it/but euylle I witheld it
But as ferre as I me remembre of it/ Hit was hyghe culewed
with longe pynnes of syluer vppon her hede after the makynge
and maner of a gybet or galhows right straunge and meruey
lons to se/And in good feyth after that tyme the yonge and fo-
lysshe lady that had that araye on her heede was euer mocked &
scorned & nought set by/   Here shal I leue to speke of
the newe and desguysed raymentis and of the good bisshop that
so repreued them that hadde and were suche araye And that dede
shewe to them by Ensamples and hooly scripture how that suche

pees, tylle she haue her parte· be it right or wronge/ She shalle
not loke yf ony of hir neyghbours haue that thynge that she wylle
haue/ Also she shalle not abyde till euery one haue it, but the
hastlyest that she may she shalle doo shape & make it/ And forth-
with shalle were it/ It is merueyle of suche coyntyse and noueltees/ 5
wherof the grete clerkes say that seynge the men and wymmen
so desguysed and takyng euery day newe raiments/ they doute that
the world shalle perysshe/ as it dyd in tyme of Noe/ that the
wymmen desguysed them and also the men whiche displesid god/
And herupon I shalle reherce yow a¹ merueil whiche a good lady 10
dyde recounte to me in this same yere/ She tolde and saide to me
that she with many other ladyes were come to a feeste of seynt
Margrete, where as euery yere was grete assemble made/ There
cam a lady moche coynt and Ioly/ and dyuersly disguysed and
arraid more than ony other there/ And by cause of her straunge 15
and newe array euerychone of them cam to beholde and loke on
her/ as it had be a wylde beest/ For her clothyng and araye was
different and no thyng lyke to theyr/ And therfore she had wel her
part beholdyng & lokyng Thenne said the good ladyes to² her/
My frende telle ye vs yf it please yow how ye name that aray 20
that ye haue on youre heed She answerde and saide the galhows
aray/ God blesse vs said the good lady. the name of hit is not faire/
And I ne wote how suche aray may plese yow/ The tydyng of this
aray and of his name were borne al aboute hyghe and lowe·
wherof euery one scorned³ and mocked her· And as mockyng and 25
scornynge cam there she was to beholde and loke vpon her/ I dyde
aske of the good lady· the manere and facion of the same araye,
And she tolde me the manere of it/ but euylle I witheld it But as
ferre as I me remembre of it/ Hit was hyghe enlewed⁴ with longe
pynnes of syluer vppon her hede after the makynge and maner 30
of a gybet or galhows right straunge and merueylous to se, And
in good feyth after that tyme the yonge and folysshe lady that had
that araye on her heede was euer mocked & scorned & nought
set by/ Here shal I leue to speke of the newe and desguysed ray-
mentis and of the good bisshop that so repreued them that hadde 35
and wered suche araye And that dede shewe to them by Ensamples
and hooly scripture how that suche [e ij] noueltees/ that specially
wymmen took on them was token and signe of somme grete mes-
chyef to come as is werre/ famyne and pestylence.

¹ C omits a   ² lady esto C   ³ seorned C   ⁴ culewed C

◖ Of the good knyght that had thre wyues and of their lyues
Capitulo lj

FAyre doughters I wold ye couthe and wel withheld the example
of a knyght that had thre wyues/ A knyght was somtyme a right
5 good man/ and of good and honest lyuynge/ whiche had an
Heremyte to his vncle a good & hooly man and of relygyous lyf/
This knyght and his first wyf whiche he moche loued were but
a lytel space of tyme to geder/ For the deth that all consumeth and
destroyeth/ tooke her/ wherof the knyght was so ful of sorowe that
10 nyghe he deyde therof/ He ne wyste where to seke ony comforte
sauf only to the Heremyte his vncle that he knew for a holy man/
He cam to hym mournyng and wepynge/ waylynge and regretyng
his wyf/ The hooly man comforted hym in the best maner and
wyse that he couthe/ And at the last the knyght preid hym that he
15 wolde pray god for hym that he myght knowe whether she was
dampned or saued/ The hooly man hadde pyte of his neuewe/
and went in to his Chappel And there he made his prayer to
god/ and requyred that it my3t please hym to shewe where she
was ꜭ And after he had be long tyme in oryson/ he fylle a slepe/ And
20 soone after hym thought/ he sawe the poure sowle before seynt
Mychael tharchaungel/ and the fende at the other syde/ and was
in a balaunce/ and her good dedes with her ꜭ And at the other side
was the deuyll with all hyr euyll dedes ꜭ whiche greued & troubled
her sore/ it were her gounes that were of moche fyn cloth/ & furred
25 of calabre ꜭ letuce & ermyn And the enmy[1] or deuylle cryed with
a hyghe voys & said/ Sire this woman had ten paire of gownes
long & short/ And ye know wel she had with half of them ynough/
that is a long gowne/ two kyrtells & two cottes hardyes/ or two
short gownes/ & therwith she myght haue be pleasid & suffised.
30 as a good & symple lady/ & after god & right she hath had of them
to moche by the half & of the valewe of one of her gownes ꜭ l ꜭ
poure peple had had ꜭ l. ellys of burell or fryse/ whiche haue
suffred suche cold & such mesease about hem/ & yet she neuer
took pyte on them ꜭ Thenne took the deuyl her gownes/ rynges &
35 Iewelles þt she had had of the men by [e ij^v] loue ꜭ Also alle the
vayne and euylle wordes that she hadde sayd of other by enuye ꜭ
and taken awey their good renommee/ For ouermoche she was
enuyous and of euyll talkyng ꜭ and no synne that she had done he

[1] enuy C

lefte behynde/ but al this to geder he dyde put in the balaunce/
and weyed/ they were to her good dedes/ but moche more they
weyed than dyde all the good that she euer hadde done/ And thus
took her the deuylle whiche dyde her to endowe her gownes that
were thenne brennyng as fire and had her within in to helle· And 5
the power sowle cryed and sorowed pyteously/ Thenne awaked
the hooly heremyte/ and tolde part of this aduysion to the knyght
his neuewe/ And comaunded hym and charged that all her gownes
shold be gyuen for goddes sake to poure folke/

(Of the second wyf/ capitulo/ lij 10

AFter this the said knyght maryed hym ageyne to another
woman/ they were fyue yere to geder/ And thenne she passed
oute of this worlde, And yf the knyght hadde be sore meuyd and
sorowful of the deth of his first wyf/ yet more he was of his second
wyf· And wepynge came to theremyte his vncle demenynge grete 15
sorowe/ and praide hym for this as he had done for the other that
he myght knowe where she was/ And for the grete pyte that he took
of hym/ seynge hym in suche sorowe wente allone in his Chappel/
And there made to god his prayer & oryson/ There it was shewed
& reueled to hym that she shold be saued/ but þᵗ she shold be.C. 20
yere within the fire of purgatory/ For certayne fawtes whiche she
had done she beynge in her maryage. that was that a squyer had
leyn with her and other grete synnes/ Neuertheles she had therof
many tyme be confessid/ for yf she had not so doo she withoute
doute hadde be dampned/ 25
    Thenne cam theremyte to the knyght/ and told hym how hys
wyf was saued, wherof he was ioyeful and glad/ Here may ye see
how that for one dedely synne she was so longe in the fyre of
purgatorye/ but it may well be/ as the hooly man sayth that they
had done the dede ten or twelue tymes, For a certeyne and very 30
trouthe is, for euery dedely synne confessid shalle the sowle be
punysshed in purgatory the tyme and space of seuen yere/ Faire
doughters take ye here good ensample [e iij] how this fowll and
fals delyte is dere bought/ And how therof men must gyue acompte/
And also of them that haue so many gownes and that so moche 35
waste their good to be Iolyf & repayre their carayn/ in so moche
they may haue the loke and beholdynge of the world/ and the
plaisaunce of the folke/ Now see how it happed to the knyghtis

first wyf/ that for her pryde and for the grete quantite of gownes
and Iewelles that she hadde/ was loste and dampned for euer/
And yet many one is in this world that wel haue the courage soo
prowde/ that wel they dare bye gownes of thre or foure score
5 Crownes/ & yet thynkyng hit of lytel prys/ that yf so were they
must gyue to poure folke two or thre shyllynges/ they shold holde
that ouermoche/ and as halfe loste/ Loke and beholde ye thenne
how they that haue soo many gownes wherof they coyntyse and
araye their bodyes/ how ones they shalle straitly answer of them/
10 And therfor euery good woman after she is of estate and degree
she ought to hold and behaue her symply and honestly in her
clothyng/ and in the quantite of hit/ And gyue a parte to god/ to
thende she may in the other world be clothed of all ioye and
glorye/ as dyde the hooly ladyes and hooly vyrgyns as in their
15 legende is rehercyd/ As of seynt Elyzabeth/ of saynt Katheryn and
of seynt Agathe and other mo/ that gaue their gownes to the poure
folke for the loue of god And soo ought to doo euery good woman/
Now I haue tolde & recounted to yow of the two first wyues of the
knyght/ and herafter ye shalle here of the thyrd

20 ⟨ Of the third wyf of the knyght   capitulo/ liij

SOne after toke the said knyght his thyrdde wyf/ and were long
tyme to geder/ but at the last she deyde/ wherfore the knyght
was nyghe deed for sorowe/ And when she was dede/ the knyght
cam to his Eme/ and praid hym for the same as he hadde done
25 for his two firste wyues/ And as the hooly man was in his prayers
and oryson/ it cam to hym in aduysyon that an angel was before
hym/ whiche shewed hym the torment & peyne that the poure
sowle suffred/ For he sawe appertely and clerely/ how one deuylle
helde her faste with his hondes or clowes. by her heres and tressis/
30 as a lyon holdeth his proye/ in suche manere/ that she couthe
nought [e iijᵛ] meue her hede here ne there/ & dyde put brennyng
nedels thorugh her browes/ whiche entred in to her heede/ as
ferre as he myghte thruste them in/ And the poure sowle at euery
tyme cryed horrybly/ And after he had made her to suffre suche
35 grete martyre that ouerlonge lasted/ Another deuylle horryble and
ouer hydous cam there with grete brondes of fyre/ and thrested
them vnto her face/ And in suche maner he tormented her and
brente. and enflammed her ouer alle sydes/ that the Heremyte was

therof sore effrayed and trembled for fere/ But the Aungel assured hym and saide that she had wel deseruyd it/ And theremyte demaunded of hym why/ And the Angel saide that she had popped and polysshed her face for to seme more faire and plaisaunt to the world And that it was one of the synnes that was moost displesynge to 5 god/ For she dyde hit by pryde/ by whiche men falle to the synne of lecherye/ And fynally in to all other. For aboue alle thynge it displesith to the Creatour. as one wylle haue by crafte more beaute than nature hath gyuen to hym/ And that hit suffyseth hym not to be made and compassid after the hooly ymage/ Of 10 whome alle the Aungels in heuen take alle theyr ioye and delyte/ For yf god had wolde of his hooly purueaunce/ they had not be wymmen/ but they had be domme beestes or serpentes/ And why thenne take they no heede to the grete beaute whiche their creatoure hath gyuen hem[1]/ And why doo they put to their faces other 15 thynge than god hath gyuen hem It is therfore no merueyle yf they endure and suffre suche penaunce· And thenne said the Aungel she hath wel deserued it/ Go ye there as the body of her lyeth and ye shall see the vysage ryght hydous and affrayed/ And by cause she[2] was euer[3] besy aboute her browes and aboute her 20 temples and forheede to dresse and paynte them that she myghte be faire/ and playsaunt to the worlde/ it is conuenient and ryght that in euery place wheroute she plukked ony here of her face/ that there be put euery day a brennynge bronde/ Syre saide the Heremyte shalle she be longe in this torment/ Ye saide the angell 25 a thousande yere/ and more he wold not discouere ne telle to hym of hit/ But as the deuylle dide putte the brounde in her face/ the powre sowle cryed sore/ and cursed the houre/ that she euer was borne or engendryd/ And of the fere that thenne the hooly heremyte hadde he awoke alle affraid/ And cam to the Knyght. And 30 told hym his vysyon/ [e iiij]

The knyght was sore abasshed and right sore meued of this auysyon/ And went to see the body that men wold haue supposed had be fair/ but they founde the vysage soo black and soo hydous and so horrible to see that it was grete confusion/ Thenne bileued 35 wel the knyght for certeyne al that theremyte his vncle had told hym/ wherof he had grete horroure and grete abhomynacion and pyte/ in so moche that he lefte the world and dyde were the hayre

---

[1] hym C   [2] he C   [3] eueer C

euery fryday and euery wednesday/ and gaf for goddes sake[1] the
third parte of all his reame and good/ And fro thennes forth he
vsed an hooly lyf/ and had no cure more of the worldly bobaunces/
ne plaisire so moche he was ferful and agaste of that he had sene
5 of[2] his last wyf/ and of that his[3] vncle had told hym

℄ Of the lady that blanked and popped her Capitulo   liiij,

ANd for to afferme this Ensample that it may for very certeyne
haue be· I shalle telle yow of suche one that byfelle but of
late/ I sawe a baronnesse ryght a hyghe and noble lady of lygnage,/
10 the whiche as men saide blanked and popped or peynted her self/
I sawe also hym that gaf to her euery yere suche thynges wherwith
she popped her/ wherfore he tooke yerely grete pension of her/
as he hym self said as he was aparte at his seurte, This lady was
somtyme right moche honoured and worshiped and also right
15 myghty/ her lord deyde, wherfore euer syn her stat day by day
dymynuyssed/ One tyme was that she had more than. lx, payre
of gownes as men said/ but at the last she had lesse and scant
ynough/ And of her I herd saye/ that after she was dede her visage
and all the body of her took suche forme and countrefaiture that
20 men ne couthe saye what it was But well I wene that the peynt-
ynge of her face wherof ofte she vsed as she lyued/ also the grete
pryde of her and the grete wast and superfluyte of her gownes
was cause and occasion of suche horryble countrefeture/ wherfore
my faire doughters I pray you that here ye wylle take good En-
25 sample and wel withold it and kepe hit in remembraunce[4] withynne
youre hertes/ And that ye put no thynge to youre faces/ but leue
them/ as god & nature hath made and ordeyned them· for ye maye
fynde and see atte [e iiij ᵛ] oure lady of Rukemadoure many tresses
of ladyes and damoyselles that had wasshed them in wyn and
30 other thynges/ And therfor they myght not entre in to the Chirche·
tyll they had doo kyt of their tresses and brought them in to the
Chappell of oure lady/ where as yet they be hangynge[5]/ This fayt
or dede is approued/ And I telle you that that oure lady dyde shewe
to them grete loue in doynge this myracle· for the gloryous vyrgyn
35 wold not that they shold lese their peyne and tyme comyng thyder/
Also that they sholde not be lost for euer/ therfore she shewed

---

[1] sa- | sake C   [2] C *omits* of   [3] C *omits* his
[4] rememembraunce C   [5] hangynnge C

the said myracle on them/ wherfor they that were in the weye of
perdicion were brought to the weye of saluacion/ Here is a fair
spectacle to euery woman to see in/ and conceyue the tyme
comynge and the tyme also gone and passed as in the tyme of Noe
when thorugh the synne of pryde god sent the deluge of waters/ 5
wherof all the world was drowned/ for by that synne of pryde
came amonge men and wymmen the fowle and vyle synne of
lecherye/ And therof cam the grete perylle/ and of all the world
scaped nomore but eyght persones

 ℂ Of the wyf of loth that trespassed the commaundement of god/ 10
Capitulo   .lv.

A N Ensample I shall reherce vnto yow/ of Lothis wyf/ whiche
god saued out of Gomore with her lord and her two doughters/
God defended her that she ne shold loke behynde[1] her/ but she
dyd not his commandement/ but loked anon behynde her/ And 15
therfore she bycam/ & was tourned in to a salt stone/ Right so as
seynt Martyn of verter dede doo falle and perysshe the Cytee of
derbenges whiche was in the bisshopryche of Nantes/ whiche
perisshed thorugh the synne of lechery and of pride as dide that
Cyte/ wherout Loth was saued/ that was Gomore and Sodome and 20
other fyue Cytees moo that god made to be conbusted and sonken
vnto the Abysmes/ And bicame a grete water that men calle the
lake of Gomore/ And the cause was the synne of lecherye/ that
so merueylously stynketh/ that the stenche of it goth vnto the
heuen/ and bestorneth[2] all the ordre of nature/ And so were the 25
seuen Cytees brenned and fouldryed[3] in stynkyng sulphure/ by
cause that they[4] were moche vsed of the fylthe & ordure of lechery/
For he that myght do it/ dyd it without hauyng [e v] ony shame/
And to it enforced them self withoute kepynge in their fowle and
abhomynable doyng the lawe of reason of nature· And right soo 30
as their hertes were brente and esprysed in that fowle synne of
lechery/ oure lord god made them to be brent and with them
their children & goodes by thonder and stynkyng fire of sulphure/
whiche ouer hote and horryble is. And this was the vengeaunce and
punycion of oure creatoure the fader/ Here is a faire ensample. 35
how men ought wel to kepe hem self fro the forfait of maryage

---

[1] bebynde C   [2] bestormeth C
[3] fourdryed C   [4] they that C

whiche is commaundement of god, For in maryage men may doo
many greuous synne/ After thenne as the wyf of Loth hadde loked
behynd her for to see the torment of the synners that were perys-
shynge by fyre of sulphure as before is said, she was transformed
5 in to a stone by cause she trespassed the commaundement of god/
Here may the synnar take faire signyffyaunce or ensample in
thynkyng how ofte god hath pardonned hym his mysdedes and
faultes when he hath graunted hym grace to confesse them/ but
the commaundement of god. that is to say of the preest whiche
10 hath defended hym. that nomore he shold see behynde/ that is to
vnderstonde that he ne shold torne ony more to synne/ but eftsoone
after he doth the contraire, And suche men or wymmen be to
compare to the wyf of Lothe· And as I trowe they shalle at the
last be transformed in to a stone as she was/ that is to wete trans-
15 ported or borne in to the Abismes of helle/ I wolde ye couthe
thexample of the lady that dyde leue her lord that was a faire
knyght/ and went with a Monke, and her bretheren pursewed her,
and dyde so moche that they found her that nyght lyenge with the
said monke, They kyt awey the Genytoryes of the monke/ and
20 casted them in their susters vysage/ And they tooke them and bothe
to geder they putted in a sakke with grete foyson or quantite of
stones and casted them in to a depe water/ And so bothe to geder
they were drowned/ For of euyll lyf cometh euer an euylle ende/
And it is a synne that nedes must at the last be knowen and
25 punysshed/ And yet I shalle telle thexample of the two doughters
of Loth/ how thenemy tempted them vylaynsly/ They sawe ones
their fader withoute ony breche/ And forthwith bothe were tempted
of his companye, & they discouered eche to other their secrete and
faitt/ And thenne went and took good wynes and good metes and
30 festyed and chyered their fader· and soo moche they made hym
drynk that he was dronke/ And anone they had hym to his bed/
and bothe all [e vᵛ] naked wente, and leyd them self a bothe his
sydes/ And meuyd hym to fornycacion/ in so moche he had the
maydenhode of them bothe/ whiche were his doughters/ This was
35 a perillous and abhomynable synne, Neuertheles they were bothe
grete with child/ And had two sones the one named Moab/ and
the other was called Amon/ Of whiche two sones cam first the
paynyms/ and the fals lawe/ And many euyls and sorowe cam by
that synne And men saie they were bycome passynge proude
40 after the transformacion of their moder/ And that all their entent

was to coyntyse and arraye them self/ whiche caused the deuyll
fyrst to tempte them lyghtlyer and the sooner he brought them to
that fowle synne of lechery, I wold also ye couthe and well hadde
withold within youre thoughtes thexample of the fowle damoysel/
the whiche for a hood that a knyght gaf her, she dyde soo moche 5
by certayne yeftes and promesses that her lady dyd his wylle/ and
made her to be diffamed and dishonoured/ wherof grete meschyef
befelle, For a seruaunt of her lord whiche of yongth he hadde
brought vp and norysshed perceyued hym of it/ and told it to
his lord/ in so moche that soone after he toke & fond the kny3t 10
with his wyf/ he kylde hym, and dyde his wif to be mewred and
putte in pryson perpetuel/ where as she deyde in grete sorowe and
langoure/ It happed ones or she was dede, that her lord came forth
by the pryson where she was in, he thenne stood styll and harked
what she said/ And she sorowed sore and cursid her that had 15
counceyled her so to doo/ And thenne he sent one to wete what was
she that so had counceyled her/ And she saide how it was her
damoisell The lord made her come to fore hym and commaunded
and straytly charged her/ that she sholde say trouthe/ And at the
last she confessed that she was cause of her meschyef/ And that 20
she had counceyled her/ & for her laboure she had of the knyght
a hoode/ And thenne the lord saide/ For a lytel thynge ye haue
vndo yow and haue be to me traitresse. And therfore I Iuge and
gyue sentence/ that the hood and the neck be bothe cutte to geder/
And soo was her Iugement/ Now maye ye see how good is to take 25
with hym good companye and in his seruyse good and trewe
seruauntes that be not blamed of no man lyuynge/ For the saide
damoysell was not wyse/ And therfore good is to take wyse
seruauntes and not fooles/ For fooles and shrewd seruauntes be
sooner brought to doo somme euylle and to gyue euylle coun- 30
ceylle to their lorde or lady than other/ as dyde the two doughters
of lothe one [e vj] to other/ And the same damoysel whiche had
and receyued the gwerdon of her deserte

¶ Of the doughter of Iacob that was depuceled or her mayden-
hode taken fro her, Capitulo   lvj 35

I Shalle telle you another Example of the doughter of Iacob/
whiche for lyghtnes and Iolyte of herte lefte the hous of her
fader and of her bretheren for to goo and see the atoure or aray

of the wymmen of another lande/ Wherfore hit happed that
Sychem the sone of amor which was a grete lord in that londe
sawe her so faire that he coueyted her/ and prayd her of loue/ in so
moche he took fro her her maydenhode, & thenne when her
5 twelue bretheren wyste and knewe of hit/ come thyder and slewe
hym and also the moost parte of his lygnage and of his folke for the
shame that they had of their suster/ that so had be depuceld or
defowled/ Now loke ye and see how by a foolysshe woman cometh
many euyllis & domages/ For by her yongthe and by her lyght
10 courage was made grete occysion and shedyng of bloode/ As it
fortuned and happed by a doughter of a kyng of grece whiche by
her foolyssh loue acoynted her of the sone of an erle of that
Countre. wherfore the kyng made hym werre duryng the which
more than a thousande men were slayn, And yet hadde the werre
15 lenger lasted when the kynges broder whiche was a wyse man
come to the kynge, and saide to hym/ Syre quod he I merueyle
moche that only for the sport and delyte of youre doughter/ so
many good knyghtes ben lost & also so many good men/ It were
better that neuer she hadde be borne/ The kynge thenne saide/ ye
20 saye trouthe/ And anone he made his doughter to be take, by
whiche the meschyef was bygonne/ and made her to be hewen in
smal pyeces/ And thenne before all he said/ that wel right it was/
that she sholde be so detrenchid by whome so many had ben
hewen and slayn

25 ⟨ Of thamar that hadde companye with hir husbondes fadre
Capitulo   lvij

I Wylle that ye here thexample of Thamar whiche was wyf to
Henam that was sone of Iuda sone of Iacob & broder [e vjᵛ]
to Ioseph/ This Henam was yrous and felon/ and of euyl lyf of
30 whiche I wylle not say moche nor al, by cause god wold that he
deyd sodenly and pytously. And as Thamar sawe, that of her lord
she myht haue no lygnage she bethought her that the fader of her
lord shold yet engendre & gete children wel/ and that she was not
barayn/ And coueyted and desyred to haue his flesshely companye,
35 whiche was ageynst the lawe/ Neuertheles so moche she dide, that
she cam by nyght in his Chambre and leid her with hym And as
I wene she conceyued of hym two Children/ of whiche the one
was named phares. And the other had to name Zaram. wherfor

many tribulacions and euylls befelle afterward For the children that ben not of trewe maryage/ they be they by whome the grete herytages and Auncestri ben loste/ wherof I shalle telle you an Ensample of a kynge of Naples/ as it is conteyned in the Cronycles of that lond/ There was somtyme a quene of that lond whiche 5 clenly ne truly kepte her body toward her lord/ in so moche she gate a sone by another than her lord/ It befelle afterward/ that this sone was made kynge of the lond/ after the dethe of the kynge/ This newe kynge was passynge prowde and loued not his lordis ne barons but was to them full hard and felon & also to al his comyns 10 he was vnresonable/ For he took fro them all that he couthe, And enforced their wyues/ and vyoled their doughters/ And vsed all euyl dedes/ whiche he couthe ymagyne to doo/ He bigan werre to his neyghbours and to his Barons in so moche that alle the reame was put in exyle and brought to grete pouerte. whiche longe tyme 15 lasted/ In that tyme was ther a Baron a good man and a right good knyght/ whiche went vnto an Heremytage/ where as was an hooly heremyte moche relygious/ And that many thynges knewe· The knyght demaunded and asked of hym how and wherfore they had so long warre in the lond And yf it shold yet last long tyme/ And 20 the hooly Heremyte answerd hym· Sire it is conuenyent that the tyme haue his cours/ that is to saye that as long as this kynge and one his sone shalle be on lyue the tribulacion shalle not cesse/ And I shall telle yow why/ trouthe it is that this kyng that now regneth is not trewe heyr to the Crowne/ but is borne in aduoultrye/ And 25 therfore he may not be peasyble to the reame ne haue the Ioysaunce of it/ wherfore he and his reame must haue sorowe and tribulacion/ as long as a fals heyr/ shall possesse it, But his sone shal haue none heyr/ And so shalle fynysshe the fals lygnee and shall [e vij] the reame come ageyne to the right heyre/ And thenne 30 shalle lasse the pestylence and pees shalle be/ And al haboundaunce of goodes shalle come to the reame, Ryght so as the good Heremyte had saide. so it befelle. He said more ouer/ For he spak of the fals quene/ and said she shold be punysshed in this world & that the wyf of the kynge her sone shold accuse her toward her lord/ And 35 hou she shold lye with one of her preestes/ and that the kynge her sone sholde fynde hem to geder/ and how both/ he shold do to be brent in a grete fornais/ And all this befelle afterwarde as he said, For in certeyne the quene was destroyed and brente by the commaundement of the kyng her sone/ And therfore my good doughters 40

a noble thyng is to kepe hym self clenly in his maryage/ And for
a fals heyre ofte cometh in a lond many euyls and tribulacions/ For
by the fals heyres ben lost the grete lordshipes, & the moders of
them dampned perpetuelly in helle as longe as their sones shalle
5 possesse ony ground of theyr parastre/ that is to say of their moders
husbond

⟨ Of Ioseph that wold not haue the companye of the quene
Capitulo   lviij

FAyre doughters I shalle telle yow an Ensample of a grete
10 euylle that came by lokynge and folysshe plaisaunce. It is of
Ioseph the sone of Iacob/ he that was sold by his bretheren to the
kyng Pharaon/ This Ioseph was of merueylous beaute wyse and
right humble/ And for his good seruyse the kyng loued hym moche
and gafe hym baundon ouer all the goodes that were in his reame.
15 The quene that sawe hym so faire gentyll meke and curteys was
soone merueylously enamoured of hym. And shewed hym many
signes and tokenes of loue in beholdynge and lokynge on hym/
And when the quene sawe that for ony thyng that she couthe doo/
he wolde not consent to her euyll wyll/ she was sore troubled and
20 nyghe oute of her wit At the last she called hym and hadde hym
alone with her in a chambre/ and ther she preid hym of loue/ But
he that was good and honest answerd to her/ that he neuer sholde
be suche a traitoure to his lorde, And thenne she with hir fyst
tooke hym fast by the mantell and bigan to crye as lowde and
25 hyghe as she myght. in so moche alle came thyder/ She saide to the
lord that he wolde haue¹ [e vijᵛ] forced her/ And forthwith the
lord made hym to be take/ & put in a pryson/ whiche was right
derke & obscure, where he was a long space of tyme/ But afterward
god that wold not forgete hym for his vertue and goodnes delyuerd
30 hym oute of pryson/ And was gretter mayster than he was before
in the reame and more better loued and honoured/ And therfore
is here a good ensample/ For god enhaunceth euer the Iuste and
trewe/ And the fals quene was punysshed. for within a lytell tyme
after she deide vylaynsly/ and sodenly of an euylle deth/ & so god
35 rewarded eche of them after their deserte and meryte/ Therfore
is here a faire ensample to doo wel/ For of good delyng and of good
guydynge cam neuer but worship and honoure/ And as saith

¹ haue ‖ haue C

theuangelyst/ there is no good dede done but it shalle be remem-
bryd & rewarded/ Ne also none euylle dede done but that it shalle
be punysshed/ Therfore getynge of fals heyres is grete sorowe and
tribulacion to come in a land where as they become lordes of/
wherfore the moders of them shalle be delyuerd to the dolorous 5
deth of helle/ wheroute they shalle neuer yssue/ as long as their
children bastardys shall hold ony of the lond and goodes of their
husbondes/ And alle this is very trouth as wytnesseth many that
ben suscited ageyne/ and so doth the hooly scripture also

℟ Of the doughters of Moab/ of whom the euyll lygnee yssued 10
Capitulo   lix/

ANother ensample I shalle telle yow of the euylle wymmen that
were in tyme passed/ how the doughters of Moab were falsely
engendryd and goten/ And ageynst the lawe· And comynly of an
euylle or bad tree yssueth bad & euylle fruyte/ For these doughters 15
were fooles and ful of lechery/ wherfore it bifelle that balam whiche
was a paynym for to doo gryef to the hoost of the sones of Israel/
dyde do make these doughters queynt and Ioly and wel arayed of
ryche clothes and with precious stones/ And sente them in the
said hoost of the Hebreux whiche were al folke of god to thende 20
he sholde make them to falle in synne with them/ And that their
god sholde caste therfore his yre vpon them/ Thenne cam these
coynted and Ioly doughters in to the hoost of the Iewes/ of whome
many of them as they saw [e viij] the beaute of them/ were sore
tempted/ and so esprysed of theyr loue/ that at the last they tooke 25
and had theyr delyte and plaisaunce with them/ wherfore the
prynces of the hoost made no semblaunt/ but god was therfore
angry vpon them/ And commaunded to Moyses that the prynces
of the hoost that suche inyquyte hadde susteyned and made sholde
be hanged. and put to deth/ Wherfore Moyses made anone to 30
knowe thorugh oute all the hoost the comaundement of god/
whiche sone after was accomplysshed/ and many one put to deth
for the forsaid fowle dede and inyquyte/
      Here is a good ensample for the prynces and Capytayns of
hoostes that suffren many force and vyolence to be done/ and that 35
suffren a grete nombre of harlottes within their hoost/ wel maye
they see how suche thynges displeasen god the fader/ that wold
take vengeaunce of the capitaynes of the Iewes hoost/

(Of the Iewe & of the paynym/ that were broched with a swerd
Capitulo   lx/

I Shalle telle yow another Ensample that befelle another tyme
in the said hoost of the sones of Israell/ that is to wyte. the Iewes
5 that were people of god/ and that kepte his lawes/ Now it befelle
that the doughter of Madyan whiche was a paynym was so sore
tempted that she coynted and arrayed her in the best wyse she
couthe/ And thenne cam in to the hoost of Ebreus/ She was coynt
and Ioly and right richely and nobly arayd/ And dyde come thyder
10 only for hors and harnois that is to wete/ to accomplisshe her fowle
delyte. She cam so ferre in to the hoost that a knyght one of the
lordes of the hoost espyed her and sawe her/ the whiche was lyghtely
tempted and surprysed of her loue/ in so moche he dyde made
her to come in to his tente and lodgynge and tooke his delyte with
15 her/ And hit happed thenne as it plesyd god that one of the moost
Chyuetayns and lord of the hoost knewe and perceyued this fowle
dede. And he incontynent cam there₁ as they were yet nyghe to
geder₁ and broched and put his swerde thorugh bothe the bodyes
of them₁ And soo bothe¹ they deyde there vylaynsly by the synne
20 of lechery/ The knyght was named Sambry/ and was of the
lygnage of Symeon that was of the twelue prynces of their lawe/
And yet neuertheles he was not spared· For the prynces and
chyuetayns [e viij^v] of the hoost that sawe how god wrought for
them that euery day were fyghtyng ageynst as many mo as they
25 were/ And that all the vyctoryes þ^t they had/ they had them thorow
the my3t of god whiche wold spare no man/ but dyde good Iustyce
to euery man what someuer he had be/ For it was nother ryght
neither reson/ that their folke shold lye with them of other lawe₁
as the Cristen folke with the Iewes and sarasyns/ And so they
30 helde and kepte them self clenly as moche for fere of their prynces/
as for the loue of god· And god gaue hem vyctory and warauntyssed
them/ And for certeyne the thyng that god kepeth/ shalle neuer
be hurted ne domaged in no wyse₁ Now may ye see how god hateth
the synne and dede of lechery/ And how he wylle that men be
35 punysshed of it

¹ lothe C

¶ How none ought to abyde allone in a place with another alone
Capitulo   lxj

Y Et my dere doughters I shalle telle you another ensample/
how men ought not to abyde alone with another alone/ all be
he of his parente/ his affynte or other For ye shall here how it 5
befelle to thamar the doughter of kynge Dauyd to whome her
broder tooke awey her maydenhede, This Amon was tempted
ageynst god and ageynste the lawe/ And for to accomplysshe his
euylle wylle/ fayned hym self to be seke. and made his suster to
serue and kepe hym. He euer loked on her of a waunton and fals 10
regard, and kyssed and embraced her/ And so moche he made
lytell and lytell that he chaffed hym so that he depuceled her/ that
is to say/ he tooke her maydenhede fro her/ And when Absolon
hir broder of fader and moder wyst and knewe it al moost he wexe
woode for yre and anger, He slewe his broder Amon that suche 15
desloyalte and vntrouth had done to his suster And therof cam
many tribulacions and euyls/ And therfore here is a faire Ensample/
For euery woman that clenly wylle kepe honoure and worship
ought not to abyde alone with a man alone withoute it be with her
lord/ with her fader or with her sone/ and not with ony other/ 20
For many euyls & temptacions ben therof come/ Of the whiche
yf I wold I shold rcherce you of many of them/ to whome as men
saie is euyll happed & also by their nygh parentes/ Therfore it is
grete perylle to trust in [f j] none/ For the deuylle is to subtyll to
tempte the flesshe/ whiche is yong and lusty/ wherfor men ought 25
to kepe hem self well and take the moost seurest wey/ wherof
I wold ye wyst hou it happed to an euyll wyf/ whiche was wyf to
a roper or cable maker/ seruynge for shippes and grete vessels vpon
the see/ and was dwellynge in a good towne/

¶ Of the roper or maker of cordes and kables and of the fat 30
Pryour/ Capitulo   lxij

A Man was whiche of his craft was a Rope maker/ & had a wyf
whiche was not wyse/ and the whiche kepte not her feyth &
trouth toward hym/ but falsed it by the mene of a fals bawde/
whiche for a lytel syluer made her to synne and playe with a pryour/ 35
that was Ryche/ and a grete lechour/ And soo for the couetyse of
a lytell gyft and a lytell Iewel the sayd euylle Bawde maade her
to falle in a myschaunt and euylle dede/ wherfor the sage sayth/

She that taketh/ selleth her self/ It happed ones/ that this Pryour
was come by nyght and laye with her/ And as he yssued oute of
the chambre/ the fyre beganne to brenne/ and gaf lyght/ And
thenne her husbond sawe hym how he wente oute/ wherof he was
5 affrayed/ and sayd he had sene somme man within the chambre/
His wyf made semblaunt as she therof were affrayed/ and sayd
it was the fende or elles the goblyn or somme spyryte/ But not-
withstondyng her sayeng/ the good man was therof in grete
trystesse and in grete melancolye/ The wyf whiche was malycious
10 and subtyle went anon to another her godsep her neyghbour and
bawde/ & brought her home with her The bawde thenne saw
how the good man went aboute the hows/ berynge with hym the
cordaylle/ wherwith he¹ made his cordes/ She tooke in her handes
a spynroke with blacke wolle and beganne to spynne/ And as he
15 was comynge ageyne toward her she tooke another with whyte
wolle/ Thenne sayd to her the good man whiche Was a playne
man and trewe/ My godsep me semed/ that ryght now ye spanne
blacke wolle/ Ha a sayd she my Godsep/ Veryly I dyd not soo/
Thenne wente he fro her ageyne/ [f jᵛ] and as he torned ageyne
20 toward her/ and that she had taken the other spynrock he loked
on her/ and beganne to saye/ Haue fayre godsep/ ye had incon-
tynent a spynrock with whyte wolle/ Ha fayr godsep what ayleth
the now In good feyth It is not so/ I see wel/ that ye be dasewed
and sore dyseased of your syghte and wytte/ And in trouthe men
25 wene somtyme to see a thynge that they see not/ Ye be thoughtfull/
and ryght pensyf/ certaynly/ ye haue somme thynge that hurteth
yow/ And the good man that thought she sayd trouthe sayd to her/
by god godsep me thought that this last nyght I sawe some body
that yssued oute of oure chambre/ Ha a my good godsep & frend
30 sayd the old and fals woman/ Hit was nothynge but the day/ and
the nyght/ that so bestourned your syght/ Thenne was the good
man wel apayed by the falsenes of the old woman/ & wend verily
she had said trouth Afterward it befell another tyme to hym/ as
he supposed to take at his beddes feet a pouche or sack/ for to
35 haue gone with at a market thre myle thens/ but he toke with hym
the pryours breche/ and put them vnder his armes/ And thenne
whanne he cam to the market and wende to haue taken his pouche
or lytyll sak/ he toke the pryours breche/ And as he sawe that/ he
was sore troubled and wrothe of hit/ And the pryour that was

¹ he | he C

voyded and hydde vnder the bedde/ wende to haue take his breche/ but he fonde none/ sauf the pouche or sak allone/ and thenne he knewe well/ that the good man had them with hym Thenne was his wyf at a grete meschyef/ and wyst not what to do/ she wente to her godsep ageyne/ and told her al the mater and fayt/ And that 5 she for goddes sake wold fynde some remedye to it/ She sayd to her ye shal take a payre of breches/ And I shalle take also another payre/ and shalle telle hym/ that all wymmen were them/ And so they dyde/ Thenne perceyued hym the fals godseb and sawe hym come/ She went and welcomed hym and asked hym what chere 10 good godsep quod she I doubte that ye haue fonde some euyll auenture or that ye haue lost somme thynge wherof ye be so sadde/ Veryly sayd the good man/ I haue lost no thynge/ but well I haue other thought/ she dyde so moche that he tolde her alle the [f ij] matere how that he had founde a payre of breches at hir 15 beddes feet/ And whan she herd hym saye thus/ she began to lawghe and sayd/ Ha my godsep/ Now I see wel that ye be deceyued and in the weye to be dampned/ For in good feythe in alle this towne is none better than is youre wyf/ ne that more feythfully and clenly kepeth her self toward her husbond/ than she dothe 20 toward yow/ And to putte yow oute of suspecion/ trouthe hit is that she and I/ and many other of thys Towne good wymmen and trewe haue take eche of vs a paire of breches/ and were them for these lechours and putyers/ that forceth[1] and wylle doo theyr wylles of good wymmen/ And to thende ye knowe yf I lye or saye 25 trouthe/ loke yf I were them or not/ She tooke vp her clothes and shewed hym the breche/ And he beheld and sawe that she sayd trouthe/ and byleued her/ And so by suche maner the fals godsep had saued his wyf twyes/ But at the laste al euylle wylle be knowen/ The good man ones sawe his wyf goo in to the sayd pryours hows 30 allone/ wherof he was ful angry and sorowful/ In so moche that Incontynently he deffended her and warned her vpon payne of losynge[2] of her eye/ that neuer she sholde be so hardy to goo ne conuerse in the hows of the sayd pryour/ But neuertheles she myght neuer hold her self therfro/ For the grete temptacion that the 35 fende gaf her/ It becam ones that the good man made semblaunt to goo oute & played And hyded hym self in a secrete place/ And soone after his foole wyf wente in to the pryours hows/ And her husbond folowed her pas by pas/ and brought her ageyne/ and

---

[1] forced C   [2] lysynge C

told her/ that euylle she had kepte his commaundement/ wherfor
he bete her/ and brake bothe her legges/ Thenne wente he[1] in to
the Towne/ and made couenaunt with a Cyrurgyen to hele and
sette ageyne fast to gyder two broken legges/ And whanne this
5 couenaunt was made/ he cam ageyne to his hows/ and took a
stamper/ and brake the two legges of his wyf/ sayeng to her/ At the
lest shalt thou hold a whyle my couenaunt/ and shalt not go ageynste
my deffence there as it pleaseth me not/ And whan he had thus
done/ he tooke and leyd her in a bed & there she was a grete whyle
10 without departyng/ & atte last [f ij^v] the fende mocked her/ as ye
herd to fore/ For he made her euer to seke soo many of fowle
plesaunces in her folye/ and in her fowle synne/ that she[2] myght
not chastyse her therof/ but whan she was amended of her legges/
came the Pryour secretely to her/ But the good man herd hym
15 come/ and doubted hym self/ and made semblaunt of slepe and
routed/ And at the laste soo moche he was herynge them/ that he
herd/ how he disported hym self with his wyf accomplysshynge
and doynge the fowle synne of lecherye/ and he tasted aboute/ and
founde well that the dede was trewe/ And thenne he wexed so
20 moche angry/ and wrothe therof that al most he was oute of his
memorye and wytte/ And drewe oute a grete knyf with a sharp
poynte/ and caste a lytel strawe within the fyre/ and ranne to them
lyghtly/ And he kylled them bothe at ones/ And whanne he had
done this dede/ he called to hym his meyne and his neyghbours/
25 and shewed them the faytte or dede And sente also for the Iustyse
of whiche he was excused/ And hadde no harme/ Ryght moche
merueylled the neyghbours how she had tourned her herte to loue
suche a pryour/ whiche hadde soo grete a bely/ and soo thycke and
fatte/ soo blacke and so fowle of face and so vncurteys as he was/
30 And her husbond was fayre and good/ sage & ryche/ But many
wymmen ben lyke and of the nature of the she wulf/ that is the
female of the wulf/ whiche taketh and cheseth to her loue the
most fowle and lothly wolf/ And soo dothe the folysshe wyf by
the temptacion of the fende/ that euer incessauntly is aboute the
35 synnar/ be it[3] man or wyf/ to make them to falle in dedely synne/
And[4] as the synne is gretter the more he hath myght and puys-
saunce ouer the synnars/ And by cause he was a man of Relygyon/
and the woman wedded was the synne gretter/ And for certayne

[1] she C   [2] he C
[3] bet C   [4] Aind C, *immediately below* bet

by the holy scrypture and wrytynge/ and as men may al aboute
see/ yf a woman accomplysshe or doo that synne of lechery with
one her kynne & nygh of her blood/ she shall be the more temptyd
& shal be more brennyng & to it shal haue more folyssh appetyte
& euyl plesaunce/ & therfor it is trewe that so ofte is the pot 5
borne to fetche water/ that atte laste it breketh in pyeces/ For this
folysshe wyf/ whiche hadde a husbond/ ten tymes [f iij] fayrer
than the Monke was and more curteys and gracious And that soo
ofte hadde escaped thorugh her fals Godseps delynge/ And that
vpon the defence of her husbond wente ageyne to the pryours 10
hows/ as ye herd to fore/ And ouermore as the grete anguysshe
and dolour that she had suffred of her legges was past/ yet she ne
wold chastyse ne kepe her self clene of that fowle synne of lechery/
Thenne is it thyng trewe and approuued/ that al this is but temp-
tacion of the deuylle/ whiche holdeth and kepeth the synnars With 15
brennynge and enflammed hertes/ to thende he may doo them to
falle within his grynnes or nettes as he dyd the sayd foole woman
and to the sayd pryour/ and made them bothe to receuye deth
vylaynysly/ Now haue I shewed vnto yow by many ensamples of
the byble/ and of the kynges gestes also by other wrytynge/ How 20
the synne of lechery & the desguysynge and werynge rayments and
clothes of newe facion/ is moche displeasynge to god/ And how the
deluge and assemblyng of waters cam therof/ and alle the world
perysshed sauf only eyght persones And how Sodome and Go-
morre with fyue other cytees were also brente and conbusted vnto 25
thabismes by fyre of sulphur and of fouldre/ And how so many
euylles/ werres/ famyns and pestylences and other trybulacions/
ben therof come/ and be comynge daye by daye in this world/ And
how the stenche of hit is so gretely displeasynge to the angels of
heuen/ And how the holy vyrgyns that ben in heuen in ioye and 30
glorye gaf them self to martyrdome rather than they shold con-
sente to hit ne goo fro theyre good/ holy and pure wylle for ony
yeftes ne for promesses/ as it is conteyned in theyr legendes/ as of
saynt katheryn/ saynt Margaryte/ of saynte Crystyn/ the enleuen
thowsand vyrgyns and of many other/ of whiche the grete con- 35
staunce and feruente courage of them/ were to longe to be recount-
ed/ For they surmounted many grete temptacions and vaynquysshed
many tyraunts/ wherby they gate & conquered the grete reame of
blysse and glorye/ where as they shalle euer be in perdurable ioye/
Now my fayr doughters I telle yow that no thynge or lytyll is to 40

kepe hym self clenly/ It is/ drede and be of hertely louynge toward
[f iij^v] her lord/ and thynke what euylle what shame/ and what
dolour and sorowe cometh therof vnto the world/ and how hit
displeaseth god/ And how therof men lese bothe body & sowle the
5 loue of god/ and the loue of his parentes and frendes/ & of the
world/ wherfor moche affectuelly I praye yow/ as my ryght dere
doughters/ that ye daye and nyght wyl thynke on it/ For many
grete and euylle temptacions shall befyght and assaylle yow/ Be
ye thenne stronge and valyaunt to resiste & ouercome them/ And
10 loke and behold the place wheroute ye be come of/ and what dis-
honour and shame myght come to yow therof

¶ Of Apomena quene of Surye/ Capitulo   lxiij

NOw shalle I telle yow of somme wymmen/ the whiche ben
ouermoche proude of theyr grete worship and goodes· whiche
15 god hath gyuen them/ As reherced is in the byble[1]/ ther was a
woman whiche Was named Apomena/ doughter of a symple knyght
named Bernard/ This Apomena was fayre and yonge/ in so moche
that the kynge of Surye/ Whiche was a myghty kynge was enam-
oured of her and so moche[2] he loued her that by his grete folye
20 he toke her in maryage and made her quene/ And whanne she
sawe her self soo hyghe and so myghty/ and in so grete honour and
worship brought/ she sette nought syn of her frendes and parentes
and had shame and desdayne to see or mete with hem/ And became
ouer proude and so moche grete of courage that also to the kynge
25 her lord she bare not so grete reuerence as she ought to haue doo/
by cause she sawe hym symple and debonayr/ And also she/ by
her grete pryde/ dayned not bere reuerence ne worship to none
of the kynges parents/ And soo moche she dyd that of euery one
she was hated and that the kynge was wrothe with her and chaced/
30 and sente her in exyle/ And so by grete pryde she lost the grete
honour and worship wherein of lowe degree she had fortunatly
be brou3t/ for many wymmen be þ^t may not suffre ease & worship
to gyder/ & can not reste tyl by their pryde & enuy they falle in
grete pouerte/ & fro hyhe [f iiij] to lowe as dyd the folysshe quene
35 whiche[3] was come fro lowe degree vnto so hyghe and myghty
estate and myght not suffre it/ And euery woman whan she seeth

---

¹ bylle C   ² so moche that C
³ wh che BM 1

and knoweth her lord symple and debonayr to her/ she ought the
more to bere hym honoure and worship/ for soo doynge she wor-
shippeth and bereth honour to her self/ and hath the loue of them
that seeth her soo doo/ And also therfore she ought to hold her the
more cloos and symply/ and[1] to force her self to kepe his loue and 5
his pees/ For al hertes be not euer in one estate/ A stone slyteth/
And a hors falleth/ Men wene somtyme that suche one be symple/
whiche hath a malycious herte/ And therfor a woman may not
bere to moche worship and honour to her lord/ ne to moche be
obeyssaunt to hym/ of what someuer condicion he be/ wherof I 10
wylle telle yow an ensample of the wyf of the grete Herodes/ He
hadde a wyf whiche he ouermoche loued He wente to Rome/ And
in the mene whyle hit befelle/ that his men that were with hym/
the whiche in no wyse loued theyr lady his wyf/ by cause she was
toward them to proude & felon/ told hym how she had a prynce 15
to her loue/ wherof Herodes was wrothe/ and at his retourne fro
Rome he reprouued her of this grete faulte and vylonye/ whiche
she had done to hym/ She answerd thenne to proudely and to
lyghtly/ And had not her lord in honour by fayre wordes ne by
curtosye/ neyther humbly she spake to hym/ as she oughte to 20
haue do/ And therfor her lord/ that was felon and despytous/ and
wrothe of her proud and hyghe spekynge toke a knyf/ and slewe
her/ wherof he was after sory/ For he fonde not that tale whiche
his men had told hym of her trewe/ And so her pryde/ and ouer-
moche langage was cause of her dethe/ And therfor this ensample 25
is very good to euery woman to see/ how she ought to be meke and
humble and curtois in gyuyng ony answere ageynst the yre and
wrathe of her lord/ For the wyse Salamon sayth that by curtosye
and by swete langage ought the good wymmen to refreyne the
yre & wrathe of their lord/ For the lord of right ought to haue 30
aboue his wyf the hyghe talkyng/ be it ryȝt or wrong/ & specially
in his yre/ & wrath/ & bifore ony folk/ but as his wrath is gone she
may wel shewe to hym þt he had no cause so to do/ & so she shal
euer [f iiij^v] hold the loue and pees of her lord and of all her hows/
neyther she shalle not make her self to be blamed/ ne to be bete/ 35
ne slayne by her lord/ as dyd the wyf of kynge Herodes

---

[1] symplya/nd C

(Of the quene Vastis Capitulo

I Shal telle you another ensample of a quene that was named
vastys/ She was wyf to the kynge Assuerus It befelle/ that the
kynge held a feste with his barons and there were alle the grete
5 lordes of his londe/ They satte att dyner in a hall and the quene
in another/ And whanne the barons had dyned they prayd the
kynge that he wold vouchesauf to shewe them the quene whiche
was merueyllously fayr/ The kynge sente for her ones/ twyes and
thryes/ but neuer she daygned to come/ wherof the kynge had
10 grete shame/ and demaunded of his barons counceylle what therof
he myght best do/ And suche was the counceylle gyuen/ that is to
wete that he shold put her fro hym/ and made her to be locked[1]
& shette bitwene two wallys that euery other shold take therby
ensample to be better obedyent to theyr lord than she was/ And
15 so after theyr counceyll dyde the kyng his wyf to be mured/ and
herof he made a lawe/ that fro thens forthon al wymmen þt shold
of ony thyng wythsaye & be disobedyent[2] to her lord/ seynge that
it be resonable/ that she shold be a yere within two wallys/ and
with litil mete and drynke for her defaute/ And as yet they kepe
20 and hold that custome in that londe/ The quene that sawe her put
in mewe was sore ashamed & wepte and sorowed moche/ but it was
to late/ For notwithstondynge her mournynge and lamentacion she
was putte in pryson as aboue is sayd where she was a yere/ Ther-
fore wel ye ought to take here good ensample/ For specially before
25 folke ye ought to doo the commaundment of your lord/ and obeys-
she and bere hym honour/ and euer shewe hym semblaunt of
loue yf ye wylle haue the loue of hym and of the world/ But I saye
not as ye shalle be pryuely and allone one by other/ but that ye
may eslargysshe your self to say or do your wylle/ after the best
30 wyse that ye maye/ and after ye knowe [f v] his maners I shall
telle yow thensample of the lyon & of his propryete/ As the lyonesse
that is to vnderstond the female of the lyon hath done the lyon
ony faute or despyte/ he shalle not go with her/ but fro her shalle
kepe hym self one daye and a nyght/ And soo sheweth he his
35 lordship and seygnorye that he hath ouer the lyonesse/ This
ensample is fair & prouffitable to all wymmen/ consyderynge how
a sauage and wyld beest and withoute reason/ and that dothe/ but

---

[1] lock | ked C
[2] disobebedyent C

as nature enclyneth her/ maketh her self to be dradde[1] and
doubted of her[2] felawe

℘ Of a man and of his wyf/ capitulo   lxv

ANd yet I shalle telle yow another ensample vpon this matere/
There was one Amon whiche was the kynges Seneschal/ and 5
came of nought and lowe degree/ He bicame thorugh his seruyse
moche ryche and bought londes and possessions and gouerned/
and had as vnder hym almost the half of the reame/ And whanne
he sawe hym so ryche/ And that he was bicome so grete a lord/
he wcxyd/ & bicame ouer proude and felon and presumptuous· 10
and wold/ that men sholde knele bifore hym/ and that cuery one
shold bere vnto hym honour and reuerence/ It befelle that one
Mardocheus that was a noble man which had nourysshed the
noble quene Hester/ whiche was a good lady and trewe/ was aboue
al other displeasyd of the pryde and presumpcion of the sayd Amon 15
whiche come of nought/ therfor he[3] daygned not to bere hym ony
reuerence/ ne knele bifore hym as other dyd/ wherfor he bicame
as a fole/ and almost oute of his wytte for angre/ and therof dyd
complayne hym self to his wyf/ And his wyf that of so hyhe courage
was and as proude was as he counceylled hym that he shold make 20
a gallowes to be sette & dressyd bifore his placc/ and that he shold
makc hym and his wyf to be taken and honged theron to grete
meschyef/ And that he shold accuse them of some grete treason
and falshede/ And whanne he was take/ and the gallowes dressyd/
the frendes of mardocheus wente anone rennynge to the quene 25
[f v^v] Hester/ and tolde her how Aaman wold make hym to be
hanged that had nourysshed her/ And anone the quene made to
be sent for Aaman/ he came/ and she had hym tofore the kynge
Where as trouthe of the fayte or dede was dylygently Inquyred
and knowen/ In so moche that it was founde that Mardocheus was 30
accused by the accusacion of Aaman & was nothynge gylty/ And
that suche treason he had putte on hym was by enuy/ & thenne the
good and noble quene Hester kneled bifore her lord the kynge/
and requyred and prayd hym/ that suche Iustyce shold be made
of Aaman the Seneschalle as he wolde it had be done of Mar- 35
docheus and of his wyf/ And that he shold be hanged at the yate

---

[1] drawe C   [2] C *omits* her   [3] she C

of his place/ to shewe that falsly & by enuy he had accused Mar-
docheus of treson/ And as the good quene dyde requyre her lord/
so was hit done/ Thus was hanged Aaman by his grete pryde and
surquedrye/ And by the counceylle of his wyf/ Wherfore grete
5 folye is to a man come fro lowe degree to Worship and grete estate
to become and wexe prowde and surquydous for erthely good/
that he hath gadred & amassed/ and to myspryse ony other/ but
yf he be wyse/ he ought hym self shewe to euery one meke and
humble/ to thende he may falle in the grace and welwyllynge of
10 alle folke and that none may haue enuye ouer hym/ For comynly
men haue more enuye ouer them/ that ben come of nought to grete
worship/ than of them that ben come of ryche and noble folke and
of Auncestrye/ The wyf of Aaman was not wyse whanne she sawe
the yre & wrathe of her lorde to susteyne hym in his folye/ for
15 euery good woman & wyse ought by fayr and curtoys spekynge
put aweye yf she may the yre and Wrathe of her lorde/ & specially
Whan she seeth hym meued and be Wyllynge to do somme euylle
or somme shameful dede/ Wherof dommage & dishonour maye to
them come/ as dyd Aamans wyf/ whiche repreuyd not her lord of
20 his folye/ but gaf hym folysshe and euylle counceyll Wherby he
deyd¹ vylaynously/ Men ought not to susteyne his lord in his
Wrathe and yre/ but curtoysly and by fayr Wordes men ought to
repreue hym of his euylle thought/ and shewe vnto hym lytyl and
lytyl the reasons and cause why he shold not do as he had purposed
25 to do/ For Which thyng [f vj] my fayr doughters I requyre and
praye yow/ that ye here take good ensample/ and take hede what
meschyef befelle to Aaman by the folysshe counceylle of his wyf/

❡ Of the quene Gesabel whiche had many euylle condycions/
Capitulo   lxvj/

30 NOw wylle I telle yow thexample of an euylle/ cruel/ and
dyuerse quene/ how it befelle to her/ It was the quene
Gesabel/ whiche had many euyl tatches/ Fyrst she hated the
Indygent/ and power/ she hated the holy and good heremytes and
al prestes and men of holy chirche/ and alle them that to the laye
35 peple taught the feythe/ she made them to be beten and robbed/
in soo moche that of nede they must voyde/ and goo oute of the
reame/ she had of none mercy ne pyte/ wherfor she was cursed/

¹ dyd C

and hated of god/ and of al the peple/ A good man was at that tyme/
whiche was named Nabor/ whiche had an Aker of a vyne yerd
ryght fertyle and good/ whiche the kynge coueyted and desyred
moche to haue it by byenge/ or otherwyse/ but the good man
Nabor consented not to hit with good wylle/ The kyng told to this 5
quene his wyf that he was ryght sory/ that he myght not haue that
vyneyerd/ And she sayd/ that well she shold make that he shold
haue it/ as she dyde/ For by treson she made the good man Nabor
to be murdred and slayne/ And thenne she brought forth/ and
made to come fals men/ whiche wytnessid that he had gyuen the 10
kyng Achas her lord his vyneyerd/ whiche thynge was moche dis-
pleasynge to god wherfor he sente Iosue to make werre ageynst
hym/ in so moche he toke prysoner the kynge Achas/ and with
hym lx children/ grete and smal/ And anone after Iosue made
theyr hedes to be smyton of/ This was the punycion of the ven- 15
gcaunce dyuyne/ And as for the euylle and cruell quene gesabell
I shalle telle yow the ende of her/ She wente vp vnto a hyhe por-
tayll or yate where as Iosue shold passe/ and there she coynted
and arayed her with clothes of gold/ and flouryshynge[1] of ryche
ermyns with grete plente of precious stones/ al desguysed [f vj[v]] 20
and in other maner of clothynge than ony other woman of that
lond was/ And as she sawe the kynge go by the waye/ she biganne[2]
of a hyghe voys to curse hym and all his lygnage also/ and proudely
she spake to hym sayenge of hym al the vylonye that her cruel and
proude herte couthe thynke/ The kynge·[3] thenne beganne to loke 25
vp and sawe the couetyse and desguysynge of her and herd her
proud/ and shamefull Wordes/ wherof he was merueylled and
wrothe/ And seyng she held not her fals and venymed tongue/ but
cursed/ and euer spake euylle/ commaunded to his men/ that they
shold go where as she was/ And that they shold caste her before 30
alle the peple the heed dounward fro the place where she was vnto
the strete/ And so they dyde/ And thus by her cruell courage and
pryde she shamefully and vylaynsly ended her lyf/ And for the
grete crueltees and euyls that she in her lyf had done & made
to be done commaunded kynge Iosue that she shold haue no[4] 35
sepulcre/ but that she shold be eten and deuoured of dogges/ as
she was/ By suche wayes god taketh vengeaunce oftyme of them/
that haue no pyte of the power and Indygent/ And that loue not

[1] flourynge C   [2] bigannne C
[3] *stop in* BM 1 *only*   [4] ha- | ne sepulcre C

his chirche and his seruauntes/ and that by couetyse make grete
crueltees and many euylle dedes/ and also them that brynge fals
wytnes to disheryte other of his ryght/ as dyd the fals quene gesabel/
whiche susteyned her lord in his folye/ wherfor euylle happed to
5 her/ Here ye maye take ensample to be pyteous and[1] charytable
toward the poure folke/ and to loue holy chirche and the mynystres
of hit/ and also to kepe hym self fro gyuynge ony euylle counceyl
to her lord Also to take no desguysed rayment/ but only thestate
of the good and[2] worshipful wymmen of the lond

10 ⟪ Of Athalia quene of Iherusalem/ Capitulo   lxvij

I Wylle[3] telle yow another ensample of Athalye[3] a quene of
Ierusalem/ whiche was of euyll condycions/ diuerse and withoute
pyte/ For whanne Ozias her sone was deed/ she made al the
children of her sone to be slayne [f vij] and alle his heyres also/
15 sauf only one that a good man named Zoadis made to be nourys-
shed secretely/ This quene toke the possession of alle the reame
and goodes/ And made vnto the peple grete dyuersytees and sore
trauaylled them/ and she taxed them so hyghe/ that they became
poure/ And as she had so trauaylled the reame/ as she that was
20 withoute reason and pyte/ the child/ whiche hadde be secretely
nourisshed and brought vp cam to his enherytaunce/ and toke
the quene Athalia/ and made her to deye of an euyl and shameful
dethe/ And soo she hadde at the laste the reward and guerdon of
her meryte/ For god gyueth to euery one the deserte of his meryte
25 in his lyf or after his dethe/ For none euylle is done/ but hit shalle
be punysshed soone or in tyme to come/ I wold fayre doughters
that ye knewe thensample and the tale of a quene of Fraunce/
whiche had to name Brunehault/ She was the quene/ of whome
Sybile prophesyed/ sayenge thus/ Brunehault shal come fro black
30 Spayne in to the Reame of Gaule Fraunce whiche shal do many
euylle dedes/ and afterwarde she shal be destroyed/ And so it
befelle/ For she made somme of her children to be slayne/ and also
the sones of her children/ & other grete crueltees she procured/
and dyde/ whiche were to long to be reherced/ But at the laste as
35 hit pleasyd god she was payd/ For a child that scaped her cruelte
whiche was sone to her sone/ and the whiche knewe the grete

---

[1] C omits and   [2] good nd C
[3] Athalye *misplaced*: I Athalye wylle telle yow another ensample of a quene C

crueltees and abhomynaltees that she had done and procured and maade to be done/ accused her/ And thenne al her fayttes and dedes were put to Iugement before al the barons of the londe/ and sentence of dethe was cast on her/ that she shold be bounden with the heres of her hede atte hors taylle/ And thus it was done And so 5 she deyed of an euyl and shameful dethe

⟨ Of Enuye Capitulo   lxviij

I Wylle telle yow an ensample of Enuye/ whiche is an euyl vyce/ of Marye the suster of Moyses/ the whiche sayd that she was as wel belouyd of god as her [f vijᵛ] broder Moyses/ and that god herd 10 her prayers and requestes as he dyd his/ wherof god was wrothe with her/ and made her to become lepre/ in soo moche she was put oute of the towne/ soo that she myght no more come amonge the folke/ And notwithstandynge her grete enuye/ yet had Moyses and Aaron/ pyte of her/ and made requeste that it wold please hym to 15 hele and gwerysshe her/ And at theyr requeste god maade her hole ageyne/ Take ye here ensample how grete parylle is to haue enuye of other mens preferement and worship/ And how god dyd punysshe this lady whiche was the moost noble damoysel that was in alle the land/   20

⟨ Of the content that was bytwene Fenenna and Anna
Capitulo   lxix

I Wold fayre doughters that ye knewe another ensample vpon this matere of a wyf to a grete lord/ whiche was named Helchana/ Whiche had two wyues after the lawe of the lond/ the one was 25 named Anna/ and the other Fenenna/ Of Anna Helchana myght haue no children/ wherof Fenenna was ful glad and ioyeful/ For wyues that bare no children were lesse preysed/ than they that bare ony/ Fenenna scorned and mocked Anna/ and called her berhayn/ And was ouer proude that she had of her lord many fayr children/ 30 And Anna had none/ Anna ofte wepte & sorowed/ and complayned her to god/ And god whiche her pacyence and humylyte beheld/ and sawe the scornynge and mockynge of Fenenna/ took al her children fro her· And made Anna to wexe grete with child/ and many one she hadde of her lord afterward/ wherfor Helchana 35 loued her more than he dyd Fenenna/ to whome her children were

al dede/ And thus ben the Iugements of god merueyllous/ For he
hateth alle maner of enuye/ And chastyseth the proude whan hym
lyst/ and enhaunceth the meke and humble that requyreth hym
of mercy/ And therfor ye haue here a good ensample/ how no
5 woman ought to wexe proude of the goodes and graces that [f viij]
god gyueth to her/ and not to haue enuye of ony other goodes ne to
be glad and ioyefull of the meschyef of other/ As Fenenna was/
of that she sawe her haue many children/ and Anna none/ And
therfor god punysshed her ouer her children/ For they deyde euerych-
10 one/ And gaf somme to her that to fore had none/ Suche ben the
Iugements of god/ therfore men ought well to take here ensample/
and thanke god of al his bienfaittes/ Here I leue this matere/ And
shalle telle yow of another vpon the faytte or dede of couetyse/

¶ Of Dalida the euylle wyf/ Capitulo   lxx

15 I Shalle telle yow another Ensample vpon the faytte or dede of
an euylle wyf and a fals woman/ whiche was named Dalida/
whiche was wyf of Sampson/ that moche loued her/ in so moche
that he dyde nothyng but that he made her to knowe hit/ And for
the grete loue that he had to her/ he lyke a foole discouered and
20 told her that al his my3t was in the heerys of the heed/ And
whanne the fals woman wist it/ she made to telle the paynyms
whiche were enemyes to her lord/ that yf they wold gyue her a good
reward she sholde so do/ that they shold take hym/ And anone the
paynyms promysed her that yf she couthe so doo/ as she sayd/ they
25 shold gyue her a grete quantite of gold and of gownes/ and as
many precious stones as she wold take of them/ And she that
thorugh couetyse was deceyued/ made her lord to slepe in her
lappe/ And whyle he fast slepte/ she cutte awey the heerys of his
heede/ And anone sent for the paynyms/ whiche nyghe were
30 embusshed/ and made hym to be taken of them/ Thenne he awoke
and fonde alle his myght and strengthe loste and gone that before
that tyme was wont to resiste and fyghte he al one ageynst thre
thowsand men/ And whanne they hadde hym fast bounden/ they
thrested and putte oute bothe his eyen And made hym to tourne
35 aboute a mylle as a blynde hors/ Behold ye thenne and loke how
couetyse deceyued this folissh woman that for a lytell gold bitrayed
her lord/ that soo [f viij^v] moche loued her/ whiche was moost
doubted of all men/ that euer were and euer shall be/ A coueytous

herte dar well saye & vndertake to do moch euylle/ For he maketh
the noble men to be rapynous & tyraunts ouer their men & sub-
gettes/ Couetyse also maketh many theues/ many vsurers/ many
murderers many maydens & wydowes to become harlottes/ and
many secrete homycyde is done by this fals vyce of couetyse/ the 5
children also to desyre and wysshe the dethe of theyr faders and
moders onely for to haue and rauysshe their goodes after theyr
dethe/ Also Iudas for couetyse of syluer he bitrayd oure lord Ihesu
Cryst/ In suche maner done these dayes the aduocates and men
of lawe/ whiche sellen theyr talkyng & wordes tornynge fro the 10
trouthe/ and plctynge ageynst hit/ For they doo the ryght of the
good man to be dylayed for to haue and take of hym more syluer/
And many one of them is that taketh on bothe partyes/ And so they
selle theyr speche/ whiche god gaaf them to prouffyte with for the
comyn wele/ Therfor is couetyse moche deceyuable/ which brought 15
the wyf of Sampson to doo grete folye/ Here ye haue good ensample
to kepe your self fro the vyce of couetyse/ For soone after god sente
to the sayd dalida the deserte of her meryte and dede/ She toke to
spouse one of the paynyms/ and made a grete feste/ Sampson that
knewe of it/ And to whom his heres were growen and his strengthe 20
come ageyne/ made hym to be leddc there as they were sette at the
dyner/ And thenne he toke the pyler in his armes whiche stode in
the myddcll of the halle/ and that susteyned and bare al the place/
and shoke it with so grete strengthe and myght that he brake it in
to pyeces/ and the place fylle vpon them/ there was slayne dalida/ 25
her newe lord and the moost parte of them that were at that dyner/
And thus Sampson venged hym of dalida his fals wyf/ whiche was
there punysshed of her euylle dede and folye/ And well was reason
and ryght that of euyl doynge/ euyl shold come to her/

ℂ How a Woman ought not to departe ne goo fro her husbond for 30
ony Wrathe or euyl Wyl that may growe or come emonge them/
Capitulo   lxxj [g j]

I Wylle telle yow how of a lytel wrathe sourded and came grete
euyll/ A good man was whiche was noble/ and of the mount
Euffraym/ he maryed hym/ and took a damoysell of Bethlehem 35
the whiche for a lytel occacion was wrothe with her husbond/ and
wente ageyne to her faders hows/ The good man her husbond was
therof heuy and sorowful/ and wente and dyd fetche her home

ageyne/ And her fader blamed her and sayd she dyde not as a good
wyf shold do/ As they were goynge homeward/ they lodged in
a toune named galga/ where as was many worldly folke ful of
lechery/ This folke cam there where as this woman & her lord
5 were lodged/ they brake the dores and by force & vyolence vylayns-
ly toke and rauysshed the sayd woman fro her husbond/ & for
nothyng that their hoost coude saye or do/ whiche wold haue
gyuen one of his doughtres for the warauntyse of his hostesse/
they wold not leue her/ but had her wyth them. And as the
10 mornynge cam/ she that sawe her dishonoured and so vylaynsly
shamed/ toke in her self suche shame & suche a sorowe that she
thenne deyde at her lordes feet/ wherfore the good man was nyghe
dede also/ & as he was come to hym self ageyne/ he toke & bare
her body vnto his hows/ & thenne he made xij pyeces of her body/
15 & vpon euery pyece he sette a paper leef/ wherin was wreton al the
maner how it befelle to her & sent these xij pyeces to xij persones
her parentes & most nyhe of her kyn to thende they shold among
them take vengeaunce of it/ wherof it befelle that all her frendes
& her husbondes frendes also toke therof so grete yre & wrath/
20 & had so grete abhomynacion of it/ þᵗ they gadred & assembled
them to gyder/ & wyth grete nombre of men of armes/ came to
galga/ & slewe ther wel xxxiij M persones men & wymmen/ This
is to yow a good ensample/ how a woman ought not to leue her
husbond & lord for none yre ne maltalent that may be bitwene
25 them/ & a wyse & good woman ouȝt to bere & suffre the yre and
wrath of her husbondes in the most fayr & humble wyse that she
can & to put her self in payne to appease hym by curtoys & fayr
wordes/ & not leue & go fro hym/ as dyd the said damoysel/ whiche
lefte her lord/ & wente fro hym/ & her husbond must fetche her
30 ageyn By the whiche her goynge she deyd/ and soo dyd many
one/ [g jᵛ] as aboue is sayd/ And yf she had be in pees and styll
with her lord/ al this grete euylle and sorowe had not fallen/ And
therfore it is somtyme good to refreyne hir yre and amolysshe hir
herte/ For this is the vsage of the wyse woman/ whiche tendeth
35 to lyue peasybly and louyngly with her husbond and lord

❡ How a woman ought to obeye her husbond in alle thynge honest
Capitulo   lxxij

I Wold ye knewe wel the tale and example of the lady/ whiche
daygned not to come to her dyner for ony commaundement
that her lord coude make to her/ and so many tyme he sent for her/ 5
that at the last whanne he sawe she wold not come at his com-
maundement/ he made to come before hym his swyneherd/ he that
kepte his swynes/ whiche was foule/ and ouermoche hydous/ and
bad hym fetche the clowte of the kechyn wherwith men wype
dysshes and platers And thenne he made a table or bord to be 10
dressyd before hys wyf/ and made it to be couerd with the sayd
cloute/ and commaunded to his swyneherd to sytte besyde her/
And thenne he sayd thus to her/ Lady yf ye ne wylle ete with me/
ne come at my[1] commaundement/ ye shalle haue the kepar of my
swyne to hold yow company and good felauship/ And this cloute 15
to wype your handes with al/ And whanne she that thenne was
sore ashamed and more wrothe than she was tofore sawe and knewe
that her lord mocked her/ refreyned her proude herte and knewe
her foly/ Therfore a woman ought not in no wyse to refuse to
come at the commaundement of her lord yf she wylle haue and 20
kepe his loue and pees/ And also by good reason humylyte ought
to come fyrste to the woman/ For euer she ought to shewe her
self meke and humble toward her lord/

❡ How men ought to kepe hem self fro flaterers/ Ca   lxxiij [g ij]

H Ere shall I telle yow an ensample of a grete lady named 25
Susanna/ that had a sone a grete lord/ whiche was gone in
to a feld or bataylle/ where he was slayne/ The moder was in grete
thought and sorowe what tydynges she shold here of hym/ In her
companye she had a woman a flateresse & a grete lyer/ whiche
ofte sayd to her/ Madame be not in no wyse desmayed ne sorowful/ 30
for[2] my lord your sone hath victory vpon his enemyes/ therfor he
must tary & abyde there a whyle for to ordeyne of his affayres[3]/ &
so this fals flateresse appeased her lady of fayre wordes of[4] nought/
For she ne sayd neuer to her lady ony word that myght displease
her/ as done many flaterers and many flateresses/ whiche shal neuer 35

---

[1] ne come at me/ ne come at my C   [2] fo C
[3] affaryres C   [4] C omits of

saye thynge that may displease theyr ladyes or lordes/ and shalle
hyde the trouthe/ and theyr wele and make them to haue ioye of
nought/ As dyd this fals woman to that good lady/ whiche made
her to vnderstonde/ that her sone had obteyned vyctory and
5 brought With hym his prysoners/ And wel hit was the contrary/
For he deyde there/ wherfor it befell that whan the lady his moder
knewe it/ she deyde nyghe for sorowe/ therfor is an euylle thyng
to a man to haue aboute hym ony flaterers/ For they dare not gyue
trewe counceylle/ but ofte they make theyr lordes to do grete
10 folye/ They be lyke to the Iouglours whiche wylle make of a cole
seme and shewe a fayr thynge/ For they preyse a thyng before the
folk/ and behynde them they blame hit/ wherfor one ought not to
byleue that/ what they sayen/ For they retche not what they say/
but that they may please yow & to haue youre loue/ And yf ye be
15 wyse/ ye ought to knowe them better/ than they shalle you/ & put
them fro yow & take suche one that shall telle yow the trouthe &
your wele/ Suche flaterers deceyue the ryche men/ as dyd a flaterer
to a woman that sold cheses/ whiche was fowle of vysage/ & he
made her to vnderstonde/ that she was fayr & praty/ And the
20 woman was so folyssh that she wende he had sayd trouthe/ Som-
tyme she gaf hym a chese/ and as he hadde it and was behynd
her bak he mocked her of it/ I wold ye wyst thexample/ whiche
I sawe in the toun of Angolosme/ as the duk of normandy cam
before Aguyllon/ ther were knyʒtes which for to take their disporte
25 shotte at a marke/ And whanne the duke cam in to the [g ijᵛ] parke
where as they were for to playe and disporte hym/ he demaunded
of one of the knyghtes a bowe & an arowe for to shete/ And soone
after he had drawen his arowe there were there by hym two or
thre/ that sayd/ Certaynly my lord shoteth wel/ Holy Mary sayd
30 another how he draweth ryght of mesure/ Ha a sayd the other/
I wold not be armed/ and that he had hit me/ And thus they began
to preyse hym/ but for to seye trouthe/ it was nothynge els but
flateryng/ For he shotte the worst of al other/ And therfor grete
merueylle is how euery flaterer is agreable/ and so moche pleaseth
35 the lordes and the ladyes now in these dayes/ And how they make
them to byleue that they be stronger and more wyse than they be/
and by theyre flateryng make them to falle in grete surquedrye of
them self/

(How a woman ought in no wyse discouere ne telle the secrete of
her husbond/ For ouer many euyls come therof
Capitulo   lxxiiij

I Wyll that ye here and vnderstande thexample of Sampson/ the
whiche had made couenaunt with certayne folke of thyrtty payre 5
of gownes of sylk/ sayeng that they my3t not arede a certayne
deuynal/ It befell that his wyf cessed not to be spekynge of it/
tyll that she knewe what hit was/ & that he had discouered to her
al the fayt of the deuynayl/ & when she knewe it/ she dyd dis-
couere the sccrete of her lord/ & made her lord to lese the wager 10
or couenaunt of/ xxx/ gownes/ And whan her husbond wyst that
she had discouered hym/ he hated her moche/ and put her fro
hym/ & went to the parentes of them that had wonne the couen-
aunt/ & toke xxx of them of whom he toke theyr gownes in despyte
of his wyf And so ye haue here a good ensample/ how that no wyf 15
ou3t not to discouere the counceyll of her husbond/ to thende she
fall not in to the yre and wrathe of hym/ as dyd the wyf of Sampson
whiche therfore lost the loue of her lord/ For grete treson it is/
whan a man trusteth his wyf & telleth to her his pryue counceyll/
& discouereth it to other folk/ I wold also ye knew the tale of the 20
Squyer/ whiche essayed his wyf/ whiche [g iij] he sawe yonge/ He
wente and told her/ My frend and loue/ I shalle telle yow a grete
counceylle yf ye wyl kepe it secrete Trouthe it is/ that I haue leyd
two egges/ but for goddes loue discouere me not/ And she answerd/
that by her feythe nomore shold she doo/ but in trouthe the nyght 25
thought her longe that she myght aryse for to goo to her godsep to
telle to her of it/ And the morowe whanne she fonde her godsep she
sayd to her/ Ha my swete frende and godsep/ I shold telle yow a
grete merueylle/ yf ye wold telle it to no body/ And she promysed
her that nomore shold she doo/ Soo god help me my swete frende 30
a grete meruaylle is befallen to my lord/ my husbond/ For in cer-
tayne he hath leyd thre egges/ Swete Mary sayd her godsep/ how
may this be/ it is a grete meruaylle/ Her godsep kepte not longe
this thynge secrete/ but also went to one her godsep/ and told her
how suche a squyer hadde leyd four egges/ Sone after this other 35
godsep wente to another her godsep/ And sayd he had leyd fyue
egges/ And at the last this thynge was so ferre knowen/ but men
spak of nothynge/ but of the squyer that had leyd fyue egges/
The Squyer thenne called to hym his wyf/ and many of her parentes

and sayd thus to her/ Lady ye haue wel encreaced that thynge/
whiche I told yow in counceylle. that is to wete how I had leyd
two egges/ but now blessyd be god the nombre is well growen/
For men sayen thurgh the toune that I haue leyd v egges/ Thenne
5 she was ashamed/ and helde her self for a foole and wyst not what
she shold answere/ And therfor by thys ensample al good wymmen
ought to kepe secrete the secrete & counceylle of theyr lord/ and
not discouere it for nothyng to ony body/

℃ How euery good woman ought to enhorte her husbond to serue
10 god with grete deuocion/ Capitulo   lxxv

FAyre doughters I wyl that ye knowe thensample of the wyf of
dauyd/ whiche was a holy man & that loued god & his chirche
aboue al thyng/ It befel thenne at a¹ grete fest which they held
& made before the arch or cybory [g iijᵛ] wherin was the holy
15 brede of² the manna whiche cam and descended fro heuen/ wherof
the holy faders were refresshyd and fylled/ that for to worshipe
god and the feste/ the kyng went and putte hym self among the
prestes for to synge and harpe with them/ and made the grettest
ioye that he coude for the loue and worship of god and of his
20 chirche/ His wyf loked on hym that so dede/ and had of it grete
desdayne and shame/ and mocked hym sayenge that he was bicome
a mynystrelle And the good kynge answerd that one may not to
moche meke ne humble hym self toward god/ ne do to moche
worshyp and reuerence to his chirche/ For of god cometh alle the
25 good and honour that man and woman may haue/ And therfore
god was displeased of that she had spoken of it/ and made her
barayn and seke by cause he wold shewe to her her folye/ For euery
goode woman ought to Incyte and meue her lorde to worship god
and the chirche/ and not mocke hym of that he dothe in the wor-
30 ship of god/ For as the sage sayth in the boke of sapyence/ whanne
the man seeth hym mocked & scorned/ specially/ before ony folke
of his wyf/ his herte swelleth/ whiche causeth hym to answere
outrageously/ And therfor it is good to a woman to be of fayre and
swete spekynge in repreuynge her lord of ony thynge

¹ C omits a   ² sf C

❡ How a woman ought not to requyre of her husbond ony thynge
but it be honeste and prouffitable to them bothe/
Capitulo   lxxvj

AN ensample shall I telle yow of Bersabee the wyf of Vrye
whiche duellyd before the palais of kyng dauid This Bersabee 5
ones kembed & wesshed her heer at a wyndowe where as kyng
dauid myght well see her/ She had ouer fayr heres/ wherfor the
kynge was tempted and sente for her/ and so moche he dyde that
he laye with her/ and by cause of the folyssh plesaunce and delyte
that he toke with her/ He dyde sende his lettres to Ioab whiche 10
was Chyuetayne and capitayn of his hoost/ that he sholde put
Vrye in suche place that he myght be slayne/ Vrye bare hym self
the lettres of his dethe/ For in certayne it was done as the kynge
[g iiij] had wreton/ And thus kynge dauyd made double synne/
for an homycyde he was/ and hadde accomplysshed and done the 15
synne of lecherye/ wherfor god was displeased/ and sente to hym
and to his reame many euyls/ wherof the nombre were to longe
to reherce/ And all this meschyef cam by the pryde that bersabee
had of her herte/ Therfore a woman ought not to be proude of ony
beaute that she hath/ ne¹ shewe her self only to please the world/ 20

❡ The demaunde or askyng that the moder of Salamon made/
Capitulo   lxxvij

THe moder of kynge Salamon whiche was a good lady dyd
requyre of Salamon her sone/ that he wold graunte and fyaunce
her to a man/ whiche was a paynym and theyr enemye/ Salamon 25
ansuerd that this enemy shold neuer haue the wyf of his lord his
fader/ She held her thenne for nyce and ashamed of that she had
be warned of her demaunde and requeste/ Therfor euery woman
ought to thynke or she requyre her lord of ony thynge yf her
requeste be resonable or not/ I wold ye knewe the folysshe requeste 30
which the duchesse of Athenes made to the duke her lord/ She had
a bastard sone/ And therfor she made her requeste to her lord/ that
he myght haue to his wyf his owne suster/ And the duk that sawe
her symplenes/ beganne to lawghe and dyssymyled her requeste/
and sayd that he shold speke with his Frendes of it/ She thenne 35
that wold fayn haue sene this maryage to be couenaunced

¹ C *omits* ne

and graunted rested not to speke to her lord of it/ tylle at
the laste he sayd to her/ that it shold not be done wherfore she
tooke suche a sorowe in her herte that she laye seke therof/ the
duk prayd her/ and also made her to be prayd by other to come &
5 lye with hym/ but she wold not/ wherfore the duke was wrothe/
& he sware and sayd that neuer she shold lye in his bedde/ and
made her to be conueyed in a castel/ Here is thenne a good en-
sample/ how a woman ought to beware her self that she requyre
not her lord of nothyng vnresonable or dishonest/ & hou þᵗ she
10 must obeye hym/ & not do lyke as þᵉ duchesse of Athenes did/
wherfor her lord exyled & put her fro hym/ [g iiijᵛ]

℄ The Iugement of the kynge Salamon/ capitulo   lxxviij

I Wylle telle yow an Ensample of a fals woman/ two wymmen
were somtyme/ whiche bothe were lodged in one hows· and
15 eche of them had a sone/ whiche children were bothe seke/ and
bothe borne vpon one daye/ It befell on a nyght that one of them
was by auenture smouldred/ His moder that sawe hym dede went
anone as a fals woman and toke the other child whiche lyued/ & in
hir cradell leyd her sone whiche was dede/ And he that lyued she
20 leyd in her cradel/ And thenne whanne the other woman cam to
see and take heed to her child/ and sawe hym that was dede/ she
anon knewe that it was not her sone/ wherof sourded a grete con-
tent and stryf bytwene these two wymmen/ In so moche that the
cause and matere Was brought to fore Salamon/ And after he had
25 herd their debate and stryf/ he sayd/ lete a swerd be brought hyder/
And I shalle parte this child in two and gyue to eche of them one
half/ She to whome the child apperteyned not answerd and sayd
she was content/ And she that was moder of the child sayd/ Rather
than it shold be done/ I haue leuer to quytte yow and gyue yow
30 my parte/ soo that his lyf may be saued/ Thenne the kynge Iuged
that the child shold be guyen to her/ that wold haue hym to be
saued/ And soo was the treason of the fals woman approuued and
knowen

❡ How the synne of the fader is noyus to his Children
Capitulo[1]   lxxix

ANother ensample was of the wyf of kynge Roboam/ She had
a child whiche was seke/ wherfor the kyng sente the quene
to a holy prophete to praye hym/ that he wold Impetre to god the 5
helthe of theyr child/ The quene wente to hym/ And as she was
come to fore the dore of his hows/ And or euer he sawe her/ by the
grace of the holy ghost he knewe what she was and also what she
wold/ and sayd to her with a hyghe voys/ Quene wyf to Roboam
your sone deyd [g v] this nyght of a good dethe/ But alle thyne 10
other children shalle deye of euylle dethe/ by cause of the synne
of theyr fader/ thyn husbond/ whiche is a tyraunt ouer his peple/
lecherous & of euyll conscyence/ The quene wente ageyne home-
ward/ and fonde her sone cold and dede/ and told her lord what
he hadde sayd/ but therfor he amended hym not/ wherfor perysshed 15
alle his children/ And thus is here a good ensample to vse and
kepe honeste lyf/ and to loue and kepe in ryght his peple/ and not
greue them/ as Roboam dyd/ For the synne of the fader and moder
is noyous to the children as ye haue herd tofore/

❡ How none ought to repreue other of his meschyef   20
Capitulo   lxxx

I Shall telle you another ensample/ how Anna the wyf of Thobye
spake folysshly to her lord/ whiche was a good and a hooly man/
and buryed the dede bodyes/ whiche a paynym made to be slayn
in the despyte of god and of his lawe/ the whiche was callyd 25
Senacherib/ It fortuned that the swalowe dyd foule within the
eyen of Thobye/ and a long tyme he was blynd/ wherfor his wyf
sayd to hym as in grete despyte I am merueyled/ how the god
for whoos loue ye take so grete payne to burye these dede bodyes/
gyueth not your syght ageyne/ The good man had pacyence/ and 30
ansuerd that of al thynge he may doo his pleasyr/ wherfor it for-
tuned to her that she was sore punysshed by sekenesse/ whiche
god sente her/ And as the pleasyr of god was Thobye hadde his
syght restored ageyne/ And thus by this ensample none good
woman ought to mocke or scorne her husbond/ ne preyse hym the 35
lesse for ony sekenesse or trybulacion that god sendeth hym/ For

[1] Caiptulo *in* Bodl., Camb., JR, *and* NY

as wel is the axe or swerd lyft ouer the hole as ouer the seke/ as ye
haue herd of Thobye/ whiche was heled of his eyen/ and his wyf
by cause of her folysshe spekynge/ felle in a grete sekenesse/ wherfor
I wyl that ye knowe thensample of Sara/ whiche had seuen hus-
5 bondes/ the whiche the deuyl slewe/ by cause they wold vse her
of an enorme and ouer foule faytte/ of which it nedeth[1] not to be
spoken of/ Thys [g vᵛ] good woman Sara one tyme dyde repreue
her godsep of a mysdede/ that she had done/ but she which was
yrous and proude reproched her of her husbondes/ but the good
10 lady ansuerd nothynge/ but had pacyence/ and hauynge her
thought to god she wepte sore/ sayeng that she myght nought do
therto/ And that god shold do of all his playsyr/ And whanne god
had sene her humylyte and pacyence he gaf to her a lord & hus-
bond the sone of Thobye & had children/ & moche good & worship
15 to gyder/ & she that brawled & reproched her of her husbondes
had afterward many grete shames/ And vylaynsly she ended and
passed oute of this world/ And here is a good ensample how none
ought to reproche the euylle or meschyef of other For men ought
not to be merueylled of the vengeaunce ne of the punysshynge/
20 ne also of the Iugements of god/ And yet shalle I telle yow another
ensample vpon the fait of pacyence/ Ye haue herd to fore that the
byble reherceth how god wold and suffred that Iob/ whiche was
a holy man were tempted and caste fro his grete worship and
honour/ as he that was so ryche and myghty as a kynge/ Fyrst he
25 lost his seuen sones/ and his thre doughters/ after that he lost alle
his beestes/ And shortely to say/ he lost alle that he had and no
thynge remayned to hym sauf only his body/ and his wyf/ And was
so poure and in so grete myserye brought/ that he must lye vpon
a donghylle where as the wormes had greued his heed/ and fowled
30 alle his heer/ And his wyf broughte hym mete/ which she gate/ and
was gyuen to her of the releef of other/ wherof his lyf was sus-
teyned/ But ones it befelle/ as the deuyll tempted her/ she felle in
wrathe ageynst her lord and sayd to hym/ Syre Better is that ye
dye vpon this donghylle/ syth otherwyse it may not be/ And not-
35 withstandynge that by yre and wrathe she sayd suche wordes/
Neuertheles she wold not that it were so lyke a good woman as she
was/ & the good man answerd to her nothynge/ but that al shold
be done after the playsyr of god/ and also thanked god of al And
neuer for dolour ne gryef that he felt/ ne for none aduersyte that

[1] neded C

cam to hym/ he dyd not saye otherwyse/ but euer sayd thanked be
god of al/ And whanne god had well assayed and approuued hym/
he reysed and had hym vp ageyne/ and [g vj] gaf to hym as moche
goodes and mo than euer he had to fore/ And thus as this fayt
befelle in the old testament/ hit is so befalle in the newe/ wherof 5
an ensample ye may fynde in the legende of saynt Eustace/ whiche
lost londes goodes and children by the space of xiij yere/ And
thenne god redressyd hym ageyne/ and restored and gaf to hym
ageyne his wyf/ hys children and more landes and Rychesses than
euer he hadde to fore/ And thus here is a good ensample/ how none 10
oughte reproche or mocke other of his Infortune and meschyef/
For none knoweth what is to hym comyng/ And men ought euer
to thanke god of al/ and haue his trust in hym and in his grace/
As dyd Iob/ and saynt Eustace/ And meke and humble hym self/
& thynke how god is as myghty to yeld ayene as he is to take 15
aweye/ and euer late hym be garnysshed of pacyence and humy-
lyte/ And of alle that cometh to hym be he thankynge god of it/
euer hauynge his trust in hym

¶ Of Herodyas the cursyd and euyll woman whiche made the hede
of saynt Iohan to be smeton of/ Capitulo/   lxxxj 20

ANother ensample I shalle telle yow of an euyll woman whiche
had to name Herodias/ the whiche Herode rauysshed & took
fro his broder the prophete Whiche was symple & a good man/
and this Herode was an euyll man malycious dyuerse lecherous &
coueytous/ This same was he that made the Innocentes to be put 25
to dethe/ He was traytour and vntrewe to his broder/ for he rauys-
shed his wyf fro hym ageynst god and his lawe/ wherof saynte
Iohan baptyst repreuyd hym/ wherfor the sayd Herodyas whiche
hated saynt Iohan by cause he repreued Herode of that she was
by hym/ Impetred his deth vnto the kyng/ She was a dyuerse & an 30
euylle woman and ended vylaynsly and Herode also/ as he that
was put to dethe by wormes/ For as he hadde made the yong and
lytel children Innocentes to be slayne in so grete nombre/ god wold
that he shold be eten and put to dethe/ [g vjᵛ] by the smallyst worme
that myght be founde in the world/ I haue spoken and told vnto 35
yow of the euylle wymmen after hit is conteyned within the byble
for to be vnto yow & other an ensample for to kepe and beware
yow of euylle doyng/ Now I shalle traytte and telle vnto yow of

the good wymmen/ the whiche holy wrytyng preyseth moche/ And
therfore it is good to recorde and brynge to memory the good
condycions of the good wymmen whiche somtyme were the
myrrour and exemplary to alle other of that tyme that now ben
5 & to them that ben yet to come/ And the fyrst ensample is of Sarra
whiche the holy scrypture or wrytyng preyseth so moch

℘ Of the noble woman Sarra whiche kepte her self full clenly
Capitulo   lxxxij

SArra was wyf to Abraham a moche good woman & a wyse/ and
10 god kepte her fro many paryls/ For as the kyng Pharao toke
her/ god dyde sende hym so many euyls/ and so moche he was
trauaylled of sekenes/ that of nede he must take & yelde her
ageyne to her owne lord/ & so god saued her by cause of her holy-
nes and good lyf/ As he dyde kepe many sayntes fro fyre and water/
15 and fro gleues/ or wepen/ and also fro many other grete torments/
as is conteyned in the bookes of theyr lyf and legendes/ For thus
saueth God them/ that louen hym and ben his frendes/ Thys Sarra
suffred many euyls and grete dolours/ She was the space of a
honderd yere barayn/ but by cause of her holy feyth and for the
20 sure trouthe that euer she bare vnto her lord/ and also for her
humylyte/ God send and gaf her a sone/ whiche afterward was a
good holy man/ It was Isaac of whome the xij lygnees yssued and
came/ and God gaf hym to her for her grete bounte

℘ Of the Valyaunt lady Rebecca the wyf of ysaac/
25 Capitulo   lxxxiij [g vij]

ANother ensample I shalle telle yow of Rebecca which was
merueyllously good and fayre/ and full of good condycions/
The holy wrytynge preyseth moche this Rebecca/ as for her grete
humylyte/ She was wyf to ysaac and moder of Iacob/ The scrypture
30 wytnessyth how she loued and worshipped her lord aboue al
thyng/ and shewed her to hym meke and humble/ and ansuerd hym
swetely/ and for to haue be slayne she wold not haue sayd one
worde that myght haue displeased hym/ And by cause of her grete
humylyte she shewed her more to be seruaunt than lady/ She was
35 long tyme barayne/ but god whiche loueth holynesse and humylyte/
gaf and sente to her two children at ones/ and at one byrthe/ that

were Ezau and Iacob/ of the whiche Iacob yssued twelue children/
the whiche afterward were prynces of the twelue lygnees/ of whom
thepystle of al hallowen day maketh mencion/ This Rebecca loued
more Iacob/ whiche was the last borne than she dyd Esau/ she made
hym to haue the blessyng of his fader/ as in the byble is reherced/ 5
She loued hym best that best couthe cheuysshe hym self/ and
whiche was of grete purueaunce/ She was lyke the lyonesse/ whiche
of alle her faons she loueth best hym/ that best can purchace for
hym self/ Iacob was of grete purueaunce/ And Esau hadde alle
his herte sette to the chace and to the veneson/ And so the children 10
of one fader and moder ben not of one condycion/ & manere/ For
some louen one crafte and one maner of lyuyng and the other
louen another/ I shall telle yow thensample of a good man and of
a good woman whiche were long tyme to gyder withoute hauyng
ony children/ And at theyr request god sente them a moche fayr 15
sone/ And soone after another they had whiche was fowle and
lame/ Trouthe hit is/ that they shold gyue to the Chirche theyr fyrst
begoten sone/ But as they had the second/ and sawe hym so contre-
fayt/ they sayd he shold be gyuen to the Chirch/ And that the
fayrest shold abyde with them for to be theyr heyr/ wherof god 20
was wrothe and took them both/ and neuer syn they had none
wherfore they lyued in grete sorowe/ And therfor is here a good
ensample/ For none ought to make ony promesse to god/ but yf
he wyll holde and accomplysshe it/ and none may mocke hym
[g vij^v] as these wold haue done in gyuynge to hym the fowlest 25
of theyr two children/ and wold haue kepte the fayrest for them
and the whiche they had promysed to gyue hym/ Ye shall neuer
see good come therof to them that so do/ Ne to them that haue and
take oute their sones and their doughters fro the monastery where
ones they were gyuen and receyued/ wherof many ensamples 30
I haue sene with myn eyen/ as of many/ that haue be had oute of
theyr Abbeyes for the landes & possessions that to them were
comynge by the succession of theyre parentes/ whiche were passed
oute of this world/ And after by couetyse somme made werre
ageynste them/ and toke by force alle that they had fro them/ And 35
for certayne I sawe neuer none soo had oute of the chirche that
myght be peasyble/ but at the last he came euer to nou3t/ And
as wel I say of wymmen/ that for suche caas or other were had
oute fro theyr monastery/ I wyst neuer none/ but that she had an
euylle ende/ For at the last they were dyffamed and vyoled/ and 40

deyde of theyr children/ or otherwyse vilaynsly they ended their
lyf And therfor men ought not take fro god that whiche is his

¶ How the faders and moders ought to praye for theyr children/
Capitulo   lxxxiiij/

5 I Shalle telle yow thexample of lya the wyf of Iacob The byble
   preyseth her moche/ and sayth how she loued parfyghtely her
lord & the worship that she bare vnto hym/ And how as god sente
to her ony child she thanked hym therof deuoutely/ & therfore
god gaf her Viij of the xij prynces/ of whome the twelue lygnees
10 yssued/ that soo moche were good men and dradde and loued god
aboue al thyng And their fader and moder praid euer god for them
syn they were but yonge/ that he wold purueye them of his loue
and of his grace/ And he wel herd theyr prayer/ For they were holy
men & worshipped aboue al folk/ Here is thenne good ensample/
15 hou the faders and moders ought euery day to pray [g viij] god
for theyr children/ as Iacob and Lia dyd/ And yet I saye that
for no faute ne ryotte they neuer cursyd them/ but blamed and
repreued them by other maner and dede/ And bete them as they
deserued hit/ For better hit were to bete an honderd tyme his
20 children than to curse them ones/ wherof I shall telle yow an
Ensample of a woman whiche was yrous and euylle/ And lyghtly
she was angry/ And also was her husbond/ And by theyr grete yre
they were euer chydyng & brawlyng to gyder/ they had a sone/
the whiche had done to them somme faulte/ wherfor the fader
25 and moder beganne sore to curse hym/ And the child whiche was
wrothe answerd to them folysshly/ And thenne the fader and the
moder/ that for his answere were ful of yre and wrathe wente and
gaf hym to the deuyl/ And the fende cam that seased and toke hym
by the one hand and lyfte hym vp fro the ground/ And where as he
30 touched hym/ the fyre sprang oute and loste his hand/ For whiche
cause he was al his lyf in daunger and parylle/ And therfor there
is grete daunger in cursynge of his owne children/ And wysshyng
to them ony euylle/ and yet gretter perylle is to gyue them by ony
yre or wrathe to the deuyll And therfor haue ye this ensample in
35 your memorye/ and see how ye ought to wysshe euer alle good for
your children/ & pray god for them as dyd Iacob and his wyf for
theyr children/ whiche god enhaunced ouer all the lygnees and
generacions/ And doo not lyke as dyd the man and his wyf the

whiche thurgh theyr yre cursed theyr child/ and after gaf hym to
the deuyll/ wherfor the child was in perylle alle his lyf durynge/

(How men ought to sette/ and put theyr children in the wylle of
god/ Capitulo   lxxxv

ANother ensample I shalle telle yow of Rachel the second wyf 5
of Iacob/ whiche was moder to Ioseph/ whiche his bretheren
sold in egypte/ Of her speketh [g viijᵛ] moche the holy scrypture/
how merueyllously she loued her lord and of the grete obeys-
saunce and honour that she bare to hym/ This good lady Rachel/
as she had made a child/ she forthwith rendryd/ and gaf thankynges 10
of it to god/ & made to come to her prestes and clerkes/ to thende
that she and they to gyder shold thanke god/ She made grete
dyners to the poure peple whiche prayd for her children/ And as
soone as she was alyght out of her child bedde/ she¹ tooke her child
in her armes and wente and offred hym before the aulter gyuynge 15
thankynges and louynges to god/ and humbly prayenge for hym
that he wold preferre hym in his loue and grace of the world/ And
therfor god enhaunced her children/ the which came to grete wor-
ship and honour/ And for certayne al worship and honour cometh
of god/ For they that louen hym/ he enhaunceth toward hym self 20
and toward the world/ And al this good cometh by humylyte/ For
no thyng is so pleasyng to god/ as is a persone/ whiche is meke
humble and charitable/ And for certayne he had not come doune
fro heuen in to the swete wombe of the blessyd vyrgyne Mary
ne had be that she shewed her humble whan she ansuerd to the 25
Angel gabryel/ that she was the ancylle or chamberere of god
and that it shold be done as hym pleased/ She myght nomore
humble ne meke her self than to calle her self chamberere/ wher-
fore I wold ye wyste thexample of a quene of Cypre/ whiche was
ouer eaged/ so that she myght haue no children/ But notwith- 30
stondynge al this for the goodnes of her lord/ and at his request
and prayer/ god gaf to them a fayre sone/ wherof grete Ioye was
made thurgh oute al the reame/ And for the grete Ioye that they
toke therof/ they made festes and Ioustynge to be cryed/ and sente
for alle the grete lordes and ladyes of the lond/ The feste was nobly 35
and rychely hold/ for there lacked no thynge/ plente of sylke/ and
clothe of gold was there abrode/ Al the palays resowned of the

¹ he C

sowne of the Instrumentes that were there/ And the Ioustynge
and tornoyeng Was fayre to see/ for the knyghtes ranne eche one
vpon other/ lyke in a batayl/ grete solas and ioye Was there/ But
al this displeased to god/ and by his prouydence and Wylle/ as they
5 Were in suche balaunces theyr child deyde/ And Whanne the[1]
[h j] dethe of hym was knowen thurgh al the Courte the Ioye and
myrthe was soone falle doune/ and tourned or become in to grete
trystesse and sorowe/ and departed/ and wente ageyne euerychone
to theyr places heuy and sorowfull/ And therfor this is a moche
10 good ensample how men oughte not to reioyse them to moche
whan god sendeth to them children/ For oftyme hit displeaseth
god whiche soone taketh therfore his yeft ageyne fro them/

(Of charyte/ Capitulo/   lxxxvj/

I Shalle telle and reherce vnto yow an ensample vpon the fayt of
15 charyte/ It is of the doughter of kynge Pharaon/ the whiche dyd
nourysshe Moyses/ as I shalle telle yow herafter/ The sones of
Israel/ whiche in egipt were in seruage wexed and encreaced daye
by daye in grete nombre/ But Pharao/ whiche was kynge of the
land/ and that sawe the people of the Iewys soo encreaced/ he was
20 displeased of it/ And commaunded and charged/ that alle theyr
men children were putte to dethe and reserue the femallys/ And
whanne the moder of Moyses sawe that her sone shold be putte to
deth/ she tooke hym and his cradell with her/ and went vnto the
Ryuer/ whiche was nyghe/ and on the Ryuer in his cradel she lete
25 hym goo/ where hit pleased god/ as she that myght not haue
suffred ne see hym putte to dethe/ And as the playsyre and wylle
of god was/ it befelle so/ that the cradell and the child within came
to lond before the chambre of the doughter of kynge Pharao·
where as the seuen/ whiche had ben excepted were in/ The lady
30 was bynethe vpon the grene grasse desportynge and playenge with
her damoysellys And as she tourned and casted her syghte toward
the Ryuer/ she sawe the cradell almost at the land/ She wente in-
contynent and her damoysels with her to see what was in hit/ They
found the child theryn/ whiche merueyllously was fayre The lady
35 beheld hym wel/ & took of hym grete pyte & made him [h j[v]] to be
nourysshed in her wardrobbe more derely/ And as in Iape she
called hym her sone/ of the whiche cam afterward so moche good/

For god chose and stablysshed hym mayster and gouernour ouer alle his people/ And also dyd shewe to hym many of his secretes/ And toke hym the rodde wherwith he departed the see/ and made drye waye to passe it· and made also with that same rodde to yssue and come oute of the stone lyuynge and swete water/ And also he 5 toke hym the tables of the lawe/ and many other signes and tokens of loue he dyd shewe vnto hym as of his nourysshynge wherof the good lady was well rewarded/ For god forgeteth neuer the seruyce done to hym by charyte/ as to nourysshe the orphanes or faderles/ whiche is an operacion of Mysericorde/ that God moche loueth[1]/ 10 as hit is conteyned in the lyf of saynte Elysabeth whiche nourisshed the poure Orphanes/ And maad them to lerne somme crafte to gete theyr lyuynge with/

Wherfor it befelle that a good woman whiche had but one child the whiche was wont to bathe hym self in the ryuer fyll within 15 a pytte/ where he was eyght dayes/ And his moder whiche was charitable to god and to saynt Elysabeth hadde therfore grete dolour and sorowe/ It befelle that at the laste daye of eyght/ she dremed that her sone was in a pytte ful of water/ And that saynte Elysabeth kepte hym there on lyue/ and tolde her/ by cause that ye 20 haue euer nourysshed and susteyned the orphans and faderles/ oure lord wylle not/ that your sone deye ne perysshe in this pytte/ And therfore make ye redy to haue hym oute/ And thenne the moder awoke and made her sone to be had oute of the pytte/ and fonde hym of fayr colour alyue/ And the child recounted to his 25 moder/ how a fayre lady had euer kepte hym/ And had sayd to hym It is goddes wylle that thow be saued for the charyte and myserycorde of thy moder whiche with good wylle had susteyned the orphanes and them nourysshed/ Therfor here is a good ensample how men ought to nourysshe the orphanes and the 30 smal children that haue mystier or nede for it is grete almesse & grete charyte/ & that moche pleseth god & to this is shewed to vs example of many other bestes also/ that [h ij] whan men haue slayn the moder/ and that the faons ben loste withoute noreture/ another beest cometh and nouryssheth them vnto the tyme that they may 35 purueye them self

[1] loued C

(How the benefaytte/ whiche is done for the loue of god is rendred
of god an C tyme gretter than it is/ Capitulo/   lxxxvij[1]

ANother ensample I shall reherce vnto yow vpon this faytte/
It befelle that in the Towne of Iherico was a woman whiche
5 was named Raab/ and the which was blamed/ but charytable
she was/ wherfor it befelle/ that certayne good men whiche were
come there for to preche to the peple of that toune euylle & cruell
there duellyng/ wherfore they lefte and wente and hyded them in
the sayd womans hows/ She casted ouer them beddes and fardels
10 of lynen cloth[2] In so moche that the peple coude not fynde them/
for they wold haue put them to dethe/ And at nyght the sayd
woman had them oute of her hows with a cord oute of a wyndowe/
and saued them/ wherfor it befell that she therfore was wel guer-
doned after the deserte/ For the towne was soone after take/ and
15 alle the men and women put to dethe sauf this Raab/ and her
meyny/ whiche god wold haue saued/ by cause she had saued his
mynystres and sergeans/ And therfore sayth the holy Euangely/
where god sayth/ that the good and seruyce that one shal doo to
hym or to his seruaunts for the loue of hym/ he shalle rendre it a C
20 double/ wherfor I wold ye wyst thexample of saynte Anastasye/
whiche was putte in pryson/ But god made her to be delyuerd oute/
And made her to wete/ that hit was/ by cause that she susteyned
of her owne good the prysoners whiche were in the prysons and
chartres where as she wyst that ony were putte in wrongly and by
25 enuye or for somme debte/ And she gaf so moche of her good that
she had them oute/ And therfore god guerdoned her to double/
    And also the swete Ihesu Cryste sayd in theuangely/ that [h ij[v]]
at the daye of his grete Iugement/ he shalle haue mercy on them/
whiche shalle haue vysyted and comforted them/ that were em-
30 prysoned/ and the seke and also the poure wymmen that lay
pourely in theyr childbedde/ For at that ferdful and dredefull day
god shalle therof aske a rekenynge/ and nedes men must rendre
hym reason therof/ And wel I wene/ that many one haue be repreued
therof/ whiche shalle be in grete charge and payne to gyue a good
35 answere/ And therfore my fayr doughters/ thynke now on hit
whyles ye lyue/ as dyd saynt Arragone whiche was quene of
Fraunce/ and whiche comforted and vysyted the poure enchar-
tered and emprysoned/ and nourysshed the orphanes/ and vysyted

_____
[1] lxxxxvij C   [2] lynencloth C

them that were seke/ And by cause she myghte not entende to hit/
as ofte as she wold for doubte to disobeye her lord· she lefte her
lord & alle the worship and vayne glory of the world and the
worldly Ioye/ and ranne to hyde her secretely fro parys vnto
Poytyers/ And there she rendryd her self in to thabbeye/ and 5
bycame a Nonne/ and lefte the world/ to thende she myght the
better serue god withoute drede of ony man/ wherfore afterward
god shewed for her sake a myracle/ For a tree whiche stode in the
myddes of theyr cloystre/ the whiche was al drye/ god made hym
to bycome and wexe fayr and grene And sprange oute of hit newe 10
braunches and leues ageynste the cours of nature/ But no thynge
is Impossible to god/ And many other grete myracles he dyd for
the loue of her And therfore is here a good ensample to be chary-
table/ as aboue ye haue herd of these two holy ladyes/ and of this
good lady Raab/ as they dyd/ and how at the last god gwerdoned 15
and rewarded them for theyr good seruyse/

¶ How he that wyll praye god must do abstynence/ ca/ lxxxviij

ANother ensample shalle be reherced to yow of the Fader and
moder of Sampson/ whiche were hooly folk in theyr maryage/
but they myght haue no Children/ and yet many clamours & 20
orysons they hadde therfore made [h iij] vnto god/ This good lady
was thenne vpon a day at a chirche/ whiche at that tyme was called
temple/ And as she was there wepynge and prayenge god/ god toke
pyte on her/ and sente vnto her an Angel/ whiche told her/ that she
shold haue a sone that shold be the strongest man that euer was/ 25
& that by his strengthe the lawe shold be enhaunced/ The good
lady came soone to her lord/ and told hym this tydynge/ Her lord
thenne kneled/ and prayd god/ that he wold shewe to hym/ this
thynge by his angel/ And thenne god sente to them his aungel/
whiche sayd vnto them that they shold faste and doo abstynence/ 30
and also that they shold kepe this child fro moch mete and drynke/
And yet sayd the aungel/ For ouermoche etynge and drynkyng
fyghten ageynst the body and ageynst the sowle/ And whanne thus
he had sayd to them/ he departed fro them/ They obeyed the
commaundement of the Aungel/ & fasted and made abstynence/ 35
And soone after they had a childe/ whiche whanne he was ful
growen he fought ageynst the paynyms and kepte and mayntened
the lawe of god ayenst them/ of whome he made grete occisyons

and many grete merueylles as god susteyned and helped hym/ For
he allone discomfyted and ouercame thre thousand persones/
Therfor ye haue here good ensample/ how ye shalle fast and do
abstynence yf ye wylle requyre of god ony thynge/ For confession
5 and fastynge done the request to be graunted of god/ as the Aungel
told vnto them/ And yet after he sayd to them/ that they shold kepe
theyr sone fro ouermoche mete/ & specially of drynk Thenne syth
the holy Aungel of god whiche al thyng knoweth defended to them
this two vyces/ Hit is thenne good to euery man and woman to
10 kepe them ther fro. For by this synne of glotonye men falle in alle
the other sixe dedely synnes/ as ye shalle more playnly knowe
in the booke of your bretheren/ where as it is reherced/ how an
heremyte chose this[1] synne of glotonye/ and made it/ in so moche
he bycame dronke/ And soone after by this synne he fylle and made
15 alle the seuen/ And neuertheles he had supposed to haue chosen
the most best of them alle/ Wherof I shall telle yow what Salamon
therof seyth in the book of thenseygnements/ first he saith þt wyn
taken [h iijᵛ] ouer mesure/ troubleth the syght and maketh the
eyen to wexe reed and affeblyssheth[2] the brayne/ and maketh the
20 heed to shake and empecheth to here/ and stoppeth the conduytes
of the nose and maketh the vysage to wexe reed/ and maketh the
handes to shake and marreth and corrupteth the good blood and
feblyssheth the syght and chaungeth the body within and hasteth
the dethe/ and troubleth the wytte and[3] the memorye/ wherfor
25 Salamon sayth that of thyrtty wymmen whiche haue this vyce in
them self and that custumably ben dronken/ men shold not fynde
one of alle them good/ and honest of her body/ ne also loued of
god/ ne of her frendes/ And that better were to her to be a theef
or of other euylle tatches/ than of the same/ For by the same she
30 shalle falle in to alle the other/ For the whiche thynge my dere
doughters kepe and beware youre self fro this euylle vyce/ For
ones takynge his refection in the day is angels lyf/ twyes takynge
his mete/ is mans lyf/ and many tyme takynge mete is beestes lyf/
But certaynly thys gothe al by customme and by vsage/ For of
35 suche dyete as ye to it be acustommed of youre yongthe/ your
wylle shalle euer be to it in your old age/ And thus hit gothe but
after youre wyl to put remedye therto/ Therfor ye may take good
ensample how the Aungel taught the fader and the moder of
Sampson/ The Aungel sayd not to them/ as he dyd to Zacharye/

[1] his C   [2] affeblysshed C   [3] ayd C

to whome he sayd that his wyf shold haue a sone/ whiche shold
be named Iohan/ And that he shold drynke no wyn/ ne no maner
of syther/ For this child was sente and stablysshed of god for
to preche and be the myrrour of chastyte/ and of fastynge and
abstynences/ And Sampson was sente/ and stablysshed of god for 5
to kepe the feithe atte poynt of the suerd ageynste the paynyms/
Here I leue this matere/ and shall speke of another/

(How men oughte to sette and put theyr children to scole
Capitulo/   lxxxix [h iiij]

I Shal telle yow another ensample of a good woman whiche had 10
a dou3ter/ that was named Delbora/ the whiche she dyd put
to the scole of wysedome and of sapyence/ This delbora lerned so
wel/ that she wyst and knewe al the hooly scrypture and wrytynge
& vsed of so good & holy lyf that she knewe of the secretis of god/
and spak of many thynges that were to come/ And by cause of her 15
grete wysedome and wytte euery body cam to aske her counceylle
of his affayres/ Her lord was euylle and cruell/ but by her wytte
& by her fayr speche she couthe reule hym wel/ For she toke
awey his frenesye and yre/ and made hym to be peasyble & Iuste
to his peple/ therfore is here a good ensample/ how men ou3t to 20
put her children to scole for to lerne clergye & holy scrypture/ for
by the knowyng of it/ they shalle better see theyr sauement/ and
shall knowe & discerne the good fro the euyll/ as dyd the good
lady Delbora & as dyde saynt katheryn whiche thurgh her wyse-
dome and by her clergye with the grace of the holy ghoost sur- 25
mounted & vaynquysshed the wysest men of al grece/ And by her
hooly clergye and sure feythe god gaf her the vyctorye of her
martirdome/ & made her body to be borne by his angels xiiij dayes
Iourney fro the place where as she suffred her martirdome vnto
the Mount of Synay/ & her holy body rendrid holy oyle And the 30
begynnyng and fundament of the knowlege of god she had thurgh
the clergye/ where as she knewe the trouthe/ & the sauement of
her self/ Yet shalle I telle yow an ensample of a child of the age of
nyne yere whiche had be four yere at the scole/ & thorugh the
grace of god he disputed & argued of the faythe ageynst the pay- 35
nyms and vaynquysshed them alle/ In so moche that they were so
wrothe with hym that ones they spyed hym secretely/ and hurled
at hym with stones/ & whanne they supposed to haue hold hym

in subiection/ they saide to hym that yf he wolde not forsake his
god/ they shold slee hym/ but for ony torment that they made
hym to suffre he had euer his trust & feythe in God/ they asked
hym/ where God was/ and he ansuerd in heuen & within myn
5 herte And thenne for despyte they slewe hym/ and opened the
syde of hym to see/ yf he sayd trouthe that god sholde be in his
herte/ whiche they toke and made two pyeces of it/ and [h iiijᵛ]
as they dyd cutte it/ they sawe a whyte douue/ that yssued oute of
hit/ wherfor some of them by this ensample were conuertyd to the
10 feythe of god/ And therfor after this ensample it is good to put
his children to scole whanne they be yonge/ and make them to
lerne the bookes of sapyence/ that is to saye the bookes of good
techynge and enseygnementes/ where as men see the sauement of
bothe the body and sowle/ And not putte them to lerne in the
15 bookes of the fallaces and vanytees of the world/ For better thyng
is and more noble to here speke of the good enseygnementes and
techynges that may prouffyte bothe to the body and sowle/ than
rede and studye the fables/ and lesynges/ wherof no good ne
prouffyte may come And by cause somme folke sayen that they
20 wold not/ that theyr wyues ne also theyr doughters wyst ony
thynge of clergye ne of wrytynge/ therfor I say answerynge to them/
that as for wrytyng it is no force/ yf a woman can nought of hit but
as for redynge I saye that good and prouffytable is to al wymen/
For a woman that can rede may better knowe the peryls of the
25 sowle and her sauement/ than she that can nouȝt of it/ for it hath
be preued

(Thexample of the noble lady Ruth/ Capitulo   lxxxx

ANother ensample I shalle reherce vnto yow of a good lady/
whiche was named Ruth/ of the whiche yssued and cam
30 kynge Dauyd/ The holy scrypture preyseth moche this good lady/
whiche merueyllously loued god/ and honoured and obeyed her
lord/ And for the loue of hym she bare honour and loued his
frendes/ and made to them better chere than she dyd to her owne
frendes/ wherof hit befelle/ that after that her lord was dede/ his
35 sone whiche he had of another wyf/ wold leue to her nothynge/
neyther land ne meuable good/ but wold haue al for hym self/ by
cause he thoughte/ she was of ferre countrey and ferre fro her
frendes/ but the parentes and frendes of her lord that loued her

moche for her grete [h v] bounte/ and for the grete seruyce that she
had done to them whyles that her lord was a lyue/ dyd helpe her
ageynst theyr frendes and parentes/ In soo moche that they made
her to haue al that of ryght apperteyned to her/ And soo this good
lady saued her good thurgh the frendship and good companye 5
that she had done the frendes and parentes of her lord/ And ther-
fore is here good ensample how alle good wymmen ought to serue
and bere worship to the frendes and parentes of theyre lordes/ For
gretter semblaunt of loue may they not shewe vnto them/ and alle
good may therof come to her/ as dyd to the good lady Ruthe the 10
whiche by cause she had loued and worshipped the parentes and
frendes of her lord/ recouered and hadde her herytage/ as ye haue
herd to fore

¶ How euery good woman ought to answere for her lord/
Capitulo   lxxxxj 15

I Wylle telle yow another Ensample of a good lady/ the whiche
ought wel to be preysed/ It was the good lady Abygal/ whiche
had a lord that was ful of yre/ dyuerse and ryotous to al his neygh-
bours/ He forfayted somme thynge toward the kynge dauyd wher-
fore he wold haue had hym to be destroyed and putte to dethe/ but 20
the good lady whiche was sage and wyse wente toward the kyng
and so moche humbled her self/ that by her swete and fayre
wordes she made the pees of her lord/ Of many other peryls wherin
he fylle and putte hym self thurgh his fals tongue/ she saued hym
also/ And thus this good lady amended euer his folye/ wherof 25
she may be wel preysed/ Therfore ye haue here good ensample/
how euery good woman must suffre of her lord and ought to
answere for hym ouer al/ al be he neuer so yrous ne cruel to her
and saue and kepe hym fro all peryls/ I wolde ye wyst thexample
of a good lady wyf vnto a Senatour of Rome/ as it is conteyned in 30
the cronykles of the Romayns/ This Senatour was Ialous of his
wyf withoute ony cause and was euylle and cruell to her/ Hit
befelle/ that he accused one of treason/ the whiche anone casted
his gage of [h vᵛ] bataylle vnto hym sayenge that wrongly he
accused hym/ The day cam that they shold Iouste that one ageynst 35
the other The Senatour was aferd and durst not come/ and sent
word to the Senate how he was seke/ and that he shold sende one
to Iouste for hym/ but he coude none fynde/ Wherfore the valyaunt

lady his wyf that sawe the cowardnesse of her lord and the shame
comynge to hym wente and armed her self/ & cam to the felde/
And by cause god sawe her bounte and that she dyd her deuoyr/
he gaf her force and strengthe in soo moche/ that she obteyned the
5 vyctory/ And whanne the Ioustynge was fynysshed/ themperour
wold knowe who was the champyon of the Senatour/ wherfor the
good ladyes helme was vnlocked/ and soo she was knowen/ wherfor
themperour and alle they of the toune bare vnto her fro thens
forthon gretter honour than they Were wont to doo/ And therfor
10 is here good ensample how euery good woman must humbly suffre
of her lord that whiche she maye not amende/ For she that more
suffreth of her lord withoute makynge therof no resemblaunt
receyueth therof more worship x tymes/ than she that hath no
cause to suffre of hym/ or that wyll not suffre nothyng of hym As
15 Salamon sayth whiche moche wel spake of wymmen/ preysyng the
one and blamynge the other

℃ How the good woman ought to pease the yre of her husbond
whanne she seeth hym wrothe/ Capitulo   lxxxxij

ANother ensample I wylle reherce and shewe vnto you of one of
20 the wyues of kynge dauyd/ how she peased the yre of her lord/
Ye haue well herd telle how amon despuceled his suster/ And how
Absalon venged this shame and made hym to be put to dethe/
wherfor he fledde oute of the land by cause the kynge dauyd wold
haue hym to be slayne but this good lady gate hym his pees/ For
25 so many good reasons she shewed to her lord that he graunted his
grace and pardon/ and yet she was not his moder/ but only wyf of
his [h vj] fader/ but she kepte her lord in loue and his children[1]
also/ as a good lady that she was/ And so ought to doo euery good
woman/ For gretter semblaunt of loue she may not shewe to her
30 lord/ than to loue his children whiche ben goten of other wymmen/
And soo doynge she worshippeth her self/ And atte last may come
therof but good to her/ as dyd to this good lady/ For whanne the
kyng was dede/ somme wold haue taken her ryght fro her/ but
Absalon wold not suffre hit/ And sayd before them alle/ how be it/
35 that she be not my moder/ yet euer she loued me/ and many tyme
she hath Impetred my pees toward the kynge my fader/ wherfor
I shalle not suffre that she ony thynge lese of her ryght/ And

---

[1] *The* re *ligature has been printed upside down*

therfore/ here is a good ensample/ how euery good woman ought to
bere worship and loue her lordis children and his parentes/

(Thexample of the Quene Saba/ and of the kynge Salamon/
Capitulo   lxxxxiij

I Shalle telle yow another ensample of the quene Saba/ whiche 5
was a moche good lady and wyse/ the whiche cam fro oryent in
to Ierusalem for to demaunde & aske counceylle of the kynge
Salamon/ and she loste not her waye/ For she had of hym good
counceylle of the whiche wel it happed to her/ Therfore ye ought
to take here good ensample/ For euery good lady oughte to chese 10
a good and trewe man and also wyse of her lygnage or els of other/
and hold and kepe hym in loue and frendship/ of whome she may
take counceylle of that she hath to doo/ And yf she falle in plee or
in ony contempte the good and wyse man shalle amodere hit And
shalle make her to haue her ryght withoute grete costes and 15
expenses/ And euer therof cometh somme good/ As did to the
good quene Saba[1] that fro so ferre came to haue counceylle of the
kynge Salamon/ Yet wold I ye wyst thexample of an Emperour of
Rome/ This emperour was seke and lay in the bedde of dethe/
Euery one of the lordes and Senatours for to please hym sayd to 20
hym that he shold soone be hole yf he [h vj^v] coude swette/ But
ony frend that he had spake to hym noo thyng of the prouffyte
and saluacion of his sowle/ There was there with hym one his
chamberlayne whiche he had nourysshed and brought vp of his
yongthe/ This chamberlayne sawe wel/ that his lord couthe not 25
scape fro dethe/ And how all they that were there sayd nought but
for to please hym/ wherfor he cam to hym and sayd/ Syre how
fele yow your herte/ And themperour ansuerd to hym/ Sore and
feble is my hert Thenne beganne the chamberlayn to saye moche
humbly/ Syre god hath gyuen to yow in this world alle worship 30
& honour And also grete quantite of worldly goodes/ wherfor ye
must thanke hym/ and ye shal doo wel/ And of suche goodes as
god hath sente to yow ye must ordeyne and departe to the poure
folke a parte of them/ In suche wyse that he haue no cause to
repreue yow therof/ whanne themperour had herd hym/ He was 35
wel pleased with hym that he had so sayd/ and sayd two wordes/
More worthe is the frend/ whiche prycketh than the flaterynge

<hr />

[1] Sa ba C

frend whiche enoynteth/ Thus he spak/ by cause that his other
frendes had spoken to hym of bodyly helthe/ only for to please hym/
but the same spake to hym of the saluacion of his sowle/ for who
that loueth the body of very loue ought in especiall to loue the
5 sowle/ And none oughte to cele or hyde nothynge fro his frend/
yf it be his prouffyte and honour/ And for loue ne for hate of ony
body/ he ought not to counceylle hym/ but trewely after his power
as a good and trewe frend shold doo and not flatere hym ne make
the placebo/ As dyd the frendes of themperour whiche knewe wel/
10 that he coude not scape fro dethe/ and durste not saye ne shewe
vnto hym the prouffyte of his soule/ the which his trewe frend and
pouer chamberlayne putte in the waye of saluacion/ For themperour
byleuyd hym and gaf and departed largely of his goodes to the
poure for the loue of god

15 ⟨ How it is good to aqueynte hym self with holy men/
Capitulo   lxxxxiiij [h vij]

ANother ensample I shalle telle yow of a moche good and trewe
woman the whiche had a trewe man to her lord and moche
symple/ This good lady was moche charytable/ and loued moche
20 holy men/ In the partyes of Iherusalem was that tyme a prophete
whiche was named Helyseus/ This good lady had grete deuocion
toward this hooly man and prophete/ and prayd hym to come and
be herberowed with her lord in her hows/ They dyde anone make
a chambre redy for hym there as the sayd hooly prophete wered
25 the hayre and made his prayers and had his afflyctions solytayrly
and secretely/ This good lady thenne myght haue no children of
her lord/ wherof she made her complaynt to the prophete/ but this
holy man at her request prayd god soo longe/ that they had a
sone merueyllously fayre whiche lyued wel xv yere and deyde in
30 the chambre of this holy prophete/ And whanne this good lady
sawe her sone dede/ she was fulle of sorowe/ and wente so ferre
aboute the countrey that she fonde and mette with the forsayd
Helyseus/ And whanne she had founde hym she had hym to the
chambre/ and shewed to hym the child whiche was dede/ sayeng
35 to hym in this manere/ Ha a holy prophete and good man this is
the child whiche god sente me thurgh your prayer/ the whiche
was al my ioye and my sustenaunce/ I pray yow that to hym ye
wylle make your prayer and oryson that it please hym to restore

hym his lyf ageyne/ or els to take me with hym/ For I wylle not
abyde after hym/ Helyseus thenne whiche had pyte of the woman/
prayd god for the child/ and god gaf hym his lyf ageyne and
lyued longe tyme after that/ and was an holy man/ by the whiche
ensample/ my fayr doughters ye may see and knowe/ how good 5
hit is to be knowen and aqueynted with holy men/ As this good
lady was/ whiche myght haue no children/ but at the prayer of the
holy man Helyseus/ of whome she was aqueynted/ she had a fayr
sone whiche god resuscited at his prayer also/ And for certayne
god is yet at this daye as myghty and debonayre as he was at that 10
tyme to them/ that deserucn it/ These be they/ whiche put them
in payne to haue an humble and meke herte/ Therfor men ought
to kepe the felauship of the good and holy men/ whiche vsen holy
lyf/ & [h vijᵛ] byleue them/ For al good may therof come/ as dyd
to the sayd lady   15

(How no woman ought to chyden or brawle with folk whiche ben
braynles/ Capitulo   lxxxxv

I Shalle reherce and telle vnto yow another ensample of a lady
whiche was named Sarra/ of the whiche ye haue wel herd to
fore/ how she had seuen husbondes the whiche al seuen the deuylle 20
slewe/ by cause they wold haue vsed her in vntrewe maryage/ And
also how her godsep repreued her of that none of her husbondes
myght abyde with her But the good lady that sawe/ that this foole
wold chyde with her/ sayd moche humbly/ and as sage and wyse/
Fayre frend to the neyther to me apperteyneth not to speke of the 25
Iugementes of god/ and nothynge more she sayd to her/ She
resembled not to the doughter of a Senatour of Rome/ whiche was
so felon & so hyghe of herte that she dyd chyde in playn strete
with one of her neyghbours/ And so moche grewe & went vp her
wordes/ that the other sayd to her/ that she was not hole ne clene 30
of body/ wherof befelle that this word wente so fer Were it trouthe
or lesynge/ that she therby lost her maryage/ Therfor it is grete
folye to euery woman to chyde ne ansuere folkes that ben fooles
and cruels of theyr tongue/ wherof I shalle telle yow an ensample
that I sawe of a gentyll woman that brawled with a man that had 35
an euylle heed/ I sayd vnto her/ My lady I praye yow that ye
answere not this foole/ For he is well shapen to saye more euylle
than good/ She wold not byleue me/ but chyd more than she dyd

to fore/ sayenge to hym that he was nought/ And he ansuerd to
her/ that he was as good for a man as she was for a woman/ And
so ferforth wente theyr wordes/ that he sayd for certayne he wyste
and knewe wel a man that dyd kysse her bothe daye and nyght
5 whanne that he wold/ And thenne I called her a syde/ and told
her/ that it was but folye to take hede to the wordes of a foole and
to answere and speke with hym/ The [h viij] wordes were foule
and dishonest/ and herd of many one/ wherfore she was diffamed/
And by her brawlyng she dyd do knowe to many one that whiche
10 they wyst ne knewe not/ She resembled not to the wyse Sarra/
whiche made no grete ansuere to the wordes of her godsep/ For
otherwhyle one putteth[1] hym self fro his good ryght by his owne
wordes in to grete wronge/ And also dishonest thynge is to ony
gentylle woman to braule with ony man/ wherfor I shalle telle
15 yow thexample of the propriete of certayne beestes/ Loke and
behold these grete dogges that men calle mastyns/ they shalle
barke and shewe theyr tethe/ but a gentylle dogge shalle not do so/
And also in lyke wyse shold be of the gentylle men and wymmen/
wherfore I shalle reherce to yow thexample of themperour of Con-
20 stantynople/ whiche was a man moche felon and cruel/ but neuer
he chydde to no body/ It byfell ones that he founde his two
doughters chydynge and brawlynge to gyder/ wherfore he wold
bete them/ but the quene wente bytwene hym & them/ And thenne
sayd themperour that none gentyll herte shold neuer chyde ne
25 say ony vylony/ For by the courage and herte ben the gentylmen
knowen fro the other/ For he is a chorle and a vylayne that of his
mouthe sayth ony vylonye/ And therfore they that haue pacyence
and saye no vylonye shewen theyr gentyll courage and noblesse/
And for certayne oftyme hit befelle that one fowle word spoken
30 engendreth other suche wordes/ whiche afterward bereth shame
and dishonour/ And therfor my fayre doughters take ye here good
ensample/ For the foole whiche is of hyghe courage shalle saye
moche euylle and thynges that neuer were thouȝt for to auenge his
grete yre/ And also ought wel euery good woman to kepe her self
35 that she nothynge ansuere to her lord before the folke for many
causes/ For in holdynge her pees she may haue and receyue but
grete worship/ And yf she answere hym she shalle haue the euylle
wylle of her husbond/ wherof no good[2] may come to her/ but
grete shame and dishonour

⟨ How no good woman ought to ansuere to her husbond whanne
he is wrothe/ Capitulo/   lxxxxvj [h viijᵛ]

I Shalle telle yow another ensample of the quene Hester/ whiche
was wyf to the grete kynge of Surye/ She was a good lady and
a wyse/ and loued and drad her lord/ And before alle other ladyes 5
the hooly wrytynge preyseth her moche by cause of her holy lyf
and of her good condycions/ The kyng her lord was a felon man
& dyuers And said to her many outragyous wordes/ but for ony
thynge that he sayd/ she ansuerd hym nothynge¹ before the folke/
wherby he myght be wrothe/ but after whanne she had hym alone/ 10
and sawe the tyme and the place be conuenyente/ she blamed
hym/ and curtoysly shewed hym his fawte/ And therfore the kynge
loued her moche/ and sayd att his secrete/ that he myght not be
wrothe with his wyf/ by cause she repreued hym by soo fayre and
swete wordes/ Certaynly it is one of the best tatches or condycions 15
that a woman may haue/ to kepe her self fro ansuerynge in the
yre of her lord/ For a dredefull herte is euer in drede to doo or saye/
ony thynge that may displease to hym whom she ought to loue
and bere hym honour/ wherof is reherced in the booke of the
kynges/ of the wyf of one grete lord whiche was euylle and felon/ 20
and his wyf was ryght swete and peasyble/ to whome her damoysels
sayd Madame/ why take yow not your disportes as a yong lady
as ye be shold do/ And she ansuerd/ that she must be in doubte
knowynge her lord of suche condycions as he was of/ and that she
wold kepe the loue of hym and pees in her hows/ And also she 25
sayd/ that the fere that she had of the prysons kepte her fro myrthe
and gladnesse/ The one pryson was loue the other was drede/ and
the thyrd shame/ These thre vertues mastryed her for the loue that
she had to her lord kepte her fro doynge of ony thynge that myght
come to the dysplaysyre of her lord/ drede made her ferynge the losse 30
of her good renomme and honour/ and to falle in synne/ And shame
kepte her fro euylle and dishoneste repreef/ wherfore my fayre and
dere doughters I praye yow that ye maye take her good Ensample
that ye ne ansuere to your lord/ but in tyme and place conuenyent/
and by fayr wordes/ As dyd the good quene hester/ as ye tofore haue 35
herd/ And also as the same/ the whiche sayd to her damoysels that
her herte was in the loue and in the [i j] pryson of her lord/ and that
therfore she² myght doo/ but after his playsyr lyuynge in pees/

---

¹ nothonge C   ² he JR

⟨ How god taketh in his kepynge them that haue fyaunce and truste
in hym/ Capitulo   lxxxxvij

ANother Ensample I shall telle yow of Susanne[1] the wyf of
Ioachym whiche was a grete lord in the captyuyte of Babylone/
5 This Susanna was a wonder fayr woman/ and of holy lyf/ There
were two prestes of theyr lawe sayenge theyr houres or matyns
in a gardyn/ where as the sayd good lady kymbed her heres[2]
whiche were blonke and fayre/ These two prestes vnknowen of
her cam where as she was alone/ and sawe her moche gentylle
10 playsaunt and fayre/ wherfore they were tempted and sayd vnto
her/ that yf she wold not doo after theyr wylle/ they wold bere
wytnesse how that they had found her in the dede of lechery with
a man And so by cause she shold haue trespaced ageynste her lord
& enfrayned her maryage she shold be stoned to dethe/ This good
15 lady wexed thenne moche abasshed/ that sawe thorugh fals wyt-
nesse her dethe/ for at that tyme two wytnesses were byleuyd/ But
this good lady at the laste thought that she had leuer to deye of
worldly deth/ than of the perdurable and eternal/ and in the wylle
of god/ to whome she trusted/ she dyd put al her faytte/ and
20 shortly she ansuerd vnto them/ that theyr wylle she shold not doo/
and that rather she wold deye/ than to be fals vnto the lawe/ ne to
the holy sacramente of maryage/ Thenne forthwith the two fals
prestes wente to the Iuges and falsely accused her/ sayenge that
they hadde aspyed her in aduoultrye/ that is to wete doynge her
25 lecherye with another than with her husbond/ She was anone
brouȝte forthe before the Iuges/ And was Iuged to deye/ But
whanne she sawe her Iugement she made her oryson to God/
whiche knewe the very trouthe of it/ And he that neuer for-[i jᵛ]
geteth his seruauntes socoured and helped her/ And maade danyel
30 the prophete whiche as tho was but of fyue yere of age/ to come
forth/ the whiche cryed with a hyghe voyce/ sayeng thus/ ye Iuges
of Israel that is to say the peple of god/ lette not the trewe blood
and ignoraunt of this faytte or dede be shadde/ but enquere yow
of eche of them allone/ vnder what maner and forme they fonde
35 her/ Thenne was the peple gretely merueylled as they sawe and
herd this lytell child so speke/ wherfor they perceyued well/ that
it was by myracle of god The Iuges thenne lete thenquest to be
made of the two prestes eche one by hym self/ The one sayd/ that

[1] Susannne C   [2] here C

they had founde her with a man vnder a figge tree/ And the other
sayd vnder a pynappel tree/ And therfore were they reproued and
bothe Iuged to dye/ And at the last whanne they sawe that no
remedye was but that they must dye/ they told the trouthe of hit
before alle the peple that were there/ And sayd that they were well 5
worthy to receyue deth and not she/ And therfore here may ye see
and take example¹/ how god kepeth them/ that haue their trust and
confidence in hym/ as had the good lady the whiche wold rather
suffre deth/ than to be fals to the lawe/ For she doubted more the
perdycion or losse of her sowle and the perdurable or euerlastynge 10
dethe/ than she dyd the pouere lyf of this world/ And thus by cause
of her bounte/ god saued bothe her body and sowle/ And therfor
euery good lady ought to haue her trust in god/ and for his loue to
kepe trewely her maryage/ and also absteyne her of synne/

℟ How the good lady ought to loue and drede and also to bere 15
feythe vnto her lord/ Capitulo   lxxxxviij

I Shalle telle yow another Ensample of the newe testament/ It is
of saynt Elysabeth moder vnto Saynte Iohan/ This Elysabeth
thenne serued fyrste god/ and [i ij] afterward her lord and aboue
al wymmen she² drad and doubted hym/ And as he came oute of 20
the Town/ and that by aduenture somme thynge was befalle amys
in her hows/ she kepte it/ and made it to be kepte secrete vnto the
tyme that she sawe her poynt/ Thenne wente she/ and told it to
hym by soo fayre and attemperate langage that in no wyse he
myght neuer be wroth/ She euer coueyted the pees and loue of her 25
lord And also ought to doo euery good woman/ This holy lady
loued and dradde god/ and bare feythe to her lord/ and therfor
god gaf her saynt Iohan Baptist to her sone whiche was a good
guerdon/ For a woman that loueth god/ and holdeth her clenely
god rewardeth her on lyue/ And after her dethe he guerdonneth 30
and rewardeth her with/ C/ double mo/ As he dyd to this holy
lady to whome he gaf celestyals and erthely goodes to suffysaunce/
as he dothe to his frendes/ whiche kepeth and holdeth them clenely
in theyr maryage/ and that haue good hope in hym/ as had this
good Susanne/
                                                           35

¹ axample C   ² he C

¶ How men ought[1] bewaylle and wepe for his synnes and mysdedes
Capitulo   lxxxxix

ANother Ensample I shalle telle yow of Mary Magdalene/ whiche
dyd wasshe and spurge awey her synnes and mysdedes by the
5 water of her eyen/ as she wasshed the feet of oure lord Ihesu
Cryste/ and wyped them with her here/ She wepte for her synnes
for the loue of god and drede of her mysdede/ And thus at thex-
ample of her we ought to do as she dyd/ For we ought to wepe for
our synnes and mysdedes. and haue pyte and be shamefull of that
10 that we haue done and humbly goo to Confession/ and there to
the preeste we ought to telle our synnes as we haue done them
without hydyng or coueryng nothyng therof/ for the boldnes that
men vndertake to say theyr mysdede & synne also the shame that
men haue to telle them/ is to them a grete parte of their indul-
15 gences & god whiche seeth the humylyte & the repentaunce
moueth hym self to pyte & eslargyssheth his misericorde/ as he did
to Mary [i ij^v] Magdalene to whome he pardonned her synnes and
mysdedes for the grete contricion and repentaunce that she had/
Another reason is wherof the holy magdalene ought to be preysed
20 It is by cause that she loued and wonderly drad god/ And for cer-
tayne the grete myracle that she sawe whiche god made and that
he had reysed her owne broder/ the whiche hadde told her tydynges
of the other world/ and the paynes of hell And that she sawe wel/
that she must dye & be punysshed there for her synnes and mys-
25 dedes/ made her al ferdfull & sore abasshed/ And therfor she was
thyrtty yere and more in a deserte makyng there her penaunce
sorowynge and sore wepyng for her synnes and mysdedes/ And
whanne she had ben there long tyme fastynge and withoute mete/
our lord beheld her/ and had on her pyte/ and sente her euery day
30 the brede of heuen/ wherof she was rassasyed and fylde vnto her
ende that god toke her/ And therfore is here good ensample how
good is to wepe for his synnes/ and ofte to confesse hym self/ and
to fast and make abstynences and also to loue & drede god/ as dyd
this holy and good Magdaleyne/ that soo moche loued god/ that
35 she wepte for her synnes vpon his feet/ And after fasted and suffred
soo moche euylle and meschyef in the buscage & desertes/ where
as god comforted her by his aungels/ whiche euery day dyd brynge
to her the brede of heuen/ And in suche wyse shal god doo to

1 ught BM 1

alle good wymmen and to alle them/ whiche with a contryte and
good herte shalle wepe for theire synnes/ and that shalle loue god
and doo abstynences/ as he dyd to this good woman/

❡ The next chappytre sheweth/ how be it/ that a woman haue an
euylle and felon husbond/ neuertheles she ought not therby to 5
leue the seruyse of god/ Capitulo   C

AFter this ensample I shalle telle yow another of ij good wymen
wyues of two paynyms/ The one was wyf to the seneschall of
Herode/ This good woman serued our lord at þᵗ time that he
preched & administred & made his[1] mete and drynke the best 10
wyse they couthe/ Here is[1] [i iij] good ensample how euery good
woman/ al be it so that she haue neuer so peruers and euylle
husbond/ yet this notwithstondyng she ne oughte to leue the
seruyse of god and be obeysshynge to hym/ or els atte leste she
ought to be more humble and deuoute for to Impetre and gete the 15
grace of god for her and for her husbond/ For the good that she
dothe appeaseth the yre of god/ and is cause of the sauement of
theyre temporall rychesse and goodes/ For the good that she dothe
supporteth the euylle and mysdedes of her husbond/ as it is
reherced in the lyf of the Auncyent faders/ where as he speketh 20
of an euylle man and a tyraunt/ the whiche was thre tymes saued
fro euylle dethe for goodnes and bounte of his wyf/ Wherfore
hit befelle whanne she was dede and that he had no body more
that prayd for hym/ he was for his grete synnes & mysdedes
brought in to a shamefull dethe by the kyng of that lond/ 25
And therfor it is good and necessary to an euyl man to haue a
good wyf and of holy lyf/ And the more that the good wyf
knoweth her husbond more felon and cruel/ and grete synnar/ the
more she ought to make gretter abstynences and good dedes for
the loue of god/ And yf the one suffre not the other/ that is to 30
vnderstonde/ yf the good dyd suffre & supported not the euylle/
all shold go to perdicion/ And yet I saye that the obeyssaunce and
drede of god was stablysshed before maryage/ For men ought fyrst
obeye to the creatour/ whiche hath made them to his blessyd forme
and semblaunce and that maye gyue them grace to be saued/ And 35
also the lawe commaundeth that men ought not to obeye to the
body/ tylle that they haue purueyed fyrst for the prouffyte of the

[1] his . . . is *(last line of page)* *missing in* JR

sowle/ whiche is perdurable/ wherupon sayth the glose that alle
good and dewe seruyse of the body is to the sauement of the sowle/
For the good of the sowle hath none lyke hit/ And therfor it is
good to dresse & meue his lord to doo somme good/ And after his
5 poure to kepe hym fro euylle dede/ And thus oughte to doo euery
good woman/

(How it is good to herberowe and receyue in his hows the [i iij^v]
seruaunts and mynystres of god/ Capitulo   C j

THe other Ensample is of Marthe[1] the suster of Mary Mag-
10 dalene/ This good lady was euer customed to lodge and her-
berowe the prophetes and the seruaunts of god/ whiche preched
and taught the lawe/ and ful charytable she was toward the folke/
And by cause of the hooly lyf of her came the swete Ihesu Cryst
to be herberowed in her hows/ This was she/ whiche complayned
15 her to Ihesu Cryste that her suster Mary wold not helpe her to
dresse the mete/ but oure lord ansuerd to her moche humbly/ how
that Magdaleyne had chosen the best seruyse/ It was that she wepte
for her synnes/ and within her herte moche humbly cryed to god
mercy/ The good Ihesu told her trouthe/ For there is no seruyse
20 that god loueth soo moche/ as to repente hym self of his synne and
to crye god mercy/ This good and holy lady dyd seruyse to Ihesu
Cryste/ whanne she herberowed hym self and his apostles with
moche grete deuocion & wyth a good herte/ wherfor god dyd for
her sake many myracles/ And came to gyue her comforte as she
25 shold passe oute of this world/ And bare hir sowle vnto heuen/
whiche dede was to her a fayr guerdone/ Euery good woman ought
to take here good ensample/ how it is good to lodge and herberowe
the seruauntes of god/ that is to say the predicatours/ and them that
prechen the feythe/ and to discerne the good from euylle/ Also the
30 pylgryms and the poure peple of god/ as god withnessyth in the
holy euangely/ that sayth/ how that god shalle demaunde and aske
at the grete and dredefull daye/ that is to say/ the daye of his grete
Iugement. yf men shal haue vysyted and receyued and herberowed
his poure peple in his name/ And euery one shalle must gyue
35 acompte and rekenyng of the superfluytees and habundaunces/
and of the erthely good/ whiche he gaf to euery man and woman/
And how they haue be employed and dispended/ And therfore hit

---

[1] mary Marthe C

is a fayre vertue to herberowe & lodge the poure/ & the seruauntes
of god/ for al good may therof come/ god payeth þe grete scot/ for
he rendreth[1] to C double/ wherof he sayth in theuangely/ who that
[i iiij] receyueth the prophetes/ the predycatours/ and the poures/
he receyueth myn oune self/ for they be his messagers/ the whiche 5
bere and announce the trouthe/ The other ensample is of the good
ladyes/ whiche wepte after our lord as he bare the crosse vpon his
sholders/ These good ladyes were of good and holy lyf/ and were of
herte swete and pyteous/ God thenne torned hym toward them/
and comforted them sayenge My fayr doughters wepe no more on 10
me/ but wepe ye vpon the dolours and sorowes Whiche ben com-
ynge to yow/ And thenne he shewed to them the euylle that aftir-
ward came to them/ as ye shall fynde in the book/ whiche I haue
made for your bretheren/ These good ladyes thenne whiche had
pyte and grete compassion of the dolour and sorowe that Ihesu 15
Cryst suffred/ lost not their teres ne theyr wepynges/ wherof
aftirward they were hyghely guerdonned of god/ Therfor here is
good ensample how euery good woman ought to haue pyte as she
seeth that somme body dothe ony euylle to the poure people of
god/ whiche ben his seruaunts/ As he sayth in the euangely/ That 20
whiche is done to my seruaunts in myn name/ is done to me And
yet he sayth more/ that they whiche ben pyteous shalle haue mercy/
that is to wete/ he shalle haue mercy of them/ wherof the sage sayth/
that a woman of her nature oughte to be more swete and pyteous/
than the man/ For the man oughte to be more hard and of more 25
hyghe courage/ And therfore they that haue the herte nother meke
nor pyteous maye be called mannysshe/ that is to saye/ that in
them is to moche of the nature of men/ And yet sayth the sage in
the book of sapyence/ that a woman by her nature ought not to be
scars of hit/ wherof she hath good chepe/ that is to wete of teres and 30
of humble herte that hath pyte of his poure parentes/ whome she
seeth suffre grete nede/ And of her poure neyghbours/ as had a
good lady whiche was Countesse of Auinyon/ and founded the
Abbeye of Bourgueyl where as she lyeth buryed/ And as men saye/
she is yet there with her blood and flesshe/ This good lady where 35
as she sawe her poure parentes/ that myght not honnestly kepe
theyr estate/ she gaf to them largely of her goodes/ The poure
Maydens [i iiij^v] gentylle wymmen that were of good renommee/
she enhaunced and maryed them/ She maade to seche and enquere

1 rendred C

the poure housholders/ and somme of her good she gaf to them/
She had grete pyte of wymmen whiche were at theyre childbedde/
and vysyted/ and foustred them/ She had of her owne phisiciens
and Cyrurgyens to helpe and hele for goddes loue al maner of
5 folke/ And in especialle the poure whiche had nought to paye/
And as men saye god shewed and made oftyme myracle for her
sake/ For whanne men took her her booke and her paternoster/
they stode before her allone by them self in the ayer And also many
other tokens and signes were sene/ whiche for her loue god dyd
10 shewe/ And therfore here ought euery good woman to take good
ensample and haue pyte one of other/ and thynke how god gyueth
the goodes to be therof thanked and knowen/ and to helpe and
haue pyte on the poure/ Here I leue the tale of these good ladyes
and of thys matere But soone I shalle come to hit ageyne/ and shalle
15 speke of another ensample/

℩ Of the Burgeys/ whiche wold neuer pardonne her euylle wylle
to one her neyghbour/ wherfore she was dampned/
Capitulo/   C ij

MY fayre doughters beware ye well that the synne of yre ouer-
20 come yow not/ For god sayth in his holy euangely that men
ouȝt to pardonne to them that haue mysprysed and mysdone/ And
yf one be smeton of his neyghbour/ or of his broder crysten vpon
one cheke/ he oughte to leye forth the other for to receyue on it as
moche/ For takynge vengeaunce is none meryte/ but is contrary
25 to the sowle/ And yet sayth oure lord/ that yf one haue ony hate
or wrathe with ony other/ he ought to goo and aske hym mercy
to fore he make or doo his oryson/ offrynge or prayer/ that it may
be of ony valewe and playsaunt to god/ For of no maner of man ne
woman/ whiche ben in the synne of yre/ god receyueth not theyre
30 offrynge/ how grete that it be/ For as god that maad the pater
noster whiche sayth that god shold pardonne to them/ as [i v] they
pardonned to other/ therfore we ought to pardonne eche one to
other/ And thus they that ben euer in wrathe/ and hate/ yf they
saye the pater noster/ theyr prayer is more ageynst them/ than with
35 them/ And vpon thys/ I shalle telle yow an ensample of a grete
Burgeyse/ as I herd saye at a predycacion or prechynge/ This
Burgcyse was moche ryche/ charytable/ and moche preysed/ and
had on her many signes and tokens to be a good crysten/ It befelle

that she was brought thorugh a grete sekenes to the bedde of dethe/ ther cam to her/ her curate or parson whiche was a hooly man and trewe/ He herd her in confessyon/ And as he came to speke to her of the synne of yre/ sayenge to her that she must pardonne to alle them that had mysprysed or mysdone vnto her/ 5 And whanne she herde of that artycle/ she ansuerd that a woman whiche was her neyghboure had soo moche mesprysed and mysdone vnto her/ that she myght neuer pardonne ne forgyue her with her good wyll/ Thenne the holy man began to put forthe & shewe vnto her by fayr wordes & ensamples/ how Ihesu Cryst 10 forgaaf & pardonned his dethe/ Also he reherced to her thexample of a knyghtes sone/ whos fader had be slayne/ This knyghtes sone came to an heremyte and confessyd hym/ And as he came to the synne of yre/ he sayd/ that he myght neuer pardonne ne forgyue to hym that had slayne his fader/ And the holy heremyte shewed 15 hym how god forgaf his dethe/ and many other ensamples he dyd shewe vnto hym/ And so moche he sayd that by his swete and fayr wordes/ the child pardonned and forgaf his faders dethe with good wylle/ In suche wyse that whanne the child cam to knele before the crucyfyxe/ he enclyned his heed toward hym/ And a voys was 20 herd/ whiche sayd/ by cause that thow hast pardonned humbly for the loue of me/ I pardonne and forgyue to the al thy synnes and mysdedes/ and thow shalt haue grace to come to me in to the celestyal ioye/ This parson or curate thenne shewed and told this ensample with many other to the sayd Burgeis/ But for none 25 ensample ne for no thynge that he couthe saye or doo/ she wold neuer forgyue her euylle wylle/ but in that estate she deyde/ wherof hit befelle that atte nyght a vysyon came to the sayd curate or parson/ by the whiche vysion he sawe how the [i vᵛ] deuyls bare away with them the sowle of the sayd burgeys/ & how she had vpon 30 her herte a grete tode/ & as the mornyng cam somme came/ and told hym how she was passyd oute of this world/ And also came to hym her children and her parentes to speke with hym for her buryenge and enterement and that she myghte be buryed within the chirche/ but the preest ansuerd to them/ that she shold not be 35 buryed in none holy erth by cause she wold neuer pardonne ne forgyue to her neyghbour/ and that she was dede in dedely synne/ wherfore the Frendes and parentes of her dyd stryue with hym/ And thenne he answered to them that they shold make her bely to be opened And that vpon her herte they shold fynde a grete 40

tode/ And yet more sayd to them/ yf hit be not so as I say/ I wylle
and am contente/ that she be buryed there as ye wylle haue her
to be/ They wente thenne and spake to gyder/ but they dyd Iape
and mocke of that the curate had said/ and seyd that it myȝt not be/
5 And that hardyly she myght be opened to thende/ they myght
the more Iape and mocke with hym/ Thenne they made her to be
opened/ and found a grete tood vppon her herte ryght fowle/
lothely/ and hydous/ The preest thenne coniured the sayd tood/
and demaunded of hym/ why he was there and what he was/ And
10 the tood ansuered that he was the deuyll that had euer tempted her
by the tyme and space of xxv yere And specially in the synne/
in whiche he found most auauntage/ that was in the synne of yre
and wrathe/ For euer syn that tyme she bare soo grete yre and so
grete wrathe vppon a woman her neyghbour/ that neuer she thought
15 to pardonne her the trespas that she hadde done vnto her/ And
that other daye whanne thou confessid her I was on my foure feet
vpon her herte/ where as I her so streyght enclawed and so chaffed
of wrathe and yre/ that she myght haue no wylle to forgyue/ Not-
withstondynge an houre was that I had grete fere/ that thou
20 sholdest haue had her fro me/ and that she shold haue be conuer-
tysed thorugh thy prechynge/ but neuertheles I hadde the vyc-
torye/ in suche wyse that she is oure for euermore/ And whanne
al they that were there herde these wordes they were moche
merueylled/ and neuer syn they durst speke of her buryenge in
25 hooly erthe/ Here is a ryght good ensample/ how [i vj] one ought
to pardonne and forgyue to other/ For who that forgyueth not with
his good wylle/ wyth grete payne he shal obteyne and haue for-
gyuenesse of god/ And peraduenture it myght well befalle to hym
as dyde to the sayd Burgeyse/ of whome ye haue herd/

30 ⸿ Of them whiche ought to come toward theyre carnall frendes/
in what someuer estate they be/
Capitulo/   C iij/

O F them that ought to come in thestate wherin they be as
theyre carnal Frendes come to see them/ wherof I shalle
35 telle yow an Ensample/ There was somtyme a knyght a good and
trewe man/ the whiche wente in vyage beyond the see/ He had two
nyeces the whiche he had nourysshed and broughte vp of theyr
yongthe/ and had maryed them/ and ouermoche he loued them/ In

tournynge home ageyne fro his vyage/ he bought for eche of them
a good gowne wel fourred to be coynted and arayed therwith/ He
came/ and arryued late at the nyght in to the hows of one of them/
He called and demaunded after his nyece and made her to wete
how he was come thyther for to see her/ She that herd of his 5
comynge wente anone in to her chambre/ and did shette her self
within for to brusshe and make clene her gowne to make her gay
and fresshe/ And sente worde vnto her vncle that soone she shold
come to hym/ The knyght abode there stylle a grete whyle/ and
sayd my nyece shalle not come/ And her seruauntes ansuerd to 10
hym/ that she shold soone come/ The knyght had desdayne and
was angry of her long taryenge/ seyng that longe before she had not
sene hym/ wherfor he lepe vpon his hors and tooke his way toward
the hows of his other nyece/ where he entred in/ but as soone as
he dyd calle/ she that anone knewe that it was her vncle/ which 15
long tyme had be oute of the land/ lefte forthwith the tournyng &
makynge of her breed/ and with her handes yet full of paste came
and embraced hym and sayd My dere lord and vncle [i vjᵛ] in
suche poynt and estate as I was whanne I herd yow I am come to
see yow/ therfore please it yow to pardonne me for the grete 20
Ioye which I haue of youre comynge maade me to doo hit/ The
knyght thenne beheld and sawe the manere of his nyece/ wherof
he was full glad/ and loued and preysed her moche more than his
other nyece/ He gaf her the two gownes whiche he had bought for
her and for her suster/ And thus she that cam gladly in thestate 25
wherynne she was to welcome her vncle/ she wanne bothe gownes/
and she whiche taryed for to make her ioly and gay lost her parte
of them/ She thenne that forthwith came to welcome her vncle
as she had brought hym in her chambre/ she wente and propyrly
arayed her self/ And thenne sayd to hym/ My lord and myn vncle/ 30
I haue arayed and coynted me for to serue yow more honestly/
And thus she gate the loue of her vncle/ and the other lost it/
Here is good ensample/ how men ought to come ioyously in the-
state where one is in to welcome his frendes whiche be come to see
hym/ And yf ye wyst thexample of a baronnesse or wyf of a baron 35
whiche Was a good lady/ and whiche wold in no manere were ne
doo on euery day hir best gownes/ wherfore her seruauntes sayd
to her/ Madame why go ye not better arayed and more coynted
than ye doo/ And she answerd to them/ yf euery day I went in my
best rayments and helde me coynte and Ioly/ how shold I doo on 40

the hyghe feestes and holydayes/ And also as the lordes my parentes
shalle come to see me/ For thenne as I shold araye me the best
wyse I couthe/ yet men shold saye that al the day byfore I was fayrer
and better besene/ wherof no thanke I shold haue of them whiche
5 were come to see me/ And therfor I preyse her nothyng that can
not amende her self in tyme and place as nede is/ For a thynge
whiche is comyn and dayly sene is nothynge preysed ne sette by

(Of the good knyght whiche fought ageynst the fals knyghte for
the pyte of a mayde/ Capitulo   C iiij [i vij]

10 I Wold ye wyst thexample of a knyght whiche fought for a mayde/
There was at the Courte of a grete lord a fals knyght whiche
requyred and prayd a mayde of folyssh loue/ but she wold nought
doo for hym for yefte ne for promesse/ but wold kepe her body
clenely/ And whan the knyght sawe this/ he sayd that she shold
15 repente her/ He tooke an Appel/ and poysonned it/ and fewe dayes
after that he toke the appel to her for to gyue it to the yonge sone
of her lord/ She toke the appel/ and gaf it to the child/ And soone
after that he had eten it he deyde/ wherfor this mayde was take
and shortly to say redy for to be brente/ She wepte and complayned
20 her self to god sayenge that she had no culpe of this dede/ but that
the fals knyght whiche took her thapple was therof gylty and none
other/ And he deffended it ageynst her/ & sayd he was redy to
preue the contrary ageynst ony knyght in champ of batayll/ But
she couthe fynde none that for her wolde fyght ageynst hym/ by
25 cause he was so strong and so moche doubted in armes/ wherfor
it befelle that oure lord god whiche forgeteth not the clamour and
prayer of the trewe and Iuste had pyte of her/ And as it pleased
hym a good knyght whiche had to name patrydes that was free
and pyteous/ as men were aboute for to haue cast the mayd in to
30 the fyre/ and beheld the mayde whiche wepte sore and made grete
sorowe/ He had pyte of her/ and demaunded of her the trouthe
of the fayt And fro the begynnynge[1] vnto the ende she told hym
how hit was/ And also the most parte of them that were there
presente wytnessyd as she sayd/ Thenne the good knyght meued of
35 pyte casted his gage ageynst this fals knyght/ The bataylle was
bytwene them hard and cruel to see in so moche that at the laste
this fals knyght was disconfyted and openly dyd shewe his treason/

[1] begynyynge C

And thus was the mayde saued/ But the good knyght patryde
receyued at that sorowe/ v/ mortall woundes/ wherfor as his armes
were of he sente his sherte whiche was broken in fyue places to the
sayd mayde whiche kepte hit all her lyf/ and euery day she prayd
for the knyght that suche dolour had suffred for her/ And thus for 5
pyte and Fraunchyse fought the gentyll knyght/ and receyued/ v/
mortalle woundes As the swete Ihesu Cryst dyd whiche faught
for the pyte of [i vij^v] vs/ and of al the humayn lygnage/ For grete
pyte he hadde to see them goo and falle in the tenebres of helle/
wherfore he suffred and susteyned alone the bataylle moche hard 10
and cruell on the tree of the holy Crosse/ And was his sherte broken
and perced in fyue places/ that is to wete the fyue dolorous
woundes whiche he receyued of his debonayr and free wylle/ in
his dere body for the pyte that he had of vs/ In suche maner
thenne ought euery man and woman to haue pyte of the dolours 15
and myseryes of theyr parentes and neyghbours and of the poure/
as the good knyght had of the mayde/ And wepe therfore tendyrly
as dyd the good ladyes[1] whiche wepte after the good Ihesu/ as he
bare the Crosse for to be theron crucifixed and put to dethe for our
synnes   20

(Of the thre maryes whiche came to the sepulcre or monument
so erly/ Capitulo   C v

THe other example is of the thre Maryes whiche came erly in
the mornynge of Ester sonday to the sepulcre wenynge them
to haue enoynted the swete Ihesu crist They had do make precious 25
oynementes/ and of grete prys/ And had grete deuocion to serue
god bothe alyue and dede and were brennynge in the loue of god/
And there they fond the angel/ whiche sayd and announced to
them/ that he was rysen/ wherof they had grete Ioye/ And of the
grete Ioye that they had therof/ they ranne to the Appostles to 30
telle them of hit/ These good ladyes waked al the nyght for to make
redy theyr precious oynementes/ and at the sprynge of the daye
they were at the monument for to make theyr seruyse/ And ther-
fore is here good ensample/ how euery good woman wedded or of
Relygyon ought to be swyft/ dylygent and curyous to the seruyse 35
of god/ For therof they shalle be rewarded to C dowble/ as were
these thre good Maryes/ whiche god hath moche hyghe enhaunced

[1] lady C

in his blessyd glorye/ Men maye rede and fynde in the Cronycles
of Rome/ that whan themperour [i viij] Nero and other tyraunts
and enemyes of the holy feythe made the sayntes to be martyred/
as it is conteyned in theyre legendes/ the good ladyes of the townes
5 where they suffred martirdome/ wente and toke the holy bodyes
of them/ and wonde and buryed them/ and bare to them the gret-
test worship that they myght/ These good wymmen wente to here
matyns and the masses and the seruyse of god/ wherof men fynde
that at that tyme were in Rome and in euery Towne there about
10 many charytable and good ladyes/ but now as I may perceyue and
see the charyte and the holy seruyse of god is amonge wymmen
sowen ferre asonder/ For many one there be/ that haue theyr herte
more toward the world/ than to the seruyse of god/ For they can
wel awake for to araye and make theire bodyes gay and fayre for
15 to be the more playsaunt to the men/ but yf they were as redy to
goo and here theyr matyns and masse/ and be aboute to doo the
seruyse of god/ hit were better for them/ For they do seruyse
displeasynge to god/ that is to wete the delyte and wylle of the body
the whiche shalle be punysshed to C double/

20 (Thexample of the folysshe and vnwyse vyrgyns/ and also of the
vyrgyns prudent and wyse/ Capitulo   C vj

THe wyse man sayth in a prouerbe/ that whanne the ladyes were
ryse out of theyr beddes and ar they were wel kymbed and
arayed/ the Crosses and processions were gone and al the masses
25 and seruyse of god done It is as god sayth in his euangely/ of[1] the
fyue hooly vyrgyns whiche were curyous and[2] awaked and well
garnysshed of oylle and of lumynary to lyghte with theyre lampes/
And whanne the spouse was come they wente and entred Wyth
hym with grete Ioye in to the castel/ and founde the yates open/
30 But the other fyue vyrgyns whiche were ful of slepe/ and had not
purueyed them of oyll in to theyr lampes/ whan they cam to the
castel/ they found the yate shette before them/ And whanne they
asked for oylle/ it was ansuerd to them/ [i viijᵛ] that they shold
haue none/ by cause they were come to late/ wherfor I doubte after
35 the purpos of this ensample/ that many one is a slepe and sorow-
fulle to the seruyse of god/ And as of them that ben not garnysshed
of that whiche is apperteynynge to theyr sauement/ that is to wete

---

[1] yf C   [2] C omits and

to doo good and holy operacions/ and haue the grace of god/ doubte
ye not/ but yf they tary longe to amende them before theyr ende/
Hit shall be sayd to them as it was seyd to the/ v/ vnwyse virgyns
and shalle fynde the yate of the castell shette before them/ Thenne
shalle not be tyme to repente them/ but sore abasshed they shall 5
be as they shalle see them departed fro God and fro the good
sowles/ and be cast and had in to the cruell pytte of helle where
as they shalle be in contynuell payne and dolour/ whiche neuer
shal take none ende/ Allas how dere shalle be sold the coyntyses
and folysshe playsaunces and delytes/ wherof men shall haue vsed 10
for to obeye to his careyn/ and to the world/ This way shal goo
alle euylle wymmen/ And the good women to the contrary/ For
they shalle goo with the espouse/ that is with god theyr creatour/
& shalle fynde the grete yate open where thorugh they shalle goo
in to the blysse and Ioye of paradys/ by cause they haue ben 15
curyous and awaked wyth theyr lampes and lumynary/ abydynge
the comynge of the spouse/ that is to saye that they haue made
good and hooly operacions and haue watched for to abyde the
houre of theyre dethe/ and haue not be slepynge in synne/ but
haue hold them self clene/ and haue confessyd them ofte and kepte 20
them selfe clene fro synne to theyr poure/ And whiche loued and
drad god/ These shalle be the good wymmen of whome god spake
in his euangely/ as ye haue herd to fore

(Of the gloryous and blessyd vyrgyne Marye
Capitulo   C vij 25

After this I shalle speke of one vyrgyne whiche hath no pere/ It
is of the holy and blessyd vyrgyne Marye moder to the sauyour
of alle the world/ This blessyd vyrgyne is of soo hyghe exemplary
that none maye [k j] wryte the good/ the bounte and the hyghe-
nesse wherin her swete and blessyd sone enhaunceth her daye by 30
daye/ This swete vyrgyne worshipped and drad her sone more
than euer dyd ony other moder his/ by cause she knewe wel/ fro
whens he came/ She was chamberere and Temple of God where
as the weddynge of the deyte and of the humanyte[1] was maade/ the
whiche humylyte[2] broughte the lyf and sauement of alle the world/ 35
God wold that she shold take to her spouse the hooly man Ioseph/
whiche was a good old man and trewe/ For god wold be borne

---

[1] humylyte C   [2] humanyte C

vnder the shadowe of maryage for to obeye to the lawe and for
to eschewe the euylle talkynge of the world/ And also for to gyue
her companye and gouerne & lede her in to Egypte/ Wherof it
befelle/ whanne Ioseph perceyued and sawe her grete with child/
5 he wold leue her/ and told her/ how he wel wyste and knewe/ that
hit was not of hym/ but that same nyght oure lord sente hym
vysybly his angel/ whiche sayd vnto hym/ that he shold not be
desmayed ne abasshed/ And that she was grete wyth the hooly
ghoost for the sauemente of alle the world/ Ioseph hadde thenne
10 therof grete Ioye/ and payned hym self to bere vnto her worship
and honour/ more than he dyd before/ For he wyst well by the
sayenge and wrytynge of the prophetes that the sone of god shold
be borne of a vyrgyn/ whiche shold haue to name Marye/ wherfore
he thanked God moche humbly of the grete grace that he had done
15 to hym/ in gyuyng to hym the kepynge and gouernaunce of his
swete and blessyd moder/ And also the good moder and vyrgyne
bare to hym honour and reuerence/ wherof in the holy scrypture
she is moche preysed/ Also she is moche preysed of that the Angel
founde her alone within the Temple knelynge sayenge her prayers
20 and orysons/ And thus ought euery good woman to be in deuocion
and in the seruyse of god/ And yet the holy scrypture preyseth
her by cause she dradde & was aferd as the Aungel salewed her/
Of whome she demaunded how it myght be that she shold con-
ceyue a child that hadde neuer knowen man/ & thaungel ansuerd
25 her & said to her þᵗ she shold haue no fere & that she shold not be
merueylled/ for she [k jᵛ] shold be replenysshed with the holy
ghost & that nothyng was inpossyble as to god/ that was to saye
that god myght do all thynge after his wylle and playsyre/ And that
her Cosyn saynt Elyzabeth was grete with child/ and had as thenne
30 born her fruyte the space of six monethes/ the whiche was barayne
and was oute of the age to bere ony children/ And thenne as the
Aungel had thus sayd to her/ she assewred her self/ & sayd in this
manere/ Here is the auncylle or chambrere of god Be done to me
after thy wordes/ She wold fyrst knowe how it myght be/ But thus
35 dyd not Eue/ she dyd byleue to lyʒtely/ As this day done many
symple wymmen whiche lyghtely byleue the fooles/ wherfore after-
ward they be broughte to doo folye/ They enquere not ne behold
not the ende to the whiche they shall come/ as dyd the gloryous
and blessyd vyrgyn Marye/ whiche enquyred of the Aungel the
40 ende of the faytte or dede/ the whiche he dyd announce to her/

Thus thenne ought the good wymmen to doo/ as men speketh to them of yongthe/ or of ony other thynge/ wherof dyshonoure and blame may come to them

(How euery good woman ought to be meke and humble at thexemplary of the blessyd vyrgyne Mary/   5
Capitulo   C viij[1]

ALso the hooly wrytynge preyseth her for her greete humylyte/ For as the Aungel told her that she shold be the moder of the sone of God/ of whome the regne shold haue none ende/ She took no pryde therfore within her self/ but sayd that she was his cham- 10
berere or seruaunt· And that hyt shold be done after his playsyre/ This word was ryght agreable vnto god/ in soo moche that he came doune fro heuen/ and daygned to take humanyte/ and the fourme of a child within her wombe virgynal/ Therfore is here good Ensample/ how euery good woman oughte to humble her self 15
toward god/ toward her lord and toward the world/ [k ij] For god sayd/ who that shalle more[2] humble hym self/ and shalle kepe hym self mekely/ the more shalle he be ones enhaunced and worshipped/ And for certayne god and his Angels louen better humylyte than ony other vertue/ For humylyte fighteth[3] ageynst pryde/ whiche 20
god hateth more than ony other synne/ And thorugh the whiche the Aungels felle in to helle/ And therfore ought euery noble woman to humble her self/ and be curtoys to the leste as to the moost takynge exemplary to our blessyd lady moder and vyrgyne Mary/ whiche named her self chamberere of god/ Also she is 25
preysed of the holy scrypture for her good kynde and nature of her curtosye whanne she wente and vysyted her cosyn saynte Elysabeth/ whiche wold serue her And the child of Elysabeth/ that was saynte Iohan baptist maade thenne Ioye within his moders bely/ In so moche þt by the grace of the holy ghost/ saynte Elysabeth cryed & 30
sayd/ that blessid shold be the fruyt of her wombe & that she was· blessyd aboue al wymmen/ & that hit was not reson that the moder of god shold come to see and vysyte so poure a woman as she was/ And than bothe Cosyns humbled them self one toward the other/ wherfore good exemplary is here/ how that parentes and Frendes 35
ought to see and vysyte eche other in theyr childbedde/ and in theyr

---

[1] C xviij C; x has been deleted in JR
[2] mo re C   [3] fight C

dysease and sekenesse/ And humble them self the one ageynst the
other/ as dyd these two holy and blessyd ladyes/ as ye haue herd/
and not say as doo some whiche of theyr prowde and folysshe
herte saye thus I am the more noble/ the more gentylle/ eyther the
5 more hyghe maystresse And therfor I ought to go before that other/
Ha a god how lytell they thynke to the curtosye and humylyte of
these two hooly ladyes/ And also to that/ that god sayth in his
euangely/ as ye haue herd/ that the mooste humble shalle be the
moost hyghely enhaunced/ Allas how this folyssh enuye that they
10 haue to be fyrst and before other and the preysynge of them self/
shalle to them be dere sold/ wherof the good quene Hester speketh
and sayth ryght well/ sayeng that in as moche as a woman is of
gretter lygnage or gretter maystresse/ the more ought she to be
humble and debonayr/ And the more that she bereth her self
15 curtoysly/ the more she receyueth worship and praysynge of other
folke/ for the [k ijᵛ] small folke holdeth them to be worshipped
whanne the grete make to them ony chere and speke fayre to them/
wherfore the grete be preysed of them in euery place/ And therfore
no better vertue maye be in a woman/ than the vertue of humylyte/
20 & be curtoys bothe to grete and small/ And goo and vysyte the
poure/ theyr Frendes and parentes/ as dyd the quene of heuen
whiche wente and vysyted her Cosyn/ and how they humbled them
self one toward the other/

(How euery good woman oughte to be pyteous at the exemplary
25 of the blessyd vyrgyne Marye/ Capitulo/   C ix

Also the hooly scrypture preyseth her/ in that she wente in to
galylee to the weddynge/ and had pyte of that the wyn lacked
there/ And in complaynyng her selfe of that the wyn wanted there/
requyred her sone that he wolde gyue remedye to it/ The swete
30 Ihesu Criste had pyte of his moder/ And therfore is here good
ensample/ how euery good woman oughte to haue pyte of her
parentes and poure neyȝbours and to helpe and socoure them of
that she may/ For hit is grete charyte and fredome comyng of
kynde/ Also the swete vyrgyne Marye had and suffred dolour for
35 her sone/ whiche was gone to dyspute ageynste the maystres of the
lawe/ For she wend that he was ascended and gone in to heuen/
She sought hym al aboute/ and so moche she dyd/ that she found
hym/ to whome she sayd/ Fayre sone your parentes and I haue be

in grete fere for yow/ For we wend to haue lost yow/ And he
ansuerd that his parentes were tho that dyd the commaundementes
of god his fader/ The Iewes thenne and the maysters of the lawe
were wonderly abasshed of the grete wyt that they founde in hym
whiche was of soo lytell age/ After this dolour thenne þᵗ she had 5
wenyng her self to haue lost her sone she had another riȝt grete
sorowe/ for as she offred hym in to the temple/ saynt Symeon
receyued hym whiche before desyred moch to see hym/ & hadde
praid to god long tyme before that he [k iij] myght not deye vnto
the tyme that he first had sene the sone of god with his eyen/ 10
Thenne thorugh the grace of god he knewe hym/ and sayd with
a hyghe voys/ Here is the lyght and the sauement of the world/
And sayd to his moder that one tyme shold come/ that to her
shold seme that a suerde shold tresperce her sowle and her herte/
that is to wete/ that she shold see hym suffre grete and dolorouse 15
passyon/ And therfore is here good ensample to euery good lady
and to euery good woman how they may not be desmayed ne
esmerueylled¹ as they suffre ony mysease/ scynge that the quene
of heuen suffred in this world soo moche payne and dolour/
Thenne oughte we wel to suffre and haue pacyence we that be 20
poure synnars/ & that deseruen more after our meryte/ to receyue
payne & euyll than good/ And that by reason ought not to be
spared in berynge dolours and trybulacions/ seynge that god spared
not his moder/

(How the wymmen ought to be charytable after thexemplary of 25
our lady/ Capitulo C x

ALso good ladyes and euery good woman ought to be charytable/
as the holy lady was/ that gaf for the loue of god and ful
charyte the moste parte that she had/ And at thexample of her dyd
saynt Elyzabeth/ saynte Lucye/ saynt Cecylle and many other holy 30
ladyes/ whiche were so charitable that they gaf to the poure &
Indygent the most parte of theyr reuenues/ As reherced is playnly
in theyr legendes/ wherfor I wold ye wyst thexample of a good lady
of Rome whiche was atte masse/ and sawe besyde her a poure
woman the whiche was shakyng for cold/ for the froste was grete/ 35
The good lady had pyte of her/ and pryuely called her to her and
wente/ and had her in to her hows/ whiche was not ferre thens/ and

¹ esmerueyllrd C

gaf to her a good furred gowne/ And whyles she was aboute this
charytable dede/ the preest that sayd the masse couthe speke neuer
a word vnto the tyme that she was come to the Chirche ageyne/
And as soone as she was come ageyne he spake as he dyd to fore/
5 And sawe afterward in a vysion the cause why he had lost his
speche/ & hou god preysed[1] before his angels þe gyft gyuen of the
good lady to hym/ Here is [k iijᵛ] good ensample for euery good
woman to be charytable and not to suffre her poure neyghbours to
be shakynge for cold and hongre/ ne to haue ony mysease/ but to
10 helpe them as ferre/ as theyr power may retche/ Now haue I told
yow of the blessyd and holy vyrgyne Marye/ to the whiche none
may be lykened ne compared/ And lytell ynough I haue spoken of
her/ but to longe were the matere yf I shold speke of all her dedes
& fayttes/ Therfor as now I shalle leue of her/ And shall speke of
15 the good wydowes ladyes of Rome/ the whiche whan as they held
them clenly in theyr wydowhede they were worshipfully crowned
in signe and token of chastyte/ But long thynge were to reherce the
bounte and charyte of them/ whiche were before the comynge of
Ihesu Cryste/ as it is founde and reherced in the byble/ Also I haue
20 recounted to yow of some good ladyes whiche haue ben syn the
newe testament/ that is to wete syn god toke his humanyte within
the wombe of the blessyd vyrgyne Marye/ And in lyke wyse as the
holy scripture preyseth the good ladyes of that tyme/ It is reason
and ryght that we preyse some of this present tyme wherin we be/
25 Wherfor I shalle telle yow of euery estate of them one example or
tweyne for to shewe example vnto al other/ For men ought not to
hyde the goodhede/ ne also the worship of them/ And none good
lady ought not to take desdayne of hit/ but be gladde to here telle
and recounte the goodnes and worship of them

30 ⁋ Of the quene Iohane of Fraunce/ capitulo/   C xj

THe good quene Iane of Fraunce whiche of late passed out of
this world/ & the whiche was wyse/ of holy lyf/ & moche
charytable/ & also ful of deuocion/ held her estate so clenly & so
noble by so good ordenaunce/ that grete thynge were to reherce
35 it/ After by her shal we set the duchesse of orliaunce which in her
lyf suffred moch/ but she kept her euer clenly & holily/ but to long
it were to recounte of her good lyf & good condycions/ Also we

---

¹ preyseth C

may not forgete the good Countesse of Roussyllon/ the whiche she
beynge a wydowe kepte & gouerned her self so clenely/ and soo
peasyble dyd nourysshe [k iiij] her children/ the whiche also kepte
good Iustyce and held her land and peple in pees Also I wylle telle
yow of a baronnesse whiche duellyd in our Countrey the whiche 5
was in wydowhede by the space of xxxv yere/ and was yonge and
fayr whanne her lord deyde/ and of many one she was requyred/
But she sayd in her secrete/ that for the loue of her lord and of her
children she shold neuer be wedded/ And held her in her wydow-
hede clenly withoute ony reproche/ wherof she ought to be preysed/ 10
And her name I shalle declare vnto yow/ It was my lady of Vertus

⟨ Example of many good ladyes of tyme presente/
Capitulo   C xij

ALso I shalle telle yow of the wyf of a knyght which was a wydowe/
This lady was yonge and fayre/ & of many men lordes and 15
knyghtes she was desyred & requyred to maryage/ but neuer she
wold be wedded/ but nourysshed her children ryght worshipfully/
Wherfore she oughte to be preysed/ and yet more she myght be
preysed durynge her lordes lyf/ For her lord was ouer lytell of
persone crokbacked goglyed and vncurtoys/ And she was fayre 20
and yonge/ & a gentylle woman borne/ but the good lady loued and
worshipped hym/ as ony woman can or may loue ony man/ And
dradde/ and serued hym so mekely that many man had wonder
therof/ wherfore she may wel be sette in to the nombre of the good
wymmen/ Now shalle I telle yow of a good woman/ the wyf of a 25
symple man/ This lady was good and fayre/ & of good lignage/ &
also yong/ & her lord was old & auncyent/ & al tourned in traunce/
for he pyssed & made vndir hym his syege/ as a yong child doth/
But notwithstondyng al this the good lady serued hym nyght &
daye ryght humbly & with good hert & more curtoisly than shold 30
haue done a chamberere or seruaunt/ Some cam ofte to her for to
fetche her to the daunces & festes/ but seldom she wente thyder/
And no plesaunce ne no thynge myght haue hold her as tyme was
for to doo some seruyse to her lord/ And yf one sayd to her/
Madame ye shold take youre sporte/ and playe more ofte than ye 35
doo/ And be [k iiijᵛ] glad and Ioyeful and leue your lord[1] slepynge/
the whiche hath but mystyer of reste/ she ansuerd and sayd/ For

---

1 C *omits* lord

as moche as he is in gretter mysease/ soo moche more hath he
nede and mystyer to be wel serued/ and that she tooke Ioye and
playsyr ynough to be aboute hym to doo somme thynge that
my3te please hym/ what shalle I saye to yow/ she found many one
5 that spake to her of Ioye and disporte/ but none myght torne her
fro her good purpoos and good operacion/ so trewe she was vnto
her lord/ And after that her lord was dede/ yf she had kepte and
gouerned her wel/ and clenely in her maryage/ Also she kepte her
wel in her wedowhede/ and dyd nourysshe her children/ And neuer
10 wold consente to maryage/ And therfore she ought to be preysed
in all estates/ and to be sette amonge the good ladyes/ how be it
that she was no grete maystresse/ but the goodnes and bounte of
her may be to al other a myrrour and exemplary/ wherfore men
ought not to hyde the fayttes and good dedes of ony good wymmen/
15 And therfore I haue reherced vnto yow of somme whiche yet
late were on lyue/ but yf I shold reherce the fayttes of al the other
whiche I knewe I shold haue moche to do/ and my matere shold
be to longe and noyous/ for many good wymmen ben within the
Reame of Fraunce/ These good ladyes/ of whome I haue spoken ben
20 withoute repreef and approuued of grete bounte and trouth in
theyr maryage/ and also in theyre wydowhede/ and haue eschewed
the folysshe wordes & playsaunces of the world/ and haue hold
theyr good estate so surely. that none myght haue Iangled or sayd
of them ony thyng but honeste and good/ They also haue not
25 maryed them self ageyne for ony worldly plesaunce to lower estate
than theyr lordes were of/ For as I trowe/ they whiche for plesaunce
weddeth[1] them self ageyne to somme of lower estate withoute
takyng counceyll of theyr parentes and frendes/ do ayenst them
self/ wherfor ofte it befalleth to them/ that after somwhat of
30 tyme is passed and the most parte of the playsaunce gone/ And
that they see that the grete ladyes sette not so moche by them as
they were wonte to doo/ they falle in to repentaunce/ but it is to
late/ But as for me/ me semeth/ that they whiche [k v] take the
ladyes to theyre wyues/ and afterward make of theyre ladyes theyr
35 subgettes/ done grete synne/

[1] wedded C

(How a woman ought not to wedde her self withoute the coun-
ceylle of her parentes and Frendes or Frende
Capitulo   C xiij

HEre I leue the mater of the good wymmen and ladyes/ but
my dere doughters I pray yow that ye take ensample to them/ 5
And yf god gyue yow youre husbondes/ soo that soone after ye be
wydowes/ weddeth[1] yow not ageyne for playsaunce ne for loue/
but only by the counceylle and good wylle of alle youre parentes
and Frendes/ And thus ye shalle kepe your worship and honour
sure and clene without repreef/ and alle good shal therof come 10
bothe to yow and to your husbondes/ For men shalle not scorne
you behynde your back/ as it is done to many whiche withoute
takynge ony counceylle of theyr frendes and onely for theyr
plesaunce wylle wedde them self/

(How euery good woman ought wel to kepe her Renommee/   15
Capitulo   C xiiij

MY dere doughters yf ye wyst and knewe the grete worship/
whiche cometh of good name and Renomme ye shold peyne
your self to gete and kepe it/ As the good knyght whiche tendeth
to come to worship & flee vylonye payneth hym self and suffreth 20
many grete trauaylles as cold hete and hongre/ and putteth[2] his
body in to grete Ieopardy and aduenture to deye or lyue for to
gete worship and good Renommee and maketh his body feble and
wery by many vyages/ also in many batiylles and assautes/ and
by many [k v^v] other grete peryls/ And as he hath suffred payne 25
and trauail ynough/ he is put and enhaunced in to grete honour/
And grete yeftes ben thenne gyuen to hym/ and grete wonder and
merueylle it is of[3] the grete worship and grete renommee that
men beren vnto hym/ Lyke wyse it is of the good lady and good
woman/ whiche in euery place is renommed in honoure and wor- 30
ship/ This is the good woman that payneth her selfe to kepe her
body clene and her worship also/ the whiche also sette nought by
her yongthe ne of the delytes and folysshe plesaunces of this
world/ wherof she myght receyue ony blame/ as I haue sayd before
of the knyghtes/ the whiche take and suffre suche poynte and 35
trauaylle for to be put in to the nombre of the other that ben

---

¹ wedded C   ² putte C   ³ yf C

renommed of grete worthynes and valyaunce/ This oughte to doo
euery good woman and euery good lady/ and thynke how thus
doynge she geteth the loue of god and of her lord/ of theyr frendes
and of the world And the sauement of her sowle/ wherof the world
5 preyseth her and god also/ For he calleth her the precious Mar-
garite/ It is a perle/ whiche is whyte and round bryght and wyth-
oute macule or spotte/ Here is a good ensample how god preyseth
the good lady in the euangely/ and thus ought to doo alle folke/ For
men ought to doo and bere as moche worship and honour to a
10 good lady or damoysell as to a good knyght or squyer/ But as now
this day the world is al tourned vpsodoune/ For worship is not
kepte in her ryght regle/ ne in her ryght estate/ as hit was wonte
to be/ Now I wylle telle yow how on a tyme I herd say to my lord
my fader and to many other good knyghtes/ how in theyr tyme men
15 worshipped and bare grete reuerence to the good women/ And how
they which were worthy to be blamed/ were refused and separed
oute of the felauship of the other/ And yet it is not past fourty yere
that this customme was as they sayd/ And at that tyme a woman
reproued of blame had not be soo hardy to putte her self in the
20 Rowe or companye of them that were renommed/ Wherfore I shalle
telle yow of two good knyghtes of that tyme/ the one was named
My lord Raoul/ de lyege/ and the other had to name Geffroy/ and
were both bretheren/ and [k vj] good knyȝtes in armes/ for euer
they vyaged & neuer rested tylle they came in place where they
25 myght essaye and preue the strengthe of theyr bodyes for to gete
worship and good renomme/ And so moche they dyd by theyr
valyaunce/ that at the last they were renommed ouer al/ as charny
and bouchykault were in theyr tyme/ And therfor they were by-
leuyd and herd before all other as knyghtes auctorysed and
30 renommed

(How thauncyent were wonte to lerne the yonge/
Capitulo   C xv

THerfore hit became that yf they sawe a yonge man of age
make ony thyng that dyd ageynst his honour they shewed
35 hym his fawte before the folke/ And therfor the yong men dradde
them moche/ For thenne as I herd saye to my lord my fader/ how
a yonge man cam to a feste where were many lordes ladyes and
damoysels/ and arrayed as they wold haue sette them to dyner/

and had on hym[1] a coote hardye after the maner of almayne/ He
cam and salewed the lordes and ladyes/ And whanne he had done
to them reuerence/ the forsayd Syre Geffroy called hym before
hym/ and demaunded hym where his vyell or clauycordes were/
and that he shold make his craft/ And the yonge man ansuerd/ 5
Syre I can not medle therwith/ Ha a sayd the knyght/ I can not
byleue it/ For ye be contrefaytted and clothed lyke a mynystrell/
Neuertheles I knowe well your auncestrye and the good and trewe
men of the towre/ of the whiche ye be come of/ But in good faythe
I sawe neuer none of your lygnage/ that wolde haue contrefayted 10
hym ne also be clothed of suche gowne as ye be/ And thenne he
ansuerd to the knyght ageyn Syth that my clothynge semeth to
yow lothely and dishoneste hit shalle be amended/ Thenne he called
to hym a mynystrell & gaf hym his gowne/ and toke another/ and
came ageyne to the halle/ And whan the good & auncyent knyght 15
sawe hym he sayd/ trewely this yonge man forueyeth not/ For
he byleueth the counceylle of his older/ And euery yonge man
and [k vj^v] yonge wymmen whiche byleue the counceylle of thaun-
cyent & good folke may not faylle to come to honour and worshyp/
And therfore is here a good ensample/ how none ought to byleue/ 20
and not to haue shame ne vergoyne of the techynge of the wyse
men and more auncyent than he is/ For that whiche they saye and
techen they done it not but for good/ But the yonge men and
wymmen that ben at this day take to thys no hede/ but haue grete
despyte whanne they be repreued of theyr wyckednes and folye/ 25
and wene to be more wyse than the olde and auncyent folke/ It is
grete pyte thenne of suche vnknowlege/ For euery gentylle herte
and of honeste lyuynge oughte to haue grete Ioye whan he is
repreued of his fawte and mysdede/ and yf he be wyse and sage/
he shalle thanke hym/ by whome he knoweth his fawte/ And in this 30
is shewen and perceyued the free kynd of the good yonge man &
yong woman/ For no chorlysshe nor vylayne herte shall neuer
yeue thanke ne graces of it/ Now haue I told to yow how thauncyent
spake and chastysed the yong men/ And now I shalle telle yow how
they gaf good ensamples to the good ladyes & damoysels that 35
were at that tyme

[1] hem C

¶ How hit was wonte to departe the blamed and dyffamed women
fro the felauship & companye of the good and trewe/
Capitulo   C xvj

IN tho dayes was the tyme of pees/ and were holden grete festes
5   and reueyls/ and al maner of knyghtes and ladyes and damoysels
gadred and assembled to gyder where as they wyst that ony feste
was kepte and holden/ And there they cam with grete worship/
and wyth them came the good knyghtes of that tyme/ but yf hit
happed by somme aduenture/ that ony lady or damoysell þᵗ had
10 euyl name or were blamed of her honour put her self/ and wente
byfore another of good renomme/ how be hit that she were more
gentyl and more noble and more Ryche/ yet notwithstondynge
the good and auncyent knyghtes had no shame to come to them
[k vij] before euery one/ ne to telle thus to them/ lady or damoysel
15 be not yow displesyd yf this lady go before yow/ for how it be so
that she be not so noble ne so ryche as ye be/ neuertheles she is not
blamed/ and hath good Renommee/ and is put among the nombre
of the good wymmen/ And thus it is not sayd of yow wherfore me
displeaseth moche/ but worship and honour shalle be borne to
20 them that be worthy/ and haue deserued it/ And therfore be not
yow meruaylled/ Thus and in lyke wyse spake that tyme the good
and auncyent knyghtes and put them of good Renommee the fyrst
and formest/ wherof they thanked god that had gyue them grace
to kepe & hold them clenely/ wherby they were sette bifore the
25 other and worshipped ouer al/ And the other tooke them self by
the nose castynge theyr faces dounward/ and receyued moch shame
& vergoyne/ And therfore was this a good ensample to al wymmen/
For by the grete repreef and shame that they herd saye & talke of
the other/ they doubted & drad ony thynge/ to do that was amys/
30 of whiche they myght be blamed as the other were/ But certaynly
now vppon¹ this daye men bere as grete worship to them that ben
blamed as to the good and trewe/ wherof many one taketh euylle
ensample/ and saye/ I see that men bere as grete honoure to them/
whiche shold be blamed and dyffamed/ as they do to the honest
35 and trewe/ it is no force to doo euylle/ al thynge passeth forth
awey/ but neuertheles it is euylle sayd/ For in good feythe how be
it that they wene to receyue honour and worship of them that be
wyth them/ whanne they be departed they mocke and scorne with

¹ vppn C

them/ sayenge one to other/ Suche one is full curtoys of her body/
suche a man taketh his disporte with her/ And thus somme maken
good chere and beren honour before them/ and behynd theyr
backes they pulle oute theyr tongues in scornynge of them But
the folysshe wymmen perceyue them not/ but Ioyen them self in 5
theyr folye/ and wene that none knowe theyr fawte & shame/ Thus
is the tyme chaunged otherwyse than hit was wonte to be/ wherfore
hit is damage and grete pyte/ For hit were best that of theyr
fawte and blame they were reproued before al as they were at that
tyme/ Yet more I shalle telle [k vij^v] yow/ as I haue herd reherced 10
of many knyghtes whiche saw and knewe the sayd Syre Geffroy
de lyege/ how that as he rode thorugh the Countrey/ and as he
aspyed and sawe some place or manoyr/ he demaunded and¹ asked
the place/ and yf he vnderstode by ony maner that the lady of the
manoyr or place were blamed of her honour and worship/ he shold 15
haue gone oute of his ryght way/ Rather than he had not gone to
the yate of the same place/ and make there a faytte and put and
sette his signes ageynste the yate/ And thenne rode ageyne in to
his ryght way/ And contrary to this dede/ yf hit happed to hym
to passe before the place of a good and Renommed lady or damoy- 20
selle/ al had he neuer so grete haste/ he wente to see her/ And sayd
to her my good Frende/ other my lady/ or els damoysell/ I praye
to god that in this welthe and honoure he wylle euer hold and
mayntene yow in to the nombre of the good wymmen/ For wel
ye oughte to be preysed and worshipped/ And thus by this maner 25
and way the good wymmen drad and held them more sure fro
doynge ony thynge/ wherby they myght lese theyr worship and
honoure/ wherfore I wold that tyme were come ageyne/ For as
I wene many one shold not be blamed and diffamed as they be
now/   30

⟨ How before this tyme men punysshed them that were diffamed
Capitulo   C xvij

Wherfore yf the wymmen recorded and thought the tyme past
before the comynge of Cryst/ whiche lasted more than fyue
thousand yere/ And how the badde and euylle wymmen/ specially 35
they that were wedded were punysshed/ as they mysgyded them/
For yf it myght be proued only by two men that they had had

¹ nd BM 2

companye or carnal felauship with ony other than to theyr lord/
she was brente eyther stoned with stones/ And for no gold ne syluer
she myghte be saued al were she neuer so noble/ after the lawe
of god and of Moyses/ And yet I ne knowe but fewe Reames this
5 day sauf the Reame of Fraunce and of Englond/ and in the lowe
[k viij]¹ or basse Almayne/ but that men doo Iustyse of them when
the trouthe and certaynte of the dede may be openly knowen/
That is to wete in Romayne/ In Spayne/ In Aragon/ and in many
other Reames/ In somme places² men kytte of theire throtes/ And
10 in somme they be heded before the peple/ And in other places they
be mewred or put bytwene two walles/ And therfor this Example
is good and prouffytable to euery good woman/ For how be hit
that in this Royamme Iustyce is not done of them as in other
Reames/ Neuertheles they lese therfore theyr worship and theyre
15 estate/ the loue of god and of theyre lordes and of theyre frendes
and world also/ For they ben separed and putte oute of the book
of them that ben good and trewe/ as more playnly is reherced in the
booke of the holy faders lyf/ wherof the tale shold be longe to
reherce/ wherof I shalle telle yow a moche fayr example/ the
20 hyghest of alle other examples as hit is/ whiche god told of his
mouthe/ as telleth the holy scrypture

℄ How god compared the good woman to the precious Mar-
garyte/ Capitulo   C xviij

G Od preyseth the good woman/ whiche is clene and pure/
25 And sayth/ how it is a noble thynge of a hooly and good
woman/ And syth god of his owne mouthe preyseth her so/ by
good reason the world and al the folk ought to loue and preyse
her well/ It is conteyned in the Euangely of the vyrgyns/ how the
swete Ihesu Cryst preched and taught the peple/ and spake vpon
30 the matere of the good and clene wymmen where as he sayth/
Vna Margarita preciosa comparauit eam/ I telle yow sayd our lord/
that a woman whiche is pure and clene ou3t to be compared to
the preciouse Margaryte/ This was merueyllously spoken/ For a
Margaryte is a grete perle and round bryght and whyte and clene
35 without ony spotte or tatche/ This perle is named Margaryte
preciouse/ And dyd god shewe the valour and worth of the
[k viijᵛ] woman/ For she that is clene and withoute tatche/ that is to

¹ lo-[k viij]we C   ² plares C

saye/ she that is not wedded that kepeth her vyrgynyte & chastyte/
And also she that is wedded whiche kepeth and holdeth her self
clenely in the holy sacramente of maryage/ and not suffreth her
self to be shamed of her spouse/ the whiche god hath destyned and
gyuen to her/ Also she that kepeth wel and clenely her wydowhede/ 5
These be tho/ as the glose seyth/ of whome god spake in his holy
euuangely/ These be lykened and compared as sayd our lord to
the precious margaryte whiche is euer bryght and clene withoute
ony macule or tatche/ For as sayth the holy scrypture nothynge
is so agreable to god and to his Angels as a good woman/ and in 10
a parte god preyseth more her than the man/ And by reason she
ought to haue more meryte/ by cause she is of lyghter courage than
the man is/ that is to saye that the woman was fourmed and made
out of the mans body/ And in so moche that she is more feble than
the man is/ And yf she resisteth ageynste the temptacions of the 15
deuylle/ of the world/ and of the flesshe/ the more she is worthy
to haue gretter meryte than the man/ And therfor god compareth
her to the precious margaryte/ whiche is bryght and clene/ Also
saith the glose in another place/ that as it is a foul thynge to spylle
droppes of ynke in to a dysshe ful of mylke/ Ryght so is of her 20
that ought to be a good mayd whanne she spylleth and gyueth
her maydenhede to another than to her spouse/ And also is of her
whiche is wedded that of her falshede & fowle lecherye breketh and
spylleth her holy sacrament of maryage and forswereth her feythe
and her lawe toward God and the chirche/ and toward her lord 25
also/ Also she whiche oughte to bere her self clenely in her
wydowhede and that doth the contrarye/ This maner of wymmen
be lyke the black tatches that ben vpon the whyte mylke and vpon
the whyte couerchyef/ they be lyke in no thyng to the precious
Margaryte For in the precious margaryte is no maner of tatche/ 30
Allas a woman ought wel to hate her self/ and to curse her euyll
lyf whanne she is put oute of the nombre of the good and trewe
women/ Thenne yf they remembred wel them self of thre thynges/
the fyrste is how they that be not yet wedded lese theyre maryage
and theyr honour and acquere the shame and hate [l j] of theyr 35
parentes and frendes and of the world/ And how euery one sheweth[1]
them with the fynger/ Secondly/ how they that ben wedded lese
al worship and the loue of god/ and of theyr lordes/ of theyr
frendes and of al other/ for god letteth them to haue ony welthe

[1] shewe C

or cheuaunce/ And to long were the fowle and euylle talkynge
whiche is sayd of them/ to be reherced/ For somme shall do to them
good chere before them/ but behynd them/ they shalle hold theyr
talkynge scornyng & mockyng them/ And neuer after they shalle
5 loue theyr lord/ For the deuyll shalle make them as brennynge and
to haue more delyte in that dampnable synne of fornycacion/ than
in the dede of maryage/ For in the dede of maryage is no mortall
synne/ for it is an operacion commaunded of god/ And therfore the
deuylle hath nothynge to doo of hit/ but in puterye and in synne
10 mortalle or dedely he hath grete power/ and is there in his persone
to chauffe and meue the synnar to the fals delyte/ as the smyth/
whiche putteth the cole in the fornays/ and thenne he bloweth
and kyndeleth hit/ And soo moche wayteth the deuylle to serue
them wel in that fowle delyte/ and to kepe them stylle therin/
15 that at the last he caryeth and bereth wyth hym theyr soules in to
the depe pytte of helle/ wherof he taketh as grete Ioye/ and holdeth
hym therof as wel apayed/ as doth he that al the day hath chaced
and atte euen he taketh the best and hath it with hym/ And in
lyke wyse dothe the deuyll of al suche men and wymmen as rayson
20 is/ For the holy wrytynge sayth/ they that ben chauffed and bren-
nynge in the fyre of lecherye/ shalle be brente in the fyre of helle/
And it is well reson as a good heremyte sayth in vitas patrum/ that
one hete be put with the other/ for as god sayth/ there is no good
dede done/ but that it shalle be guerdonned/ Ne none euylle done/
25 but that it shal be punysshed/

(How the doughter of a knyght lost her maryage
Capitulo   C xix

I Shalle telle yow another Ensample of the doughter of a noble
knyght/ that loste her maryage by her coynted [l jᵛ] Raymentes
30 & clothynges/ A kny3t was which had many doughters of the
whiche theldest was wedded/ It happed that a knyght demaunded
the second doughter to be his wyf/ & the fader graunted her to
hym/ He that neuer before had sene her came to be fyaunced with
her/ And she whiche knewe wel of his comynge arayed & coynted
35 her self in the best manere that she coude/ to thende that she myght
seme the fayrer/ smaller/ & of¹ body well shapen/ She had vpon
her but a streyght cote furred. It was at that season moche cold/

¹ of | of C

and grete wynde rose vp and blewe/ And she whiche was symply
clothed had grete cold/ in so moche that for cold she wexed black/
Thenne arryued the knyght whiche cam for to see her/ and sawe
her colour deed and pale/ also he beheld hir other suster/ whiche
had the colour rede and fresshe/ For she was clothed wyth gownes 5
good and warme as she that thought not soone to be maryed The
knyght beheld wel the one and the other/ And after dyner he callyd
to hym two of his parentes/ whiche were come with hym/ And
sayd to them/ Fayr lordes we be come hyder to see the doughters
of the lord of this place/ And by cause I knowe well that to my 10
wyf I may haue the whiche I wylle chese of them/ therfor I shalle
haue the thyrd doughter/ Thenne sayd his parentes vnto hym/
Ye saye not wel/ for gretter worship shal be to yow to take the
oldest/ Fayre frendes ansuerd the knyght/ I see in the choys but
lytill auauntage/ ye wote and knowe well how they haue a suster 15
wedded/ whiche is older than they be and fyrst born/ I see the
thyrd more fair and fresshe/ and of better colour than the second/
of the whiche men haue spoken to me/ In the thyrd is my plesaunce
& my loue sette therfore before ony other/ I wylle haue her/ his
parentes thenne ansuerd to hym/ that he shold doo after his plays- 20
yre/ And thenne he made to demaunde and aske the third doughter
for to be his wyf/ And the fader dyd graunte her to hym/ wherof
many one were merueylled/ And she specially/ whiche wend to be
maryed was sore abasshed & sorowful/ It befelle a lytell whyle
after/ that this second douȝter which had loste the knyght by 25
cause of the grete cold whiche caused her vysage to be of euylle
colour whanne she was wel clothed [l ij] and that she had on her
suche a gowne as she was wonte to couere hir as it was cold wether/
her colour cam to her ageyn/ & fressher by a grete dele/ than her
suster dyd/ whiche the knyghte had wedded/ In soo moche that 30
the knyght merueylled hym moche therof/ and sayd vnto her/
Fayre suster whanne I cam for to see yow/ and that I tooke your
suster/ ye were not soo fayre by moche/ as ye now be/ For ye be now
of colour fresshe whyte and rede/ and that tyme ye were black and
pale/ and your suster was fayrer/ but now ye passe her of beaute/ 35
wherfore I haue grete merueylle/ Thenne sayd his Wyf/ whiche
was there present/ Syre I shalle telle all the maner how hit was/
My suster that ye see here thought and wende/ and also dede we
al/ that ye shold come for to haue fyaunced her/ wherfor she
coynted and arayed her self in the most praty maner that she 40

couthe for to shewe her body praty and small and well shapen/ but
the cold was at that tyme grete/ the whiche made her black &
palysshed her colour/ and I whiche thought ne wend not to receyue
soo grete worship as to be your wyf/ coynted not my self/ but I
5 was wel clothed with furred gounes that kepte my body warme/
wherfore I had better colour than she had/ wherof I thanke god/
For therfore/ I gate your loue/ And blessyd be the houre that my
suster clothed her self so lyght/ For yf it had not be so/ ye had not
take me for to haue lefte her/ Thus loste as ye haue herd theldest
10 doughter her maryage by cause she coynted her self/ Now haue
ye herd good Ensample how one ought not to coynte her body for
to shewe it small and better shapen & specially in the wynter/ in so
moche that she lost her manere and colour/ As ones it befell to Syre
Foucques delaual/ as he told me vpon the fayt of this Ensample/ of
15 whome I shal speke and telle vnto yow what that happed to hym/

ℂ How loue wylle be kepte warme/ Capitulo   C xx

SIre Foucques de laual was a fayr knyght clene & wel besene
emong other/ & was of good maner/ and of fayr maynten/ It
happed to hym as he told me that ones he was gone for to see his
20 peramours in the wynter season that the froste was grete and the
wether passyng cold/ He [l ij^v] thenne hadde in the mornynge
coynted hym self of a scarlatte gowne wel broudred/ & of a hood
of scarlatte sengle & wythoute furrynge/ and nought els he had on
hym sauf only his fyn sherte/ For he had no mantell neyther gloues
25 in his handes/ The wynd and the cold were grete/ wherfore he had
soo grete cold/ that he became of colour black and pale/ For the
perles ne the precious stones/ wiche were on the broudryng of
his sengle gowne couthe gyue hym no hete/ ne kepe hym fro the
cold/ There came another knyght/ whiche also was amerous of
30 that lady/ but he was not so gay aourned/ ne so sengle of clothes/
but he had on hym good and warme gownes/ & had a mantell/ and
a double hood/ and was reed as a cok/ and had a good lyuynge
colour/ The lady thenne welcomed this knyght/ and maade to
hym better chere/ than she dyd to Syre Foucques/ and held with
35 hym better companye/ And sayd to Syre Foucques/ Syre hold yow
nere the fyre/ for I doubte/ that ye be not al hool/ for your colour
is dede and pale/ And he ansuerd that his herte was ioyous and
well at his ease/ This other knyght was fayrer to the lady syght/

than Foucques/ But within a whyle after Syre Foucques aspyed
the knyght/ whiche was goynge toward the place of his peramours/
He arayed hym otherwyse than he was wonte to doo And so moche
hyed hym/ that he came thyder/ as soone as the other knyght dyd/
for to preue how the mater and his faytte shold ende/ But cer- 5
taynly he was thenne take of his lady for the fayrest and best
coloured/ wherfore he told me how loue wylle be kepte hote and
warme/ And how that he had approuued hit/ Therfore hit is grete
folye to kepe hys body sengle of clothes for to seme to the folkes
syght better maad/ & fayrer of body/ Yet vpon this matere I wylle 10
reherce vnto you a grete merueylle/ how many one deyd for cold/

(Of the folysshe loue/ whiche surprysed and ouercame the Galoys
and the Galoyses/ wherfore many one of them deyd for cold/
Capitulo   C xxj [l iij]

FAyre doughters I shalle telle yow of the galoys and galoyses/ 15
how the deuylle by his arte made many of them to deye for
cold with the helpe of the flamme of venus goddesse of loue and
of lecherye/ It byfelle thennc in the partyes of peytou and in other
Countrees nyghe/ that the goddesse Venus whiche hath grete
power vpon yongthe/ that is to wete vpon the yonge folke/ For 20
somme she maketh to be amerous of loue resonable/ And other of
folysshe loue and vnresonable/ wherof somme lese theyr honour
and worshyp/ And other bothe body & sowle & made many
knyghtes and squyers ladyes and damoysels to loue peramours eche
other/ And to make an ordenaunce of a moche sauage and wyld 25
guyse/ and ageynst the kynde of the tyme/ whiche ordenaunce was
this that in the somer they shold be clothed hote and warme with
theyr furred gownes and with mantels and double hoodes/ And
euer fyre they shold haue in theyr chemenyes/ were it neuer so
grete a hete/ And that they shold make of the somer wynter/ & 30
thus to the contrarye/ In the wynter tyme/ and as it was hard frosen
these galoys & galoyses dyd on theyre shertes but only a shorte
and sengle gown withoute lynyng and had no mantell ne hood but
sengle for no grete cold ne wynd that myght come/ And yet more
theyr chambres were withoute fyre and dayly made swyped clene/ 35
And yf at that season ony herbe or grasse or somme thynge fresshe
and grene myght be found/ it was had in to theyr chambres &
strawed on the floor/ And vpon theyr beddes they had thurgh al

the nyght but only a sengle and lyght couerlet. and nomore they
myght haue after theyr owne ordynaunce/ Ferthermore it was
ordeyned that as soone as a galoys cam ther as a galoyse was/ & yf
she had ony husbond/ he must by this ordenaunce go & take the
5 galoys horses/ whiche last was come thyder/ and ryde oute of his
place/ & neuer to come ageyne as long as the galoys shold be with
his wyf/ And also yf her husbond were a galoys & went to see his
peramours another galoyse & found her husbond with her/ it had
be grete shame to the husbond/ yf he had abyden at home neyther
10 to haue ordeyned ony thynge/ whyles the galoys had be with his
Wyf/ for he had thenne no more power within his hows than had a
straunger/ This lyf [l iijᵛ] lasted longe whyle vnto the tyme that
the most parte of them was dede and perysshed of the grete cold/
whiche they suffred Many of the galoys deyde in theyr ladyes
15 bedde/ And so dede in lyke wyse the galoyses with theyr frendes
and peramours scornynge them that were warme and wel clothed/
And som of them were to whome men must dysseuere theyr
teethe wyth knyues/ and toste and Rost them before the fyre as
a chyken hard of froste/ Wherfore I doubte moche that these
20 galoyses & galoys whiche deyde by suche maner were martired by
loue/ & that as they deyde of cold/ they shalle haue to the contrarye
a grete hete and a warme clothynge in the pytte of helle/ For yf
they had suffred for the loue of god whiche suffred soo moche for
them the tenthe parte of the payne and dolour whiche they dyd
25 suffre for the fowle delyte of theyr stynkynge lecherye/ they shold
haue hadde mercy and grete guerdon in the other world/ But the
deuylle whiche euer is aboute to make the man and the woman to
dysobeye to god/ made them to fele gretter delyte and playsaunce
in folysshe loue/ than to doo somme seruyse vnto god/ And by
30 this reason whiche wel is approuued how the deuyll tempteth and
essayeth man and woman And holdeth in perylle bothe the sowle
and the body/ And hou he gyueth folysshe playsaunces and many
euylle maners / that is to wete somme by couetyse to drawe to hym
the good & substaunce of other/ And somme he holdeth in grete
35 pryde by the praysyng of them self and dispraysynge of other/
Some also by enuye whanne they see other haue more goodes than
they/ Also by glotonye/ wherin the body delyteth hym self/ and
maketh hym to falle in to the synne of dronkeship/ whiche synne
taketh fro them reason and entendement/ and maketh them to fall
in to carnal delyte/ Eyther also by lecherye makyng them to haue

their peramours with them/ and to loue them wyth folysshe loue
and playsaunce/ As dyd the folysshe galoys and galoyses/ and
amonge them suche a folysshe and brennynge loue that he brought
them to an euylle ende/ and to deye of dyuerse dethe/ But notwith-
stondyng al this I saye not but that there is a trewe loue without 5
blame and dishonoure / And wherof moche worship cometh/ These
ben trewe/ the whiche requyre nothyng wherout may come ony
falshed or abusion [l iiij] For he þᵗ loueth not trewely thynketh for
to haue dishonoured his loue and her estate/ And suche loue is not
trewe/ but is fals dyssymylynge and trecherye/ Therfore to grete 10
Iustyse may not be made of them/ but so moche I telle yow well/
that ther be of suche folke/ whiche ben of dyuerse maners/ that
is to wete/ some trewe/ somme fals and deceyuable/ and gyue no
force at al/ but to haue theyr fowle delyte and wylle/ And many
suche folk is as now in this world/ wherfore the world is hard to 15
knowe and moche merueyllous/ And suche wene wel to knowe
them self/ but wors they knowe them self than done ony other

(The Argument of the knyght of the Towre and of his wyf
Capitulo   C xxij

MY dere doughters as for to loue peramours I shal tell yow alle 20
the debate and stryf of me and of your moder I wold sus-
teyne ageynste her/ that a lady or damoyselle myght loue peramours
in certayne caas/ For in loue is but good worship/ withoute ony
euyll be thought in it/ In this thenne wherin is thought ony euylle
is not loue/ but rather it is grete falshede and mauuastye/ wherfore 25
take ye hede And here ye the grete debate and stryf whiche was
bytwene her and me/ Thus thenne I sayd to your moder/ Lady why
shalle not the ladyes and damoysels loue peramours/ For in cer-
tayne me semeth that in good loue and trewe maye be but welthe
and honour/ and also the louer is the better therfor & more gay 30
and Ioly/ and also the more encouraged to excercyse hym self more
ofte in armes/ And taketh therfore better maner in al estates for to
please vnto his lady or loue/ And in lyke wyse dothe she of whome
he is enamoured for to please hym the better as ferre as she loueth
hym/ And also I tell yow that grete almesse it is whanne a lady or 35
damoysell maketh a good knyght/ eyther a good squyer/ These
ben my reasons [l iiijᵛ]

⟨ The answere whiche the lady of the towre maad vnto her lord
Capitulo   C xxiij¹

THenne ansuerd to me your moder/ Syre I merueyll me not/
yf amonge yow men susteyne and holde this reason that al
5 women oughte to loue peramours/ But sith this debate and stryf
is come before our owne doughters/ I wylle answere after myn
aduys and Intencion/ For vnto our children we must hyde no-
thynge/ Ye say/ and so done all other men that a lady or damoysell
is the better worth/ whan she loueth peramours/ And that she shalle
10 be the more gay & of fayr maner and countenaunce/ And how she
shalle do grete almesse to make a good knyght/ These wordes are
but sport and esbatement of lordes and of felawes in a langage
moche comyn/ For they that saye that alle the honour and wor-
shyppe whiche they gete and haue is comynge to them by theyre
15 peramours/ And that theyr loue encourageth them to goo in vyages/
And for to plese to them by state of armes/ but these wordes coste
to them but lytyll to say for to gete the better and sooner the grace
and good wylle of theyr peramours/ For of suche wordes and other
moche merueyllous many one vseth full ofte/ but how be hit that
20 they saye that for them and for theyr loue they done hit/ In good
feyth/ they done it only for to enhaunce them self/ and for to drawe
vnto them the grace and vayne glory of the world/ Therfore I
charge yow my fayre doughters that in this mater ye byleue not
your fader/ But I pray yow that ye hold your self clenly and with-
25 out blame/ and that ye be not amerous for many reasons/ whiche
I shalle reherce vnto yow/ Fyrste I saye not/ but that euery good
woman of age maye loue well and better the one than the other/
that is to wete/ folke of worship and honour/ And them also/ that
shalle counceylle her for her owne helthe & worship/ And thus
30 men oughte to loue by this manere/ the one more than the other/
But as for to be so ferforth enamoured/ in soo moche that this loue
be mayster of her/ and maketh them to falle in somme fowle and
shamefull delyte/ somtyme with ryght/ and somtyme with wronge/
for the watche whiche men [l v] haue vpon this shameful dede or
35 feate/ and also suche dishonour and escry/ whiche soone is not put
oute/ And by the false watches & bacbyters whiche ben neuer
cessyng to talke of som euylle rather than of somme good/ wherby
they take away & dyffamen the good Renomme of the good

¹ C xxij *in* BM 1, BM 2, *and* JR

wymmen and of many a good lady/ And therfore alle wymmen/
whiche ben not wedded may kepe and hold them self fro hit/ And
that for many Reasons/ The fyrste Reason is/ by cause that a
woman whiche is enamoured of a man maye not serue god of no
good herte ne trewe/ as she dyd before/ For many one I haue herd 5
saye/ the whiche haue ben amerous in theyr yongthe that when they
were in the chirche/ theyre thought and Melancolye made them
ofte to thynke vnto theyr delytes/ and to theyr peramours/ more
than they dyd to the seruyse of God/ And also the arte of loue is of
suche kynde/ that whanne one is in the Chirche to here masse 10
and the dyuyne seruyse/ and as the preest holdeth the body of oure
lord bytwene his handes than cometh most to his mynde euylle
and fowle thoughtes/ This is the arte or crafte of the goddesse that
men calle Venus the whiche had the name of a planete as I herd
saye of a good and trewe man/ whiche preched and sayd how ones 15
the deuylle entred in to the body of a dampned woman/ whiche
was Ioly and gaye/ and moche amerous/ The deuylle that was
within her body made her to doo many fals myracles/ wherfor the
paynyms helde her for a goddesse and worshipped her as a god/
And this Venus was she that gaf counceylle to the Troians/ that 20
they shold sende Parys the sone of kyng Priamus in to grece/ and
that she shold make hym rauysshe and haue with hym the fayrest
lady of al grece/ wherof she sayd trouthe/ For parys dyd rauysshe
the fayr Helayne/ the wyf of the kynge Menelaus/ for the whiche
faytte or dede were slayne afterward more than xl kynges and xij 25
C M other persones and mo/ wherof this Venus was of al thys grete
meschyef pryncipall cause/ She was an euylle goddesse/ fulle of
euylle temptacion/ She is the goddesse of loue whiche kyndeleth
and chauffeth the amerous hertes/ and maketh them to thynke
bothe day and nyght to the Ioye and foule delytes of lechery/ And 30
specially whan they be at the masse or heryng [l v^v] the dyuyn
seruyse/ the deuyl causeth this for to trouble their feythe/ and
theyr deuocion whiche they haue toward oure lord/ And knowe
ye for certayne my fayr doughters/ that a woman whiche is amerous
shalle neuer sette her herte to god/ ne she shall not saye deuoutely 35
her houres or matyns ne the hert open for to here the dyuyne
seruyse of god/ wherof I shall telle yow an Ensample/ Two quenes
were at this syde of the see/ which in lent vpon the holy thursday
in the passion weke took theyr fowle delytes and playsaunce within
the Chirche/ duryng the seruyse dyuyne/ And rested not of theyr 40

foly tylle hit was alle done/ wherfore god/ whiche was displeased
wyth them/ for theyr enorme and fowle synne made theyr fowle
dede and faytte to be openly knowen amonge the folke/ In suche
wyse/ that they were take/ and putte vnder a grete and heuy coope
5 of lede/ And there they deyd of an euylle dethe/ And the two
knyghtes theyre putyers deyd also as they that were flayne they
beynge yet on lyue/ Now maye ye see how theyr fals loue was euylle
and dampnable/ And how the temptacion of Venus the goddesse
of loue/ and lady of lechery tempted them so moche that she made
10 them to take theyr fowle plesaunce In suche holy tyme as vpon the
thursday and holy frydaye in the passyon weke/ By this Ensample
is wel sene and knowen/ how that euery woman amerous is more
tempted wythin the Chyrche than in eny other place/ And the
same is the fyrst reason/ how a yonge woman must kepe her self
15 fro suche folysshe loue/ and not be in no wyse amerous/ The other
rayson is by cause of many gentylle men whiche ben so fals and
deceyuable that they requyre euery gentylle woman that they may
fynde/ And to them they swere that they shalle kepe to them their
feythe/ and be trewe to them/ and shalle loue them without falshed
20 or deceyuaunce/ and that rather they shold deye/ than to thynke
ony vylonye or dyshonoure/ And that they shalle be the better
preysed for the loue of them/ And that yf they haue ony good and
worship/ it shalle come by them/ And thus they shalle shewe and
saye to them so many reasons and abusions that a grete meruaylle
25 is to here hem speke/ And yet more they gyue oute of theyr brestes
grete and fayned syghes/ And make as they were thynkynge and
Melancolyous/ [l vj] And after they cast a fals loke/ And thenne the
good and debonayr wymmen that sene them/ supposen/ that they
be esprysed of trewe and feythfull loue/ but al suche maner of
30 folke/ whiche vsen to make suche semblaunt/ ben but deceyuours
or begylers of the ladyes and damoysels/ For there is no lady ne
damoysell that wold here them/ but that they shold be deceyued
of them by theyr fals reasons/ whiche they shold not here These
ben contrary to the feythfulle and trewe louers/ For he that loueth
35 with good[1] and trewe loue/ as he cometh before his peramours/ he is
ferynge and dredefull lest he doo ony thyng that may displease her/
For he is not so hardy to discouere ne say one onely word/ And
yf he loue her wel I wene that he shalle be thre or four yere er he
dar saye his secrete vnto her/ But thus do not the fals louers/ For

<hr/>

[1] god C

they praye al them that they fynd as aboue is sayd/ And are not in
drede ne in fere to saye al that cometh vpon theyr fals tongues/
And no shame ne vergoyne they haue of hit/ And al that whiche
they maye vnderstand of them/ they reherce and telle it amonge
theyr felawes/ And of them they hold theyre talkynge/ wherof 5
they laugh and scorne and take theyr disporte of hit/ And thus by
suche a waye/ they mocke and scorne the ladyes and damoysels/
and make newe talkynges and lesynges of them/ whiche before
were neuer sayd ne spoken of/ For they to whom they tellen hit/
put to it rather somme euyll/ than somme good In so moche that 10
fro word to word and by suche mockynge and fryuolles many
ladyes and damoysels ben ofte blamed

℩ How a woman ought not to here the wordes or talkynge of hym
that requyreth her of loue/ Capitulo   C xxiiij

ANd to thende ye be not deceyued/ kepe yow wel fro the talkynge 15
of them/ And yf one begynne to resonne and talke with yow
of suche mater/ lete hym alone/ or els calle to yow somme other
body to here hym say what he wil And thus ye shalle voyde and
breke his talkynge/ And knowe yow for certayne/ that yf ye doo
thus ones or twyes/ [l vjᵛ] he shalle nomore speke to yow therof/ 20
but in good feyth at the last he shalle preyse and drede yow/ and
shalle saye/ this woman is assured and ferme/ And by this maner
of waye ye shalle not be put in theyr Ianglory and talkynges/ and
shall not also haue no blame ne diffame of the world/

℩ How the knyght answereth to his wyf/ Capitulo   C xxv 25

THenne I ansuerd/ Lady ye be moche hard & euyll in as moche
that ye wyll not suffre that your doughters be amerouse/ And
yf so came that somme gentyl knyght/ worshipful/ myghty/ and
puyssaunt ynough after theyre degree had sette his herte on one of
them/ and be wyllynge to loue her/ and take her to his wyf/ why 30
shalle she not loue hym Syre sayd his wyf/ To this I shalle ansuere
yow/ It is so as to me semeth/ that euery woman/ mayde/ or wy-
dowe/ may wel bete her self with her owne staf/ For al men ben
not of one condycion/ ne of one manere/ for that thynge/ whiche
pleseth to one is dyspleasyng to the other/ And somme ben/ the 35
whiche taken grete playsyre of the grete chere and semblaunt that

is done to them/ And that thynken but good and honeste/ And som
also ben therfore more curyous to demaunde and aske theyr per-
amours to be theyre wyues/ But many other ben whiche are not
of suche manere/ but all contrarye/ For whanne they see/ that theyr
5 peramours paynen them self to make them chere/ they preyse
them lesse/ And within theyr hertes ben doubtyng of them/ And
as they see them so lyght of wylle and so enamowred/ they leue
them/ and demaunde them not for to be theyr wyues/ And thus
many one for to shewe them self to moche amerous/ and for to be
10 to moche open in beholdynge/ and in gyuynge fayre semblaunt/
lese theyre maryage/ For in certayne they that kepe them symply/
and the whiche gyuen noo fayre token or semblaunt to one nomore
than to other/ ben most preysed/ and they be therfore the sooner
wedded/ wherupon ye told me ones an ensample whiche I haue
15 not forgeten which [l vij] happed to yow of a lady/ to whome I
gyue no name/ the whiche ye wente ones to see her wyllynge to take
her in maryage She that wyst and knewe well how it was spoken
of yow & her for her maryage/ maade to yow as grete chere/ as she
hadde loued and knowen your personne all the dayes of her lyf/
20 ye prayd her of loue/ but by cause that she whiche was not wyse
ynough to ansuere yow curtoysly and wel/ ye demaunded her not/
And yf she had hold her self more secrete and couered/ and more
symply/ ye had take her to your wyf/ of whome I haue syn herd
saye/ that she hath be blamed/ but I wote not for certayne yf it was
25 so/ And certaynly Syre ye be not the fyrst/ to whome suche
aduenture is happed/ For many wymmen haue lost theyr maryage/
by cause of theyr amerous loke and fayr semblaunt/ Therfore it
is good to euery woman vnwedded for to behaue her symply and
clenely/ and specially before them/ of whome is spoken for her
30 maryage/ I saye not but that men must bere honoure to euery one
after that they be

℮ How men ought to loue after his estate and degree
Capitulo
                                                        C xxvj

W Hat saye yow lady/ wold ye haue kept them so straitly/ that
35 they shold not take somme plesaunce/ more to somme than
to the other/ Syre I wylle not/ that they haue or take ony plesaunce
of them that ben of lower estate or degree than they be of/ that is
to wete that no woman vnwedded shalle not sette her loue vpon

no man of lower or lasse degree than she is of/ For yf she tooke hym/ her parentes and Frendes shold hold her lassed and hyndered/ These whiche louen suche folke done ageynste theyre worship and honoure For men ought to desyre ne coueyte nothynge so moche in this world as worship and the frendship of the world/ 5 and of hir Frendes/ the whiche is lost as soone as she draweth oute her self oute of the gouernement and fro the counceyll of them as I myght telle yf I wold an Ensample of many whiche therfore ben dyffamed and hated of theyr parents & Frendes [l vij^v]

And therfore Syre as I theyr moder charge and deffende them/ 10 that they take no playsaunce ne that in no wyse sette theyr loue to none of lower degree than they be come of/ Ne also to none of hyhe estate/ whiche they may not haue to their lord For the grete lordes shalle not take them to theyr wyues/ but alle theyr louynge loke and semblaunt they do it for to deceyue them/ and for to haue 15 the delytes and playsaunce of theyr bodyes/ and for to brynge them in to the folye of the world

(How wedded wymmen whiche haue sette theyr loue to some of lower degree than they be of/ are not worthy to be callyd wymmen/ Capitulo   C xxvij 20

ALso they whiche putte and sette theyr loue on thre maner of folke/ that is to wete wedded men/ prestes and monkes/ and as to seruauntes and folke of noughte These maner of wymmen whiche take to theyr peramours and loue suche folke/ I hold them of none extyme ne valewe/ but that they be more gretter harlottes/ 25 than they that ben dayly at the bordell/ For many wymmen of the world done that synne of lechery/ but only for nede and pouerte/ or els by cause they haue ben deceyued of hit by false counceylle of bawdes/ But alle gentylle women whiche haue ynough to lyue on/ the whiche make theyre peramours or louers suche maner of 30 folke as before is sayd/ it is by the grete ease wherin they be/ and by the brennynge lecherye of theyr bodyes/ For they knowe wel/ that after the lawe of theyr maryage they may not haue for theyr lordes/ ne to be theyr husbondes men of the chirche ne other of no valewe/ This loue is not for to recouere ony worship/ but alle 35 dishonour and shame

¶ How hit is almesse to enhaunce a man in to grete valour/
Capitulo   C xxviij [l viij]

AT the leste syth ye wylle not graunte ne accorde/ that youre
doughters loue no man peramours/ as longe as they shalle be
5 vnwedded/ please it yow to suffre/ that whanne they shall be
wedded/ they may take somme plesaunce of loue for to hold and
behaue them self the more gaye and Ioyefull/ and for the better
knowe theyr behauynge and maner emonge folke of worship/ And
as before this tyme/ I haue sayd to yow/ It were to them grete
10 welthe and worship/ to make a man of none extyme ne of valewe
to become of grete valour

¶ The answere of the lady of the Towre/ Capitulo   C xxix

SIre to thys I ansuere yow/ I wylle well and am content that they
make good chere to all worshipfulle men/ And more to somme
15 than to the other/ that is to wete/ to them of gretter name and more
gentyl/ or els better men of theyr persones/ And after that they
bere to them worship and honour/ And that they synge and daunce
before them honourably/ But as for to loue peramours sythe they
shall be wedded/ withoute it be of suche loue as men ought to
20 bere vnto folke of worshippe for to loue and worshippe them after
that they be worthy and of valour/ And whiche haue had grete
payne and trauaylle to gete and acquere glorye and worshyp by
theyr valyaunce in armes/ These must be loued/ doubted serued
and honoured withoute hauynge in them ony plesaunce/ sauf only
25 for the bounte of them/ But to saye and hold hit good/ that a wedded
woman shold loue and haue a peramour/ Ne take the othe and
feythe of none/ to thende/ that they be theyr louers and peramours/
Ne also to gyue their feith and othe to none/ I trowe and wene
certaynly/ that no lady ne damoysell wedded ne woman of other
30 estate/ shall not put her estate and worship in this balaunce for
many reasons/ the whiche I shalle declare vnto yow/ wherof the
fyrst is as before I told yow/ that none woman amerous shalle
neuer be soo deuoute in her prayers/ ne to here the seruyse of god/
as she [l viijᵛ] was before/ For oute of loue spryngen and comen to
35 many thoughtes and Melancolye as men sayn/ And many one ben
so enamoured and enflammed of loue that yf they herd ryng the
last peel of a masse/ and that they knewe that theyr peramoure wold

haue come to see them/ they shold lese the masse for to please to
theyr peramoure/ This is no game egaly parted/ But suche is the
temptacion of Venus the goddesse of lecherye/ The other Reason
I doo compare to the mercer/ whiche weyeth his sylke whiche is
fyn and lyght/ but yet he maye put so moche of it in to the balaunce/ 5
that it shalle ouerbere the weyght whiche is at the other syde of
the balaunce/ That is to saye that the woman may be soo moche
enamoured/ that lasse she shalle loue her lord therfore/ and that the
loue/ worship and cheuaunce whiche he shold haue/ she shalle take
fro hym/ and gyue it to other/ And for certayne a woman may not 10
haue two hertes/ no more than a greyhond may renne after two
bestes/ Therfore Impossyble is that she myght loue her peramour
of trewe loue and her lord also withoute faute or deceyuaunce But
god and Reson naturell constrayneth her/ For as the clerkes say
and the predycatours/ god beganne the world by maryage of man 15
and woman/ And god hym self whanne he came in to this world/
he spake and treated at a sermon/ that he made of maryage/ sayeng
that maryage is a sacrament Ioyned and annexed of god to the man
and the woman/ & how they be but one body/ and that they
oughte to loue eche other more than fader ne moder/ ne other 20
creature/ And therfore syth that god hath assembled them/ no
man mortal ou3t not to separe them/ ne take fro them the loue/
whiche is bytwene them/ This sayd god of his owne mouthe/ And
therfore at the dore where as the preest maketh them to swere[1]
that they shalle loue and kepe eche other bothe seke and hole/ And 25
that they shalle not gwerpysshe or leue eche other for none other
better or worse/ and therfore I saye/ syth the creatour of al the
creatures sayd so it is but one thynge and one body that men ought
to gwerpysshe and leue al other worldly loue for to take the loue
whiche oughte to be in maryage/ how thenne shold the wedded 30
woman gyue her loue ne do ony oth to some other withoute con-
sent of her lord/ I trowe that after [m j] the wylle of god and the
commaundementes of holy chirche that this may not dewely be
done withoute feythe be broken of one syde or of other[2]/ and many
horryble dedes done/ For in good feythe I doubte not but that they 35
whiche ben amerous & gyuen theyr feythe to other men louen
but lytel or nought theyre husbondes/ and that they be cursed
of god/

[1] swe re C   [2] or of ther/ C

(How a woman whiche wylle kepe her honour must doo ne shewe
no maner of semblaunt to none/ Capitulo   C xxx

THere ben yet other Reasons for to kepe the loue of her lord
clenely withoute daunger or parylle/ that is to wete ageynst
5 enuyous folke that haue euylle and cursed tongues/ whiche maken
the fals reportes/ that is to saye/ that yf ony woman maketh somme
semblaunt of loue to some man/ And yf that somme other her
seruaunt/ or ony other body perceyueth it/ As they shalle be
departed fro her/ they anone shalle talke and speke therof before
10 the folke/ And thus shal the wordes soo ferre goo/ that at the
laste men shalle saye/ that she hath fawted in dede/ & by this
maner is a good & trewe woman blamed and dishonoured/ And yf
hit befalle that by somme aduenture her lord haue ony knowlech-
ynge of hit. he shalle take her in hate/ and of hertely loue he shalle
15 neuer loue her/ And euer he shalle saye euylle of her/ And thus
is the trewe loue of maryage lost and go fro them/ and neuer
parfyght Ioye ne loue shalle they haue to gyder/ And therfore
grete parylle is to euery wedded woman to put her lord and his
estate & the welthe & Ioye of her maryage in this balaunce & in
20 suche peryllous auenture/ wherfor I counceyll not to no good
woman to haue ony peramour ne to be amerous/ in so moch that
she be subget to other than to her lord/ for by suche a cause many
good maryages haue ben left & forgoten/ & for one word that is
come therof an C euyls ben comen therfor/ I shal telle yow therof
25 one example of them whiche ben dede/ & haue fynysshed theyr
lyues by the peryls whiche ben in folysshe loue/ The lady of
Coussy & her peramoure deide therof/ & also dyd the Castellayne
of the verger/ And after her the Duchesse/ [m jᵛ] And also many
other deyde therof only for the loue and the most parte withoute
30 Confessyon or shryfte/ wherfore I wote not how they doo in the
other world/ But I doubte not/ but that the delytes and playsaunces
whiche they tooke therof in this world/ shalle be to them derely
sold/ And the delytes of them that ben amerous ben suche/ that
for one Ioye that they receyue of hit/ they suffre and haue therfore
35 an C dolours/ And for one worship honderd shames/ And euer I
haue herd saye/ that a woman amerous shalle neuer after loue her
lord with good herte/ but that she shalle euer be in Melancolye
and in smalle thoughtes

¶ How a knyght loued the lady of the toure/ Ca/   C xxxj

LAdy ye make me to be merueylled/ how that ye so sore dis-
counceylle them to loue/ Wene ye to doo me to byleue that ye
be so trewe in your spekynge/ that ye neuer were amerous/ cer-
taynly I haue wel herd the complaynte of some/ of whome ye hold 5
wel your pees/ Syre sayd the lady I trowe that ye wold not byleue
me yf I told to you the very trouthe therof/ but as for to saye I haue
ben prayd of loue/ I haue many tymes perceyued how somme men
were aboute to speke to me therof/ but euer I brake theyr wordes/
& called to me somme other/ wherby I dyd breke theyr faytte/ 10
wherof ones hit befelle as many knyghtes and ladyes were playenge
with me/ that a knyght sayd to me/ how that he loued[1] me more
than[2] all the ladyes that ben in this world/ And I dyd demaunde
and asked hym yf hit was long syn that sekenes & euylle had taken
him/ & he ansuerd that it was wel ij yere gone & past and that 15
neuer he durst telle it to me/ I thenne ansuerd to hym that it was
nothynge of that space of tyme/ & that he hasted hym to moche/
and that it was but a temptacion & that he shold goo to the chirche
for to cast vpon hym holy water/ and that he shold saye his Aue
maria/ & that his temptacion shold sone after go fro hym/ For the 20
loue was newe/ And he demaunded of me why/ And thenne I sayd
to hym/ that none peramoure or louer ought not to saye to his lady/
that he loueth her/ [m ij] tyll the tyme of seuen yere and an half
be passyd & gone/ and that it was but a lytell temptacion/ Thenne
he wende to haue argued/ and put many reasons vnto me/ whanne 25
I sayd al on hyghe/ Behold ye all what sayth this knyght/ whiche
is but two yere syn he loued fyrst one lady/ and thenne he prayd
that I shold kepe my pees therof and that in good feythe he shold
neuer speke to me therof/ But at the last he sayd to me Lady of the
Towre ye be moche euylle and straunge/ and also after your wordes 30
ouer prowd in loue/ I doubte that ye haue not be euer so straunge/
Ye be lyke the lady of the fucille/ whiche said to me thus that she
wold neuer here ne vnderstand the noote and wordes of none/
sauf one tyme that a knyghte prayd her/ but she had an vncle
whiche she made to hyde hym self behynd her/ for to here and 35
vnderstande what that the knyght shold seye/ wherin she dyd grete
treason/ For he wende wel secretely to saye his rayson/ and wend

---

[1] loue C   [2] C *omits* me more than

not that ony one had herd hym/ but her self alone/ wherfore I dare
almost say that bothe yow and she be but grete spekers/ and lytell
pyteous of them that requyre mercy and grace/ And she is of your
oppynyon/ that no ladyes or damoysels may not disporte them with
5 none other than with theyr lord for the resons/ which ye haue
sayd before/ but syre sayd thenne the lady of the tour to her lord/
as for your doughters ye may saye to them and charge them of that
what shalle befalle yow/ but after the faytte or dede ryght shall be
done/ Syre I pray to god that to worship and honour they may
10 come/ as I desyre/ For myn entencion and wyll is not to ordeyne
vpon none ladyes ne damoysels/ but yf hit be vpon myn owne
doughters/ of whome I haue the chastysement and charge/ For
euery good lady or damoyselle yf god be pleased shalle gouerne
and kepe hem self well to theyr worship and honour withoute I
15 that am of lytell wytte and lytell knowynge entremete me therof/

❡ Yet speketh the knyght of the Toure/ Capitulo   C xxxij [m ij^v]

AT the lest my lady I wylle yet argue to yow sayeng that yf she
may seme to come vnto worship and valour/ the whiche had
neuer ne also shold haue courage ne hardynes to put hym self in
20 payn to haue hit/ but it were for the loue and playsyr of his lady/
and by good trust to be a good knyght and Renommed amonge
the valyaunt and hardy for to gete worship and the grace of his
peramour/ And for a lytell chere a man comynge of lowe degree
may be enhaunced by his loue/ and be compted amonge the worthy
25 and valyaunt

❡ How one must be wyly and subtyll for to discouere his loue/
Capitulo   C xxxiij

SIre hit semeth me that there be many maners of loue/ And as
men saye the one is better than the other/ for yf hit be so that
30 a knyght or squyer loueth somme lady or damoyselle by worshyp
and honoure only/ And for to kepe her worship and the curtosye
of her and for the good that she shalle do to hym/ suche loue is
good whiche is wythout prayer or request/ What lady/ yf he requy-
reth her to kysse or embrace hym/ it is no force/ the wyndes
35 blowen it awey/ Ha a Syre I answere vnto yow/ that as wel to my
doughters as to other· that me semeth/ And therto I consente/ that

they maye make to them good chere/ and that they kysse them before all to thende that they lose not theyr valour/ but as for my doughters whiche ben here present I defende and withsaye to them the kyssyng and alle suche maners of disportes/ For the wyse lady Rebecca whiche was ryght gentylle and noble/ sayth/ the kyssynge 5 is nyghe parente and Cosyn vnto the fowle faytte or dede/ And Sybylle sayth that the fyrst signe or token of loue is the loke or beholdyng/ And after the amerous loke they come to the kys- synge/ and thenne the dede or faytte/ The whiche dede taketh awey the loue & worship of god & of the world & thus they come 10 from one dede to another/ & I lete you know that me semeth that assone as they suffre them to be kyssed they [m iij] put them self in the subiection of the deuyll/ whiche is to subtyll/ For suche one weneth wel at the begynnyng to kepe hym fermely and be stronge/ the whiche he deceyueth by his subtyll arte and crafte/ and by 15 suche kyssynges/ And thus as one kyssynge draweth to hym another/ And as the fyre kyndeleth a strawe/ and fro that strawe it cometh/ and kyndeleth another/ & thus atte last the bedde is a fyre & the hows also/ In lyke wyse is it of suche loue/ And yet I charge yow my fayre doughters/ that ye be no players/ For suche 20 playeng causeth oftyme many a folysshe loke/ and beholdynge/ by the whiche may perauentur come blame and euylle renomme/ I herd ones reherce and saye a tale of the duchesse of bauyere/ how that she had wel twenty subgcttes as men sayd the whiche loued her/ and to eche of them she gaf signe and token of loue/ She playd 25 with them at the tables/ and wan of them coursers and hakneys and dere and ryche furrynges and also rynges and precious stones/ and many other Iewels and grete prouffyte she had by them/ But for certayne she coude neuer kepe her self so wel/ but that at the last she was blamed and dyffamed/ And better it had be for her wor- 30 shyp/ that she had bought and payed alle that she had of them/ half derer more than it was worthe/ Therfore grete perylle is to euery lady or damoysell and to all other good and worshipfull wymmen to vse suche playenge and be of suche lyf/ For the most appertyse and wyse fynd them self at the last by suche delynge mocked and 35 blamed/ and fowle dyffamed/ And therfore my fayre doughters take ye here good ensample/ and be ye not to curyous to ony playe for to wynne suche ouches or fermaylles For by the couetousnes to gete and haue suche Iewels for nought many a woman put her self in subiection/ and oftyme it befalleth therfor that they be 40 deceyued/ And thus is it good to aduyse and beware hym self before the comynge of the stroke/

⟨ How the holy lady approuued the Heremyte/ Ca/   C xxxiiij[1]

FAyr doughters I wylle telle yow one of the last ensamples of
5 this book/ It is of a full good lady/ whiche is moche to be preysed/ And this ensample is reherced in the booke of Vitas Patrum/ how the wyf of the prouost of Acquylee approued an holy Heremyte by his bounte/

Ther was thenne an holy Heremyte in an heremytage/ the
10 whiche had ben there by the space of xxv yere/ where as he ete but breed and herbes and Rotes/ And ofte he fasted/ and was of good and holy lyuynge/ This good and holy Heremyte beganne ones vpon a tyme to saye/ A good lord my creatour and my maker/ yf ageynst the I haue ony thyng mysprysed I demaunde and crye
15 to the mercy/ And yf I haue this xxv yere done ony good dwellyng stylle in this Heremytage/ what meryte shalle I haue therfore/ A vysyon came sone to hym/ by the whiche hym thought that he sawe oure lord/ whiche sayd to hym/ thow shalt haue the meryte of the prouost of Acquylee and of his wyf/ And thenne whanne
20 he had[2] sene this vysyon/ he sayd that he shold neuer reste tylle he come in to Acquyllee for to enquere of the lyf and condycions of the prouost and of his wyf/ He wente thyder/ And as god wold thurgh the grace of the holy ghoost the prouost and his wyf knewe wel the comynge of this Heremyte/ and the cause also why he came
25 thyder/ It befelle thenne as the Heremyte was nyghe by the Towne/ he sawe the prouost/ whiche yssued oute of hit with a grete companye of men/ and wente to make Iustyse of a Squyer/ whiche had slayne another Squyer/ And was the prouost rydynge vpon a fayr courser/ And had on hym a fayre gowne of sylke rychely
30 furred/ And all his men that were aboute hym wel clothed & arayed/ And as sone as the prouoste sawe the Heremyte/ he knewe hym/ as the wylle of god was/ and callyd hym/ and sayd/ good and trewe man/ goo ye home to my wyf/ and take her this rynge And telle her/ that she doo to yow as she wold doo to me The Heremyte
35 demaunded of hym what he was/ And he answerd to hym that he was the prouost of Acquyllee/ The Heremyte thenne that sawe

[1] C xxxv C   [2] hed C

hym in suche estate and soo Rychely clothed/ was abasshed/ and
ryght sore merueylled/ that he [m iiij] was so coyntely arayed/
and that he wente for to make a man to be hanged/ He wyst not
what he shold thynke or saye/ and was al troubled and abasshed/
And hym thought/ that he had nothynge deserued of god/ But 5
neuertheles he wente to the prouostes place/ and founde there the
lady his wyf/ to whome he toke the rynge/ and said vnto her that
her lord sent hym thyder/ And that she shold doo to hym/ as she
wold doo to hym self/ The good lady receyued hym/ and made the
table to be couerd & prayd hym to sytte before her/ She made 10
hym to be serued of grete plente of good and delycate metes and
of good wynes/ And the Heremyte whiche was not wont to haue
before hym suche metes/ Neuertheles he ete and dranke there/
And sawe how the good lady toke the good metes that were put
before her/ and how she brake and dressed the good capons and 15
other metes/ And thenne she dyd put it al to gyder in a grete
dysshe/ and sente it to the poure folke/ And toke only for her refec-
tion brede and water/ And thus she dyd euery day bothe at souper
and at dyner/ And as the euen came she had the Heremyte in to
her chambre/ whiche was rychcly hanged with cloth of sylke and 20
nobly dressed and arayed/ and sayd to hym/ good and trewe man
ye shall lye in the bedde of my lord and in his chambre/ The
Heremyte wold haue reffused it/ but the lady sayd that she wold
do the comaundement of her lord/ And that for ccrtayne he shold
lye there/ There she made to be brought to hym good spyces and 25
stronge and good wynes/ wherto the good Heremyte tooke soo good
a sauoure that he ete and dranke soo moche/ that he was dronke
and ful Ioyous in his spekynge/ For the good wyn had soone
ouercomen hym/ by cause he was not wonte to drynke of hit/ He
wente to bedde/ and the lady vndyd her clothes/ and leyde her self 30
by hym/ and beganne to embrace and taste hym/ And the Heremyte
that moche hadde taken of metes and drynkes/ awaked/ and his
flesshe beganne sore to be meuyd/ And wold haue accomplysshed
the faytte or dede of fornycacion with the lady/ Thenne sayd she
to hym/ Swete Frende whanne my lord wyl haue to doo with me of 35
suche thyng/ he goeth fyrste to bathe and wassheth hym selfe in that
Tubbe/ whiche ye see yonder full of water for to be the more [m iiijᵛ]
clene and fayre/ And theremyte whiche thoughte to nothyng than to
fulfylle and accomplysshe his wyll sterte in the tubbe full of water/
and bathed and wasshed hym in the water/ whiche was cold as ony 40

yse/ and anone he was as half dede of cold/ Thenne the lady called
hym to her/ And he came alle shakynge/ For his hete was gone/
and also his euylle wylle And the lady embraced hym ageyne
so moche that he gate hete/ and was so chauffed that he wold
5 haue done his folysshe delyte/ And as she sawe hym soo chauffed
and so brennyng in that fowle delyte of lecherye/ she prayd hym
that he wold for the loue of her goo and wasshe hym ageyne in the
tubbe for to be the clener/ And he that yet had not slepte and was
full of myghty and stronge wynes/ as a man oute of his wytte
10 rose vp oute of the bedde/ and wente/ and bathed hym ageyn in
to the tubbe/ And anone the cold water made hym feble & hard
for cold/ Thenne the lady called hym to her ageyne/ And shakynge
he came to her as he dyd before/ his teeth shoke/ and bete eche
other for cold/ and alle his grete hete was passed and gone/ The
15 lady roose vp and couered hym well with warme clothes/ and lefte
hym alone/ to thende he shold take his reste/ And soone after as he
was a lytyll warme/ he fylle in to a slepe/ for his hede was ryght
pesaunt and heuy/ And he awoke not tylle the morowe was come/
To his rysynge cam an old preest or chappellayne/ whiche de-
20 maunded hym how he dede/ And whanne he perceyued that he laye
in so fayr a bedde/ and that he was so taken and surprysed/ he
was full of shame and moche merueylled how in that dronkeship
and folysshe wylle he was falle/ He thenne sawe wel/ that they were
of gretter meryte than he was/ And demaunded of the Chappel-
25 layne of the lyf and gouernaunce of the Prouost and of his wyf/
And he told hym that the most parte of the dayes of the yere they
wered the hayre/ And that the good metes whiche were brought at
the table before them/ they sente to poure folke/ and ete black
brede and metes of lytyll sauoure and dranke but water/ And
30 how they fasted the most parte of the weke/ He after demaunded
of hym why that tubbe full of cold water Was sette by theyr bedde/
And he answerd that it was put there for to kepe them fro the
brennynge wylle of [m v] lecherye/ for as soone as she or he is
chauffed and their flesshe mouyng to that fowle delyte/ they ryse
35 out of the bed/ & wasshe and bathe them self in this tubbe/ whiche
is ful of water/ excepte one daye of the weke/ Thenne as theremyte
had this examyned the old Chappellayne vpon the faytte of the
prouost and of the lady his wyf/ and that he was well certayne how
they ledde theyr lyf/ he thought that the prouost/ how be it that
40 he were nobly and Rychely arayed withoute/ and to the sight of the

folke/ whiche secretely vnknowynge to no man bare and had on his
flesshe the hayre/ and made good Iustyce and the execucion of the
mysdoers to be done and executed bifore hym was worthy to haue
and also his wyf seuen tymes more meryte/ For he remembryd
hym of the fowle dede/ whiche he wold haue commysed or done 5
with the good lady/ And how she essayed hym[1]/ wherof he was
moche vergoynous and shamefull/ and within his herte he cursed
hym self that euer he departed oute of his heremytage/ and that
in trouthe he was not worthy to pulle of theyr shone and hosen
fro theyr legges/ wherfore fro thens he departed shameful and 10
wepynge/ sayenge with a hyghe voys/ Fayre god and good lord/
I knowe no gretter tresour more noble/ ne more precious than is the
good lady/ whiche hath essayed me/ sene my foly/ and approuued
my fallace and decepcion/ And veryly she is wel worthy to be
called and named the precious Margaryte/ as ye sayd in the Euan- 15
gely/ Thus spake the holy Heremyte in hym self allone And
repented hym of his mysdede/ and humbly cryed to god mercy/
praysynge the good lady of her good lyf/ Therfore a woman is to
be preysed/ whanne she essayeth her self/ and that she can resiste
ageynst the temptacions of the deuyl/ and ageynst the feblenes of 20
her mortal flesshe/ the folysshe wylle of her fowle delyte/ And
thenne as that fowle and dampnable delyte is by them accom-
plysshed and done/ they repente them of it/ but it is to late/ For
the deuyl as he hath purchaced and brought them therto/ he holdeth
them in his subiection/ and for his seruauntes/ and assembleth[2] 25
and byndeth[3] them to gyder/ in suche wyse that with grete payne
they may be vnbound/ [m v^v]

¶ How the deuylle tempteth many one of the synne/ where as he
fyndeth them most wyllynge and redy to/
Capitulo   C xxxv 30

AN Ensample I shalle reherce vnto yow of a grete lady/ whiche
was lady to a Baron/ This lady was longe tyme in thestate
of wedowhede/ and had but a doughter/ whiche was wedded
to a grete lord/ She thenne became seke/ and laye in her dedely
bedde/ and made the cheste where as her tresoure was in to be 35
sealed/ and the keye to be brought vnto her whiche she put in
a lynen clothe vnder her bak The dethe ranne fast vpon her/ and

---

[1] C *omits* hym   [2] assembled C   [3] bynde C

she whiche had euer thou3t to her tresour/ lyfte vp her hand
makynge signe or token/ that none shold approche ne come to her
back/ And thus she dyd styll/ tylle that she deyde and rendryd her
sowle oute of her body/ Thenne came the doughter whiche was a
5 grete lady/ and demaunded of them that were at her deth/ yf she
had ony tresour/ They ansuerd that they knewe of none/ but
thought that she had some/ And that yf she had ony/ it was hyd
somwher aboute her bedde/ They told to her the maner of her
moder and how she wold not suffre that ony body shold come by
10 her/ and also how she maade a cheste to be sealed/ and the keye of
hit brought to her/ whiche keye she kepte euer vnder her back/ The
corps was meued and tourned/ and the keye found/ And thenne
her doughter wente in to a Towre where as the Chyste was/ and
opened hit/ wherin she fond as wel in coyne as in plate more than
15 thyrtty thousand pound/ but the gold was found in cloutis and
ballys of threde and of wulle. and in other thynges/ wherof alle
they that knewe and sawe the maner of it were merueylled and
abasshed/ The doughter thenne made a Crosse/ and sayd/ that in
good feythe she held her not so ryche by the xxv parte as she was/
20 wherfore she merueylled moche and was sore abasshed/ And yet
she sayd/ how of late she and her lord also cam to her/ and prayd
her to helpe and lene to them some of her good tyll a certayne
tyme that they shold rendre it and paye it her ageyne/ And that
she sware & made grete othes to them that she had no money ne
25 no syluer/ but suche plate as they sawe abrode/ that was a coup
and a [m vj] pyece only/ And therfore was she moche merueylled
to fynd there so grete a tresour/ Thenne sayd the folke whiche
were with her/ Madame be not ye merueylled/ for we ben therof
more merueylled than yow/ For yf she wold send on a message/
30 or els as she had som other thyng to do/ she borowed some money
of oure seruauntes/ & sayd that she had no money by her feythe/
The doughter tooke alle this good with her/ and went her waye
toward her lord/ to whome she was Welcome And of all this
tresour was neuer gyuen a halfpeny for the sowle of theyr moder/
35 but soone they forgate her/ For it is not yet longe tyme gone that
I was where as she was buryed/ and demaunded and asked of the
Monkes of the Abbeye/ where she lay/ and why she had no tombe
on her/ or some token of her/ And they ansuerd to me that syn
she was entered there/ no masse ne no seruyse at all/ ne none other
40 good ther had be done for her/ By this ensample may ye knowe how

the deuylle is subtyll to tempte the folke of the synne where he
seeth them most entatched/ & soo fast he holdeth them in it/ that
they maye not leue it/ withoute to be therof Confessyd/ and maketh
them his seruauntes as he dyd the forsayd lady/ For he dyd soo
moche that she was subgette and seruaunt to her gold/ in suche 5
wyse that she durst not take of hit to doo her ony good/ And ther-
fore my fayre doughters here is a good ensample/ that yf it befelle
that god of his grace sende yow ony grete good that ye departe
largely of hit to the poure folke in the worship of god and for the
loue of hym/ And specially to youre poure parentes and neygh- 10
bours/ and leue it not to be departed by the handes of youre heyres/
as dyde this lady/ for whome after her dethe was neuer masse ne
none other good done for her as ye haue herd to fore/

(Thexample of a good wydowe/ Capitulo   C xxxvj

ANother Ensample I wylle telle yow contrary to this It is of a 15
good lady/ whiche longe tyme was in wydowhede/ She was
of a holy lyf/ and moche humble & [m vj^v] honourable/ as she
whiche euery yere kepte and held a Feste vpon[1] Crystemasse day
of her neyghbours bothe ferre and nere tyll her halle was ful of
them/ She serued and honoured eche one after his degree/ And 20
specially she bare grete reuerence to the good and trewe wymmen/
and to them/ whiche had deseruyd to be worshipped/ Also she
was of suche custumme/ that yf she knewe ony poure gentyll
woman/ that shold be wedded/ She arayed her with her Iewels/
Also she wente to the obsequye of the poure gentyll wymmen/ and 25
gaf there torches and all suche other lumynary as it neded therto/
Her dayly ordenaunce was that she rose erly ynough/ and had euer
Freres and two or thre chappellayns whiche sayd matyns before
her within her oratorye/ And after she herd a hyhe masse and two
lowe/ And sayd her seruyse full deuoutely/ And after this she wente 30
and arayed her self/ and walked in her gardyn or els aboute her
place sayenge her other deuocions & prayers/ And as tyme Was
she wente to dyner/ And after dyner yf she wyste and knewe ony
seke folke or wymmen in theyr childbedde she wente to see and
vysyted them/ and made to be brouȝt to them of her best mete/ 35
And there as she myȝt not go her self/ she had a seruaunt propyce
therfore/ whiche rode vpon a lytell hors/ and bare with hym grete

plente of good mete and drynke for to gyue to the poure and seke
folke there as they were/ And after she had herd euensonge/ she
wente to her souper yf she fasted not/ And tymely she wente to
bedde/ And made her styward to come to her to wete what mete
5 sholde be had the next daye/ and lyued by good ordenaunce/ and
wold be purueyed byfore of alle suche thynge that was nedefull
for her houshold/ She made grete abstynence/ and wered the hayre
vpon the wednesday and vpon the fryday/ And hou I knowe this
I shalle telle it to yow/ This good lady dyed in a Manoyr whiche
10 she held in dowayre¹/ the whiche was apperteynynge to my lord
my fader/ And I and my susters whiche were but yonge of age cam
to duelle there/ And the bedde wheron this good lady deyd was
broken in pyeces/ & vnder the strawe was founde a hayr/ whiche
a damoysell toke And sayd to vs that it was the hayr of her lady/
15 And that she wered it two or thre dayes in the weke/ And also told/
[m vij] and reherced to vs her good condycions and her good lyf/
And how she Rose euery nyght thre tymes/ and kneled doune to
the ground by her bedde/ and rendryd thankynges to god/ and
prayd for al Crysten sowles/ And how she dyd grete almes to the
20 poures/ This good lady that wel is worthy to be named and
preysed/ had to name My lady Cecyle of balleuylle/ And yet I haue
herd saye that her broder myghte spende yerely xviij M pound/
but notwithstondynge that/ she was the most humble and the most
good and curtoys lady/ that euer I knewe or wyste in ony countrey/
25 and that lasse was enuyous and neuer she wold here say ony euyll
of no body/ but excused them/ & prayd to god/ that they my3t
amende them/ and that none was that knewe what to hym shold
happe/ And thus she blamed them that spake euylle of other folk
And maade them abasshed of that she repreued them so as she
30 dyd/ And thus oughte to doo euery good woman/ and euery good
man at thexample of this good lady/ And knowe ye that hit is a
noble vertu not to be enuyous/ And not to be Ioyeful of the dom-
mage or scathe of other/ And for certayn this good lady sayd/ that
they whiche auaunced them of the euylle and dommage of other/
35 and that mocked theyr neyghbours and other/ And that god shold
punysshe them or some of theyr nyghe frendes and parentes/
wherof came to them grete shame/ And that haue I sene ofte
befalle/ as the good lady sayd/ For none oughte not to Iuge ne
reproche the dammage or euylle of other/ Many suche fayre and

¹ dowaye C

prouffytable talkyng of this good lady is in my memorye/ Not-
withstondyng the yong age whiche I was of whanne she deyde/
For I was not aboue ten yere old/ She had a ryghte noble ende/
and as I wene ryght agreable to god/ And as men say communely
of honest and good lyf cometh euer a good ende   5

¶ The thre enseygnementes or lernynges whiche Cathon gaf to
his sone/ Capitulo   C xxxvij [m vij^v]

ANother ensample I will telle yow of the wyse Cathon by whos
wysedome was all the Cyte of Rome gouerned/ He made &
wrote many fayr auctorytees/ the whiche yet as now make grete 10
memore of hym/ This Cathon had a sone/ and as he was in the
bedde of his deth/ he callyd his son to hym/ the whiche had to name
Cathonet/ and sayd to hym Fayre sone I haue longe lyued in this
world/ whiche is moche hard to knowe/ and moche merueyllous/
and alwey shall wexe wors as I trowe/ wherfore I wold and desyre 15
moche that your gouernement and maner of lyuynge shold be good
to the worship of yow and of all your frendes/ I haue take therfore
to yow by wrytynge many enseygnementes/ the whiche shalle
prouffyte to you herafter/ yf ye therto wylle sette your herte and
haue them in youre memorye/ Neuertheles I haue bethought in 20
my self to telle and gyue yow other thre/ er I deye/ wherfore I
praye yow that euer ye wyll haue them in your memorye

¶ The Fyrste enseygnement/ Capitulo   C xxxviij

THe fyrst enseygnement of the thre/ is this/ that ye take none
offyce of your souerayne lord/ yf so be that ye haue good 25
ynough & good suffysaunte after as your estate oughte to haue/
and nomore ye ought to aske of God/ And therfore ye ought not
put your self in subiection to lose your good by somme euyll word
or by somme euyll reporte/ For certaynly my fayr sone there be
lordes of dyuerse condycions and maners/ Somme ben hasty/ and 30
that lyghtely bileue And somme haue other maners of condycion/
And therfore men oughte to haue suffysaunce and be doubtynge to
put hym self/ his estate/ and worship in parylle and in the daunger
of folke whiche ben lyght of wylle/ The second enseygnement is that
ye respyte no man that hath deseruyd to deye/ & specially yf he be 35
custommed to doo euylle/ For yf ye soo dyde ye shold be participant
in al the euylle that he afterward [m viij] shold doo as ryght were

¶ The thyrd enseygnement   Capitulo C¹ xxxix

THe thyrd Enseygnement is/ that ye preue and essaye your wyf
to wete and knowe yf she shalle kepe secretely your counceylle/
whiche parauenture myght be cause of your dethe/ For there ben
5 somme whiche ben moche wyse/ and that can wel kepe secretely
what that someuer men sayen to them/ and the whiche also gyue
good counceylle and aduysement/ And somme ben that can neuer
kepe theyr tongue/ but telle alle that is sayd to them/ as well
ageynste them/ as for them/ And thus the wyse Cathon gaf this
10 thre enseygnementes to his sone/ as he laye seke at the poynt of
his dethe/ This trewe and wyse man Cathon deyde and his sone
abode on lyue/ whiche was hold sage and wyse/ In so moche/ that
themperour of Rome toke hym his sone for to endoctryne and
teche hym/ And afterward he maade some lordes to speke to hym
15 for to withold hym to gouerne and sette in good rewle/ the grete
fayttes and materes of Rome/ and promysed hym to haue therby
grete auaylles and prouffytees/ wherfor and by the couetyse of
these prouffytees/ he consented to take thoffyce/ and toke on hym
the charge of it/ and forgate thenseygnement and techynge of his
20 fader/ And after whan he Was stablysshed and receyued in his
offyce/ he rode on a daye thorugh the hyghe strete with grete
companye of folke/ whiche folowed hym/ He sawe a theef whiche
men conueyed to the galhows for to be hanged/ whiche was moche
yonge/ Thenne sayd one to Cathon whiche stood by hym/ Syre
25 by cause of the nouellyte of your offyce/ ye may wel respyte and
kepe this man fro dethe/ And he withoute enquest by hym made
of the caas why he was Iuged to receyue dethe/ made hym to be
vnbound/ and by cause of the nouellyte of his offyce he kepte the
theef fro dethe/ He was to hasty/ For at that tyme he thou3t not
30 on the commaundement that his fader had made vnto hym
[m viij^v]

¶ How Cathon after he had done ageynst the two commaunde-
ments essayed the thyrd on his wyf capitulo   C xl

AS the nyght was come/ And that Cathon had slept his fyrst
slepe/ he had many vysyons vpon this matere/ in so moche
35 that he remembryd how he had broken and done ageynst two of the

¹ C omits numeral C

commaundementes of his fader And seynge this he thought that
he wold not breke ne do ageynst the thyrd/ wherfore he wente
to his wyf/ and sayd thus to her/ My good frende and my wyf/ I
wold telle yow a grete counceylle/ whiche toucheth my persone/
and myghte be the cause of my dethe/ yf I wyst that ye shold kepe 5
it secretely Ha a my lord sayd she/ on my feythe/ I hadde leuer be
dede/ than to discouere to ony body youre counceylle/ Ha a my
frend thenne shalle ye knowe hit sayd he/ Trouth it is/ that them-
perour toke to me his sone/ as ye wel knowe for to lerne/ and teche
hym/ but certaynly/ hit is not longe tyme gone/ for somme wordes 10
whiche he sayd to me/ that I as a dronken man and as he that was
wrothe of other thynge hastely toke the Child and slewe hym/ and
more I dyd/ for I tooke and arrached oute of his bely his herte/ the
whiche I made to be confyte in sugre and other spyces/ and sente
it to themperour his fader/ and to his moder/ And they ete hit/ 15
And thus I auenged me of hym/ but I knowe wel now that it is an
euyll and abhomynable dede done/ wherof I me repente/ but it is
to late/ Therfore my good Frend and my wyf/ I praye yow as
affectuelly as I can/ that ye kepe this counceyll secrete withyn
your herte as I trust me to yow/ But the morowe after/ she beganne 20
to wepe and maake grete sorowe/ And a woman whiche was With
her demaunded of her/ Madame what haue ye that ye make suche
sorowe/ Haue ye ony heuynesse wythin your herte/ Veryly sayd
she thenne/ ye my Frend/ and that a grete/ but rather I shold deye/
er it shold be knowen/ Ha a madame/ she were wel oute of her 25
wytte that shold telle and dyscouere suche a counceylle yf ye had
sayd hit/ And as for me rather I shold lete me drawe/ than I shold
telle it ageyn Ye sayd the wyf of Cathonet/ maye I truste in yow/
Ye by [n j] my[1] feyth saith the other woman/ She tooke her feythe
and her othe And thenne to her she told and discouered her secrete/ 30
how her lord had slayne themperours sone/ and his herte confyted
in spyces had sente to themperour his fader and to his moder/ &
how they had ete of hit/ This woman maade a Crosse as she were
sore merueylled/ and sayd that she shold kepe hit secretely/ But
certaynly her taryenge there after that she knewe hit/ thought her 35
longe for to haue go and telle it to other/ For as soone as she was
departed fro Cathons hows/ she wente forthwith where themper-
ours wyf was/ and came and kneled before her/ and sayd Madame
to your good grace I wyll speke secretely of a grete counceylle/

And thenne themperesse commaunded her ladyes to go a parte/
And the sayd woman beganne thus to speke/ Madame the grete
loue whiche I bere vnto yow/ and for the grete good that ye haue
done to me And as I truste that ye yet wylle doo/ maketh me to
5 come hyder for to telle yow a grete counceylle/ the whiche I wold
not telle but to youre persone/ For I myght not suffre ne see your
dishonour for none erthely good/ Madame it is so/ that ye loue
and haue dere Cathonet more than ony other/ as it appyereth wel/
For ye haue made hym gouernour of the Cyte of Rome/ And ye
10 shewed hym gretter loue whanne ye gaf to hym the kepynge of
your sone/ to whome he hath hold such felauship that he hath
slayne hym/ And hath take his hert out of his bely/ And wel
dressyd and confyted in sugre and spyces and hath made yow to
ete it/ What saye ye sayd themperours wyf/ Madame sayd she/
15 I telle yow trewe for certayn For I knowe this by the mouthe of
Cathonets wyf/ whiche sorowful and wepynge told it to me in
grete counceylle/ And whanne themperesse herd her so speke/ she
with a hyghe voys beganne to crye/ and made suche a sorowe that
it was pyte to see In soo moche that the tydynges came to them-
20 perour/ how the Emperesse made so grete sorowe/ Themperour was
sore abasshed And came there as themperesse was/ and demaunded
of her/ why she maade suche sorowe/ And she with hyghe pleynt
ansuerd and reherced to hym al that the damoysell had told her
of theyr sone/ And whan themperour wyst that they had eten [n jᵛ]
25 the herte of theyr child/ he bicame ryght angre/ and sorowfull And
commaunded that Cathonet shold forthwith be take and hanged
in the myddes of Rome/ there as the folke myght loke on hym as
vpon a fals murderer and traytour/ His Sergeaunts wente and toke
hym anone/ and told hym the commaundement of themperour/
30 and that it was for his sone/ whiche he had slayne/ Cathonet thenne
sayd to them/ It is no nede that al that men sayn be trouthe/ ye
shalle put me in pryson/ and shalle say/ that it is to late to make
ony execucion of Iustyse/ And that to morowe I shalle be hanged
before the peple/ The Sergeaunts loued hym moche and soo dyd
35 alle manere of folke/ they dyd as he badde them to doo/ And thenne
wente and sayd to the Emperoure and themperesse that hit were
for the beste to make Iustyse of hym on the morowe nexte comynge/
and that hit was to late/ and how more people shold thenne be
gadered and assembled for to see hym And the Emperour whiche
40 made grete sorowe for his sone graunted hit/

And not withstondynge this/ in the meane whyle that Cathonet was conueyed to pryson/ he callyd to hym a Squyer of his/ And seyd to hym/ goo to suche a knyght that kepeth themperours sone/ and telle hym how the Emperour weneth that I haue put hym to dethe/ And that he faylle not to be here to morowe with hym before the 5 houre of pryme/ or els I shalle be in grete perylle to receyue a shameful dethe/ This Squyer departed and soo faste rode and waloped/ that that nyght he came aboute one of the cloke after mydnyght there as Cathonet hadde take to kepe the sone of the Emperoure as to his trewe and good Frende/ whiche was a trewe 10 man/ and moche wyse/ And merueyllously they loued eche other/ The Squyr beganne to calle wyth an hyghe voys/ And dyd soo moche/ that he came to fore the bedde there as the trewe and noble Baron laye/ And told hym/ how somme had done byleue to the Emperour/ that Cathonet hadde slayne his sone/ And how hit was 15 ordeyned/ that he shold be on that next morowe hanged/ And as the Baron herd this/ he was sore abasshed/ & moche [n ij] mer- ueylled of this auenture/ & forthwith he rose oute of his bedde/ and made his men to be redy/ and came to the bedde where the sone of themperour laye/ and told to hym the merueyll And 20 whanne the child vnderstood it he had grete sorowe in his herte/ For ouermoche he loued Cathonet his maystre/ Here I leue to speke of the Baron/ and of themperours sone/ and tourne ageyne to speke of Cathonet whiche was in pryson/

(How they wold hange Cathonet/ Capitulo　　　　C xlj 25

CAthonet was merueyllously loued in Rome of al maner of folke/ as he that was wyse/ humble/ trewe and curtoys/ And whan the morow was come/ he sayd to one his grete frend/ that at all auenture he shold make the hangmen of the towne to hyde them self secretely somwher tyll it were about the houre of tierce/ 30 And he dyd as he had prayd hym to doo/ Cathonet thenne aboute the houre of pryme was conueyed to the galhows of alle the peple of Rome/ whiche made grete sorowe for hym/ And yet gretter sorowe had they made/ but they wened veryly that he had done the dede/ of whiche he was accused/ wherof they had grete merueylle/ 35 And sayd emonge them how may suche a wyse man haue be so sore tempted of the deuylle/ that he hath slayne themperours sone/ how may this be/ Of this faytte was grete talkynge amonge them

Somme byleued hit/ And somme sayd it was not so/ Neuertheles
he was had to the galhows/ and was asked after the hang man/ but
he coude not be found there/ wherof hit befelle a grete merueylle/
for he whiche Cathonet had respyted & saued fro dethe/ as men led
5 hym to be hanged/ came forthe & sayd/ Lordes the dede is fowle/
dishonest/ and vylaynous/ and for the loue of themperour I offre
my self to doo thoffyce/ yf there be none other that wylle doo hit/
Euery man loked thenne on hym & sayd/ Is not that he/ to whome
Cathonet graunted his lyf whanne he was newe putte in thoffyce
10 of gouernour/ Certaynly sayd the other/ hit is he & none other/
withoute fawte/ wherfore in token and signe of a grete merueyll[1]
they blessyd [n ij^v] them with theyr handes. sayeng/ He is wel a
foole that saueth and respyteth ony theef fro the galhows/ Cathon
thenne loked on hym/ and sayd/ thou arte wel passyng redy/
15 Remembryst not thow the tyme passed/ but thus gone the merueyl-
les of the world/ And as soone as he had sayd these wordes there
was a grete nombre of men al on horsback whiche made grete
clamour and cryed/ put not to dethe the trewe man Cathonet

(How themperours sone came to saue his mayster Cathonet and
20 of his escape Capitulo   C xlij

ANd whan the people perceyued/ and sawe the horses rennynge
toward them/ and sawe anone the sone of themperour/ whiche
cryed/ touche not/ neyther ley hand on my maysters body/ for I
am alyue/ they were gretely merueylled/ The child anone lyght
25 of his hors and wente and vnbonde his mayster/ & sore wepyng
kyssed hym ful tendirly & said Ha a my swete frend & maister
who hath this purchaced & so grete a lesyng founde & contryued
vpon you/ the which my lord my fader hath so lyghtely byleued/
And thenne he embraced & kyssed hym ageyne/ & al the people
30 whiche was gretely merueylled/ as they sawe the pyte & good
nature of the child thanked & mercyed god with al theyr hertes
of the delyueraunce of Cathonet/ The child made his mayster to
be sette on horsbak & ledde hym thurgh the stretes of Rome by
the raynes of his brydell tyll they came in to the palais where
35 themperour his fader was/ And whanne themperour and his wyf
knewe for certayne the comynge of theyr sone/ they wente and met
hym with grete Ioye/ And as they sawe hym ledynge his mayster

[1] meeueyll C

Cathonet by the raynes/ they were gretely merueylled/ & held
them ashamed and vergoynous toward Cathonet/ and cam to hym/
and eche of them kyssed hym/ and made to hym the grettest ioye
and chere and the grettest honoure that they couthe/ And excused
them toward hym of this dede/ Thenne sayd the child to his fader 5
themperour/ Ha my lord wylle ye vse of so hasty Iustyce withoute
makynge of none enqueste vpon the dede or faytte/ For a man of
so hyghe estate as ye be shold & ou3t to be more blamed therfore/
than another of lower degre or estate/ For yf¹ ye hadde maade
hym to be dampned and [n iij] destroyed withoute cause it had be 10
grete pyte and grete dommage/ And certaynly neuer after I shold
haue had Ioye in my herte/ For yf I can ony good/ it cometh of
hym/ Themperour ansuerd/ Fayr sone hit was euylle done of vs/
and in this we haue gretely offended and gete shame/ but the loue
that we haue in the/ and the trust that we haue in thyn preferre- 15
ment/ toke reason fro vs/ and bestourned our wytte/ Thenne spake
Cathonet and sayd to themperour/ Syre merueylle yow not of this
thynge/ I shalle now telle vnto yow/ why al this was sayd/ My fader
whiche in his tyme was a ryght wyse man and a trewe/ and borne
in this land shewed to me many good enseygnementes/ yf I had be 20
so Wyse/ to haue had them euer stylle in memorye/ And yet as he
was seke in his bedde/ and nyghe at his last ende/ he callyd me to
hym/ as he whiche moche desyred that I myght lerne and knowe
som good/ and prayd me that I wold wel kepe in my memorye
thre enseygnements/ emonge al other that he before that hadde 25
taught to me/ the whiche I wylle now recorde and declare them/
to thende that they may be ensample in tyme to come to euery
man/ as to hym/ to whome they haue happed/ and that done the
contrarye/

(How Cathonet told themperour of the lore of his fader/ and of 30
his escape Capitulo   C xliij

THe fyrst enseygnement that he taught me/ was thys/ that yf
euer god gaf me chaunce and good ynough that I shold thanke
hym moche of hit/ and haue in me suffysaunce/ and not coueyte
ne aske more of god/ And by cause I shold haue suffysaunce/ he 35
commaunded and charged me/ that neuer I shold put my self in
subiection of none offyce vnder my souerayne lord/ For yf I dyd

¹ C *omits* yf

so by couetyse of more good/ somme enuyous by somme fals
repporte/ shold make me to lese my good and my self also/ And
that hit was a peryllous thynge to serue ony prynce or grete lord
of lyght and hasty wylle/ For many one ther ben/ whiche [n iij^v]
5 enquereth them not yf the repporte to them made is trewe or not
wherfor the commaundements of suche hasty lordes ben straunge
and peryllous/ as ye now haue sene how this ensample is to me
whiche al most hath be shamefulle & greuable/ And yf I had
byleuyd the counceyll of my fader/ I had neuer falle in suche
10 perylle/ For thanked be god I had of erthely goodes ynough/ and
more than I haue deseruyd to god/ and myght wel haue deported
my self of takynge of thoffyce/ The second enseygnement was that
I neuer shold respyte ne saue to no man his lyf/ whiche had
deserued to deye/ and in especiall a theef or an homycyde/ whiche
15 were custommed to theftes and murdre of folke/ And that yf I dyd/
I shold euer be partener of alle suche euylle dedes that they myght
doo afterward/ And this commaundement I haue enfrayned and
broken/ For this daye haue I sene hym whiche I haue respyted
hym fro the shamefulle dethe/ that offred and presented hym self
20 for to be the hangman of my body/ lytell reward he offred to me/
The thyrd enseygnement was that I shold essaye my wyf or euer
I shold discouere to her ony grete counceylle/ For therin is to grete
paryll/ Neuertheles ther ben some that can wel kepe secretely what
men saye to them/ and in the whiche men fynd good counceylle
25 and comforte/ And other also whiche that can no thynge kepe in
secrete/ And thenne as I me bethought how I had broken and done
ageynst the ij enseygnementes of my fader/ I thought and sayd in
my self that I shold preue and essaye the thyrd/ wherfore that other
daye as I was a bedde wyth my wyf I awaked her/ and for to essaye
30 her wylle/ I sayd to her that I had slayne the sone of themperour/
and that his herte confyted in spyeces I had made themperour and
his wyf to ete hit/ And that for the loue of whiche she loued me/
she shold kepe this in secrete/ soo that none myght neuer knowe
no thynge of hit/ Now haue I proued and essayed how she hath
35 kepte secretely my counceylle as euery one maye now see and
knowe/ But I gyue me not to grete merueylle therof/ For hit is not
of newe how that a woman can not kepe secretely that whiche
men sayen to her in counceylle/ [n iiij]

⟨ How Cathonet exposed his auenture or hap/ Capitulo   C¹ xliiij

NOw haue ye herd how it is happed to me/ by cause I dyd not
byleue the counceylle of my Fader/ whiche was so trewe and
wyse a man/ To me therfore is come almost a grete euylle/ And
notwithstondynge thus sayd Cathonet to themperour/ Syre I 5
rendre and discharge me of your offyce/ And from hensforth I
shalle not be enpeched of hit/ And he therof was discharged with
grete payne/ Neuertheles he was receyued for to be mayster of the
grete counceill of Rome/ And in especiall of the grete fayttes and
dedes/ And themperour made hym to haue grete prouffitees/ and 10
gaf hym grete yeftes/ and loued hym aboue al other/ And regned
moche holyly in the loue of god and of the peple/ And therfore my
fayre doughters this is here a good ensample/ how ye ought to
kepe the counceyll of your lord/ and not telle it to no body what
someuer it be/ For ofte comen therof many euyls/ and for to be 15
secrete/ and specially in suche thyng that is deffended/ may not
come sauf only good/ And in lyke wyse as the shafte is departed
fro the bowe must take her flyght and cours/ and neuer cometh
ageyne to the bowe/ tyll it haue smyte somme thynge/ Soo is the
word whiche yssued oute of the mouthe lyke it/ For after that he 20
is put out of the mouth it may neuer be put in to the mouthe
ageyne/ but that it shal be herd be it good or euylle/ wherfor we
ought wel to haue in our memorye the saynges and auctorytees
of the wyse Salamon/ whiche sayth that men must thynke on the
wordes twyes or thryes or they be putt oute of the mouthe/ And 25
thus ought to doo al wyse folke/ For ouer many grete euyls haue
ben done and engendered for to haue discouered the counceyll and
suche thynges as haue ben sayd there in counceylle/ Therfore I
pray yow fayr doughters that ye wylle haue this ensample in your
memory and neuer forgete it/ For all good and worship may therof 30
come to yow/ And hit is a vertue the whiche escheweth grete hate
and grete enuye and many euyls also/ For many one I knowe
whiche haue loste moche of theyr goodes/ & suffred many grete
euyls for to haue spoke [n iiij^v] to lyghtely of other/ and for to
haue reported suche wordes as they herd saye/ of the whiche they 35
had nought to doo at al For none soo wyse is that may knowe what
to hym is to come/ And full of naturel wytte be they/ whiche kepe
them self fro recordynge of ony wordes/ For he whiche wythsayeth

¹ C *omits* numeral C

them that blameth other as wel in ryght as in wronge/ he doth but wel/ And for to hold and kepe secretely the dommage and euylle of other may come but good/ as hit is reherced in the booke of my two sonnes And also in an Euangely

5 Here fynyssheth[1] the booke/ whiche the knyght of the Toure made to the enseygnement and techyng of his doughters translated oute of Frenssh in to our maternall Englysshe tongue by me William Caxton/ whiche book was ended & fynysshed the fyrst day of Iuyn/ the yere of oure lord M CCCC lxxxiij And enprynted at west-
10 mynstre the last day of Ianyuer the fyrst yere of the regne of kynge Rychard the thyrd

[1] fynysshed C

NOTES

THE Notes are concerned primarily with Caxton's meaning, his vocabu-
lary and syntax, and his handling of the French source. The French is
usually quoted from B, since this version, although a fairly late copy
with some evidently corrupt readings, is textually by far the closest to
C (see Introduction, § 3). Quotations from Montaiglon's text are pre-
fixed by M. Montaiglon expanded contractions, and supplied punctua-
tion, modern capitalization, and accents. In transcribing from B I have
expanded contractions, but provided only light punctuation and such
word-division and accenting as is now generally supplied to avoid
ambiguity: e.g., *c'est* for *cest*, *osté* for *oste* (masculine past participle),
but no accent for the *-ee* feminine ending. M is quoted where, as occa-
sionally happens, this text helps to throw light on a reading in C, or
where it preserves a variant worth recording by way of comparison
with B. A full collation of B with M, which would have served no useful
purpose here, has not been given, and variant readings in the manu-
scripts not used by Montaiglon are mentioned only if they have a
bearing on Caxton's translation. Quotations from H have been checked
against the manuscript and a few slight modifications made in the text
as it was printed for the E.E.T.S. edition of 1906.

Notes on the subject-matter of the *Livre* are restricted mainly to the
identification, so far as identification is possible, of names and places
likely to be unfamiliar to the reader. Chapter and verse references for
some of the Knight's biblical allusions will be found in the Glossary of
Names. Information on the many Saints referred to in the *Livre* is not
given, except where identity is in question, since this kind of informa-
tion can easily be obtained from other sources (e.g., *A Dictionary of
Saints*, compiled by D. Attwater, London 1938 and 1958). A general
account of the sources used by the Knight for his stories, and references
to more detailed studies of his sources and analogues, will be found in the
Introduction, § 6; on the proverbial sayings in the *Livre*, see note to 17/3.

For abbreviations and abbreviated titles used in the Notes, see p. ix
and Select Bibliography.

3/6 **Emonge al other:** cf. 32/11, 189/25. Caxton uses this phrase in a
similar context in his prologue to the *Mirrour of the World*: see Crotch,
52/4. The sense seems to be that illustrated in OED. s.v. *Among*, A. *prep.*
I. 4. b, 'pre-eminent among', etc.; Caxton's phrase could be rendered
'above all', 'pre-eminently'.

3/9 **al along:** a favourite expression of Caxton's, but it is not always
quite clear what he meant by it. Here, as at 13/11, the sense seems to be

'throughout (the book)' rather than 'in full' (see OED. *Along*, C. *adv.* †7).

3/11 **a noble lady** : Caxton does not name this lady, but it seems highly probable, as N. F. Blake has suggested, that she was Elizabeth Woodville, queen of Edward IV: see *NQ*. ccx (1965), 92–3. Elizabeth Woodville had five young daughters living at the time when Caxton wrote his prologue; on her children and their dates, see D. MacGibbon, *Elizabeth Woodville (1437–1492)*, London, 1938, Appendix, pp. 222–3. Caxton's reluctance to mention her by name is entirely understandable, as N. F. Blake has shown, when the turn of political events between the time when Elizabeth Woodville must have asked him to undertake the translation and his completion of its printing is taken into account.

3/17 **our vulgar englissh** : see OED. *Vulgar, a.* I. 3. b. Caxton perhaps intended to imply here that English was not as rhetorical or elegant as Latin or French; cf. his use of *symple and rude*, 4/10.

3/18–19 **atte . . . grace** : 'at the lady's request'. See OED. *Contemplation* †5. †b, *Grace, sb.* II. 16. a.

4/7 ff. **here to fore to smatre me**, etc.: Caxton had in fact already translated nine major works: see Blake, pp. 224 ff., nos. 15, 45, 47, 50, 71, 75, 91, 96, and 106. Similar expressions of humility and inadequacy, and appeals to the reader's indulgence, occur in many of Caxton's prologues and epilogues. Such expressions may reflect some genuine modesty on Caxton's part, but he is also following a well-established literary convention. On the use of the 'humility formula', which reached its height in the fifteenth century and was developed with great elaboration by Lydgate, see E. R. Curtius (trans. W. R. Trask), *European Literature and the Latin Middle Ages* (New York, 1953), Excursus II, and D. A. Pearsall, *The Floure and the Leafe* (London and Edinburgh, 1962), pp. 68 and 152.

5/3 **to his doughters** : B 'a l'enseignement des ses filles' (see note to 79/13); M 'pour l'enseignement des femmes mariées et à marier'. In the table that follows, and throughout the book, B and M differ considerably in the wording of titles and also in the division of the text into chapters and sections; see Introduction, § 3, and note to 132/1.

5/21 **two tholdest doughters** : 'les deux filles aisnees'. On the type of construction in *two tholdest*, see Kellner, pp. xvii–xviii, and Mustanoja, pp. 299–300.

7/14 C **that broched** : for the addition of *were*, cf. 'qui furent confus' and the chapter-heading at 86/1.

10/18 **no maner of semblaunt** : 'no kind of token'. There is no need to emend *of* to *or*; cf. 172/2.

11/5–6 ff. **in a gardyn**, etc.: The spring setting follows a pattern familiar in medieval literature, and the Knight's account of the melancholy pensiveness which led him to start his book is probably not to be taken too literally. On this passage, which seems somewhat incongruous with the rest of the book, see Ferrier, p. 11.

11/7 **But . . . reioysed**: 'Mais vng pou me resioÿ'. If *But* is the conjunction here, as the French suggests, and not the adverb 'only', Caxton has changed his construction after *as I was in a gardyn*. The anacoluthon does not occur in B, which agrees with M: 'En vng Iardin estoie'. H also reads 'as . . . but a litell'.

11/8–9 **the Merle,** etc.: 'Le marle et le mauluys [mavis] la maisange [tit or titmouse]'. *Mauys* and *thrustell* are probably alternative terms, as the punctuation suggests. The word *maisange* or *mesange* seems to have been unfamiliar to both translators: H has 'the nytinggale and other briddes'.

11/10–11 **enlustyed me . . . tenioye**: 'me fist enuoisier et le mien ceur tout resioÿr'; *tenioye* = *to enioye*. See OED. *En-*, *prefix*[1], B. 2, †*enlusty* (recorded only from this instance), and *Enjoy, v. 1. intr.*; MED. *enjoien* 1. (a).

11/11 **I wente remembryng**: 'il me va souuenir'.

11/15 ff. Caxton's translation of this passage is very awkward. His sense is roughly 'But I have been compensated for all my sufferings, since he [Love] has given me the fair and good lady . . .'. Cf. 'Mais tous mes maulx me guerdonna puis que belle et bonne me donna, qui d'onneur et des tous biens sçauoit et beau maintien. Et aussi des bonnes estoit la meilleure, ce sembloit, et la fleur.' It is possible that *hath* before *knowleche* should read *had* (see notes to 14/13, 33/19), but this would not improve the sentence much. Caxton's *alle good* for both the plural noun (*tous biens*) and the plural adjective used substantively (*des bonnes*) adds to the confusion in this passage. The *fayre and good* whose death the Knight still mourned was perhaps a 'liege-lady', the ideal of his youth; not necessarily a wife, as H calls her, and not the mother of his three daughters, who was still alive at the time when the *Livre* was composed: see Introduction, pp. xxxvi–vii, and the dialogue section, chapters 122 ff.

11/31–2 **a quene . . . of hongry**: 'la royne prenons qu'elle fut royne d'ongrie'. Caxton's *I suppose she was* could well be a translation of *prenons qu'elle fut*, which would account for the vagueness of this allusion. The verbal form *prenons* in B is obviously a corruption of the name, which most of the manuscripts give as *prines* or *priues*: M 'la Royne Prines, qui fu royne de Hongrie'. (The rhyming word *doctrines* in the French suggests that *Prines* is the true reading, as Stolingwa pointed out, p. 153.) This queen has not been identified with certainty, but it is possible that the reference is to Elizabeth of Bosnia, who died in 1382; she was wife of Louis I of Hungary and Poland, and is known to have composed a book for the instruction of her daughters. Her book has not survived, but it was known in France in the fourteenth century: see Alice A. Hentsch, *De la littérature didactique du Moyen Âge s'adressant spécialement aux femmes* (Cahors, 1903), pp. 134–5, and Paul Rousselot, *Histoire de l'éducation des femmes en France* (Paris, 1883), vol. i, p. 63. Rousselot suggests that this book may have stimulated the Knight to compose one for his own daughters.

12/6–7 **of loue . . . abydyng** : Caxton has abridged slightly; H gives a closer translation here. **yet another wold requyre** : the subject in the French is 'they': 'they would importune another (lady)'. It is hard to say whether Caxton misunderstood the French or whether this is an instance of his omission of the subject pronoun; see note to 18/19–20.

12/11 **oueral** : the sense 'beyond everything', 'above all' suits the context here, but one cannot be sure that this and not 'everywhere' (as at l. 13) was what Caxton intended. It is possible that he was translating *partout*, as in M 'vouloient partout desduit avoir'; B has 'veulent tout leur desduit auoir'.

12/12–14 **they doo . . . there happed** : B has a present tense for both these verbs, making the Knight's remarks apply to young men of the present day, but M has a past tense for both. It is possible that there was a mixture of tenses in Caxton's source.

12/18–19 **I debate me . . . And saye** : Caxton quite reasonably has these verbs in the present tense, but the imperfect tense in B and M suggests that the Knight is quoting what he said to his comrades in his youth.

12/19–21 **ye ouer false . . . feythe** : 'vous tresfaulx, comment souffre dieu viure qui par tant de foys vous pariuriés? Car a nulle foys vous ne tenés promesses'. Caxton's source may have had *dieus* or *dieux*, a singular form which he mistook for a plural.

12/21–2 **But none . . . disaraye** : a clumsy rendering. The readings in B and M again show that Caxton may have found an inconsistency of tenses in his original: B has 'mais nul n'y met erroy, tant estoient plains de desarroy', M 'Mais nulz n'y mettroit arroy, tant sont plains de desarroy'.

12/27–8 **soo that . . . honoured** : 'si comme pour leurs bontés elles furent honnorees', i.e., 'how . . . they were honoured'. The clauses *soo that . . . worlde* are parenthetic; the sense would have been clearer if a pause had been indicated after *worlde*.

12/32 **whiche . . . blame** : 'qui mal vserent et eurent blasme'. *Vsyd* could have the sense 'lived out', as I have glossed it, but it is possible that a word corresponding to *mal* has been omitted in C.

12/33–4 **by whiche . . . blamed** : the sense is clearer in the French, 'ou l'en [= l'on] pourroit errer comme celles qui encore sont blasmees'. It is possible that *as they* or similar words have been omitted by Caxton or the compositor; cf. H, 'as thei that yet be blamed'. Caxton's first *they* would presumably then refer to people in general, as in 'l'en'.

12/36 **whome I see so lytel** : 'who appear to me so young and small', not 'whom I seldom see'. Cf. M, 'que je véoie petites'. B omits this clause; for other indications that B was not the actual copy used by Caxton, see Introduction, p. xxvi.

12/36–7 **to lerne to rede** : 'pour aprendre a romancier'. J. Huizinga in *The Waning of the Middle Ages* (London, 1924), p. 112, interprets the French in this context as 'to teach . . . the fashionable conventions in love matters'. This is hardly consistent with the moral teaching of the *Livre*, and Caxton's more prosaic rendering (H also has 'rede') is probably nearer the mark. See Godefroy s.v. *Romancier*, where this passage is quoted for the sense 'Lire un ouvrage écrit en langue romane'.

12/39 **fro hym . . . to come**: B 'de cellui qui est encore a auenir', but the reading in M suggests that *temps* has been omitted: 'de cellui temps qui à venir est'.

13/7 **to come & rede . . . the byble**: so in B, 'venir lire deuant moy le liure de la bible', etc. The account in M of the Knight's methods is more explicit, and worth quoting in full: 'Si leur fiz mettre avant et traire des livres que je avoye, comme la Bible, Gestes des Roys et croniques de France, et de Grèce, et d'Angleterre, et de maintes autres estranges terres; et chascun livre je fis lire, et là où je trouvay bon exemple pour extraire, je le fis prendre pour faire ce livre.' H agrees closely with M here. On the sources of the *Livre*, see Introduction, pp. xxxix ff.

13/11 **al along in prose**: 'in prose throughout', as (apart from a few quotations) the book is from this point. Clear traces of rhyming couplets in the French, however, show that most of the prologue was originally composed in verse; passages illustrating this are quoted by Montaiglon, pp. xxix, xxx, and Ferrier, p. 11.

13/13–14 **And thenne . . . ioye**: 'Et dont mon ceur auroit si parfaite ioye'. Caxton may have misread *dont* as *donc*.

13/21 **for my sonnes**: this book has not yet come to light; see Introduction, p. xx, n. 1. Other references in the text to the Knight's book for his sons occur at 120/12, 135/13–14, and 192/3–4.

13/23–4 **or . . . and**: perhaps a too-hasty rendering of *ou . . . ou* 'either . . . or', as in M 'ou pour fouir au mal ou pour retenir le bien'; B 'pour fuyr le mal ou . . .'.

13/26–7 **after . . . matere**: Caxton has not quite understood the idiomatic French here. Cf. B 'selon ce qu'ilz cherront en taille d'aucun parlant sur telle matiere', M 'selonc ce qu'ilz cherront en taille d'aucuns parlans sur celles matières'. The general sense seems to be 'if they should happen to find themselves among people speaking of these matters'.

13/32 **to . . . beholde**: 'de soy mirer', M 'de soy mirer ou mirouoir'; H brings out the sense more fully, 'to see . . . hem self in the mirrour of auncient stories'.

14/3–7 **But . . . For certeynly**: the clauses *But the grete loue . . .* and *And the desyre . . .* are left in suspense, but cf. 'Mais la grande amour . . . et le desir . . . Car pour certain'; Caxton is preserving the anacoluthon in his source. The construction is improved in H, 'for y haue gret desire . . .'.

14/9, 11 **gyueth**: on the omission of the subject pronoun, see note to 18/19–20.

14/13 **rewardeth, C rewarded**: cf. 'qui a cent doubles rent et guerdonne'. Cf. 17/26, and see Glossary s.v. *double*. The form *rewarded* is one of several instances in C of verbs with a -d ending where -th would improve the sense and also agree with the tense in the French. Caxton not infrequently does mix his tenses, but confusion of -*d* and -*th* (found also in manuscripts) is quite well attested as a typographical error in early printed books: see N. F. Blake, 'English Versions of *Reynard the Fox* in the Fifteenth and Sixteenth Centuries', *Studies in Philology*, lxii (1965), 70–1, 74–5 n., and 77 n., and Arthur O. Sandved, *Studies in the Language of Caxton's Malory* (Oslo and New York, 1968), p. 232 and n. Instances in the present text of this sort of confusion have therefore been regarded as typographical, and emended accordingly. (The emendation at 120/19 is further supported by the fact that the form with -*d* is the only one in a string of verbs ending in -*th*.) For other examples see 58/6, 89/24, 110/6, 117/10, 135/3, 150/27, 151/7, 179/25–6, and 192/5. Instances of -*th* for -*d* are less frequent: see 33/19, 148/6, and notes. Other possible instances occur at 11/16, *hath knowleche*, where *had* would slightly improve the sense in a rather confused passage, and 185/29, where *saith* may be an error for *said*.

14/16 ff. The anacoluthon arises from Caxton's mistranslation *And by cause that* for 'Et pour ce', which H renders correctly 'And therfor'.

14/26 ff. **For requeste/ demaunde**, etc.: 'Car la requeste demande don de guerredon, [et] rendre graces et louanges est service et le mestier des angels, qui tousiours rendent graces a dieu, honneur et louanges'. One expects *demaundeth*; cf. note to 36/3. Here I have not emended, since it is possible either that Caxton was influenced by the ending of the French verb or that he misunderstood his source and read 'requeste demande don' as three nouns, 'the requesting, the demanding, and the giving . . .'.

14/32–3 **the dede . . . for hem**: on this theme, cf. 57/8–10, 58/29–32.

16/16 **in to an hoole**: so B, 'en vng pertuis'; M has 'en un jardin', H 'in a busshe'. For *hoole* = 'hiding-place', see OED. *Hole, sb.* I. 2. †a.

16/22 **prysonners buryed**: 'personnes enseuelis', H 'dede folk'. Perhaps Caxton misread a contracted form of *personnes* in his source.

17/1–2 **For . . . other**: cf. 171/10–12, and Whiting, no. W119.

17/3 **in sapyence**: 'en la sapience'; M 'en sa sapience'. 'Sapience' was often a vague term of reference in medieval literature, applied not only to the Book of Wisdom but to any of the 'sapiential books' of the Bible and the Apocrypha, or even, as here, to any collection of wise sayings. This saying is in the form of a rhyming couplet in the French, like several others in the *Livre*. It is repeated at 27/12–14, where Caxton has corrected his *redeth* (for 'oyt') to *hereth*. The proverbial sayings in the *Livre* are listed, with such analogues as he could find, by Stolingwa, pp. 155–60; closer parallels may sometimes be seen in Morawski, *Proverbes*, and Morawski, *Diz* (e.g., no. XVI of the *Diz* may be added to the versions quoted by Stolingwa, p. 156.12). The text of the Knight's book used by Whiting for his compilation of proverbs, etc., was the Wright–Munro edition of 1906. Reference is made to Whiting in the present Notes where his entries record or give cross-references to analogues, but not where the example is given only from H; the ODEP. is cited where a proverb may be traced through to a later or still current form.

17/9 **the short prayer**: cf. Whiting, no. P357, ODEP., p. 645.

17/13–17 **And yet . . . god**: neither this nor the saying above, both attributed to 'la saincte escripture', is to be found in the Bible as we know it, but the Knight could be referring to a devotional work such as a *Bible moralisée* or a commentary that he had heard or read. Cf. his references to 'la glose', 134/1, 157/6, 19.

17/19–20 **whiche made**: M has 'qu'ilz faisoient', but B 'qui faisoient', a reading which the earlier translator evidently found too. (See Workman, pp. 124–5, where this point is mentioned as an error of translation in both versions.) **of hard and roughe thynges**: 'de sermens de vignes', which H renders more closely 'of cutting of vynes and other thingges'.

17/24–5 **goten . . . that they ben**: this gives a reasonable sense as it stands, 'have attained . . . a state wherein they are'. It is possible, however, that a phrase has been lost after *goten*. The corresponding past participle *acquise* in B has a direct object: 'ont ilz deseruie et acquise la gloire de paradis. Donc ilz monstrent au monde apertement qu'ilz sont auecques lui en sa sainte Ioye.'

17/31 **For . . . deuoute**: cf. Whiting, no. S752.

17/32 **see wel to**: 'take care'; cf. 23/36, *see ye wel to*, both corresponding to the imperative *gardez*. For Caxton's expression, which is probably an anglicized form of a Dutch phrase, see OED. *See, v.* II. 25. c, and Introduction, p. xxxiv.

18/5–6 **garderobe**: this was originally a chest, cupboard, or small store-room, whether for clothes, precious objects, or (as here) provisions. It was also used in medieval French to mean a small private room (*pièce intime*), or sleeping chamber forming a recess within a larger room, and this seems to be the sense at 116/36, where C has *wardrobe*. **ete a soupe**: 'maingeoit la souppe au matin'. OF. *soup(p)e* was a broth or other savoury liquid, usually in which bread was soaked; this sense and not *soupe = sup* (see OED. *Sup, sb.*) was probably what Caxton intended. Cf. 37/34, *dayly dysshes of sowpes*, 'escuellees de soupes'. Caxton's use of *soupe* in this sense antedates the earliest quotation recorded in OED.; see Introduction, p. xxxiii.

18/19–20 **and ete and played so**: i.e., '(they) were eating and disporting themselves'; here, of course, the change of subject is conveyed in the French by inflexion. (On this type of construction, see Workman, pp. 129–31.) Omission of the pronoun, whether there is a change of subject or not, is common in Caxton's translations: see Kellner, pp. xxxiii–xxxiv, and P. de Reul, *The Language of Caxton's Reynard the Fox: A Study in Historical Syntax* (Ghent, 1901), pp. 30–2. Other instances in C may be seen at 14/9, 11, 18/27, 25/35, 33/18, 68/11, 74/21–2, 82/5, 105/20, 110/14, 114/30, 127/3–4, 143/4, 191/11. **that . . . noyse**: 'que on n'y oïst pas dieu tonner', H 'that unnethe thei might haue herde the thundre'.

18/37–8 **For . . . vsage**: cf. 120/34, and H 'for usage makithe custume'. For various forms of this proverb, see Whiting, no. C646, and ODEP.,

p. 594. The Knight adds a rhyming proverb which Caxton has omitted; it is preserved in H.

19/9–10 The addition of *all* after *recounted* is justified by the French, 'il compta tout a sa femme'; *recount* is not recorded as an intransitive verb in this sense. *Recounted it all* or *recounted all the fayt* would be possible alternatives.

19/17–19 **For . . . age:** cf. Whiting, no. L248.

20/29 **as a plank:** 'comme vne pierre', M 'comme sur une place'. B's reading suggests that Caxton is using *plank* in its early sense 'slab of stone' (L. *planca*, ONF. *planke*); see OED. *Plank, sb.* 3. †a.

21/5 ff. On this and other passages in the French, see *Cleanness*, ed. I. Gollancz (London, 1921), part I, pp. xiii–xv and xx, and part II (ed. M. Day, 1933), pp. 76–7 and 92–4. Gollancz's view that the author of *Cleanness* was 'intimately acquainted with' the *Livre* is challenged by C. A. Luttrell in '*Cleanness* and the Knight of La Tour Landry', *MÆ*. xxix (1960), 187–9.

23/25–6 **and repeled his sentence:** 'et furent sauués et rapellés de celle pestilence'.

24/1–2 **them . . . prowde:** 'les felons orgueilleux ceurs'.

24/2–4 **Take . . . to yow:** this sentence is quoted against M ('et à l'exemple de l'espervier sauvage, par courtoisie vous le ferez franc') by Workman, p. 105, as an example of a departure from Caxton's normal method of close translation. But comparison with B shows a close correspondence: 'prenés vng espriuier ramaige. Si l'appellés par courtoisie et il deuendra franc.'

24/16 **my lord of Craon:** 'missire de craon'. L records his Christian name, Pierre, and Montaiglon, p. 291 suggests that this was the Pierre de Craon who was 'seigneur de la Suse, de Chantocé, de Briolé et d'Ingrande' (in Maine and Anjou). He was born about 1315 and died in 1376. See Anselme, viii. 573, c.

24/37–8 **Madame . . . taylloure:** put as a statement in the French, as if to point out what the speaker considered to be a social blunder: 'ma dame, vous aués osté vostre chaperon contre vng taillandier'.

24/39–25/1 **than . . . ɡentyll man:** 'que de l'auoir laissié contre vng gentil homme'. The sense seems to be 'than have omitted (to do) it to a gentleman': she would rather pay courtesy to a tailor than fail to honour a gentleman. Kilgour, p. 113, quotes a similar story of Boucicaut (son of the Boucicaut mentioned in ch. 22), who 'graciously saluted two courtesans and, when rebuked by his comrades, answered that he preferred to make such a mistake rather than be failing in his duty toward a lady'. (See the *Œuvres complètes* of Antoine de la Sale, ed. F. Desonay (Liège, 1935), i, p. 12.)

25/5 ff. **After this in sayeng to them** is perhaps an over-hasty translation, or some words may have been lost in the printing. There is no anacoluthon in the French: 'Apres, en disant voz heures en la messe ne ailleurs, ne semblés pas a la tortue ne a la grue.' As Ferrier points out, p. 11 n., vestigial rhymes in the French (*heures, ailleurs, tortue, grue*, etc.) suggest that the Knight has taken this passage from a verse bestiary. See note to 117/33.

25/8–9 **as a vane**: 'comme vne belecte'. Caxton may not have known *belecte, belette* 'weasel' (cf. H, 'vessell'), but perhaps he made a deliberate change here, preferring his comparison with a weathercock. **as the hare hath**: M 'comme le liniere'; B has 'comme la', followed by a blank for the noun which was never filled in (cf. note to 148/35, and see Introduction, p. xxvi). Godefroy glosses *Liniere* 'petit animal', quoting this instance only; but the word may well be *liuiere*, i.e. *lievere*, a not uncommon spelling in medieval French for *lièvre* 'hare'. H has 'lymer', which probably derives from a manuscript with the reading *limere*, or *limiere* as it is in the French printed versions of 1514 and 1517.

25/20 **on this side the see**: 'de ca [= deçà] la mer'. For the construction without *of*, see OED. *Side, sb.*¹ III. 13. b. The English king could be thought of as 'on this side of the sea' when his territories in France were taken into account, but the crossing over of his envoys to Denmark and back to England (25/36, 26/25) suggests that the reference is to the North Sea rather than the Channel.

25/27–8 Both English translators have put the king of England second, before the king of Spain; in the *Livre* the king of England takes third place. Stolingwa (p. 102) could find no historical basis for this tale or the one in ch. 13; both appear to be typical moral *exempla*.

25/32 **thre fayre doughters**: the number is given as 'iiij' in M, as in some of the manuscripts, but B has 'trois' and H 'iij'; there is no mention of a fourth daughter in the story.

25/35–6 **passed the see**: on the omission of the subject pronoun, see note to 18/19–20.

26/11 **ventillous**: a nonce-word in English: cf. B 'ventileux', here and in the two instances below. It is possible that *ventileux* is merely a scribal error for *vertilleux* as in M; see Godefroy s.v. *Vertillos, Ventilleus. Lyke a vane* is Caxton's addition; the Knight does not repeat his comparison with a weasel here (see 25/8, and note).

26/32 **spak of the yongest**: 'parla le darrenier'. Caxton has misunderstood this: the meaning is 'spoke last'.

27/9–10 **For . . . wyse**: cf. Whiting, no M773.

27/12 **the prouerbe sayth**: cf. 17/3 ff., and note.

27/14–15 **And yet**, etc.: here M begins a new chapter (13), but in B as in C there is no break in the text and the story that follows is included in ch. 12.

28/8 **neither it were**: cf. 'mais ie ne sçay se [= si] ce fut a tort ou a droit'. I have found no other instance of this use of *neither* for *ne . . . whether*. H has but 'y note whedir it was fals or true'.

28/19 ff. **the doughter**: 'la fille aisnee', the elder daughter. No satisfactory historical basis for this story has been found, nor have the 'gestes d'espaingne' been identified. See note to 25/27-8.

28/37 **demened . . . chere**: 'mena laide vie et forte chiere'.

29/29-30 **he . . . humbleth hym**: cf. Matthew 23 : 12, Luke 14 : 11.

30/17-18 **kysse . . . them**: 'les baiser et acoler en leur lit'.

30/22-4 **a good stylle**: 'vng bon taire'. Cf. Morawski, *Proverbes*, no. 2446, and Whiting, no. B273. **beten . . . staf**: 'bastue de son baston mesmes'. Cf. 61/27, 167/33, and see Whiting, no. S652.

30/30 **C therfore | this a good ensample**: one could assume that the compositor saw *this is* and omitted the second *is*, but in view of the line-division it seems a little more likely that *is* dropped out after *therfore*. Caxton not infrequently inverts the verb in this formula.

31/6 **chyde . . . strawe**: a twist or little figure of straw was used to taunt or reproach a common scold, and was no doubt intended as a deadly insult to this high-born lady. For other illustrations of the phrase, see OED. *Wisp, sb.*[1] 2. †b.

31/11-12 **For . . . fooles**: cf. Whiting, no. F450.

31/19 **she sawe**: Caxton follows the French gender for the magpie here, but changes to *his* 'his' or 'its' at ll. 33, 35.

31/20 **a tronke in a ponde**: *tronke* was the correct term for the perforated floating container in which live eels or fish were kept. See quotations in OED. s.v. *Trunk, sb.* II. 8; the term 'trunk' is still used in the sense of a container for live fish.

31/23 **the Chamberere**: 'la clauiere', which here probably means 'house-keeper', 'storekeeper'; see Tobler-Lommatzsch s.v. *claviere*. Elsewhere in C, apart from the instance at 143/33 n., the French word corresponding to *chamb(e)rere* is 'chamb(e)riere'.

31/24 **theues**: so B, 'larrons', and V, 'vn larron'; probably a corruption from a form like *loerre* 'otter' as in M and (with variations on this spelling) in many of the manuscripts. Cf. H, 'the otour'.

32/2 **but yf . . . with honoure**: i.e., 'unless she made good and worthy use of it'; cf. 'se elle ne l'emploioit bien auec gens d'onneur'.

32/11 **among al other**: 'entre les aultres'. Perhaps literally, 'among all the others (of whom she was jealous)', or the phrase may have an adverbial force, 'above all'; see note to 3/6.

32/19 **the moost syttyng membre**: 'le plus bel seant menbre', M 'le plus bel et le plus séant membre'. One would expect an epithet like 'prominent', but the main senses of *séant* were 'well-placed', 'comely', or 'seemly'. Cf. OED. *Sitting, ppl. a.* †1. †b, †2. H has 'the fairest membre'.

32/31 **one myn Aunte**: 'vne mienne tante', an aunt of mine; see note to 91/2-3.

32/32 **of languyller**: 'de languillier', which Boisard reads as 'de l'Anguillier', not 'de Languillier' as in M. Little is known about this aunt of the Knight's; it is not certain whether she belonged to his father's or his mother's side of the family. The name l'Anguillier had associations with Belleville and other places in what is now the Vendée *département*. (Boisard, ch. i, pp. 66–9.)

33/11–12 **to breke . . . marchaundise**: 'de tuer ma teste pour l'ebat de voz denrees'. Cf. 49/21, where Caxton again has *debate* for *esbat*. For the expression *breke my heede*, see MED. *breken*, *v*. 2d (c). The misprint *fo* could be corrected to *of* or *for*; *of* is perhaps more likely, as a literal translation of *de*.

33/14–15 **For . . . forbere**: 'Car du surplus ie me deporteray bien'. See OED. *Deport*, *v*. †2 and †b.

33/18 **and kept**: on the omission of the subject pronoun, see note to 18/19–20.

33/19 **vaynquysshid**: cf. 'le vainquoit'. For the emendation, see note to 14/13.

33/23 **fro suche feet and dedes**: M 'de celluy faict' (B omits this phrase). It is possible that *feet* is a typographical slip for *feetes* or *feetis*, but there is no need to emend: the singular of this noun is often used collectively in the sense of 'action, behaviour', etc.

33/24–6 **For a man . . . the rather**: a clumsy sentence in B too. 'Cur il est le plus de tel courage . . . que quant on leur court sus ilz s'en empirent et font pir.'

33/29 **experyence**: i.e., 'proof', 'token'. Cf. the saying below, ll. 33–4, and Whiting, no. J22, ODEP., p. 491.

33/35–7 **For it is in somme . . . haue it**: the sense of this is not clear; Caxton has probably misunderstood the French. B reads 'Car il en est aucune ou il n'a aucune bonne raison, et qu'il vault trop mieulx s'en souffrir pour son honneur et pour son estat que de l'auoir', i.e., 'For there is one (kind of jealousy) for which there is no good reason and from which it is better to abstain (*s'en souffrir*) . . . than to have it'.

34/5 **to hym . . . kepe hym**: 'qui s'en peut garder', i.e., 'who can keep himself from it (undue jealousy)'. For the sense in which Caxton is probably using *kepe*, see OED. *Keep*, *v*. II. 27. b, and cf. 45/1–2.

34/18–20 **she shalle . . . to fore**: 'elle alumera le feu et lui fera encore penser pir et auoir plus grant doubte que deuant'. The repetition of *make it werse* looks like a typographical error, perhaps for a phrase corresponding to *auoir plus grant doubte*, but it could be over-hasty translation.

34/22 **many haue grete doubte**: the sense of *doubte* here is probably 'doubt', not 'fear'. B reads 'Et pour ce maintes en font plus grant doubte', i.e., 'and for this reason many (women) make people doubt still further (what they say) on the matter'. The general sense of the passage seems to be that many women are more vehement (*fyers*) when they are lying than when they are speaking the truth, and this tends to shake confidence in their statements.

34/26 **that she hath to hym** : 'qu'il a a elle'.

35/21 **alone and tyme** : 'alone and (at a) suitable moment'; cf. l. 28 *place/ and tyme*, '(at a) suitable occasion and time'.

35/26 **kyng Assuere** : 'roy surie' in B, 'roy de Surie' in M. Caxton tends to be a little more accurate than the Knight on biblical names and references: cf. note to 107/10, and see Introduction, p. xxix. **melancolyque** : so in B; M 'colorique', H 'hote'. The sense 'irascible' is not given in OED. s.v. *Melancholic*, but could well be what Caxton understood by the term here: cf. OED. *Melancholy, sb.* †2.

35/31 **rampynge** : 'ra[m]ponneuses', which Godefroy glosses in this context 'outrageux', 'injurieux', not quite the sense of *rampynge*. See OED. *Ramping, ppl. a.* 3.

35/35–6 **cam from certayn Fayres** : cf. H, 'from a faiere'. The Knight mentions only that the merchants had come from Rouen where they had been buying cloth. Medieval fairs were primarily gatherings of sellers and buyers of goods; see OED. *Fair, sb.*[1] 1.

36/3 **obeyeth, C obeye.** This is one of several instances in C where the normal -*th* ending of the third person singular is missing: cf. 62/6, 65/28, 66/12, 145/20, 151/21, 157/36, and 179/26. It has been pointed out to me by Professor Norman Davis that omission of an expected -*th* can be found in original English texts of the later fifteenth century, for example, *Paston Letters* (Oxford, Clarendon Medieval and Tudor Series, 1958), 18.6, 24.8, and that this 'seems to have been a genuine minority alternative in some places'. It could also be suggested in a few cases, e.g. *chaufe and enflamme* 66/12, that Caxton was influenced by the -*e* ending of the verbs in his French source. However, the numerous instances where the normal -*th* ending occurs in other verbs in the same sentence or passage, as here and at 65/28, 145/20, 151/21, and 179/26, suggest strongly that the omission in C was typographical. All these instances, therefore, have been regarded as typographical errors, and emended accordingly. Omission of the ligature -*th* is a likely enough error for a compositor to make; in cases where the verb is followed by -*th* in the next word, as at 66/12 *enflamme the*, 157/36–7 *shewe them*, 179/26 *bynde them*, it is easy to see how the mistake could have occurred.

36/6 **they waged a Iewele** : B 'et fut mise la forte maille', but Caxton's source probably had *fermaille* as in M, 'Sy fut mise la fermaille'. The sense seems to be merely 'the wager was laid'; *fermaille* could also mean 'piece of jewellery', however (see note to 175/38), and Caxton has combined the two senses in his translation.

36/27–8 **they bygan . . . table** : as in B; M adds that they ate 'oeufs molès', which H translates 'rere eggis'.

37/3 **than the other two** : 'et ne fut pas batue comme les aultres'.

37/19–20 **And also** : Caxton has omitted the first part of this sentence, 'Or vous ay vng peu traicté de la crainte et obeisance que la femme doit

auoir a son seigneur'. His *euery word . . . of other* is an awkward rendering
of 'a chascune parole de son seigneur ne d'aultre', but it is possible that
'euery' has been repeated in error for 'her'.

37/26 **set**: perhaps a typographical error for *setteth*: see note to 36/3.
However, *set* is a possible form of the third person singular present (see
OED. *Set, v.* A. 1. c. β.), so I have not emended here.

37/35 **other fryandyses delycyous**: 'aultres friandises'; M has 'les
lescheries'. Caxton's direct transference of a word from his source
accounts for many of the rare words in his vocabulary; cf. *ventillous,*
26/11 and note, and see Introduction, p. xxxiii.

38/5 **drewe on**: i.e., approached death; see OED. *Draw, v.* VII. 86. †e.

38/16–17 **he . . . seruyce**: cf. Matthew 25 : 40.

38/17–18 **quene blanche . . . saynt lowys**: this was Blanche of Castile
(1188–1252), wife of Louis VIII of France. Their son Louis IX (1214–70)
was canonized in 1297.

38/24 **Countesse of Mauns**: I have found no other information about
this lady.

38/36 **lord of beaumont**: B also names him 'de beaumont'; in M the
name is correctly 'de Beaumanoir'. This was probably Jean III, seigneur
de Beaumanoir, 'chevalier, maréchal de Bretagne' (Montaiglon, p. 292),
who died in 1366 or 1367. His first wife, probably the one referred to
here, was named Thiphaine, of Chemillé in Anjou; his second wife was
Marguerite de Rohan. His son Jean IV, seigneur de Beaumanoir (*hym
that is now lord*) died in 1385. (Anselme, vii. 380–1, and DBF. v, cols.
1123–4.)

39/10 **hoodes, C hoode**: 'chaperons'. Typographical loss of -*s* may be
assumed here; cf. *ho(o)des* at ll. 4, 12.

39/12 **kirtels**: 'coursés', i.e. *corsets.* See note to 175/26. Caxton's render-
ings of *corset* give little clue to its meaning: he translates it by *garnementes*
above (l. 10), and by *Coursettys* below (l. 21). The term 'kirtle' has been
so variously applied that one cannot be sure what Caxton understood by
it here, but it may be noted that he uses it also for *courte robe* (74/28).
For the *corset*, see note to 39/21.

39/13 **than ye ne the other**: 'que vous ne que les aultres'. Cf. 130/21,
and note. The sense 'or' is rare according to OED. s.v. *Ne,* B †2; perhaps
Caxton is merely copying the French.

39/18–19 **the loues . . . of companyes**: i.e., the women who attached
themselves to the army camps.

39/21 **Coursettys torned by the sydes**: 'coursés fenduz aux cotés',
M 'corsès fendus ès costez et lès [sides] floutans'; H has simply 'slitte
cotes'. Historians of costume differ in their accounts of the *corset fendu.* Joan
Evans in *Dress in Medieval France* (Oxford, 1952), pp. 32–3, takes it to
be a kind of mantle, similar to the *corset rond*; cf. G. Demay, *Le Costume
au Moyen Âge d'après les sceaux* (Paris, 1880), p. 99. C. Enlart, however,

in *Manuel d'archéologie française* iii, *Le Costume* (Paris, 1916), pp. 77–8 and fig. 59, and pp. 94–5, describes it as a surcoat with wide lateral slits exposing the *cotte* beneath, and this seems more likely to have been the kind of garment to which the seigneur de Beaumanoir objected. It was sometimes cut away in a deep curve over the hips, and especially when worn directly over the shift, it provoked comment from the moralists, who called the openings 'the devil's windows'. Caxton may well have known a similar kind of garment: he equates the *corset* with a kirtle or gown (see note to 39/12), and his *torned by the sydes* probably refers to the lateral openings associated with the 'sideless gown' or 'sideless surcoat' which was still fashionable, especially among the upper classes, in the fifteenth century. See H. Norris, *Costume and Fashion*, vol. ii, *Senlac to Bosworth* (London, 1927), p. 217, and Index, *Sideless gown*; and N. Bradfield, *Historical Costumes of England* (London, 1958), pp. 37, 41, 45, and plates.

39/25–6 **how wel that . . . do it**: 'Combien que la princesse et aultres dames d'angloiterre sont apres long temps venues qui bien le peulent auoir'; M has virtually the same reading. The meaning is somewhat condensed, and Caxton not surprisingly fails to make it clear; it is hard to say what he means by *after theyr longe comyng*, and his *whiche* links awkwardly with *how wel that* 'although'. The French could perhaps be rendered 'although the princess and other noble ladies of England have come (to adopt this fashion) after (it had been in vogue) a long time, and they are certainly entitled to hold to it' (i.e., *they* can do as they please; cf. 40/20 ff.). The sire de Beaumanoir does not wish his wife to adopt these fashions derived from England, particularly as they were first brought into France by prostitutes accompanying the English troops (39/15 ff.). The princess referred to was no doubt Joan, 'the Fair Maid of Kent', wife of the Black Prince; her extravagance and love of dress were notorious. See R. P. Dunn-Pattison, *The Black Prince* (London, 1910), pp. 188–9.

39/31–2 **of these lowe marches**: B 'des basses marches', M 'de cestes basses marches'; the context suggests that this refers to a border region of Guienne. **lest blamed**: here both English translators omit an uncomplimentary remark which in B reads: 'Mais en engloiterre en a moult des blasmees, si comme l'en dit. Si ne sçay se c'est a tort ou a droit.' Caxton tends elsewhere to leave out disparaging references to England or the English: see Blake, pp. 127–8.

39/34 **held her self nyce**: 'se tint pour nisse'. See Glossary s.v. *nyce*.

40/8–10 **after . . . Copye**: the anacoluthon in this sentence may be the result of over-hasty abridging, or possibly some words have been lost between the two pages. Cf. 'quant il y a aucune qui a nouuelleté sur elle ou de robe ou d'aultre chose nouuelle et on le peult sçauoir, celles qui oyent les nouuelles ne finent iamais iusques a ce qu'elles en ayent la copie'.

40/15 **what haue I doo with all**: 'qu'an ay ie a faire', i.e., 'what's that to do with me'; 'what do *I* care?'.

40/20 **the world** : there follows in the *Livre* an outspoken attack upon the fashion among women of low rank of wearing unsuitable fur trimmings which were apt to become soiled with mud in winter and to harbour fleas in the summer; the Knight gives some pungent reasons for his dislike of this fashion. Caxton may have felt that the passage was no longer relevant; that he was not particularly interested in fashions of dress in the Knight's day is shown again in his ch. 48 (see note to 70/24 and ff.).

40/31–2 **that . . . hande** : a literal translation of 'qui ont le siecle a main', i.e., 'who have experience of the world'. **manere . . . to speke** : 'maniere et sens de parler'. It is often hard to decide which of the many senses of *manere* Caxton meant to convey; 'composure, good bearing' suits the context at 42/38, and may be the sense intended here too. Another possibility is 'moderation', a sense of OF. *maniere*: see OED. *Manner, sb.*¹ †12.

40/33 **gladly . . . lytel**: 'Car voulentiers on gaingne pou'. *Gladly* may convey merely a general emphasis of the statement, as in *voulentiers*; for other possible senses, see OED. *Gladly, adv.* †2. a, b, MED. *gladli, adv.* 4.

40/35–6 **the marchal of Clermont** : this must have been Jean de Clermont, seigneur de Chantilly, created maréchal de France in 1352, who was killed at the battle of Poitiers in 1356. (Anselme, vi. 750–1, and DBF. viii, cols. 1490–1.)

40/37 **lyeng subtylly** : 'bien mentir'. **to knowe . . . beyng** : 'de sçauoir son estre', perhaps 'to bear himself with distinction', or 'to cut a fine figure'; cf. the phrase *de bon estre*, 'distinguished looking', 'having the appearance of gentle breeding'.

41/22 **For for to stryue, etc.**: cf. 'Car l'estat [M l'estrif] d'eulx est moult perilleux'. The reading in C can stand; cf. 42/39 *not for to stryue*. It is possible, however, that a word or two has been lost after *For*: perhaps *thus*, or *with suche*.

41/23 **Boussycault**: this must refer to the first Jean le Maingre de Boucicaut, maréchal de France in 1356, who died in 1367, and not to his more famous son of the same name, who was born about 1366, became maréchal de France in 1391, and died in 1421. (DBF. vi, cols. 1244–7.)

41/29 **in a Closette** : 'sur vng comptouer'. *Comptouer* (mod. F. *comptoir*) had various senses in medieval French; here it may have meant a large wooden chest used as a seat.

42/10 **breke . . . layners** : 'rompre mes estaiches', break my fastenings. The points or lainers were tagged laces used for fastening in places where buttons are now used, or for attaching the hose to the doublet. See OED. *Point, sb.*¹ B. II. 5, and *Lainer*; and cf. *1 Henry IV*, ii. iv. 209–10 (Arden edition), 'Their points being broken,—Down fell their hose'.

42/12 **that were wel born** : 'qui bien furent yrees'. Caxton may have misread *yrees* or *irees* ('angry') as *nees*.

42/16 **al youre condicion** : 'toute vostre taiche'. The sense of *taiche* (M *tache*) here is probably 'fault', 'failing'.

42/39–40 For . . . manere : 'Car il y a bien maniere', the reading in all the manuscripts in which I have checked this passage. It is hard to say what Caxton thought this meant; various interpretations of his rendering could be suggested, depending on the sense of *manere* (see Glossary, and note to 40/32), but it looks as if he has not really stopped to consider the sense. The French idiom could mean 'For that is quite enough', 'Here we draw the line'; another possibility is the sense 'It is very difficult' conveyed by a quotation in Huguet, 'Il y a bien maniere de les prendre, car elles volent fort hault'.

43/3 ff. On this chapter, Montaiglon notes (p. 292) that 'L'aventure et la réponse du chevalier sont les mêmes que celle qu'on prête au poète Jean de Meung'. See *Le Roman de la Rose*, ed. M. Méon (Paris, 1814), vol. i, pp. 79–80, and text, vol. ii, ll. 9192–3 (ll. 9155–6 in the edition by E. Langlois, S.A.T.F., Paris, 1914–24).

43/30 of a round table : for this expression used in a non-Arthurian context, see OED. *Round Table, sb.²*.

43/34–5 but . . . leue : more strongly in the French, 'Mais elle vouloit bien estre requise. Et son seigneur lui en donnoit grant eslargissement qu'on la requist et priast d'aimer'.

43/36–44/1 And . . . Ielouse : 'et que on ne disist pas qu'il en feust Ialoux'; the second *not* in C is redundant. For the sense of *by cause*, cf. 189/35, and note.

44/16–17 eche . . . houndes : 's'entrerechinerent comme chiens'. Godefroy glosses *s'entrerechignier* 'se montrer les dents, et par extension, se faire mauvais visage'. See OED. †*Arr, v.²*.

44/31 Possibly the same *lord of Craon* as the one mentioned at 24/16, but one cannot be certain from the story recalled here. The Craons were a well-known family; on the celebrated Amaury IV de Craon, whom the Knight knew during at least one period of his military service (Boisard, ch. ii, p. 99), see DBF. ix, col. 1167.

45/1–2 that they may kepe them : 'qui s'en pourroit garder', i.e., 'who could abstain from it' (indulging in too many festivities). See note to 34/5.

45/27 I sayd she : *I* here is probably not a form of the interjection 'Ay' (though MED. s.v. *ei, interj.* records the form *i*), but the pronoun, as in B 'Moy dist elle'; M has 'Quoy! dist-elle'.

46/1 more than a stone : M continues 'et dès là en avant la convenoit porter entre les bras, et devint grosse et enflée comme une pipe'; cf. H. This sentence, which is missing in B, prepares us for the lady's remark later that she has become 'gretter than a pype' (46/22).

46/16 And . . . Iustes : perhaps a too-hasty rendering of *iustes*: cf. 'et les faisoie faire bien iustes et estroictes', had them made very close-fitting.

46/17 the fruyte . . . folye : Caxton agrees with M here in using the term *fruyte*; B has 'sang'. Caxton seems to have given it a figurative sense, however; in M the sense is clearly 'unborn child': 'le fruit qui estoit en moy en avoit ahan et peril'. H also apparently takes it in a literal sense, that the tight clothing endangered the child in the womb: 'the fruite that was in me suffered payne and was in perell'.

46/22 gretter than a pype : for the sense 'cask', which gives more force to the comparison, see OED. *Pipe, sb.²*.

46/32 was hoole after her lyf: 'fut guarie toute sa vie'. This may be another instance of Caxton's omission of the subject pronoun (see note to 18/19–20), with *her lyf* as an adverbial phrase: '(she) was well after-wards (for the rest of) her life'. Or it is possible that *lyf* is to be taken as the subject: literally, 'her life afterwards was sound'.

46/33 goodes: so B, 'biens'; M 'ses bonnes robes'; H 'her good gar-mentis'.

47/12 noblesse : 'noblesses'. Godefroy quotes this instance from the *Livre* for the sense 'fief noble'.

47/28 within a day: so B, 'apres vng iour'; M and H give the number of days as 'vij'.

47/30 errour: perhaps a misreading of a form like 'oreur' as B; M 'horreur'. For the sense in which Caxton is probably using *errour*, see OED. *Error* II. †2, MED. *errour, n.* (2).

47/33 noblesses : cf. l. 12, and note. Godefroy's gloss 'objet, chose ma-gnifique' suits the context here.

48/11–14 than . . . glorye : 'que pour la fole pensee du monde qui n'est que vmbre au regart de cellui qui tout peult et donne et tousiours dure sa gloire'; M has *plaisance* (cf. H) for *pensee*. For similar expressions of the 'shadow' concept, see Whiting, nos. S178 and S185. Caxton's literal rendering makes it uncertain how he took *au regart de*; *vnto the regard of* could mean simply 'in the sight of', but the sense 'in comparison with' is well attested elsewhere in Caxton (see OED. *Regard, sb.* III. 12), and gives an acceptable meaning in this context.

48/18 the gestys of Athenes : this collection has not been identified. On this story, see Stolingwa, pp. 137–8.

49/2–3 laugh . . . masse : 'qui rioient des foles contenences que ilz faisoient a la messe'.

49/11–12 thought . . . god : B 'pensoient plus en amour et au delit du monde pour plus y plaire que a dieu', M 'pensoient plus en amourettes et aux deliz du monde que à Dieu'. Caxton's source probably had *amourettes* as in M and *pour plus y plaire* as in B, but his translation is not altogether clear. His meaning may be '. . . of pleasing their paramours and (enjoying) the delights of the world', but it is possible that *to complaire and plese* means 'to take pleasure in'; this is a sense of F. *complaire*, and cf. OED. *Please, v.* †7. If so, *amorettes* could have the sense 'love-affairs', or 'dalliance', a better parallel with *delytes*. However, there is no evidence elsewhere in Caxton that *complaire* and *plese* meant anything other than 'please' as in *to plese god* in the same sentence, so it is perhaps better to take *amorettes* as 'paramours'. See OED. †*Amoret* 1, and 5 *pl.*

49/14 pynne their keuerchyefs : perhaps a guess at the meaning of the French. This sentence is missing in B; M has 'Sur celles y veoit les ennemis espinguer'. The meaning of *espinguer* is 'leap about', 'dance', but the manuscripts differ in their readings here and it is possible that Caxton saw *pignier* (the reading in P1), and confused it with *pigner*; cf. his *pynned*, 53/5 and note, and see Godefroy s.v. 1. *Peignier, pignier, v.*

49/17–18 But . . . thabyte : 'car il tient plus ou [= au] ceur que a l'abit', i.e., 'for he (the devil) cares [*tenir à*] more about the heart than about the dress': he does not pester all the elegantly dressed ladies, but only those who are frivolous as well. Caxton's *it holdeth* is probably another instance of hasty and over-literal translation; he has not stopped to consider the sense.

49/18–21 And after . . . enemy : 'Et apres leur dist que celles qui se cointoioient pour mieulx estre regardees et que ilz prenoient leurs plaisances plus tost que au seruice de dieu donnent plus grant esbat a l'ennemy'. It is not clear whether Caxton misread *esbat* ('joy, delight') as *debat* or whether he meant to alter the emphasis, underlining again the contrast between those who attend Mass in a frivolous spirit and those who are devout. The sense of *gyuen . . . debate to* is perhaps 'offer resistance to': cf. MED. *debat, n.* 4. (a). Those who take pleasure in their devotions anger and thwart the devil. Typographical omission of *that they* before *that* in l. 18 may be assumed; or possibly *they that* was omitted before *soo*.

50/14 per omnia with the preface : *Per omnia secula seculorum*, spoken at the beginning of the Preface in the service of the Mass. Cf. *The Lay Folks' Mass Book*, ed. T. F. Simmons (E.E.T.S., o.s. 71, p. 29 (Text F), 123–6). A careful explanation of this and other stages of the Mass was given by the Ménagier of Paris for his young wife: see 'The Third Article' in the translation *The Goodman of Paris* by Eileen Power (London, 1928), pp. 54 ff.

50/27 the parson . . . withsaye hym : 'personne ne leur osoit dire riens'. The sense of *personne* here is 'no-one', but it is likely that Caxton's source had 'la personne' (the reading in several of the manuscripts), for which his translation is correct.

51/13–16 them semed . . . cryed : 'il leur sembloit qu'ilz descouploient sur eulx et les faisoient lascher sur eulx merueilleusement, et cornoient et huoient, et les chiens glatissoient [bayed] et les prenoient par les cuisses et par les oreilles'. *To drawe* is probably to be read as a compound verb rather than as *to* with the verb *drawe*: see OED. †*To-draw, v.* 1. Caxton's addition of 'arms' suggests that he had forgotten that the couple were a boar and sow in the vision.

53/5 pynned : 'pingnee', i.e. *pignee*. Godefroy, *Complément* s.v. *Peigner* ('arranger avec un peigne') records *pigner* as a variant. Cf. H, 'kemed'.

53/7 to muse & to abyde : 'muser et attendre'. The sense of *muser* here is probably 'waste time' or 'loiter' (see Godefroy s.v. *Muser*, 'perdre son temps'), and it is possible that this is the sense of Caxton's *muse*, although it is not recorded in OED. 'Ponder', etc. does not suit this context so well; the sense 'grumble' (OED. *Muse*, †6) is better, but it seems more likely that *muse* and *abyde* form a doublet here.

53/24 **out of her Castel**: 'dehors de son hostel'.

53/35 **that other trembled**: so in B; in M, as in H, it was the young friar who showed dismay.

54/9–10 **hit happed . . . Chappellayns**: 'Auint que l'ung des ses chappelains' (see note to 79/13). That *one of* was lost in C by typographical error seems likely here.

54/11–12 **at . . . meschyef**: a too-literal rendering of 'a trop grant meschief', i.e., 'exceedingly distressed'. See OED. *Mischief*, *sb*. †1, †c.

54/20–1 **that passe . . . masses**: 'qui bien se passent a moins des trois messes', i.e., 'who easily get away with (or, content themselves with) less than three masses'. It is doubtful whether Caxton was using *passe* in any idiomatic sense; this seems to be another literal rendering.

54/22–3 **For . . . fonde hym**: this seems to be another instance of word-for-word translation in which Caxton has not stopped to consider the sense. There is some divergence in the French readings here; several manuscripts support M's reading 'car ouir son service repute sa propre personne', but Caxton's version is obviously related to B, 'car oÿr son seruice sa propre personne treuue l'en'. If *treuue l'en = l'on trouve*, the sense could be 'for in hearing His service one finds His very person': God is present at His service. Cf. the 1514 and 1517 printed versions of the *Livre*, 'car en son seruice assiste sa propre personne'. H omits this sentence.

54/24 **wyl**: the sense in the French is 'wishes, wants (to)'.

54/26 **he passeth lyghtely**: 's'en p[a]sse legierement'. H has a similar mistranslation, 'he . . . wol passe lightly'. For the sense of *se passer de* here, cf. note to 54/20–1. The meaning seems to be 'and on the other hand, those whose heart is not in it acquit themselves lightly (by not hearing many services)', or '. . . content themselves easily (with few services)'.

55/35–6 **a Cote and a sherte**: 'vne cote et vne chemise'. The *cote* or *cotte* worn by women was what would now be called a dress, usually with a long skirt and a close-fitting bodice; the *chemise* seems to have varied from a simple shift to a garment with a blouse-like, embroidered upper part, and the *cotte* was sometimes designed to show the *chemise* underneath. H uses the term 'smocke' for *chemise*, as Caxton does at 57/33–4. A simple style of *chemise* and *cotte* is illustrated in the Calendar scene for June from the *Très riches heures du Duc de Berry* (see Evans, plate 49). **holdyng . . . and sayd to her** translates 'qui tenoit . . . et lui disoit'. On the faulty syntax in the translation, exemplified here in H too, see Workman, pp. 136–7.

56/9 **Yet of the same**: 'Encore de ceste mesmes matiere'. M and H have no break at this point.

56/21 **next**: 'selonc', according to; H 'after Goddes lawe'.

57/21-2 þᵗ **haue fouled** : 'que vous auiés ordoyee'. It is possible that *ye* has been omitted in error, but since omission of the pronoun is not uncommon in Caxton (see note to 18/19-20), I have not emended.

58/6 **lyeth and periureth** : 'ment et pariure'. For the emendation in *periureth*, see note to 14/13.

58/8 **all lyke as . . . aduysyon** : this begins a new sentence in the French, B 'Tout ainsi lui monstra le preudomme son auision'. Caxton seems to have forgotten that it is the 'wyse man' himself who is talking.

58/35-6 **a Chirche . . . Bealem** : 'vne eglise qui a nom nostre dame de beaulen'. It is referred to in M as 'une eglise qui est en ma terre, et a nom Nostre-Dame de Beaulieu'. This was one of two priories situated near the château of La Tour Landry, on lands owned by the Knight. (Boisard, ch. ii, p. 109.)

59/4-5 **Perrot Lenard . . . yere** : as in B, 'perrot lienart estoit sergent de celle eglise celle annee'; several manuscripts give the second name as 'luart'. Only in B, as far as I know, is he mentioned as an official of the church. I have found no reference to him outside this tale, but it seems probable that he had some connection with Candé, the small town now in the *département* of Maine-et-Loire. The manuscripts show a variety of readings, but 'cande' or a corruption of this to 'garde' appears in most of them: e.g., 'sergent de cande en lannee/lamee/la nuyt/la mer', 'sergent de garde en lannee'. The reading *lamee*, i.e. *la mee*, is probably correct: Candé-en-la-Mée is a form of the name found in early records, and would account for the scribal confusion at this point.

59/5 **vnder** : so in B, 'soubz'; M 'sur un autel'.

59/24 **chyurefare** : B 'chieurefare', M 'Chievre Faye'. Montaiglon (p. 293) notes 'Chievrefaye, abbaye de Poitou', but the Knight's allusion remains obscure: no other reference to an abbey or a church of this or a similar name has so far come to light.

59/25-6 **sore empeired . . . warre** : 'bien empiree pour les guerres'. The reading *empiree* is found in several manuscripts, and Caxton's translation is not inaccurate if *pour* has the sense 'as a result of' which is quite common in OF. It may be noted, however, that a group of manuscripts have 'emparee pour les guerres', a reading reflected in H, 'fortefyed for werres'.

59/27 **pygrere** : so B, 'pigrere'; M 'Pigière', the reading of P1 and several other manuscripts.

60/21-3 **he that . . . repente** : a common rhyming proverb in medieval French; Morawski (*Proverbes*) cites several forms of it, e.g., nos. 1848 and 1851-4, and cf. *Diz*, no. III. In this instance, however, the Knight has taken it direct from the *Miroir des bonnes femmes*: see Introduction, p. xxxix, and Grigsby, *A New Source*, pp. 175-6.

60/32 **scyence** : so in B, and H; M has 'beauté'.

61/4 **theues**, etc.: Caxton shortens the list; the Knight mentions seven kinds of wrongdoers.

61/9–10 the tyme of shewynges: perhaps a guess at an obscure form in his source. B has 'la deschance' (? = *déchéance*), M 'la desliance' (cf. H, 'till thei be vnbounde by confession').

61/27 beten . . . staf: cf. 30/22–4 n., 167/33.

61/30–1 so clerly and feruently corresponds to 'nectement' or 'nettement', which could mean 'with purity, chastely' (as at 61/16 where Caxton renders it *clenly*), or 'wholly, unreservedly': see Godefroy s.v. *Netement, adv.* The near-synonym *feruently* rather suggests that Caxton understood it in the sense 'unreservedly' here, as I have glossed it; see OED. *Clearly, adv.* †8. It may be noted, however, that MED. records the sense 'with purity' under *clerli, adv.* 1. (c), a sense not recorded in OED. s.v. *Clearly*.

62/6 preyseth, C preyse: for the emendation, see note to 36/3.

62/14 Thensample of Eue: a subject which occupies the next nine chapters. As Grigsby has shown (*A New Source*, pp. 180 ff.), the division of Eve's sin into nine 'follies' derives from the *Miroir des bonnes femmes*, and the Knight has followed closely, in places almost word for word, each of the nine 'follies' described in the *Miroir*. See Introduction, p. xxxix.

62/28 C conbusced: the second *c* was perhaps a compositor's slip; cf. *conbusted* at 79/21, 91/25, and see OED. *Combust, a.* and *v.*

63/17 For . . . another: Caxton has cut this sentence short: cf. 'car vne parole tire l'aultre, et chacune foys il conuient qu'il en soit aucune chose dicte dont il se peult apres gengler et bourder, et pour ce est bon exemple'. See Introduction, p. xxviii.

64/19 C symple and wyse: 'simples'. Typographical loss of *vn* before *wyse* can be assumed in this context; cf. l. 28, *foole and vnwise*.

64/24–5 and so . . . vnto yow: 'et si n'en mourrés pas, ains serés aussi beaulx comme dieu et sçaurés bien et mal comme luy'.

64/26 forbede that ye shold ete none of it: 'forbidden you to eat any of it'. For this use of 'forbid' with a negative, see OED. *Forbid, v.* 1. d. (*c*).

64/26–7 yf ye shold ete of it: 'se [= si] vous en mengiés'. The omission in C was probably typographical; *and* = 'if' (cf. 68/29) might have been supplied, but *yf* is more usual in C.

65/9 that she only . . . she desyred: the pleonastic *she* is probably Caxton's and not a typographical error. For other examples of the pleonastic use of the personal pronoun in Caxton's writings, see Kellner, pp. xxxi–xxxii.

65/11–12 foule thought . . . lokynge: 'pensee folle . . . fol regart'.

65/12–13 The worst enmye [C enuye] . . . the eye: 'le pir ennemy qui soit, c'est l'eueil'. Cf. 'The eye is a shrew' (ODEP., p. 235), apparently the nearest English equivalent to this proverb. *Enuye* is almost certainly a typographical error for *enmye*; cf. 74/25, C *the enuy or deuylle*. The spelling *enmy(e)* for *enemy(e)* is not uncommon in Caxton.

65/15 **semblaunt, C samblaūt**: *samblaunt* is a possible form, but since it occurs only once in this text and *semblaunt* many times, it seems likely that the *a* is a typographical error.

65/28 **cometh, C come**: 'vient'. A past tense would be just possible here, but in view of the French, and of all the other present tenses in this passage, it seems more likely that this is another instance of the typographical loss of *-th*. See note to 36/3.

66/12 For the emendations in *chaufeth* and *enflammeth*, cf. 65/24 and 165/29, and see note to 36/3.

66/16 **locke his handes**: 'ses mains regarder'. The third letter in *locke* is clearly *c* and not *o*, in all copies; cf. *-ck* for *-k* in *spack(e)* 19/33, 26/12. For this transitive use without the preposition, see OED. *Look, v.* I. 6. a.

66/17 **tast**: not 'taste', but 'touch, handle'; see OED. *Taste, v.* I. †1.

67/7 **as the nette**, etc.: Caxton has slightly altered this simile, which in the *Livre*, as in H, is of a fish baited on the hook. Cf. Ecclesiastes 9 : 12, 'as the fishes that are taken in an evil net', and see Whiting, no. F230.

67/9–12 **And right soo . . . wynes**: here Caxton has abridged some repetitive moralizing; see Introduction, p. xxviii.

67/18 **as she did**: Caxton has curtailed the French somewhat abruptly: 'Si fist elle la premiere. Et fut pour ce que elle auoit desobeÿ a dieu et fut cheute [fallen] en son yre et en son indignacion'.

67/31–2 **we . . . synne**: 'nous et ceulx qui sont endormis en pechié'. Cf. 142/34–6 and 143/19. The repetition of *and not* makes the rest of this sentence confusing, but Caxton's source may not have been altogether clear either. His interpretation seems to be 'Why do we not think to reform ourselves, and why do we not constantly strive against the foolish hope of a long life, instead of waiting (to reform) until we realize that we are about to die'.

67/37 **after** is probably the adverb 'afterwards, then', not the conjunction. Cf. 'Et apres cellui larron emblant [stealing] de iour en iour est de puis prins et l'en destruit', i.e., his constant thieving leads to his eventual capture and death.

68/8 **sages**: so in B, 'saiges', where (as the context suggests) it may be a corruption of *anges*, the reading in M.

68/11 **as she dyde**: 'comme elle'. There is no need to emend *she* to *he* here (see note to 77/20). **wold not**: on the omission of the subject pronoun, see note to 18/19–20.

68/16 **shalle mowe come,** here expressing future possibility: 'pourra venir'. *Mowe*, a parallel form of the infinitive *may*, apparently became obsolete in the sixteenth century: see OED. *May, v.*¹ A. †1. Its use in Caxton's prose seems to be confined mainly to constructions of this sort; this is the only instance in KT, but it is quite common in *Blanchardyn and Eglantine*. See Kellner, liii–liv.

68/22 **he tooke deth**: 'il print mort'.

68/35–7 **And therfore**, etc.: Caxton has again slightly abridged the end of the chapter.

69/3 **dyde . . . reason**: 'la mist a raison'. See OED. *Reason, sb.*¹ I. 2. †b.

69/19 **vylaynsly**: there is no need to emend, since this is a well-attested form. Cf. 80/26, 84/34, 86/19, 97/33, 102/5, 10, 110/16, 111/31, 114/1: *vylaynysly* occurs once (91/19), and *vylaynously* once (96/21). See OED. † *Villains, a.*, † *Villainsly, adv.*

69/21 ff. These sayings attributed to St. Paul and St. Peter do not occur in the corresponding section of the *Miroir des bonnes femmes* (see note to 62/14). They appear to have no definite biblical source, although the saying attributed to St. Paul is reminiscent of 1 John 1 : 7–9. The simile of the thief (cf. 67/35 ff.) has no parallel in the Bible, but might perhaps have been recalled from a sermon on the theme of sin. The idea of sin as a devil dwelling in man is slightly reminiscent of Matthew 12 : 43–5 (Luke 11 : 24–6).

70/5–7 **dressid . . . hornes**: 'd'atournees a la nouuelle maniere qui estoient fort desguisees et auoient grandes cornes'. There is abundant evidence, particularly from satirical references in medieval literature, of the wearing of head-dresses made in the shape of two horns, rising one from each side of the head. The horns were sometimes 'covered with velvet and richly embroidered' (Evans, p. 36).

70/11 **desguysynge**: D. A. Pearsall, op. cit. (note to 4/7 ff.), p. 143, notes that the word 'was often used of fashions of dress so extravagant as to be morally censurable', and gives references to its use in this sense by Chaucer.

70/16 **dyde made to rayne**: cf. 86/13–14, and note.

70/24 C **snayle**: the plural *ben* suggests that *snayles* was intended and that the omission of *s* was typographical. In M they are compared to snails and unicorns, in B to unicorns; and the comparison is elaborated with a satirical reference to men's clothing which Caxton has omitted.

70/24–8 **He said . . . water**: Caxton's omissions have made this passage rather confused. The preacher goes on to ridicule these women in their horned head-dresses by comparing them with deer lowering their antlers: 'elles resemblent les cerfz branchuz qui baissent la teste ou menu boys. Et aussi quant elles viennent a l'eglise . . . quant on leur donne de l'eaue benoite elles baissent les testes et leurs branches. Ie me doubte, dist l'euesque, que l'ennemy ne soit assis entre leurs cornes.' M continues 'et pour ce les fait-il baisser les têtes et les cornes, car il n'a cure de l'eaue benoyste'; B omits these clauses. It may be assumed that Caxton's source did not read *car il n'a cure de* but *par/pour la nature de* as in some of the manuscripts, but the logical connection is not very clear in C. The sense of *that maketh the deuylle* is perhaps 'the devil causes that': the devil sitting on their heads (i.e., the weight of their sins of pride and vanity, manifested in those ridiculous horned head-dresses) causes them to bend down their heads with shame in the presence of Holy Water.

70/34 **their braunches**: Caxton has apparently forgotten that he omitted the preacher's comparison of the horned head-dresses with the antlers of a deer: see note above.

71/4–5 **the booke . . . of lyf**: 'la vie des peres', often mentioned by the Knight as one of his sources: cf. 133/20, 156/17–18, 158/22, 176/6–7, and see Introduction, p. xli. Caxton may have had *Vitae Patrum* in mind when he wrote *of lyf*; he amends this slip at 156/17–18, *the booke of the holy faders lyf*. **tonge**: Caxton probably saw *lange*, which he interpreted as *langue* 'tongue' instead of *l'ange* 'the angel'.

71/19–20 **a passynge fowle wey . . . medowe**: 'vng petit marais et bien mauuais chemin'.

71/20 **ladyes, C lady**: cf. 'les plus ieunes femmes'. The likelihood that the omission of *-es* was typographical is increased by the position of *lady*, at the end of a line in C. Cf. note to 128/12.

71/26 **old cloddes all roten**: 'vieilles cloies pourries'. *Cloie* = mod. F. *claie*; perhaps they were old rotting hurdles strung across the marshy ground to form a path.

71/30–1 **knyues . . . wasshyng**: the ladies would have had their own knives with them to use at the feast. There is no mention in the *Livre* of any 'washing' here.

71/34–5 **after . . . dronken**: Caxton's addition. In the *Livre*, they apparently tell their story as soon as they arrive.

72/3–5 **For . . . hyndreth them**: cf. Whiting, no. A48. **And suche . . . all**: cf. 71/10–12, and Matthew 19 : 30, 20 : 16.

72/9 **enhaunced . . . wysshed**: this corresponds to 'desauancer les aultres pour auoir le plus de regars'. The sense of *holden* is probably 'held up', 'esteemed'. *Wysshed* is curious; the sense may be simply 'wished for', hence perhaps 'desired, envied'. It could possibly derive from OE. *wissian*, OED. †*Wis, v.*¹ 'point out', etc., which would bring the sense a little closer to the French. Forms with *-ssh-* in Caxton normally derive either from OE. *-sc-* or from *-ss-* in words of French origin, but *-ssh-* in words of native origin does appear occasionally, e.g. *kysshed, kysshing* in his *History of Jason*: see Wiencke, p. 74, § 80.2.

72/9–10 **as for** translates 'pour': the sense is 'for', i.e., corresponding to. **that moken [C maken] of hit**: 'qui s'en moquent et bourdent', M 'quy le tiennent à mauuays et s'en moquent et bourdent'. *Moken* has been adopted as the simplest emendation; the normal spelling in this text is with *-ck-*, but cf. *moke* in *Reynard the Fox* (ed. N. F. Blake, E.E.T.S., o.s. 263, 21/12). Another possibility is that a word has been lost after *maken*: *euylle* (cf. the reading in M), *bourd*, or *mocquerye* (cf. 36/39) would be suitable additions here.

72/11–12 **For suche . . . them**: cf. 155/2–4, 158/3–5, and Whiting, no. P353.

72/27–8 **The lesse . . . seurest**: 'C'est a en faire plus sur le moins que sur le plus', i.e., to err on the side of less rather than of more.

73/10–11 **herupon . . . merueil**: 'Dont ie vous en diray vne merueille'.

In view of the French, and the inclusion of the article in similar uses of this expression at 105/31, 33, I have assumed that the omission of *a* here was typographical. (But in expressions like *It is merueyle* 73/5, *grete merueylle is* 104/33–4, the omission is probably idiomatic.) **in this same yere** : Caxton has omitted the actual date, which is given as 1372; cf. note to 149/14. On some interesting textual points that emerge from a comparison of French versions of this passage and the German version of 1493, see Harvey, *Prolegomena*, pp. 170–2. The anecdote is much abridged in H and is told as part of the bishop's sermon, not as a personal reminiscence by the Knight.

73/14 **dyuersly** : 'strangely, fantastically', as OF. *diversement*; this sense is not recorded in OED., but see MED. *diverseli, adv.* 1. (c).

73/18–19 **And therfore . . . lokyng** : 'et pour tant eut elle bien sa part des regars'.

73/21–2 **the galhows aray** : 'l'atour gibet'. V. Gay, in *Glossaire archéologique du Moyen Âge et de la Renaissance*, i (Paris, 1887), p. 777, defines the 'atour du gibet' as 'Coiffure de femme, à longues cornes, d'où les voiles ou fanfreluches pendaient comme d'une potence [gallows, gibbet]'. Other fantastic ways of dressing the hair at this period are mentioned by Evans, pp. 55–7.

73/25–6 **as . . . scornynge** : 'comme en moquerie'. A more expressive reading found in several of the manuscripts is 'comme les petis oiseaulx'; some have 'comme petis enfans'.

73/29–31 **hyghe . . . galhows** : 'hault leué sur longues espingles d'argent plus d'ung pié [foot] sur la teste moult estraingement comme vng gibet'. I have adopted the emendation *enlewed* suggested by N. F. Blake for *culewed*, the word in C (see Plate 2, l. 32) corresponding to *leué*. No sense can be made of *culewed* as it stands; *en* could easily have been misread by the compositor as *cu*; and *enlewed* gives the literal rendering of *leué* that one would expect. Similar instances of Caxton's adding the *en-* prefix to a verb from his French source are *engrossed* for *grossé* and *enorned* for *orné* (Blake, p. 177). The spelling *w* for *u* = *v* is found elsewhere in Caxton, e.g. *ywell, ewill* 'evil' noted by Wiencke, p. 65, § 65.2. For a discussion of this emendation and the principle underlying it, see N. F. Blake, 'Caxton's Language', *Neuphilologische Mitteilungen* 2. lxvii (1966), 129–30. On the measurement of the *espingles*, a phrase which Caxton has omitted, see Harvey, *Prolegomena*, p. 172. It is possible that Caxton's source contained a word that he did not understand: some manuscripts read *doy* 'finger', but a few have the rare word *dour*, a unit of measurement now obsolete.

73/34 ff. Caxton has again slightly curtailed the last few remarks of this chapter.

74/7–8 **were . . . to geder** : added by Caxton.

74/21–2 **was in a balaunce** : '(she) was on the scales'; on the omission of the pronoun, see note to 18/19–20.

74/24 **it were her gounes** : 'C'estoient ses robes'. Caxton may have been influenced by the French here, but a plural verb (agreeing with the following noun) after *it*, as in German *es waren*, was probably still acceptable in fifteenth-century English; see OED. *It, pron.* 2.

74/28–9 **a long gowne . . . short gownes**: 'd'une robe longue et deux courtes et deux cotes hardies'. Cf. note to 39/12. The term 'cote-hardie' was used in French as in English of both a man's and a woman's garment. The cote-hardie worn by women was what today might be described as 'a well-fitted one-piece dress' (Blanche Payne, *History of Costume* (New York, 1965), p. 189). It was an over-gown with close-fitting bodice, cut low at the neck, and with varying styles of sleeves and skirt. The cote-hardie worn by men was basically a close-fitting tunic or surcoat, of a style which varied according to fashion and the status of the wearer: see ch. 115, where the Knight describes how a young man's cote-hardie was publicly criticized as unsuitable for his status and the occasion.

74/32 **l. ellys of burell or fryse**: '.l. bonnes robes de burel'. This slight departure from the French may have been prompted by Caxton's own practical experience as a mercer; see Blake, p. 37. On the ell as a measure of length, see OED. *Ell*[1].

75/4 **dyde . . . gownes**: 'lui vestit ses robes'. *Endowe* is probably a form of *endue* 'to put on as a garment'; see OED. *Endow, v.* †4, where this form is recorded as a nonce spelling, and *Endue, v.* IV. 6. MED. notes confusion between *end(e)uen* and *endouen*, and records this sense under *induen*.

75/7 **part of this aduysion**: so B, 'vne partie de ceste vision'; M 'ce fait'.

75/23 **grete synnes**: 'petis pechiez'.

75/32 **seuen yere**: Caxton omits an explanation that the seven years' fire is for cleansing and purifying the soul.

75/38 **of the folke**: here Caxton omits the comment that too much preoccupation with dress and appearance can lead to the sins of pride and lechery; cf. H.

76/3–7 **And yet . . . loste**: 'Et si en y a maintes par le monde qui ont bien le ceur a faire acheter vne robe de .lx. ou de quatre vings frans et elles tendroient bien a grande chose s'elles auoient donnee a aucun poure homme vne robe des deux ou troys frans'.

77/15 **hem, C hym**: cf. 'leur a faicte'. The error was probably typographical here.

77/20 **she [C he] . . . browes**: 'elle auoit affaictiez ses sorcis'. This is one of several instances in C where *she* would give a better sense than *he*, and vice versa. Cf. 90/12, 115/14, and 131/20, where the sense demands *she*, and 90/2 and 95/16, where the sense would be improved by *he*; see also 82/33–4, and note. One cannot be certain in any of these instances that the error was not Caxton's own, caused by hasty or careless translation, but there is evidence at 129/38, where JR reads *he* and the other copies have correctly *she*, that this could have been a typographical mistake. It has therefore been decided to give Caxton the benefit of the doubt and to emend *he* to *she* and *she* to *he* in all instances where emendation would improve the sense. That confusion of *he* and *she*, though rather frequent in KT, is not peculiar to this text may be seen from comparable instances elsewhere in Caxton, e.g. in *Blanchardyn and Eglantine*, Kellner 74/14.

77/33–4 **that men . . . fair**: 'que l'en vouloit enseuelir'; cf. H, 'that was not beryed'.

77/34 **black**: 'noir', but see note to 159/2.

78/1 **fryday . . . wednesday**: as in M; some manuscripts, e.g. B, V, and H, mention Tuesday and Friday.

78/4–5 **of that he had sene,** etc.: typographical mishaps are not uncommon in the last line of a chapter (cf. 95/1–2, 129/38, and notes), and the textual additions are probably justified. For *of* before *his last wyf*, cf. 'de ce qu'il auoit veu de sa darrainiere femme'; *on* might also be considered. The sense demands the addition of *his* before *vncle*, but it may be noted that the article is omitted in B also: 'de ce que preudomme lui auoit dit'. It is possible that Caxton was following his source too closely and that the omission was his own.

78/19–20 **suche forme . . . was**: Caxton has abridged a little: the French enlarges upon the horrible aspect of the face.

78/20–3 **But well . . . countrefeture**: here Caxton is more emphatic than the French: 'Si pense bien que le fardement et la painture que elle souloit faire et mettre entour elle estoit la cause de cellui fait'.

78/26 **faces**: Caxton omits some advice on the treatment of eyebrows and hair; cf. H.

78/28 **oure lady of Rukemadoure**: the church of Our Lady of Rocamadour (in the Lot *département*), still a famous place of pilgrimage. I have found no other reference to the story about the tresses; for some of the miracles with which the church is associated, see E. Albe, *Les Miracles de Notre-Dame de Roc-Amadour au XIIᵉ siècle* (Paris, 1907).

78/30–2 **And therfor . . . hangynge**: 'Et pour ce elles ne peurent entrer en l'eglise iusques a tant qu'elles eurent fait coper leurs trasses, et encore y sont'.

78/33 **that that**: possibly typographical, but since it could have been Caxton's own repetition, for emphasis, I have not emended.

79/13 **her two doughters**: B 'deux des ses filles', M 'troix de ses filles'; H 'his iij doughtres'. (*Des* for normal *de* occurs so often in this and similar phrases in B (cf. notes to 5/3, 54/9–10, 105/5–6, 134/21–3, 181/24, 192/3–4, and there are many other instances in B) that it is probably not to be regarded as a scribal error and so I have not emended. It may be a trace of a variant usage which did not survive.)

79/16 **was . . . salt stone**: 'elle deuint comme pierre'. Cf. 80/5, 14. The *salt stone* refers of course to the 'pillar of salt' mentioned in Genesis 19: 26.

79/17–18 **of verter**: B 'de venter', M 'de Verto', i.e. of Vertou, near Nantes in Brittany. **of derbenges**: B 'derbenges', M 'de Erbanges'. This is probably *Herbauge*, formerly the name of a region in Poitou:

'Herbauge (en lat. *Herbadillicus pagus*), petit pays du Poitou, mentionné dès le VIe siècle . . . Il était compris dans les départements de la Loire-Inférieure et, surtout, de la Vendée . . . Il devait son nom à la ville, plus ou moins légendaire, d'Herbadilla' (*Larousse du XXe siècle*).

79/25 **bestorneth,** C **bestormeth**: for the emendation, cf. B and M 'bestourne', and C *bestourned* at 88/31 and 189/16.

79/26 **brenned . . . sulphure**: 'arsés par fouldre puant'. The first *r* in C *fourdryed* (of which OED. cites only this instance) looks like a typographical error caused by *r* in the next syllable. Emendation to *fouldryed* seems reasonable in view of the form in B, and cf. *fouldre* in C at 91/26.

79/36 **fro the forfait of maryage**: B 'du fait de mariage', M 'du feu de luxure fors du fait de mariage'.

80/1–2 **For in maryage, etc.**: B 'Car aultrement que en mariaige on peche griefment'; this clause is not in M. **many . . . synne**: for *many* followed by a singular substantive without the article, see OED. *Many*, A. 1. †a.

80/7–12 **how ofte . . . the contraire**: an awkward sentence, but it is possible that *is* has dropped out before *that nomore*. The anacoluthon does not occur in the French, which Caxton is translating rather freely here.

80/18 **dyde so moche**: 'la quisrent [sought] tant'. See note to 82/35.

80/23 **For . . . ende**: 'Car de mauuaise vie vient mauuaise fin'. Cf. Morawski, *Proverbes*, no. 521, and Whiting, no. L250, ODEP., p. 399. See note to 183/5.

80/25–6 **thexample . . . Loth**: B also includes this story in ch. 55; M and H begin a new chapter here.

80/33–4 **a bothe his sydes**: *a* is probably the 'worn-down proclitic form' of *on* here and not an error for *at*. See OED. *A, prep.*[1], 3.

80/36 ff. **And had two sones,** etc.: H has a lacuna caused by a missing leaf at this point. The manuscript continues at a point corresponding to C 83/21, *the hooly Heremyte*.

80/40 **after . . . moder**: added by Caxton.

81/8 **yongth**: C reads *yougth(e)* here and at 125/25. *Yougth(e)* is a possible spelling, but since *yongth(e)* occurs six times elsewhere in the text I have preferred to assume that the two instances of *u* in combination with *g* in this word are typographical errors. See Introduction, p. xv, and OED. †*Youngth, Youth*.

81/23 **traitresse**: so B, 'ma traitresse'; M adopts the reading of L, 'cause de ma tristesse'.

82/5 **come thyder**: on the omission of the pronoun, see note to 18/19–20.

82/12 **acoynted . . . erle**: the French adds that he made her pregnant.

82/33–4 **that she was not barayn**: 'qu'il n'estoit pas brahain', i.e., 'that he was not sterile'. It is possible that this is another instance of *he/she* confusion (see note to 77/20), and that *barayn* has the sense 'sterile': see MED. *barain(e, adj.* (1). But since *she* gives a reasonably good sense in this context, I have not emended. *Barayn, berhayn* is used of women elsewhere in C: cf. 99/29, 106/27.

82/35 **so moche . . . dide**: this is Caxton's usual rendering of 'tant fist' or 'fist tant'; cf. 92/28, 107/8, 146/37 ('tant quist'), 181/4–5, 187/12–13.

82/38 **Zaram**: B and M have incorrectly 'Amon', but Montaiglon notes (p. 296) that P1 has 'Zazam'; Caxton's source may have had a form like this.

83/11 **took . . . couthe**: 'prenoit amendes et tailles'.

83/15 **put in exyle**: 'laid waste', a sense of OF. *met(t)re a essil.*

83/23 **one his sone**: 'vng sien filz'. See note to 91/3.

84/5 **parastre**: this word is defined in the French too. It is not recorded in OED.; see Introduction, p. xxxiii.

84/27–8 **whiche . . . obscure**: added by Caxton.

84/36–7 **good delyng . . . guydynge**: 'bien faire'. For the sense of *guydynge* here, see OED. *Guiding, vbl. sb.* †2.

85/5–6 **the moders . . . dolorous deth**: 'les douloureuses meres . . . la grande mort'.

85/14–15 **of . . . fruyte**: see Whiting, no. T465, ODEP., p. 837.

85/19 **with precious stones**: Caxton's addition to 'de tres riches draps'. Cf. 100/26, and note.

85/30 **I made anone to knowe**: 'at once made known'.

86/10 **only . . . harnois**: i.e., for what she could get, for her own ends. This seems to be the earliest recorded instance in English (it is omitted in II) of this use of the phrase: see OED. *Horse, sb.* III. 25. b.

86/13–14 **dyde made her to come**: cf. 70/16, *dyde made to rayne.* There is no need to emend *made* to *make*; Kellner, p. lxiv, cites other instances of this type of construction, which is not uncommon in Caxton's writings.

86/15–16 **one . . . Chyuetayns**: according to M he was named 'Finées' (Phinehas, Numbers 25: 6–8), and was 'nepveu Aaron'. B omits his name but retains the reference to Aaron.

86/24 **as many mo**: ten times as many, according to the manuscripts in which I have checked this point.

86/31–5 **And . . . of it**: Caxton has again abridged the last sentence of the chapter.

87/11–12 **kyssed . . . lytell**: 'la baisoit et acoloit petit a petit'. If Caxton's source had 'et tant fist' before 'petit', as in M, *made* is a departure from his usual *dide* in this expression; see note to 82/35.

87/24–5 **to tempte**: i.e., in tempting. Cf. 'Car l'ennemy est trop subtil et la char qui est ieune et gaye est aiscé [easy] a tempter'.

88/1 **She . . . self**: a common rhyming proverb in medieval French, 'Femme qui prent elle se vent'; cf. Morawski, *Proverbes*, no. 738, and *Diz*, no. 83, and see Whiting, no. W516, ODEP., p. 802.

88/24–5 **And in trouthe . . . see not**: Caxton abridges slightly here: the gossip's reply is more teasing and impudent in the French. Cf. 'Car en bonne foy il a esté ennuyt iour et nuyt dessus. Et on cuide souuent veoir tele chose de quoy on ne voit pas moult'.

88/30–1 **Hit was . . . your syght**: 'ce n'est que la nuit et le iour qui se bestournent'. It is hard to say from his translation how Caxton understood this: perhaps 'in the half-light (the twilight or early dawn) you "imagined things" '. There may be a double implication in the French: that one is liable to 'imagine things' in the borderline between night and day; and that the rope-maker is confused in his mind again, getting night and day mixed up just as he apparently could not distinguish the black wool from the white.

88/36 **put . . . armes**: 'trouça a son aisselle [armpit]'—i.e., perhaps he tucked them under his sleeve as a convenient way of carrying them. Cf. H, 'putte hem in his sleue'.

89/1 **vnder the bedde**: 'en la ruelle du lit', H 'betwene the bedde and the wall'.

89/24 **forceth, C forced**: 'prennent'. For the emendation, see note to 14/13.

89/30 **ones sawe . . . goo**: 'se print garde qu'elle aloit moult souuent'.

89/33 **losynge, C lysynge**: the *y* in the first syllable looks like a typographical error. Another possible emendation would be *lesynge*: see OED. †*Leesing, vbl. sb.*[1].

90/2 ff. **brake . . . he [C she]**, etc.: at this point of the story in the *Livre*, the husband merely admonishes his wife; he then goes into the town to arrange things with a surgeon, returns home, takes a pestle, and breaks his wife's legs. On the emendation of *she* to *he*, see note to 77/20. The emendation is not much of an improvement here, but one can hardly credit Caxton with the statement that the woman went into the town after her legs had been broken. This looks like over-hasty translation again: straying momentarily from the French, perhaps, and with his mind on the outcome of the story, Caxton inserted *brake bothe her legges* too soon, then returning to his source he followed it closely again, forgetting what he had put earlier. Or possibly he had at first intended to shorten the story by omitting the visit to the surgeon, but then changed his mind and included it without revising his previous sentence.

90/7 **couenaunt**: possibly an error, either typographical or Caxton's own slip; cf. 'commandement' in B and M.

90/12–13 **that . . . therof**: 'qu'elle ne s'en voulut nullement chastier'. For this sense of *chastyse*, 'reform one's behaviour', cf. 91/13, and see OED. *Chastise, v.* †1. On the emendation of *he* to *she*, see note to 77/20.

90/20–1 **that . . . wytte**: 'qu'il perdit toute memoire'. OF. *memoire* often, as here, = 'bon sens', and Caxton has taken it over with this meaning: *memorye and wytte* form a doublet.

90/30–1 **But . . . wulf**: cf. Whiting, no. W448.

91/2–3 **with one her kynne**: 'a son parent'; here the apposition is not taken over from the French as it is in *one myn Aunte* 32/31, *one his sone* 83/23. This appositive construction is not uncommon in Caxton's prose, but may have been old-fashioned in his time. Cf. 105/34–6, 125/23–4, 136/17, and 187/28.

91/5–6 **so ofte . . . in pyeces**: as in B, 'tant va le pot a l'eaue qu'il brise'; M gives another version. This was a common medieval proverb: see Whiting, no. P323, ODEP., p. 628.

91/34–5 **the . . . vyrgyns**: the reference is to the story of St. Ursula and the eleven thousand virgins told in the *Legenda Aurea*, a work which Caxton had himself translated; see note to 132/26–9.

91/37–8 **surmounted . . . tyraunts**: 'vainquirent toutes les temptacions du ceur, de la char et de l'ennemy'.

92/4–5 **body & sowle the loue of god**: 'l'ame et l'amour de dieu'. A pause must be assumed after *sowle*.

92/16–17 **Apomena**: so in B; M 'Apamena . . . Apemena'. The name occurs as *Apemen* in the Vulgate, *Apame* in the Authorized Version. **a symple knyght . . . Bernard**: 'ung simple cheualier . . . Berart'. A *simple chevalier* was an ordinary knight, or knight-bachelor, as opposed to one of higher rank such as a knight-banneret. (See Introduction, p. xxxv, n. 5.) The manuscripts differ widely in their spellings of the name, which appears as *Bezacis* (genitive case) in the Vulgate, *Bartacus* in the Authorized Version (Apocrypha, 1 Esdras 4 : 29). See Stolingwa, pp. 119–20.

92/29–30 **the kynge . . . exyle**: 'le roy en fut marry [vexed, grieved]. Et elle fut a tort ou a droit . . . menee en exil par le moyen des parens du roy'.

93/6–7 **A stone . . . falleth**: 'pierre brise et cheual chiet'. *Slyteth* may be a form of *slite* 'to slit or split', a comparatively rare verb; only transitive uses in this sense are recorded in OED., s.v. *Slite*. H omits this proverb, for which there is no close equivalent in English; Stolingwa (p. 156, quoting M 'pierre vire et cheval chiet') could find no other instance in French.

93/11 **wyf of . . . Herodes**: she is not named in the *Livre*, but the allusion is apparently to Mariamne, one of the wives of Herod the Great, whose death he ordered in a fit of rage. See Stolingwa, pp. 120–1, and Grigsby, *A New Source*, p. 191.

93/15–16 **a prynce to her loue**: 'vng trop priué amy'.

93/23 **sory**: 'moult courroucié'. Both English translators felt sorrow to be more appropriate than anger in this context; cf. H, 'full sory'.

94/2–3 **another ensample of . . . vastys**: as in other instances of this opening formula, the sense demands a pause after *ensample*; this is the only story of Queen Vashti told in the *Livre*. Caxton's translation of this story has been suggested as a possible analogue to the play *The Taming of a Shrew* (an anonymous play which first appeared in quarto in 1594 and from which Shakespeare's play was partly adapted): see John W. Shroeder, 'A New Analogue and Possible Source for *The Taming of a Shrew*', in *Shakespeare Quarterly*, x (1959), 251–5.

94/12–13 that he . . . wallys : 'qu'il la meist hors d'auecques lui en mue'.

94/22 notwithstondynge . . . lamentacion : 'par son orgueil'.

95/1–2 maketh . . . felawe : 'se fait craindre et doubter a sa compaigne'. Little sense can be made of *drawe* in C, and the emendation is supported by 'craindre'. One may assume that the error was a typographical anticipation of *felawe*.

95/3 a man : it is possible that Caxton wrote *aman*, i.e. the Haman of the story in Esther 3 ff., and that the word was split by the compositor.

95/5 one Amon . . . Seneschal : 'Ce fut de la femme Amon qui fut seneschal du roy'. Here the name appears correctly in C, but the reference to Haman's wife which gives the story its point is omitted. Perhaps Caxton read *femme Amon* over-hastily as 'the woman Amon', and took it to be an error. M is free from ambiguity with 'Ce fust de la femme à Aman, qui fust femme du seneschal du roy'.

95/8–9 whanne he sawe hym, etc.: *he*, i.e. Haman; *hym* is reflexive. 'When Haman realized that he had become so rich and powerful.'

95/16–17 he [C she] . . . reuerence : 'ne lui deignoit faire honneur'. It was of course Mordecai, not Queen Esther, who refused to bow down to Haman: see Esther 3 : 2. One cannot be sure from Caxton's rather confused sentence that he understood who was the subject of *daygned*, and the error might have been his own. But this is another instance where he can be given the benefit of the doubt: see note to 77/20.

95/17–18 he bicame as a fole : 'dont il en deuint ainsi comme tout fol'; *il* refers of course to Amon. M is clearer, with 'dont cellui Aaman en fust bien fel'.

95/22–3 make hym and his wyf . . . meschyef : 'qu'il le feist pendre lui et sa femme a grant meschief'. M does not mention the wife of Mordecai, nor is she referred to in the Bible.

96/21 deyd, C **dyd :** *dyd* would give a possible sense here, but B has 'il morut villainnement', and we may assume that *deyd* was what Caxton intended.

97/2–3 an Aker . . . good : B 'vne bonne vigne', M 'une pièce de vingne moult bonne'. Caxton is probably using *Aker* in its sense 'piece of land', not specifying the extent of the vineyard: see OED. *Acre,* 1.

97/12–14 Iosue : B 'le roy iozue', M 'le roy Jozu'. The reference is to Jehu, 2 Kings 9 ff. **lx children :** as in M and H; B gives the number as '.xl.'. See 2 Kings 10 : 6, 7.

97/19 flouryshynge, C **flourynge :** the sense given by *flourynge* does not fit the context here, and it seems reasonable to assume that *ysh* has been lost. See OED. *Flowering, vbl. sb.*, MED. *flouring*, and OED. *Flourishing, vbl. sb.²*, MED. *florishing* 2. (a).

97/23 **of a hyghe voys** : added by Caxton.

97/36-7 **as she was** : 'et ainsi cheut son grant orgueil et sa fierté'.

98/9 **of the lond** : 'de son païs, ne aussi de tancer ne de dire grosses paroles a plus grant ne a plus fort de lui'.

98/11 **Athalye** : some rearrangement of the reading in C (see textual footnote) is obviously needed, and I have assumed that *Athalye* has been misplaced by the compositor. It should be mentioned, however, that the usual order is inverted in M and B: 'De athalia vous vueil dire vng aultre exemple . . .'. It is just possible that Caxton was torn between the more usual opening formula and a word-for-word adherence to the French, and muddled the sentence himself.

98/15 **a good man named Zoadis** : 'vng preudomme qui auoit nom ioadis'; M also has 'Joadis'. According to the Bible story (2 Kings 11 : 1-3, 2 Chronicles 22 : 10-12), it was Jehosheba (Jehoshabeath), sister of Ahaziah (*Ozias*, above), who saved Joash the son of Ahaziah from the massacre. The 'preudomme . . . ioadis' may, however, refer to the priest Jehoiada (2 Kings 11 : 4 ff.), who according to 2 Chronicles 22 : 11 was the husband of Jehoshabeath; his residence within the boundary walls of the temple would have given special facilities for concealing the child.

98/29-30 **Sybile** : i.e., the Sibyl. This 'prophecy' has not so far been traced, but it is possible that it existed in one of the many collections of so-called 'Sibylline' utterances which were current in the Middle Ages. **fro black Spayne** : so B, 'de noire espaingne'. The epithet is no doubt a scribal corruption of *uers = vers*, as in M 'de vers Espaigne'; most of the manuscripts read *de uers, deuers, = devers* 'from'. Brunhilda was a daughter of the Visigothic king Athanagild, so she would have come from Spain to France when she married the Frankish king Sigebert I in 566 or 567. **of Gaule France** : 'de gaule c'est france', which is probably the sense Caxton intended. It is just possible, however, that *Gaule* is used as an adjective here; if so, this antedates the earliest quotation given in OED. s.v. *Gaul*, †B. *adj.* (1601).

98/32-4 **For . . . reherced** : Caxton has slightly abridged this account.

99/4-5 **sentence . . . taylle** : 'fut iugié a destruire a queue de cheual'. That she was bound by her own hair to the horse's tail, though not mentioned in any version of the *Livre* as far as I know, is a feature of the story of Brunhilda's torture and was probably added by Caxton from an account that he recollected.

99/6 Caxton omits some concluding remarks which he probably felt to be redundant: the *Livre* repeats a proverb quoted earlier, cf. C 91/5-6.

99/12-13 **put oute of the towne** : as a medieval leper would have been; 'lazar-houses' or leper hospitals were placed outside the town walls.

Cf. 'qu'elle fut separee et ostee d'entre les gens de la ville'; for the biblical version of this story, see Numbers 12 : 10 ff.

99/20 Caxton has omitted a few sentences which merely repeat the moral of the chapter.

99/21 **Fenenna :** Caxton shows that he is familiar with the Latin form of this name: in the Vulgate it is *Phenenna*, in the Authorized Version *Peninnah* (1 Samuel 1 : 2). B has 'Phemona', M 'Phenomia'.

99/24 **Helchana :** as in the Vulgate, *Elcana*; *Elkanah* in the Authorized Version. The name is garbled to 'archena' in B, 'Archaria' in M; H has 'Archana'.

100/26 **precious stones :** not mentioned in the French. Cf. 85/19, and note.

100/34–5 **to tourne aboute a mylle :** OED. cites this instance under *Turn about, trans.* 'To cause to rotate or revolve' (*Turn, v.* VIII. 65. †c.). However, it seems more likely that Caxton intended the ordinary intransitive sense, as in B: 'le faisoient tourner autour d'ung moulin'. The reference is presumably to Judges 16 : 21, '. . . and he did grind in the prison house'.

101/3 **theues,** etc.: Caxton makes some omissions in the list which follows, notably a reference to the practice of simony, which is retained in H.

101/22–3 **pyler . . . place :** 'maistre pilier de la sale'.

102/3 **galga :** B 'galba', M 'Gabal'; the Vulgate has *Gabaa*, the Authorized Version *Gibeah*. Caxton follows closely the Knight's garbled version of the story in Judges 19, 20.

102/14–17 **& thenne . . . her kyn :** Caxton elaborates a little upon 'et pensa puis qu'elle estoit morte qu'il la mettroit en .xii. pieces auec certaines lettres et l'enuoieroit a ses amis prochains'.

102/34 **the vsage :** 'le droit'. **tendeth :** 'veult'. There are many possible senses of the verb *tend* in early English, and one cannot be certain in which sense Caxton used it here. Perhaps the most likely, in view of the French, is 'intends, purposes', as in OED. *Tend, v.*[1] 7, but see also the senses under 2. †b.

103/9–10 **the clowte . . . platers :** 'la touaille de la cuysine'.

103/13–16 **Lady . . . with al :** cf. 'dame, puis que vous ne voulés venir a mon mandement ne mangier en ma compaingnie, ie vous baille cestui porchier et ceste nape pour vous ma[n]gier'. Caxton's rendering is lively and colloquial.

103/21–2 **And also . . . woman :** this corresponds to the concluding sentence of the chapter in the French; Caxton has added the sentence *For euer . . . lord.*

103/25–6 **a grete lady . . . Susanna :** here textual corruption in some of the manuscripts has almost completely obscured the biblical version of this story. The name in M is 'Cissana', and is correctly applied to the son: 'Je vous diray sur l'exemple de grerie [flattery]. Une grant dame avoit un filz qui avoit nom Cissana' (i.e., Sisera; see Judges 5 : 24–31). Some manuscripts, however, read *grieux* for *gre(e)rie*, perhaps through the stage *greeur, graeor*, etc., 'flatterer'. In B the transformation is complete with *grecz* 'Greeks', and the name has passed to the lady: 'Ie vous diray sur l'exemple des grecz comme vne grande dame qui auoit nom sisana qui auoit vng filz moult grant sire'. (The reading 'vne grant dame . . . susana' in V suggests that Caxton's *Susanna* was not a deliberate change but what he found in his source.) Caxton has wisely omitted any reference to Greece or the Greeks; H evidently derives from a copy which had the corruption from *gre(e)rie* or *greeur* but the name correctly applied, 'There was a gret lorde of Grece that hight Sisana'.

103/33 **C of fayre wordes nought:** the sense demands some addition, but there may have been more than one word lost. Another possible reading would be: *of fayre wordes/ and sayd to her wordes of nought*, as in B, 'apaisoit sa dame par belles paroles et lui disoit paroles de neant'; M has 'paissoit sa dame et lui disoit joye de neant'.

104/3 **that good lady:** 'celle bonne dame'; M 'à Jouel, la bonne dame', the reading in several manuscripts.

104/10 **Iouglours:** M 'les enchanteurs, qui font semblant d'un charbon que ce soit une belle chose'. The comparison is missing in B, where a line or two may have been dropped by the copyist; see Introduction, p. xxvi. In H, not only this simile but the two anecdotes following it are omitted.

104/12 **one ought:** it may be noted that there are fairly numerous examples in KT of *one* used for the indefinite person as in modern English (French *on*). Cf. instances at 5/6, 10/21, 24, 77/8, 106/22, 118/18, 128/12, 138/25, 139/33–4, (*men ought . . . one is*), 160/11, 165/10, and 174/26. (Similar but less clear-cut instances occur in *yf* clauses at 68/33, 37, 136/22, 25, and 149/34, where *one* could be taken as 'someone', 'some person'.) The more usual pronoun of the indefinite person in Caxton, as in ME. generally, is *me(n)*, which in KT occurs frequently with *ought*: see Glossary s.v. *me*. However, the instances mentioned above show that *one* was gaining ground more rapidly than has been supposed, and that Kellner's statement on p. xlvi that this use of it does not occur in Caxton is incorrect. See Matti Rissanen, 'The Uses of *One* in Old and Early Middle English', *Mémoires de la Société Néophilologique de Helsinki*, pp. 65–8, and Mustanoja, p. 219 ff.

104/23–4 **Angolosme . . . Aguyllon:** after recovering Angoulême from the English, an army under Jean, Duke of Normandy laid siege to Aiguillon in 1346; the English held out for four months, until the siege was raised and the Duke's army had withdrawn across the Loire. The Knight speaks as an eye-witness of these events.

104/30 **how . . . mesure:** 'comment il tire droit'. The general sense is clear, but the exact meaning in *of mesure* is hard to define. Perhaps 'in measurement', i.e., 'in taking aim'; but it is possible that *of mesure* is an adverbial phrase meaning 'extremely', 'exceedingly'; cf. the phrase *out of measure*, OED. *Measure, sb.* 12. b.

105/5–6 **payre of gownes** : so B, 'paires des robes'; M 'robes'. A pair of gowns would presumably consist of an under-gown or kirtle and an over-gown such as a cote or cote-hardie. Cf. 74/26–7, *ten paire of gownes long & short.*

105/13 **to the parentes of them** : 'aux paiens'; *parentes* was probably a slip of translation. Cf. H, 'went vnto the payens that had wonne the wager'.

105/20 **& discouereth it** : 'and (she) reveals it'. On the omission of the pronoun, see note to 18/19–20.

105/25–6 **the nyght thought her longe** : 'si lui fut bien tart que le iour venist pour l'aler dire a sa commere'. Cf. 185/35–6. Caxton uses the impersonal construction with the dative, as illustrated in OED. s.v. †*Think, v.*¹ B. 3, cf. *Think, v.*² B. 10. c; *Long, a.*¹ 9. b.

105/34–6 **one her godsep . . . another her godsep** : here again the apposition is not taken over from the French; B in both instances has 'a vne aultre commere'. See note to 91/2–3.

105/37 **so ferre knowen/ but** : *but* is used loosely for *that* here; possibly a typographical error, but more likely to have been Caxton's own occasional usage. Cf. OED. *But,* C. II. 16. b.

105/38 **fyue egges** : this is the number given in B, and also in H. M has 'cent', following P1 and P2, but L and other manuscripts read 'cinq'. The final number of eggs mentioned varies from version to version of this story; in La Fontaine's *Les Femmes et le secret* (the sixth fable of Book viii), it has risen to 'plus d'un cent'.

106/11–12 **the wyf of dauyd** : B also does not name her; she is named 'Michol' in M, H 'Michell', i.e. Michal, 1 Samuel 18 : 27.

106/14–15 **the holy brede,** etc.: Caxton omits 'et la table de la loy et la verge dont moyse auoit fait despartir la mer'; cf. H.

106/29–30 **and not . . . of god** : 'ne ne doit point son seigneur mesprisier de ce qu'il cuide bien faire'. Caxton abridges here: the Knight goes on to stress that a wife should not embarrass her husband by reproving him in front of other people.

107/6 **kembed & wesshed her heer** : 'se peignoit et lauoit'; cf. 2 Samuel 11 : 2, 'he saw a woman washing herself; and the woman was very beautiful to look upon'.

107/8 **sente for her** : from here to a point corresponding with 109/26 in C, there is a lacuna in H.

107/10 **Ioab** : 'iacob', which Caxton apparently has corrected.

107/18–19 **by the pryde . . . of her herte** : 'par son peignier et de soy orgueillir de son beau chief, dont maint mal auint'.

107/20 **C hath/ shewe her self**: a word has obviously been lost, and *ne* is a likelier addition after the preceding negative clause than *and* or *or* (see the 1868 and 1906 editions of H, p. 99, l. 18). Caxton has abridged again: 'ne monstrer pour plaire ou monde son beau chief, sa gorge, ne sa poitrine, ne riens qui se doit tenir couuert'.

107/24-5 **that . . . man**: the biblical allusion is not very clear in the French, and Caxton has obscured it further. Bath-sheba's request to King Solomon was made not on her own behalf but on behalf of Adonijah (the name is preserved in M as *Donno* but obscured in B as the verb *donner*), when she tried to persuade Solomon to give Abishag the Shunammite to Adonijah for a wife. See 1 Kings 1 and 2, especially 2 : 13-25.

108/7 ff.: Caxton has again slightly abridged the last sentence of the chapter.

108/15 **whiche . . . seke**: so B, 'deux enfans malades'; M 'deux enfans males'.

108/19-20 **cradell . . . cradel**: not mentioned in the French, and not appropriate to the story, because the babies must have been sleeping with their mothers; the warning given at the end of the chapter (see note below) makes this clear.

108/33 Caxton has omitted the last sentence of this chapter, a warning of the risk to small babies of being overlaid in the mother's bed.

109/3 **Roboam**: so B, 'roboam'; M 'Jeroboam'.

109/5 **a holy prophete**: this was the blind prophet Ahijah; see 1 Kings 14.

109/6 **The quene wente to hym**: 'Sy se desguisa la royne et vint au saint homme qui point ne veoit'.

109/26 **It fortuned**: here the text of H continues after the lacuna.

110/1 **the axe or swerd**: B 'la coingnye' (mod. F. *cognée*, 'axe'), M 'le baston'; H has 'the honde of God'. Evidently a proverbial saying, but Stolingwa (p. 155) found no close parallel in French, nor is there one in English.

110/4 **Sara**: 'Sarra' in M; B gives the name wrongly as 'Rebeca'. M adds that she was 'femme au petit Thobie' and 'moult preude femme et fust fille Raguel'; see the Apocryphal story of Tobit, 3 ff.

110/6-7 **of which . . . spoken of**: 'd'ung trop villain fait a nommer'. For the emendation in *nedeth*, see note to 14/13.

110/8 **her godsep**: as in B, 'sa commere'; M 'sa clavière'. See Tobit 3 : 7-9.

110/14 **& had children**: 'and (they) had children'; on the omission of the pronoun, see note to 18/19-20.

110/26 **he lost . . . had**: 'et toutes ses richesses et tous ses aubergemens vit ardoir'; cf. H, 'and all his faire duellinge places ybrent'.

110/29-30 **the wormes . . . his heer**: 'les vers lui auoient tranchee la teste et arrachés les cheueulx'. Cf. Job 2 : 7, 'Satan . . . smote Job with sore boils from the sole of his foot unto his crown'.

111/12 **what is to hym comyng**: so B, 'que lui peult auenir'; M has a proverb here, 'car nul ne scet qui à l'ueil lui pent'.

111/23 **his broder the prophete**: i.e., his half-brother Philip: see Matthew 14 : 3. He is not named in B or in M, but the Wrocław MS. preserves the name, 'phelipe'.

111/25-6 **This same ... dethe**: not in fact the same Herod: the slaughter of the Innocents was ordered by Herod known as 'the Great', shortly before his death (Matthew 2 : 16-19). It was his son Herod Antipas, tetrarch of Galilee at the time of Christ's crucifixion, against whose incestuous union with Herodias John the Baptist remonstrated (Matthew 14 : 1 ff.).

111/31-2 **as ... wormes**: an over-literal rendering of the French. The reference is to Acts 12 : 23, 'and he was eaten of worms'. This was yet another Herod, however: Herod Agrippa I, grandson of Herod the Great.

111/34-5 **by ... world**: 'par les petites bestes ... comme par cyrons [flesh-worms], qui sont le[s] plus petites bestes qui soient'. See OED. *Worm*, *sb*. †2.

112/32 **for to haue be slayne**: 'pour morir'. Cf. OED. *For*, *prep*. VII. 23. c, †*For to die for it*.

113/3 **thepystle of al hallowen day**: Revelation 7 : 2-12.

113/33 **by ... parentes**: i.e., succeeding to them by right of inheritance from relatives ('comme de freres ou de seurs').

114/9 **Viij of the xij**: here Caxton attempts to correct 'les .xij. princes'. According to Genesis 30 : 20, however, Leah bore Jacob six sons. Two of the twelve were borne by Bilhah, two by Zilpah, and two (Joseph and Benjamin) by Rachel.

114/29 **by the one hand**: M 'par les bras'. The account of how the devil seized the child is missing in B, where a few lines appear to have been lost. See Introduction, p. xxvi.

114/30 **and loste his hand**: M 'et perdit la main et le bras'. OED. s.v. *Lose*, *v*.¹ †2. *trans*. quotes this instance for the sense 'destroy', etc. However, it seems more likely that *loste* is a literal translation of *perdit* and that this is another instance of Caxton's omission of the pronoun: see 18/19-20, and note.

115/9 **This good lady Rachel**: 'Celle bonne dame'. Caxton has omitted a passage telling how Rachel died in childbirth because she did not praise and thank God for her child, as Leah did. There follows then a reference to St. Elizabeth of Thuringia, the *bonne dame* of whom the story which Caxton attributes to Rachel is told.

115/12-13 **She ... peple**: 'et faisoit faire simples leuailles, non pas grans arrois, mais a ses leuailles elle faisoit grans mangiers aux poures'. The *levailles* was the dinner or feast given after a churching; cf. mod. F. *relevailles*.

115/14 On the emendation of *he* to *she*, of which the sense leaves no doubt here, see note to 77/20.

115/29 ff. M has a new chapter-heading for this story; in B, as in C, it is included without a break in ch. 85. Attempts have been made to identify this queen with Constance of Aragon (wife of Henri II of Lusignan), who died without children: see L. de Mas Latrie, *Histoire de l'île de Chypre sous . . . la maison de Lusignan* (Paris, 1852–61), ii, p. 132, where the episode is dated about 1324. It is unlikely, however, that Constance of Aragon ever bore a child; see G. Hill, *History of Cyprus* (Cambridge, 1948), ii, pp. 283, 293. The story sounds like a typical *exemplum*, but could be a family reminiscence: Boisard, ch. i, pp. 53–6, shows that the Knight's paternal grandmother, Olive de Belleville, had family connections with the Lusignans, and suggests that the story may have been one that Geoffroy heard from his grandmother in his childhood.

115/35–116/3 **The feste . . . Was there**: cf. 'La feste fut moult grande et paremens et de draps d'or et de soye. Tout retentissoit de ioye et de soulas et des sons des menestriers; les ioustes furent grans et la feste bien renuoisié'. Caxton has enlivened this account with touches of his own.

116/4–5 **as . . . balaunces**: 'quant ilz furent au disner'. **theyr child deyde**: the Knight adds that it was said that the child had become overheated from being 'trop couuert', H 'ouercharged with couerture'; an explanation which rather spoils the story, as Caxton may have felt.

116/21 **and reserue the femallys**: 'and that the females should be spared'. Cf. Exodus 1 : 16, 22. For the sense 'save from death', see OED. *Reserve, v.* 7. Caxton may have corrected his source here: B has 'que l'en occisist tous les enfans excepté vng' (cf. H), M 'que l'en occist touz les enffans d'un an'.

116/23 **his cradell**: in the French this is referred to throughout the passage as *vais(s)el*, *vessel*, or *vaisselet*, as if it were a little boat. H also has *vessel(l)*. Cf. note to l. 33.

116/27–30 **it befelle . . . grasse**: 'Sy auint, comme il plust a dieu, que le vaisel vint arriuer deuant la chambre de la fille au roy pharaon de costé vng preel [meadow]'. Caxton's reference to *the seuen/ whiche had ben excepted* is puzzling: I have found nothing to account for it in any other version of the *Livre*. He may have had some other story in mind; I owe to Professor H. F. D. Sparks the suggestion that Caxton has here confused the daughter of Pharaoh with Asenath the daughter of Poti-phera mentioned in Genesis 41 : 45, 50, 46 : 20. From these brief references in Genesis, a romantic legend had developed. This was transmitted in the Middle Ages through the *Speculum Historiale* of Vincent de Beauvais, and it could have been known to Caxton in a version of Jean de Vignay's translation (the *Miroir hystorial*) of the *Speculum*, or as a separate tale: it was extracted from the *Miroir* during the fourteenth century, as *l'Ystoire Asseneth*. (See *Nouvelles françoises en prose du XIVᵉ siècle*, ed. L. Moland and C. d'Héricault in Bibl. Elzév., Paris, 1858. An account of the transmission of the story of Asenath, and an English translation, is given by E. W.

Brooks, *Joseph and Asenath*, London, 1918.) A feature of the story is that Asenath was attended by seven virgins, who lived secluded from the rest of the household and closely guarded; this might account for Caxton's reference to the seven who had been 'excepted', or set apart.

116/33 **to see what was in hit**: 'dedans le vaisel'; H also has 'into the vessell'.

117/10 **loueth, C loued**: 'aime'. For the emendation, see note to 14/13.

117/33 **many . . . also**: 'la biche et plusieurs aultres bestes'; *other bestes also* suggests that the omission of the reference to the hind in C may have been unintentional, perhaps a typographical loss. For other references in the *Livre* to Bestiary lore, see 25/5 ff., 76/30, 90/30–3, 94/30 ff., 113/7–9, 128/14–17.

118/6–8 **wherfor . . . duellyng**: it would be hard to say whether the translator or the compositor was responsible for the anacoluthon in this sentence. The addition of 'found them' would improve the sense: e.g., *fonde them euylle & cruell there duellyng*. Cf. 'Dont il auint que certains preudommes qui estoient venus a enseigner le peuple trouuerent les gens de la ville moult mauuaises'.

118/9–11 **She casted . . . cloth**: according to the French, she hid them under bundles of flax and hemp; cf. H, 'gret trusses of flexe and hempe'. **for . . . dethe** is Caxton's addition.

118/20 **saynte Anastasye**: three saints of the name Anastasia are celebrated, but the Knight's account makes it clear that this is the one whose life is told in the *Legenda Aurea*; she was martyred under Diocletian in the year 304.

118/33–5 **And wel . . . ansuere**: M 'dont je pense bien que maintes en seront reprinses de en faire bonnes responces', i.e., 'will stand rebuked in this matter of giving good answers', to which Caxton's interpretation, 'will be hard put to it to give a good answer', is reasonably close. This sentence is missing in B; see Introduction, p. xxvi.

118/36 **saynt Arragone**: so in B, 'saincte arragon'; M 'sainte Arragonde', 'De sancta Radegunde' in the *Legenda Aurea*. St. Radegunda was the fifth wife of the Frankish king Clotaire I; she later became a nun at Poitiers, where she founded the Abbey of Sainte-Croix; she died in 587.

119/8–9 **a tree . . . cloystre**: the Knight adds that the tree used to give shade in the cloister, H 'that gaue vmbre and shadow of longe tyme'.

119/32 **ouermoche . . . drynkyng**: Caxton omits 'hors heure deue', with its suggestion that over-indulgence *is* permissible at certain times; cf. note below.

120/7 **fro ouermoche mete**: again Caxton omits the modifying phrase 'fors que a heures deues'.

120/11 **the other sixe**: Caxton has made a slight correction from 'les .vij. aultres'.

120/12 **the booke of your bretheren**: see 13/21, and note. The story to which the Knight refers was well known in the Middle Ages: see

Stolingwa, p. 111, and T. Wright, *A Selection of Latin Stories from Manuscripts of the Thirteenth and Fourteenth Centuries* (London, 1843), pp. 83–4 and Notes, pp. 235–6.

120/13 **chose this [C his] synne**: *this* improves the sense and agrees with 'eslut cellui pechié'; the error was probably typographical.

120/16 **the most best**: 'le plus petit'.

120/16 ff. **what Salamon therof sayth,** etc.: cf. Proverbs 20 : 1 and 23 : 20–1, 29–30, and also Ecclesiasticus 31 : 27 ff., but there is no biblical or apocryphal source closely corresponding to this passage. The name of Solomon is attached to give weight to what sounds like a preacher's tirade against drunkenness. Cf. Chaucer, *The Pardoner's Tale.*

120/19 **affeblyssheth the brayne**: 'affeblit la veue et le chief'. For the emendation, see note to 14/13, and cf. *feblyssheth* below.

120/23 **feblyssheth the syght**: 'affoiblit les vainnes et les nerfz'.

120/25–7 **of thyrtty . . . body**: 'de .xxx. femmes yuroises n'en pourroit on pas trouuer vne preudefemme'.

120/34 **But . . . vsage**: cf. 18/37–8, and note.

120/34–5 **of suche dyete**: 'de [t]elle vie soit de boire ou de mangier'. For the sense in which Caxton is using *dyete*, see OED. *Diet, sb.*[1] †1 and 2.

121/3 **syther**: Caxton's rendering of 'ceruoise', a kind of beer.

121/6 **ageynste the paynyms**: here Caxton omits a few lines about St. John; they are preserved in H.

121/32–3 **the sauement of her self**: 'le sauuement de soy'; M 'le sauvement de la foy'.

122/14–15 **And not . . . world**: 'et en la vie des sains et des peres, non pas aprendre la lecherie es liures de lecherie et des fables du monde'.

122/25 **than . . . of it**: 'et n'est pas de cent vne qui n'en vaille mieulx'.

122/33–4 **than . . . frendes**: 'que es siens deuers elle'; this is the reading in M also. The meaning appears to be 'than his friends (did) towards her', but this use of *ès* is unusual and may have misled both translators; H has 'thanne vnto her owne frendes'.

123/28–9 **answere . . . peryls**: Caxton slightly alters and abridges the corresponding passage in the French; it is rendered more closely in H.

123/31 **cronykles of the Romayns**: this story does not occur in the *Gesta Romanorum,* and its source has not been located. It is found in the *Miroir des bonnes femmes* (Grigsby, *Miroir,* p. 37 and n.), from which the Knight probably copied it.

123/32–8 **Hit befelle . . . fynde**: Caxton has altered the story a little, perhaps for dramatic effect. A 'champion' who was to have fought on behalf of the senator was ill on the day arranged for the joust, and no-one could be found to take his place: 'Si auint qu'il eut a faire vng gaige de bataille encontre vng aultre. Or estoit il trop couart et failli; le iour de la bataille son champion qui deuoit iouster pour lui fut malade, et ne trouua lors qui voulsit iouster pour lui, si en eut grant honte.' H corresponds with the French here.

124/2 **armed . . . felde**: Caxton has abridged a little: 'se fist armer et monta a cheual et puis se mist ou champ, et auoit son visaige deffait a fin que nul ne la cognust'. Cf. H.

124/8–9 **bare . . . doo**: the Knight adds that they honoured her not only for this action but for the way in which she had borne her husband's ill-treatment of her.

124/14–15 **or . . . of hym**: 'ou qui a son seigneur bien ataiche'. If *ataiche* (? = *atachié* or *antachié*) was the form in Caxton's source, it may well have puzzled him. M reads '. . . bien entachié', endowed with good qualities. **As Salamon sayth**: cf. Proverbs 12 : 4 and 31 : 10 ff., and Ecclesiasticus 26, but again (cf. note to 120/16 ff.) the biblical connection is fairly remote.

124/19–20 **one of the wyues of kynge dauyd**: apparently an allusion to the story told of 'the woman of Tekoah' in 2 Samuel 14, but the correspondence with the biblical account is very slight.

124/31 **she . . . her self**: 'elle conquiert honneur a double et plus les doit soustenir que les siens'.

124/32–4 **whanne the kyng was dede . . . Absalon,** etc.: a typically garbled version (see Introduction, p. xxxix) of the Bible story. According to 2 Samuel 18 : 14, 15, Absalom died before David, who lived to 'a good old age' (1 Chronicles 29 : 28).

124/34–5 **And sayd . . . loued me**: for Caxton's rendering here compared with the French, see Introduction, p. xxviii.

125/1 **therfore,** etc.: Caxton has slightly abridged the corresponding sentence in the French, and has omitted the last sentence of the chapter.

125/8 **she loste not her waye**: a literal rendering of 'elle ne perdit pas ses pas', her pains were not wasted.

125/14 **contempte**: one would expect *contente* 'contention' here, M 'contens'; B has 'comptent', however, a spelling which may have misled Caxton.

125/23–4 **one his chamberlayne**: 'vng chambellain'. For the appositive construction in C, see note to 91/2–3. Here the apposition gives emphasis: 'a certain chamberlain'. **whiche he had nourysshed**: H agrees with C here, 'that he had norisshed'. B reads 'quil auoit nourry'; M's punctuation, 'qui l'avoit nourry', is questionable.

125/37–126/1 **More worthe . . . enoynteth**: a rhyming proverb in the *Livre*, taken from the *Miroir des bonnes femmes* (Grigsby, *A New Source*, p. 207): 'Plus vault amy qui point que flatteur qui oint'. Cf. Caxton's *Esope*, Liber Quartus, third fable (p. 123 in the edition by R. T. Lenaghan, Cambridge, Mass., 1967): 'the scorpion/ the whiche enoynteth with his tongue/ and prycketh sore with his taylle'.

126/8–9 **make the placebo**: 'faire le placebo'. On this expression, see É. Picot in *Romania*, xvi (1887), 516–18, and cf. Whiting, no. P248.

126/29–30 **deyde . . . prophete**: so in B, 'Et puis morut l'enfant en la
chambre du saint prophete'; H also follows this version. M differs slightly:
the child died, to the intense grief of both parents; the mother then had
the body put into the holy man's room, and set out on her quest.

127/3–4 **and lyued**: on the omission of the pronoun even with the change
of subject, see note to 18/19–20.

127/22 **her godsep**: 'sa clauiere'; H has 'chaumbrere'. See notes to
31/23, 110/8.

127/33–4 **fooles and cruels**: 'folz et cruelz'. Since the *s* plural in *cruels*
was quite probably Caxton's, taken over in translation, it has been retained
in the text. Cf. 131/32, 135/4, 182/20, and see Wiencke, p. 207, § 133,
and Mustanoja, p. 277.

128/12 For the emendation in *putteth*, see note to 36/3. The likelihood
that *-teth* was omitted by the compositor is increased by the position of
put, at the end of a line in C; cf. 71/20, and note.

128/21–2 **his two doughters**: so in B, and H; in M the story is told of
his two sons. See Grigsby, *Miroir*, p. 39.

128/23 **the quene**: not mentioned in the French: 'il les eust batues, qui
ne se feust mis entredeux'.

128/25 **by the courage and herte**: B 'en telle chose', M 'au tencier'
(cf. H, 'by chidynge').

129/11–12 **she blamed hym**: 'elle se desblamoit', i.e., 'she vindicated
herself'. *Desblamer* can also mean 'blame', however, and it is possible
that Caxton misread *se* as *le*.

129/19–20 **the booke of the kynges**: 'es liures des roys'. The immediate
source of this tale was in fact the *Miroir des bonnes femmes* (Grigsby,
Miroir, p. 39); its ultimate source is not known.

129/26 **of the prysons**: typographical loss of either the letter *r* or the
word *thre* may have occurred here; the reading could be either *of thre
prysons* or *of the thre prysons*. B has 'des troys prisons', M 'de trois
prisons'.

129/38 **she myght doo**: *she* is clearly the right reading here ('ne pouoit
elle faire'), but it is interesting to find that one copy (JR) reads *he*. See
note to 77/20. Typographical mistakes are not uncommon in the last
line of a chapter: cf. 78/4–5, 95/1–2.

130/7 **heres, C here**: 'son chief', but the verb *were* suggests typographical
loss of *s*. The plural *heres* occurs at 76/29, 99/5.

130/14 **stoned to dethe**: 'lapidee ou arsé, selonc la loy qui lors couroit'.

130/21 **ne**: as in B, 'la loy ne son sainct sacrement de mariage'. Cf. 39/13,
and note.

130/34 **vnder what maner and forme**: cf. H, 'in what wise'; B 'soubz
quel vmbre', M 'soubz quel arbre'.

131/1–2 **a figge tree . . . a pynappel tree**: 'vng figuier . . . vng prunier'.
The trees mentioned in the Vulgate are the mastic and the ilex ('Sub

schino . . . Sub prino'). *Pynappel* is used in its earlier sense, of the fruit of the pine-tree: see OED. *Pine-apple*, 1.

131/12 **And therfor,** etc.: Caxton has again abridged the last sentence.

131/19–20 **aboue . . . hym:** 'Elle le doubtoit sur toutes femmes', presumably 'she feared him (her husband) more than any other women (feared theirs)'. On the emendation of *he*, which makes little sense here, see note to 77/20. Cf. H, 'She serued furst God, and after her husbonde, and loued and dradde hym'.

131/32 **celestyals:** for the French plural retained by Caxton, cf. 127/33–4, and note.

131/35 **Susanne:** so in B and M, but possibly in error for 'Elizabeth'; H mentions both names, 'these good ladies Elizabeth and Susanne'.

132/1 The heading in M indicates a new section of the book here: 'Cy commence à parler des exemples du Nouvel Testament depuis que Dieu vint ou ventre de la Vierge Marie. Et premiers de la Magdelaine'.

132/11 **to telle:** 'les regeïr [confess] et les dire et racompter'.

132/16 **eslargyssheth:** OED. quotes this form, and MED. the form *eslargithe* from the same context in H, under the sense 'extend the range or scope of'. But the simpler gloss 'gives freely of', a sense of OF. *eslargir*, seems more appropriate here.

132/22 **her owne broder:** Caxton omits 'le ladre'; cf. H 'the laser' (leper).

132/26–9 **thyrtty yere . . . pyte:** 'en vng desert, bien .xx. ans en bois et en buissons, et quant elle eut tant enduré qu'elle ne pouoit plus selonc nature, nostre seigneur la regarda en pitié'. M also gives the number of years as twenty, but Caxton is right: it is given as thirty in the Life of St. Mary Magdalene in the *Legenda Aurea*, which he had in fact translated and had just printed (*The Golden Legend*, 1483).

132/35 **after fasted:** so in B 'de puis ieuna', perhaps a corruption from 'des peulx les essuya' (wiped them with her hair) as in M, a reading adopted from P1. See Luke 7 : 38, John 12 : 3.

133/7 **ij good wymen:** see Luke 8 : 3.

133/9–11 **This good woman:** 'ces bonnes femmes'. The lack of concord with *they couthe* suggests over-hasty translation.

133/11 **Here is good ensample:** 'Cy a bon exemple', cf. 148/7. There is no need to assume in either of these cases that *a* has been lost by typographical omission between two pages. Caxton often does have the article in this phrase, but there are other instances of its omission as in the French: cf. 123/7, 135/17–18, 139/33.

133/17 **appeaseth . . . god:** 'amaindrit le mal de lui et adoulcit l'ire de dieu'.

133/20 **the lyf . . . faders:** 'la vie des peres'. Cf. 71/4, and note.

134/9–10 **Marthe . . . Magdalene**: 'marthe la seur de la magdalaine'. It may be assumed that the addition of *mary* before *Marthe* was a typographical error, for Caxton seems to have known the story well; see next note.

134/21–3 **This good . . . herte**: 'Car sainte marthe fist son seruice a logier nostre seigneur Ihesucrist et repaistre lui et ses apoustres des ses viandes et de moult grande deuocion et de grant ceur'. The Knight praises both Mary and Martha, and it is possible that Caxton was trying to bring the story closer to the Bible version (Luke 10 : 38–42) by making the sentence applicable only to Mary, since he omits both the name 'marthe' here and the reference to the serving of food.

134/30 **withnessyth**: there is probably no need to remove the *h* or to emend to *wittnessyth*. Spellings with *th* are not uncommon: see OED. *Witness*, *v.*, and 1., where a form *wythnesseth* from Caxton is recorded.

135/2–3 **god . . . double**: 'Car dieu rent et paye a cent doubles le grant escot'. See OED. *Scot*, *sb.*², 1. For the emendation in *rendreth*, see note to 14/13.

135/3–5 **who . . . self**: cf. Matthew 10 : 40–1. **the poures**: see note to 127/33–4.

135/6 **The other ensample**: here M begins a new chapter, 'Cy parle des bonnes dames qui plouroient après Nostre Seigneur quant il portoit la croix'; B continues without a break.

135/7–8 **vpon his sholders**: Caxton omits 'pour y transir mort de sa voulenté pour nous pecheurs racheter'; this is preserved in H.

135/14 **for your bretheren**: see 13/21, and note.

135/30 **of hit . . . chepe**: 'de ce dont elle a grant marché'. For this sense of *good chepe*, see OED. †*Cheap*, *sb.* II. 6. b., and cf. MED. *chep*, *n.* 2c. (b).

135/33 **Auinyon**: evidently a misreading of the name *Anjou*; it is spelt *anyou* in B, a form which at a hasty reading might well be taken for *auynyon* or *auinyon*. The Abbey of Bourgueil, in the *département* of Indre-et-Loire, was indeed founded by a countess of Anjou, in the year 990. Montaiglon (p. 299) names her as 'Emma, femme de Guillaume duc d'Acquitaine et comte de Poitiers'.

136/3 **foustred them**: i.e., gave them food, the earliest sense of 'foster'; see OED. *Foster*, *v.* †1.

136/7 **her booke and her paternoster**: 'son liure ou ses gans'; so in M too. Both English translators perhaps felt 'gloves' to be incongruous with 'book'; H has 'her matenis, . . . saulter or other bokes of deuocion'.

136/16 The sense 'put aside', 'cease to harbour' in which Caxton uses *pardonne* here is not recorded in OED., but may be compared with his use of *forgyue*; see 137/27, and note.

136/17 **to one her neyghbour**: 'a sa voysine'. See note to 91/2–3.

136/30–3 **For as god . . . one to other**: possibly a word or phrase has been lost, but it looks more as if Caxton has abridged too hastily. H follows the French more closely here.

137/20 **he enclyned his heed toward hym**: an unhappy rendering, which mars this beautiful story. The French avoids ambiguity by the repetition of 'crucifix': 'quant l'enfant s'en vint agenoiller deuant le crucify, le crucify s'enclina deuant lui'; H has ' . . . the crosse with the ymage bowed vnto hym'.

137/27 For the sense in which Caxton uses *forgyue* here, see OED. *Forgive*, *v*. †2, MED. *foryeven*, *v*. 4. (a). Cf. his use of *pardonne*, 9/6, 136/16, and note.

137/40 **vpon her herte**: 'dedens son ceur'.

138/2–3 **there as . . . to be**: 'en terre benoite'.

138/7–8 **ryght fowle . . . hydous**: 'moult hideux'; Caxton stresses the horrible appearance of the toad.

138/13–14 **yre . . . wrathe**: 'Ialousie . . . courroux'.

138/17 **enclawed**: 'enclauee', literally 'fixed as with nails'; see OED. †*Enclawed*, †*Enclow*, MED. *enclouen*, *v*.

139/3 **late at the nyght**: so B, 'bien tart'; M 'bien tost', presumably from P2, but the reading in the majority of the manuscripts is clearly 'tart'. H also has 'late'.

139/16–17 **lefte . . . breed**: 'Celle par son esbat [for amusement] s'estoit mise a faire pain de forment'.

139/33–4 **men ought . . . one is**: see note to 104/12.

139/35 **And yf ye wyst**: the anacoluthon occurs in B also, 'Et se vous sçauiés'; M has 'je vouldroye que vous sceussiez'.

140/1 **the lordes my parentes**: 'les grans seigneurs'.

140/6–7 **For . . . sette by**: not included by Stolingwa in his list (pp. 155–60), but probably a proverbial saying; Whiting no. D48 records the version in H. M gives it as 'car chose commune n'est point prisée', B 'Car chose qui est connue n'est riens prisee'; cf. 'Familiarity breeds contempt'.

140/18 **he deyde**: M adds here 'Si dist le faulx chevalier que la pucelle avoit eu salaire des hoirs de l'enffant pour le faire mourir'; cf. H.

140/19 **shortly . . . brente**: 'fut mise en sa chemise pour gester ou feu'.

140/22–3 **And . . . batayll**: 'et il se deffendoit pour soy combatre ou champ de bataille'.

140/28–9 **a good knyght . . . aboute**: 'auint que vng bon cheualier . . . arriua la ainsi comme on vouloit', etc. The main verb is missing in C, but since it is doubtful whether this was a typographical omission or another instance of too-hasty translation, no emendation has been made.

141/18 **ladyes, C lady**: cf. 'les bonnes dames', and 71/20 and note; *lady* is not at the end of a line in the present instance, but it seems probable that the omission was typographical here too.

141/23 **the thre Maryes:** so in the *Livre*, but cf. Matthew 28 : 1, Mark 16: 1, Luke 24 : 10, John 20 : 1.

142/22 **The wyse man sayth,** etc.: the Knight is elaborating upon the proverb 'Quant la messe fu chantee, si fu ma dame paree' (Morawski, *Proverbes*, no. 1745). Cf. the English proverb 'When prayers are done, my lady is ready' (ODEP., p. 645).

142/25–6 **of [C yf]** . . . **awaked:** 'des cinq vierges sainctes qui furent curieuses et esueillees'. Some sense can be made of the reading in C if *awaked* is taken as a preterite plural, but it seems more likely that *yf* is a typographical error for *of* (cf. 151/28), and that *and* has been omitted (perhaps deliberately by the compositor, remembering *yf*) before *awaked*. Cf. 143/16, *curyous and awaked*. The allusion is, of course, to the parable told in Matthew 25 : 1–13.

142/33–4 **it was ansuerd** . . . **none:** 'on leur dist: Nescio vos, c'est a dire qu'elles n'en auroient point'.

142/35–6 **sorowfulle:** perhaps an error for *slouthfull* as in H; cf. B 'pereceuses', M 'pareceuses' (mod. F. *paresseuses*).

143/4 **shalle fynde:** on the omission of the subject pronoun, see note to 18/19–20.

143/21–3 **And whiche,** etc.: Caxton has again slightly abridged the Knight's concluding remarks.

143/31–2 **more** . . . **his:** 'plus . . . que nulle aultre mere'. The clumsy *his* for *heres* 'hers' (cf. 18/33) looks like another instance of hurried translation.

143/33–5 **chamberere and Temple:** 'chambre et temple'. It is possible that *chamberere* is an error, either typographical or Caxton's own, for *chambre*, which gives a better sense here; perhaps Caxton misread the word as a contracted form. I have assumed that *humylyte* and *humanyte* in this sentence have been reversed by typographical error, since the reading in C makes no sense as it stands. The sense of the clause beginning *the whiche humylyte* is then 'this humility (of the Virgin) saved the whole world'.

144/24–5 **ansuerd her:** possibly a slip: cf. 'l'assura', H 'assured her'.

145/20 **fighteth,** C **fight:** cf. *hateth* in the next clause, and see note to 36/3.

145/26–7 **good kynde** . . . **curtosye:** 'de sa courtoisie et de sa bonne nature'.

145/28 **whiche wold serue her:** as in B, 'qui la vouloit seruir'; 'et la vouloit servir' in M is perhaps the better reading.

145/33 **of god:** 'du filz de dieu'.

146/5 **I ought** . . . **other:** 'elle me viendra premier veoir'. Here Caxton omits a passage describing the effect on women of envy and pride, especially at social gatherings; this is preserved in H.

146/8–9 **the mooste . . . enhaunced** : cf. 29/29–30, and note.

146/28 **in complaynyng her selfe** : 'en soy complaingnant'.

146/30 **had pyte of his moder** : Caxton omits the rest of this sentence, 'si mua l'eaue en vin'.

146/33–4 **fredome comyng of kynde** : 'franchise de nature'; H renders this 'fraunchise naturell'. **Also** : 'Apres', H 'And after this', but Caxton's rendering suggests that he realized that these episodes are told in the wrong order.

147/7 **she offred hym** : 'ilz l'offrirent'. H also has 'she offered hym'.

147/35 **for the froste was grete** : 'en grant yuer'.

148/6 **preysed, C preyseth** : 'se louoit', rejoiced. For the emendation, cf. 33/19, and see note to 14/13.

148/7 Cf. 133/11, and note.

148/30–1 **quene Iohane . . . Iane of Fraunce** : Montaiglon notes (p. 299) that this must have been Jeanne, third wife of Charles le Bel (Charles IV of France), who was widowed in 1328 and died in 1370, 'après avoir passé la fin de sa vie dans la plus fervente pratique des bonnes œuvres'.

148/35 **the duchesse of orliaunce** : B has 'la duchesse', followed by a blank for the name, which was never filled in. Only a few of the manuscripts give the name as 'dorleans', i.e., 'd'Orléans'; most of them read 'la duchesse derreniere [*or* derniere] de ceste royne', evidently a reference to the youngest daughter of the Queen Jeanne referred to at the beginning of the chapter. Montaiglon points out (pp. 299–300) that this could have been Blanche, born in 1327, daughter of Queen Jeanne and Charles le Bel; she married Philippe, duc d'Orléans, in 1344, and died in 1392.

149/1 **the good Countesse of Roussyllon** : B, as in M, has 'la contesse mere au conte'; she is not named in any of the manuscripts I have seen, and it looks as if Caxton has inserted this name himself. He may have been thinking of Berthe, wife of the Count Girart de Roussillon; she was renowned for her pious deeds, although widowhood is not a feature of the story as far as I know. Versions of the story of Girart de Roussillon were widely known in the Middle Ages: see R. Bossuat, *Manuel bibliographique de la littérature française du Moyen Âge* (Melun, 1951), pp. 42–5.

149/6 **xxxv** : probably a misreading of 'xxv', the number given in B and M and in all the manuscripts in which I have checked this point.

149/11 **of Vertus** : possibly Caxton's own alteration of 'dartus' ('d'Artus'), the reading in most of the manuscripts, but it may be noted that the Wrocław MS. also reads 'de vertus'.

149/14 **the wyf . . . wydowe** : M has a reference here (omitted in B) to the battle of Crécy: 'une dame, . . . qui est vefve dès le tems de la bataille de Crécy, il y a xxvj. ans'. The battle of Crécy was fought in 1346, so the Knight was writing this chapter in 1372. Cf. note to 73/10–11.

149/20 **goglyed** : the sense in the French (B 'boringne', M 'borgne') is either 'squinting' or 'one-eyed', and the English too may have had either sense. See MED. *gogel-eied, adj.*

149/25–6 **of a symple man :** so B, 'a vng simple homme'. Other manu-
scripts read 'bachelier', 'cheualier'; cf. H, 'of a knight'.

149/27 ff. **tourned in traunce,** etc.: M 'tourné en enffance, et faisoit
soubz soy comme un enffant et avoit maladie bien laide'; some of this is
missing in B, which has simply 'son seigneur estoit ancient et auoit
maladies bien enclosees'.

149/36 **and leue . . . slepynge :** 'et laisser dormir vostre preudomme'.
The addition of *lord* before *slepynge* seems the most likely emendation
here; its omission was probably typographical.

150/15–16 **of somme . . . on lyue :** the French is more specific, 'd'au-
cunes de nos dames d'auiourduy de chascun estat vne'.

150/19 **of Fraunce :** Caxton omits 'et aileurs'; cf. H, 'and in other
contrees also'.

150/26–7 **for plesaunce . . . estate :** 'qui s'abaissent par plaisance de
leur voulenté'. For the emendation in *weddeth*, see note to 14/13.

150/29–30 **somwhat of tyme :** 'vng petit de temps'.

150/35 **done grete synne :** Caxton breaks off the chapter abruptly;
perhaps because he found the rest of the passage confused and repetitious,
as indeed it is. On the Knight's style, see Ferrier pp. 12–13, where this
passage is cited as an example of his difficulty in marshalling an argument.
H also omits most of the passage, but rounds off the Knight's theme with
a simile taken from his next chapter; see below.

151/4 ff. **Here I leue the mater,** etc.: the corresponding sentence in the
Livre occurs after an anecdote about a 'grande dame' married to a 'simple
chevalier' who was taunted by his wife's lover: see Montaiglon, pp. 224,
300. H also omits the anecdote, but uses a simile from it to round off the
Knight's previous chapter; see above.

151/7 **weddeth, C wedded :** here the imperative forces an emendation;
see note to 14/13.

151/11–14 **For men . . . them self :** Caxton translates freely and slightly
alters the emphasis here: cf. 'et ne sublera l'en pas de vous ne de vostre
mary, et ne lui dira l'en pas les goulees ne les paroles, comme l'en fait
de maintes; dont ie me tais de ceste matiere'.

151/21 For the emendation in *putteth*, see note to 36/3.

151/32–3 **sette nought by her yongthe :** 'refuse sa ieunesse'. Here again
it is possible that the *th* ligature has been omitted, but as *sette* gives a
reasonably good sense in this passage, I have not emended. Cf. H, 'she
that hathe . . . refused the delytes of youthe'.

151/36–152/1 **of the other . . . valyaunce :** 'des bons'.

152/13 **I herd say to my lord,** etc.: 'i'ay oÿ racompter a monseigneur
mon pere', etc., 'I heard my father . . . relate'. Caxton misinterprets *ra-
compter à* again below, l. 36.

152/22 **de lyege :** B 'de luge', as in several of the French manuscripts
and also in H; M adopts the reading *Lugre*. I have found no reference
to these two knights outside the *Livre*.

152/27-8 **charny and bouchykault**: B has 'Charny bouciquault'; M adds a third name, 'Saintré'. For Boucicaut, see note to 41/23. Charny must have been the Geoffroy de Charny, seigneur de Lirey, who died at the battle of Poitiers bearing the oriflamme of France; he has left a *Livre* in verse on the instruction of a young knight, and other writings. See A. Piaget, *Romania* xxvi (1897), 394-411, and DBF. viii, cols. 613-14.

152/33 **of age**: 'de lignaige'.

152/36-7 **For thenne as . . . feste**: the anacoluthon occurs in B, 'Car adonc selon ce que l'ay oÿ racompter a monseigneur mon pere, que vne foys il vist vng Iouuencel a vne feste'. For the sense of *racompter à*, which Caxton has misunderstood, see note to 152/13. It is clear from M that the young man referred to was La Tour's father: 'Dont il avint que j'oy raconter à mon seigneur et père que une foiz il vint à une grant feste', etc. The only reference in C to the family connection is at 153/9, *of the towre*. There is no reference at all to La Tour's father in H, where the story is told of 'a yonge Squier'.

152/38-153/1 **arrayed . . . almayne**: there is some confusion here in C: *hem* is almost certainly a typographical error for *hym*, and it is possible that *arrayed* is a slip (either Caxton's or the compositor's) for *arriued*. The subject would then be the *yonge man*, as in 'Si arriua ainsi comme on vouloit seoir a table, et auoit vestu vne cote hardie a la maniere du païs d'alemaingne'. Sir Geoffroy's objection to this style of dress was that it was a hallmark of the minstrel and not suited to a young man of breeding. The cote-hardie associated with German minstrels would have been mi-parti or striped and rather garish, a style which (as miniatures in four-teenth-century German manuscripts suggest) was coming to be imitated by young dandies of the time. On minstrels' clothing, see Walter Salmen, *Der fahrende Musiker im europäischen Mittelalter* (Kassel, 1960), pp. 55 ff.; for this reference, and for other information on this point, I am grateful to Dr. Ruth Harvey.

153/4 **his vyell or clauycordes**: 'sa vielle et son Instrument' (M '. . . ou son instrument'). The clavichord is, of course, a keyboard instrument and not synonymous with the viol, a stringed instrument. These are the earliest instances recorded in OED. for both *Viol* and *Clavichord*, but see MED. s.v. *clavi-cord*. The use of the plural (*clavycordes* or *paire of clavycordes* was the common expression in the fifteenth and sixteenth centuries) does not necessarily imply more than one instrument: see F. W. Galpin, *Old English Instruments of Music*, revised by Thurston Dart (London, 1965), pp. 86 and 166-7.

153/12-13 **semeth . . . dishoneste**: 'ne vous semble bon ne bel'.

153/21 **and not to haue**: i.e., without having. The negatives are Caxton's: cf. 'comment l'en doit croire et auoir honte et vergoingne'.

153/27 **vnknowlege**: 'descognoissence'. The context suggests that the meaning in both the French and in C is 'lack of acknowledgement', rather than 'ignorance': the young fail to acknowledge, or show any gratitude for, the advice of their elders. See OED. †*Unknowledge*, 1.

153/31 **the free kynd :** 'la franche nature'.

154/25-6 **tooke . . . by the nose :** 'se prenoient au nez'. The expression *se prendre au nez* = 'recognize one's faults', 'be ashamed'.

155/11-12 **Syre Geffroy de lyege :** 'missere ieffroy de luges [M Lugre] et aultres'; see note to 152/22. The anecdote about Sir Geoffroy which follows is omitted in H.

155/17-19 **make there a faytte . . . way :** 'et feist .i. pet et puis feist son seignet et s'en venist'; *pet* = fart. M gives a more graphic account: 'luy feist un pet, et puis pransist un poy de croye qu'il portoit en son saichet et escrisist en la porte ou en l'uis: "Un pet, un pet", et y faisoit un signet et s'en vensist.'

155/31 ff. **How . . . diffamed :** so in B; M and H do not begin a new chapter here. The anacoluthon in the opening sentence occurs in the French too.

156/8-9 **in Romayne . . . Reames :** 'en rommanye, en espaingne, en arragon et en pluseurs aultres royaumes'. Without knowing the source of these allusions, it is difficult to say precisely which region is meant by *rommanye* (variant spellings in the manuscripts are *Romanie, Rommenie, Romenie, Romaine, Romayne,* etc.). OF. *Romanie* and its variants such as those cited above meant the Roman Empire or one of its parts; for some of the many different contextual meanings of this name, see Louis-Fernand Flutre, *Table des Noms Propres avec toutes leurs variantes figurant dans les Romans du Moyen Âge* (Poitiers, 1962), p. 292. H has 'in Prouince, in Spaine, in Aragone, . . .', a reading which I have found so far in only one of the manuscripts, Châteauroux.

156/10 **they be heded . . . peple :** so in B, 'l'en les decolle deuant le peuple'; M has 'l'en les murtrist à touaillons', H simply 'thei be brent'. There is no need to assume loss of *be* before *heded :* see MED. *heden, v.* (1) 1. (a).

156/14-16 **Neuertheles . . . also :** Caxton has abridged this sentence; H follows the French more closely here.

156/17-18 **the booke . . . lyf :** 'la vie des peres'. Cf. 71/4, and note.

156/22 **compared :** cf. 'Comment dieu compare'. The *-d* ending is possibly a typographical error (see note to 14/13), but as one cannot be sure that Caxton did not intend a past tense here in view of the *comparauit* which he quotes below, I have not emended.

156/25-6 **how . . . woman :** 'comment c'est noble chose et saincte que de bonne femme'.

156/31-3 **Vna Margarita preciosa,** etc.: cf. 152/5-7, 157/7-9, 179/14-16. The comparison of a chaste woman with a pearl does not come direct from the Gospel as the Knight implies. C. A. Luttrell in 'The Mediaeval Tradition of the Pearl Virginity', *MÆ.* xxxi (1962), 194-200, shows that the quotation here may be an echo of a passage in a Communion antiphon sung at the end of a Mass of Virgins, in the course of which Matthew 13 : 44-52 would have been read. The comparison occurs in this antiphon: *Simile est regnum coelorum homini negotiatori, quaerenti bonas margaritas. Inventa autem una pretiosa margarita, dedit omnia sua, et comparavit eam.*

156/33–6 For . . . preciouse: Caxton abridges slightly here: the corresponding description in the French is somewhat repetitive.

156/36–7 the woman: an epithet before *woman* may have been lost between the two pages in C ; cf. B 'la bonne femme', M 'la bonne et nette femme'.

157/7 euuangely: a spelling with *uu* is not uncommon in OF.; B has here 'euuangile'. Caxton omits 'Ce sont celles qui en ces trois estas se tiennent nettement et chastement'.

157/10–11 in a parte: 'en partie'.

157/19–20 a foul thynge . . . mylke: this agrees with B; M puts it much more elaborately. H uses a different comparison, 'how it were a foule thinge to take a faire suete rose and putte hem in a stynking vessell'.

157/24–5 her feythe and her lawe: a literal rendering of 'sa foy et sa loy'; see Godefroy s.v. 2. *Loi.* Cf. the phrases *by my law, to swear one's law*; see OED. *Law, sb.*[1] I. †12.

157/36 For the emendation in *sheweth*, see note to 36/3.

158/22 in vitas patrum: 'en vie des peres'. Cf. 71/4, and note.

158/23–5 for . . . punysshed: cf. 23/10–11 and 98/25–6. A. J. V. Le Roux de Lincy, *Le Livre des proverbes français* (Paris, 1859), ii, p. 314, quotes 'Il n'est mal qui ne soyt puni, Et bien qui ne soit mery'.

158/29–30 coynted . . . clothynges: 'sa cointise', H 'her nisite'.

158/30 many doughters: 'pluseurs filles'; H 'iij doughters'.

158/32–3 graunted her to hym: 'furent d'accord de la terre et du mariaige'.

158/37 a streyght cote furred: 'vne cote hardie deffouree [unfurred]'. Caxton has missed the force of the *de-*. Cf. H, 'a cote hardy vnfurred, the whiche satte right streite vpon her'. See notes to 55/35, 74/28–9.

159/1 grete wynde . . . blewe: 'le vent de bise venta et auoit grele'.

159/2 black: see OED. *Black, a.* I. 7, and †*Blake, a.* 1. Here Caxton is translating 'noire', but this too seems to have the sense 'livid', 'wan' in some contexts; cf. 'noire et palle', which Caxton translates *black and pale*, 159/34–5. His epithet *black* of a corpse's face (77/34) may mean literally 'black', or may here too suggest 'deathly', 'livid'.

159/4 hir other suster: a younger sister, according to M.

159/27–30 wel clothed . . . cold wether: the sense of the French is 'when she was better clothed and the weather was warmer'. **fressher . . . dyd:** 'elle fut plus fresche et plus belle que sa seur'. There may have been a typographical omission before *fressher*, but it looks more as if Caxton has mixed his constructions.

160/4–5 **I was wel clothed,** etc.: the manuscript of H breaks off at 'y clothed my selff in warme'; the rest is missing.

160/11–13 **one ought**: see 104/12, and note. **that she lost**: the French continues with the impersonal construction, 'que l'en perde'.

160/13–14 **Syre Foucques delaual**: B 'missere fourque de laual', M 'Messire Fouques de Laval'. The following information about this knight is given by A. de Couffon de Kerdellech, *Recherches sur la chevalerie du duché de Bretagne* (Nantes–Paris, 1877), vol. ii, p. 225: 'Foulques de Laval servait dans l'Anjou et dans le Maine avec une compagnie de gens d'armes . . . Dans une montre du 20 novembre 1356, il est qualifié chevalier, capitaine général pour le roi ès comtés d'Anjou et du Maine. Il suivit le parti de Charles de Blois et fut fait prisonnier par les Anglais en 1350. Il épousa Jeanne Chabot, fille de Girard Chabot, sire de Rays, et de Marie de Parthenay'.

160/17–18 **clene . . . other**: 'moult net entre tous les aultres'. OF. *net* occasionally had the sense 'soigneux de sa personne, élégant' (Godefroy, *Complément* s.v. *Net, adj.*), and this may be what Caxton implied by *clene* here; the sense 'chaste' hardly suits this context. See OED. *Clean, a.* III †9, 10, MED. *clene, adj.* 5. (a).

160/24 **gloues**: 'ne gans ne mouffles'.

160/26 **black and pale**: see note to 159/2. M adds 'et tout entoussé'. *For the perles . . . cold* is Caxton's own comment.

160/32 **reed as a cok**: see Whiting, no. C346, ODEP., p. 668.

160/37–8 **that . . . ease**: 'qu'il n'auoit nul mal'. Caxton enters into the spirit of this story and translates more freely than usual for the rest of the chapter.

161/15 ff. **the galoys and galoyses**: the term *galois(e)* was associated with sexual licence: see Godefroy s.v. 2. *Galois* ('homme de plaisir', etc.), and Tobler-Lommatzsch s.v. *galois, adj. subst.*; and cf. Cotgrave's definition of *Galoise*, 'A scurvy trull, scabby queane, mangie punk, filthy whore'. No satisfactory explanation of this strange story and its association with Poitou has yet been offered, however, and its source is not known.

161/32–4 **dyd on . . . sengle**: Caxton shortens the account of their clothing: cf. 'ne vestoient riens fors vne petite cote sans panne [fur] et sans estre lignee, et n'auoient point de manteau ne house, ne chaperon double, fors sengle, qui auoit vne cornete longue et gresle, sans auoir chapeau ne gans ne mouffle[s]'.

161/38 **strawed on the floor**: M adds that the fireplace was decorated with greenery, as in summer.

162/4–6 **go & take . . . place**: 'que . . . il alast pensser [attend to] les cheuaulx du galois qui venu estoit et qu'il se partist de son hostel'. There is no suggestion in the French that he should ride away on the horses belonging to the 'Galois'.

162/8–12 **it had be . . . straunger**: 'feust tenu a grant honte et a grande deshonneur se le mary demeurast en son hostel ne commandast ne ordonnast rien de puis que le galois fust venu. Et n'y auoit point plus de pouoir par ceste ordonnance'. The sense is that it would have been thought very shameful if the husband had stayed in his house or given any orders (in his house) while the newcomer was with his wife. It is hard to say whether Caxton was using *neyther* in the sense 'or' (cf. his use of *ne*, 39/13, 130/21, and notes), or whether he misunderstood the sentence.

162/18–19 **toste . . . froste**: 'les froter au feu comme vne poule gelee'. M adds that this happened because they tried to interfere with the natural order of things and live otherwise than as God had ordained.

162/20–1 **martired by loue**: 'martirs d'amours'.

162/29–30 **by this reason . . . how the deuyll**: the anacoluthon does not derive from the French, 'par ceste raison qui est euidente est bien chose approuee comment l'ennemy . . .'.

163/2–3 **As dyd . . . and amonge them**: cf. 'comme il fist ces folz galois . . . ou il mist si folle plaisance . . .'. A verb corresponding to *mist* may have been omitted by Caxton or the compositor.

163/8 **For he þᵗ loueth . . . thynketh**: cf. 'Car celle n'aime point qui pense a deshonneur de sa dame'; it is possible that *þᵗ* in C has been typographically misplaced.

163/16–17 **to knowe them self . . . other**: an inadequate rendering, but the French is difficult here: 'et ceulx et celles le [the world; Caxton may have misread *le* as *se*] cuident bien cognoistre qui en sont deceuz, mais ilz se cognoissent moins que ne cuident' ('. . . but they know themselves less well than they think they do'). M gives a better sense with '. . . et si cognoissent moins que ilz ne cuident': 'and so (*or* yet) they know (it, i.e. the world) less well than they think they do'.

163/18 Before the 'Argument', a chapter is missing in B, as it evidently was in Caxton's source too. It is missing also in Châteauroux 4, one of the earliest manuscripts of the *Livre*, as well as in B.N. 1693 and Vienna 2615, so it may have been lost in one branch of the manuscripts at an early stage of transmission. In this chapter (123 in M, pp. 244–6), the Knight stresses the need for a woman to guard her reputation, and to be cautious in matters of the heart; but not too hard, like the 'dame de Villon', who would impose a delay of seven years to test a lover's sincerity. This leads the Knight to the subject of courtly love, in the form of a debate between himself and his wife on the question whether or not their daughters should be allowed to love *par amours*; without the linking chapter, the transition is somewhat abrupt.

163/21 **your moder**: Jeanne de Rougé, the Knight's first wife; see Introduction, p. xxxvi.

164/1 **The answere**, etc.: The whole of the debate between the Knight and his wife is contained in one chapter (124) in M, but with occasional sub-headings, as here: 'Cy parle la dame et respont au chevalier', and later 'Le chevalier parle', or 'La dame respont'. The division in C into twelve separate chapters corresponds exactly with the arrangement in B.

164/4 **amonge yow men** : 'entre vous hommes', i.e., 'among yourselves, you men . . .'.

164/13–16 **For they that saye . . . but these wordes,** etc.: Caxton has changed his construction in the course of the sentence. Cf. 'Car ceulx qui dient . . . il ne leur couste gueres a dire . . .'.

164/31–4 **But as for . . . for the watche,** etc.: the anacoluthon occurs in B, but Caxton makes the sentence even more awkward by mixing *her* and *them*. Cf. 'Mais quant a estre si amoureuse que celle amour les maistroye et les mainne a aucun fol delit . . . pour le guet', etc.

164/36 **watches**: probably not an error for *watchers*; see OED. *Watch, sb.* II. 10. OED. quotes no instance of *Watcher* before the sixteenth century.

165/25–6 **xl kynges . . . and mo**: 'plus de quarante roys et de .C. mille personnes'.

165/36 **ne the hert open**: 'ne n'aura le ceur ouuert'. It is possible that *haue* has been omitted in C, but *open* could be taken as a verb here.

165/38 **at this syde of the see**: 'par de ca [= deçà] la mer'; cf. 25/20. **which in lent,** etc.: 'qui par leur faulx delit faisoient aux tenebres au ieudy absolut et a vendredi aoré que l'en estaingnoit les chandeles en leur oratoire, dont il desplut tant a dieu . . .'.

166/4–5 **take . . . lede**: 'qu'elles en morurent en chappes de plomb'. For the sense in which Caxton is using *coope*, see OED. *Cope, sb.*¹ †6.

166/6–7 **as . . . lyue**: 'comme ceulx qui furent escorchés tous vifz'.

166/11 **thursday**: here only the Friday is mentioned in B and M.

166/27–9 **the good . . . esprysed**: 'les debonnaires et celles qui les voient cuident qu'ilz soient appris'; M gives a better sense in the context, '(ilz) font le debonnaire, tant que qui les verroit il cuideroit que ilz fussent esprins'.

166/35 **C god**: the spelling *god* for 'good' is found occasionally in Caxton, but since *good* occurs in every other instance in KT it is probably better to emend here.

167/15–16 **fro the talkynge of them**: 'de les escouter'. The sense in C is probably 'from listening to their talk', rather than 'from conversation with them'.

167/33–5 **bete . . . staf**: i.e., harm herself by her own actions; cf. 30/22–4 n., 61/27. For **al . . . other**: see Whiting, no. M30.

168/15–17 **a lady . . . maryage**: the Knight describes this episode in ch. xij (27/16 ff.).

168/20 ff. **ye prayd her of loue**: 'Et tant que vous lui touchastes d'amouretes', typical of the more delicate wording of the French in this passage. From here to *ye demaunded her not*, Caxton has abridged somewhat clumsily; his *whiche* is redundant.

168/31 **after that they be**: 'selon ce qu'ilz sont'; there is no omission here in C.

169/10 **as I theyr moder,** etc.: 'Et pour ce ie leur deffens, comme mere doit faire a ses filles'. It is possible that *as* has been typographically misplaced, but this may be an instance of its use to introduce an exhortation: see Mustanoja, pp. 334-5, and cf. MED. *As, conj.* 8.

169/34-5 **ne . . . valewe**: 'ne les gens d'eglise ne les gens de neant'. The slight upon 'men of the chirche' in C was probably unintentional.

170/7-8 **for the better knowe,** etc.: a too-literal rendering of 'pour mieulx sçauoir leur maniere et leur maintien'. **theyr behauynge,** i.e., how to comport themselves.

170/16 **after that**: the sense is 'according as'. Caxton has omitted a clause which makes the meaning clearer: cf. 'selon ce qu'ilz seront, qu'elles leur portent honneur et courtoisie'.

170/25 ff. **But to saye . . . I trowe,** etc.: the anacoluthon occurs in B, 'Mais soustenir que vne femme mariee . . . Et ie pense', etc. The sense is more closely knit in M.

171/2 **This . . . parted**: a literal rendering of 'ce n'est pas ieu party', as in B; M 'Et si n'est-ce pas jeu-party'. The sense is that the struggle against temptation is an unequal contest when Venus exerts her influence: 'this is not a game with equal stakes', 'the dice are unfairly loaded'. The inversion in M gives a touch of irony which B has lost.

171/10-12 **And . . . bestes**: see note to 17/1-2.

171/19-21 **and that . . . creature**: 'Et qu'ilz se doiuent si entreaimer qu'ilz en doiuent laisser pere et mere et toute aultre creature'.

171/23-4 **And therfore . . . swere**: the sense would be improved by the omission of *where as*, which has no counterpart in B or M: 'Et pour ce a la porte de l'eglise l'en les fait iurer'. It was usual until the sixteenth century to conduct the marriage ceremony at the church door; cf. the Wife of Bath's Prologue, l. 6, 'Housbondes at chirche dore I have had fyve'.

171/28-30 **it is but . . . maryage**: an awkward rendering of 'ce n'est que vne mesmes chose et que l'en doit toute amour guerpir pour celle'. Here Caxton omits a sentence about the importance of adhering to the marriage vows.

171/37-8 **but lytel or nought**: 'moins'. **and . . . of god**: this is Caxton's substitute for 'Car il conuient que l'amour pende ou d'ung costé ou d'aultre, selonc raison, comme le poys de la balance'.

172/21 **amerous**: 'amoureuse d'amour qui les maistroye'.

172/26-7 **The lady of Coussy**: so in the French, 'La dame de coucy', but the well-known story is of the Châtelain de Coucy and his lover, la dame de Fayel; the dame de Coucy plays only a small part in the story. See *Le Roman du Castelain de Couci et de la dame de Fayel*, ed. Maurice Delbouille and J. E. Matzke (S.A.T.F., Paris, 1936); an English version of the story is contained in the poem *The Knight of Curtesy and The Fair Lady of Faguell*, ed. J. Ritson, *Ancient English Metrical Romances*, iii, pp. 193-218.

172/27–8 **the Castellayne of the verger . . . the Duchesse:** 'Et ce fist le cheualier et la chastellaine de vergy, et puis la duchesse'. The story of *La Chastelaine de Vergi* is contained in a thirteenth-century poem, ed. G. Raynaud, *Romania* xxi (1892), 145–93, and F. Whitehead, Manchester, 1944. It has been translated into English by Alice Kemp-Welch: *The Châtelaine of Vergi*, London, 1903 and 1907. The form *verger* is not peculiar to Caxton: confusion with *verg(i)er* 'orchard' is found in other versions of the story. See Raynaud, edition cited above, 158–60. The 'Duchesse' is not named in the *Livre* either, but it is clear from the story that the dame de la Tour was referring to a Duchess of Burgundy, who was the rival in love of the Châtelaine; for further references on this point, see Stolingwa, p. 114.

172/38 **smalle thoughtes:** 'menus pensers'. OED. s.v. *Small, a.,* A. IV. 18, 'trifling, trivial', etc., quotes Cotgrave's *'Menues pensées, . . .* idle, priuate, or prettie thoughts'. Here and at 170/35, Caxton is probably using *thoughtes* in the sense 'cares, anxieties'; see OED. *Thought*[1], †5.

173/4 **so trewe . . . spekynge:** B 'si haultement creue', M 'si crueuse'. Perhaps Caxton misread *c* as *t*.

173/11–12 **were playenge with me:** so B, 'Iouoient auecques moy'. M describes the game: 'jouoient au Roy qui ne ment pour dire verité du nom s'amie'.

173/12–13 **C that he loue,** etc.: B 'qui m'aimoit moult fort et plus que dame du monde', M 'qu'il m'amoit plus que dame du monde'. It is hard to credit Caxton with such an absurd translation in this context as 'he love[d] all the ladies in the world'; the form *loue* suggests that there has been some typographical omission, but a few words as well as the verbal ending may have been lost, and *loued me more than* seems a justifiable emendation.

173/28–9 **that . . . therof:** the meaning of the French is 'and . . . he never spoke to me of it again'.

173/29–30 **at the last . . . Towre:** as in B, 'Lors il me dist ma dame de la tour'. But the other knight would hardly have addressed the lady in this way before her marriage, and M's reading shows that these words belong to the Knight of the Tower, who breaks in at this point: *'Le chevalier parle:* Lors je lui dis: "Madame de La Tour".'

173/32 **the lady of the fucille:** B 'la dame de la fulle', M 'madame de La Jaille'. But that Caxton was reproducing his source faithfully is suggested by the reading of V, where this very form occurs: 'la dame de la fucille'. The sense may be 'spindle': see Godefroy s.v. *Fuisel,* Tobler-Lommatzsch *fusel,* and cf. OED. *Fusil*[1], MED. *fusil, n.* The reading *Jaille* in many of the manuscripts is probably the correct one, however. Montaiglon suggests (p. 301) that the lady was 'Marguerite, dame de la Jaille, femme de Hardouin de la Porte, seigneur de Vezins en Anjou'; the marriage of one of her children was recorded in 1388.

174/4 **disporte them:** not a mistranslation of *deporter* if Caxton saw 'ne se peut deporter auecques aultres fors que auecques son seigneur', as in B. In M, *deporter* has another of its senses, 'refrain': 'se puet bien deporter d'amer autre que son seigneur'.

174/6–9 **but syre . . . lord** is apparently Caxton's own insertion. None of the manuscripts in which I have checked this passage indicates a change of speaker here: the words representing *as for . . . be done* are spoken by the Knight. **of that . . . befalle yow:** 'ce qu'il vous plaira'. For the sense of *befalle* here, see OED. *Befall, v.* 2, MED. *bifallen, v.* 4a. (a). **after . . . done:** 'Apres du fait sera fait droit'. Caxton's rendering is ambiguous; he was probably misled by the inversion in the French, which may be read as *Après, sera fait droit du fait,* 'Afterwards, the result will be judged'; i.e., 'We shall see which of us was right.'

174/9 **Syre I pray to god:** several of the manuscripts, as in M, make it clear that the lady's speech begins at this point: 'La dame respond: "Sire, je prie à Dieu" '.

174/17–20 **yf . . . haue hit:** 'Car s'elle [= si elle] peut faire valoir et venir a honneur aucun [one, someone] qui iamais n'y tendroit ne n'auroit la hardiesse ne le ceur de l'entreprendre . . .'. It could be suggested that *she* in C is another instance of the *he/she* confusion already noted in this text (see note to 77/20) and that *seme* is a typographical error for *seke*: *yf he may seke to come* would give a reasonably good sense. It is somewhat remote from the French, however, and I think it more likely that Caxton followed his source with *she* for *elle* and that he muddled the rest of the sentence himself, perhaps because he did not fully understand the French and did not stop to consider what he had written. *The whiche* could mean 'him who', but one would expect *make* or *make hym* rather than *seme*. Or one might add *make hym* and emend *seme* to *seke*; but one cannot feel sure that these represent Caxton's own words, and in this case it seems better to leave the text as it stands.

174/23 **And for a lytell chere,** etc.: 'Et pour vng peu de chiere', etc. Caxton faithfully reproduces the anacoluthon in his source, leaving the *yf* clause above in suspense.

174/36 ff. **I consente . . . that they kysse them,** etc.: the Lady's remark below, *I defende . . . to them the kyssyng,* appears somewhat contradictory in Caxton's translation; he fails to bring out the distinction implied between 'me consens . . . qu'elles les acolent deuant tous', and 'ie leur deffens le baiser', etc.

175/5–6 **the kyssynge . . . dede:** see Whiting, no. K69.

175/7 **Sybylle sayth:** the source of these sayings attributed here to 'Sybylle' (B 'la saige royne Sebile') is not known; cf. 98/29, and note. In M (following L and P1), they are attributed to 'la royne de Sabba'. An association of the names *Saba* and *Sibile* occurs in *Kyng Alisaunder* (ed. G. V. Smithers, E.E.T.S., o.s. 227), Text B, 6378–81. For 'the belief that the Queen of Sheba was a sibyl', and for medieval traditions regarding the sibyls, see the editor's comment on these lines, vol. ii, pp. 141–2.

175/16–19 **one kyssynge . . . another**: 'l'ung boire atraict l'aultre'. Perhaps Caxton modified the saying deliberately, with the preceding passage in mind. **And as . . . also**: cf. Whiting, no. S559.

175/19 **In lyke wyse . . . loue**: M continues with a passage, not found in B and C, in which the Knight elaborates upon this theme at some length.

175/20–2 **players**: 'ioueresses aux tables', women addicted to gambling at backgammon. **For suche . . . renomme**: Caxton has slightly abridged here.

175/23 **of the duchesse of bauyere**: 'd'une moult belle dame de bauiere'; M has 'd'une dame de Banière', but *Bauiere* (? = Bavaria) is perhaps more likely. This lady has not so far been identified.

175/26–7 **coursers and hakneys**: there is no mention of horses here in the French; this is probably Caxton's misreading of a form like 'courses' in B, M 'corssés', the garment *corset*. **rynges . . . stones**: 'de perles et d'aultres bons ioyaulx'.

175/31–2 **half derer more**: 'au denier double'. Cf. the phrase *to moche by the half* 74/31, and see OED. *Half, sb.* 7. e.

175/34–5 **appertyse and wyse**: 'apertes et . . . saiges'. *Appertyse* is a nonce form as an adjective, and the *-yse* could well be a typographical anticipation of *wyse*. It has been retained in the text, however, as *appertyse* does occur several times in other works by Caxton as a noun = 'dexterity, skill', and its use as an adjective is conceivable. See OED. s.v. †*Appertise*.

175/38 **ouches or fermaylles**: 'petites fermailles'. These were often in the form of little ring-brooches to close the neck of a garment, or clasps at the shoulder or waist. See V. Gay (op. cit., note to 73/21–2), pp. 702–4, and Evans, pp. 8 and 17–18.

175/39 **put**: possibly a typographical error for *putteth*, as I have assumed at 128/12, but I have not emended here since Caxton might in haste have equated 'many a woman' with 'many women' (cf. *they be deceyued*), and intended *put* as a plural; or it could be taken as a perfect, 'has put'.

176/2 **before . . . stroke**: i.e., before the act of divine punishment.

176/3 ff. It has been suggested that the version in the *Livre* of this story of the testing of the hermit was known to the author of *Sir Gawain and the Green Knight*: see M. Day's Introduction, E.E.T.S., o.s. 210, pp. xxix–xxxi. Cf. note to 21/5 ff.

176/6–7 **Vitas Patrum**: 'la vie des peres'. Cf. 71/4, and note.

176/8 **by his bounte**: 'par sa bonté'; the story shows that Caxton should have translated *sa* as 'her', not 'his'.

176/13–16 **A good lord,** etc.: Caxton slightly alters the hermit's plaint: cf. 'Beau sire dieu, ay ie en ce monde riens fait dont ie doye auoir . . . aucun merite, ne fait chose qui te plaise?'.

176/18–19 **thow . . . wyf**: 'Tu es bien du merite au preuost d'acquillee et a sa femme'. The meaning seems to be that the Hermit will acquire the same merit by his abstinence as the provost and his wife have acquired by theirs.

176/28–30 **vpon . . . arrayed**: 'sur vng gros coursier vestu de drap de soye et estoit fourré de vers et d'armines moult noblement et richement aorné'.

177/14–18 **toke . . . water**: 'faisoit despecer les mes de viandes deuant elle et mettre en relief, et mengoit gros pain et boulie [a kind of gruel], et beuoit de l'eaue'. Caxton has added some touches of his own here.

177/20–1 **rychely hanged . . . arrayed**: 'bien paree de vers et de gris et bien encortinee'.

178/5–6 **soo chauffed . . . lecherye**: 'qu'il fut bien entalenté'.

178/9 **as . . . wytte**: 'et auoit perdue sa memoire'. Cf. note to 90/20–1.

178/11–12 **made . . . cold**: 'le transist tout de froit'.

178/18 **he awoke . . . come**: the Knight adds that the Hermit woke late with a sore head, being unaccustomed to wine.

178/28–9 **black brede**: 'le gros pain'. The earliest quotation for 'black bread' in OED. (s.v. *Bread, sb.*¹ 2. e.) is dated 1863. The combination is not recorded in MED., but see *blak, n.* 3. (a).

178/36–7 **Thenne as . . . had this examyned**: 'Et quant l'ermite eut ainsi enquis'. *This* could be a typographical error for *thus*, but for the sense 'in this way', 'like this', see OED. *This, adv.* I. †1.

179/3 **bifore hym**: here Caxton omits a further reference to their simple diet and their generosity to the poor.

179/6 **how she essayed hym** (C omits *hym*): 'comment elle l'essaya et approuua'. *Essaye* normally has an object in C (cf. ll. 13, 19); the omission of *hym* was probably typographical.

179/18–19 **Therfore . . . preysed**: one cannot be sure how wordy Caxton's source was, but to judge from M 'Et pour ce a cy bon exemple comment noble chose est de bonne dame', and B 'Et pour ce a icy [bon exemple] comment noble et belle chose est de noble dame et de bonne femme', he has pruned this sentence well. See Introduction, p. xxviii.

179/25–6 For the emendations in *assembleth . . . byndeth*, see notes to 14/13, 36/3.

179/28 **How the deuylle,** etc.: so in B, 'Comment le dyable', etc.; M 'Cy parle d'une dame qui estoit riche et avaricieuse'.

179/35–7 **made the cheste . . . bak**: the *Livre* does not mention that the treasure was in a chest: B has merely 'et fist mettre la clef de son tresor scellee en vng drapel [piece of cloth] sur ses rains'. M explains that the treasure was hidden in a tower: 'sy fist faire son lit devant l'uis [door] d'une tour où estoit sa chevance et son or, et fist mettre la clef de cette tour scellée en un drapel soubz ses reins'.

179/37–180/3 **The dethe . . . her back**: cf. 'Or auint que quant la mort l'aprochoit de plus en plus fort, elle leuoit la main et monstroit signe que nul n'y aprochast, et crioit et se tourmentoit moult fort que nul n'y habitast'; according to M, she kept her eyes on the door of the tower and would let no-one go near it.

180/7–8 **it was hyd . . . bedde** : here B mentions the tower for the first time, 'qu'il estoit en celle tour deuant son lit'; M also mentions the tower here.

180/10 **a cheste . . . the keye** : again, there is no mention of a chest in the French; the only key referred to is the key of the tower.

180/14–15 **as wel . . . pound** : B 'trente ou .xl. liures tant en or comme en vaisselle'; M gives the sum as 'xxx. à xl. mille, tant en or que en argent, que en vaisselle'.

180/19 **the xxv parte** : perhaps a misreading of 'le .xxxᵉ'.

180/22 **some of her good** : B specifies 'deux cens frans', M 'deux cens livres'.

180/25–6 **suche plate . . . only** : Caxton elaborates slightly upon 'fors sa vaissaille d'argent de tout le iour', but underlines the meagreness of the old woman's display by mentioning only two utensils. It is hard to say what distinction, if any, is implied between *coup* and *pyece*; possibly the *coup* was a bowl for soups or confections, the *pyece* a drinking-vessel. See MED. *cuppe, n.* 1. (a), OED. †*Pece*.

180/29 **For yf . . . a message** : i.e., if she wanted a message sent (or an errand done): 'Car se elle voulsist enuoyer vng messaigier'. For the phrase *send on (a) message*, cf. OED. *Message, sb.*¹ 2. †b.

180/31 **by her feythe** : at this point Caxton omits a short passage giving further details of the old woman's miserliness, and makes his own link in the narrative with the sentence *The doughter . . . forgate her*, which has no counterpart in the French.

180/39–40 **none other good** : the Knight adds that nothing more had been done for her than might have been done for a poor woman of the village; I was there, he mentions, and I saw it.

181/22 Between *worshipped* and *Also*, Caxton omits an interesting passage in which the Knight tells how this lady loved to have minstrels at her house, and was so generous to them that after her death they composed a 'chansson de regret d'elle'; the Knight quotes the refrain of this song. See note to 182/21.

181/24 **with her Iewels** : Caxton abridges again: cf. 'Elle l'arrayast des Ioyaulx et des manteaulx et des tous les biens qu'elle pouoit. Et s'elle n'y alast elle y enuoyast ses damoyselles pour l'abillier et lui faire honneur'.

181/26 **torches . . . therto** : 'ce qu'il leur failloit', M 'la cire ou ce qui leur faisoit mestier'. Caxton omits the rest of the Knight's sentence, 'et puis s'en reuenoit mengier en son hostel, et ne souffrist que gens qu'elle eust leur feissent nulz coustz'—i.e., she would not allow any of her household to charge the poor people for what she had supplied.

181/36–7 **a seruaunt propyce therfore**: 'vng varlet tout propre'. *Propyce* here apparently has the sense of F. *propre*, 'suitable'; this sense is not given in OED. s.v. †*Propice*.

182/10 **in dowayre, C in dowaye**: 'en douaire'. Munro's emendation (193/27) to *dowa[r]ye* gives a possible form, but *dowayre* is more likely in view of the French word. For the sense, see Glossary and OED. *Dower, sb.*² 1, and cf. the form *dowayr* in Caxton's *Cato*, quoted under *Dower, sb.*² 2.

182/11–12 **cam to duelle there**: 'quant elle fut morte nous y venimes demourer'.

182/13 **vnder the strawe**: 'dedans'.

182/19–20 **the poures**: cf. 135/4, and see note to 127/33–4.

182/21 **Cecyle of balleuylle**: B 'celine de belle ville', M 'Olive de Belle Ville', the reading of L, which appears to be the correct one. Boisard's researches have shown that Olive de Belleville was wife of 'Geoffroy III de la Tour Landry', possibly his second wife; it is not certain whether she was the mother or the stepmother of 'Landry IV de la Tour Landry', the author's father. She came of a family well known for their literary and artistic interests, and as dame de la Tour Landry she devoted herself to 'la pratique des œuvres pies et le culte des lettres' (Boisard, ch. i, pp. 53 ff., and Abstract, p. 11).

182/22 **myghte spende . . . pound**: B 'tenoit bien pour .xviii.ᵐ liures de terres', M 'tenoit bien xviij. mil livres de rente'.

182/29 **And maade them abasshed**: so B, 'les faisoit tous esbaÿs'; M 'sans les esbaïr de ce que elle les reprenoit ainsi'.

182/35 **And that god**, etc.: 'que dieu les punissoit'. *And* is redundant here; perhaps Caxton lost the thread, or the compositor, affected by the numerous sentences beginning with *And* in this passage, may have inserted another *And* by mistake.

182/38–9 **For none . . . of other**: cf. 110/17–18.

183/3 **not aboue ten yere old**: 'enuiron .ix. ans'.

183/5 **good lyf . . . good ende**: cf. Morawski, *Proverbes*, no. 471, and Whiting, no. L237, ODEP., p. 321–4. Cf. 80/23, and note.

183/6 ff. **The thre enseygnementes,** etc.: the story of the advice given by 'Cato' to his son is contained in one long chapter (the last of the book) in M; B divides it into six chapters, Caxton into eight. See notes to 184/1, 188/19. Other versions of this story are known (Stolingwa, pp. 109–11), but only here is it linked with the name of Cato, which has probably been attached to it to lend weight to the sayings. The reference is presumably to the so-called *Disticha Catonis* or *Dicta Catonis*, a collection of moral precepts, nearly always presented in the form of a father's address to his son, which became immensely popular in the Middle Ages. None of the three pieces of advice mentioned by the Knight occurs in the collections attributed to Dionysius Cato, although in their spirit of caution and practical wisdom they do resemble many of the precepts in a general way. See W. J. Chase, *The Distichs of Cato*, in University of Wisconsin Studies in the Social Sciences and History, no. 7 (Madison, 1922); and T. F. Mustanoja in his edition of *The Good Wife Taught her Daughter*, Annales Academiæ Scientiarum Fennicæ B LXI, 2 (Helsinki, 1948), pp. 45–50, on medieval versions of the *Dicta Catonis*.

183/25–6 **good . . . suffysaunte**: 'assés cheuance et bonne souffisance'.

183/28 **put . . . lose**: a literal rendering of 'vous . . . mettre en subiection de perdre', i.e., 'render yourself liable to lose'.

183/32 **men oughte . . . doubtynge**: as in B, 'on doit auoir souffisance et doubter'; M 'qui a souffisance doit bien doubter'.

183/34 **lyght of wylle**: 'de legiere voulenté'; cf. 168/7, where *so lyght of wylle* translates 'de trop legiere voulenté', and 190/4 ('de legiere voulenté et de hastiue').

183/36 **participant**: 'vous en seriés participant'. There are no quotations in OED. s.v. *Participant, a.* and *sb.*, earlier than the sixteenth century; Caxton may have taken it direct from the French here.

184/1 **The thyrd enseygnement**: for the first time in the book, Caxton differs from B in the division of his chapters; B has no break in the text at this point.

184/4 **whiche . . . dethe**: B 'qui touchera la mort de vostre personne', M 'qui touchera l'onneur de vostre personne'.

184/14–16 **he maade . . . of Rome**: 'il lui fist parler d'estre auecques lui et de gouuerner les grans fais de la cité de romme'.

184/21 **thorugh the hyghe strete**: 'par la maistresse rue'.

184/28 **by cause . . . offyce**: 'pour essaulcier [celebrate] la nouuelleté de son office'.

184/31 **How Cathon**, etc.: B also begins a new chapter here, with the same heading.

184/34 **many vysyons**: 'moult d'auisions'. The sense of *vysyon* here is probably close to that recorded in OED. s.v. †*Avision*, 2; cf. MED. *avisioun, n.* 1. (c).

185/1–2 **seynge this . . . he wente**: not quite as in the French: Cathonet, 'moult pensif', deliberates a little and then decides to try out the third precept on his wife.

185/11–12 **I . . . slewe hym**: 'ie auoye bien beu et si estoye courroucié d'autre chose; si me courrouçay tant fort contre lui que ie l'occis'. The emphasis in the French on Cathonet's anger suggests that Caxton may be using *hastely* in the sense 'in sudden rage' (for which OED.'s earliest quotation, s.v. *Hastily*, is dated 1573), rather than 'quickly' or 'suddenly'; the senses 'rashly' or 'violently' given in MED. s.v. *hasteli(e, adv.* 2. (b) and (c) would be possible too.

185/14 **made . . . spyces**: 'fis confire en bonne dragee'.

185/19 **affectuelly :** this translates 'moult doulcement'; the sense is therefore perhaps 'lovingly, fondly', rather than 'earnestly'. See OED. †*Affectually*.

185/20 **But the morowe after,** etc.: as in B; according to M, Cathonet's wife at once made a great show of swearing to keep the secret, but the next morning she sent for her confidante and then began to show distress.

185/27 **lete me drawe :** so B, 'me . . . traire par pieces'; M has 'les dens traire'. See OED. *Draw, v.* I. †5.

185/29 **by my feyth :** 'par ma foy'. The reading *by feyth* in C is possible, but since Caxton normally includes the possessive in this phrase it seems more likely that *my* has been lost between the two pages. **saith :** see note to 14/13.

185/35–6 **her taryenge . . . to other :** 'Mais il lui fut bien tart de le dire aux aultres'. Cf. 105/25–6, and note.

186/19 **pyte :** 'merueilles'.

186/22–3 **with hyghe pleynt ansuerd :** 'a peine lui pouoit respondre'.

186/25–8 **And commaunded . . . traytour :** 'Et commanda incontinent que cathonnet fust pendu haultement deuant tout le monde et qu'il n'y eust point de faulte'.

186/31 **It is no nede :** i.e., 'It is not necessarily so'. Cf. 'il n'est pas mestier que tout ce que l'en dit soit vray', and Whiting, no. M310.

186/38–9 **and how . . . see hym :** Caxton's addition.

187/2 **a Squyer of his :** 'vng sien escuier'. Caxton uses the modern construction here; cf. note to 91/2–3.

187/3 **to suche a knyght :** 'a tel baron'.

187/8–11 **he came . . . other :** B also omits a direct reference here to the 'baron' in whose charge Cathonet's son had been placed. The sentence is clearer in M: 'entour mienuit, il arriva en l'ostel du baron à qui Cathonnet avoit baillé l'enffant en garde, comme à son grant amy et voisin, lequel baron estoit preud'omme et saige, et à merueilles s'entr'amoient'. Caxton's *whiche* in l. 10 refers, of course, to this 'baron'.

187/25 **How . . . Cathonet :** B also has a new chapter, headed 'Comment on vouloit pendre cathonnet'.

187/28 **one his grete frend :** 'vng sien grant ami'. See note to 91/2–3.

187/32–3 **was conueyed . . . Rome :** 'fut . . . mené au gibet auec toute la commune de romme'. There is probably no omission in Caxton's sentence: *of* has here the sense '(accompanied) by'.

188/2–3 **was asked . . . found there :** 'demanda l'en ou estoit le pandeur, et le fist l'en huchier [call] par tout, et nul ne respondit'.

188/12–13 **He . . . galhows :** see Whiting, no. T67.

188/15–16 **but thus gone . . . world :** 'Mais ainsi va des merueilles du monde'.

188/16–17 **there was . . . on horsback :** 'ilz regarderent saillir en l'air vne grande pouldre [dust-cloud] des cheuaulx'.

188/19 **How themperours sone,** etc.: Caxton seems to have departed from his source in making a new chapter here; none of the manuscripts in which I have compared the text has a break at this point. Cf. 184/1, and note; these are the only two points in the book where Caxton's chapter-divisions do not agree with those of B.

188/22 **sawe anone . . . themperour**: 'virent que le filz de l'empereur venoit tout deuant sur vng grant coursier courant tant comme il pouoit'.

189/9 **For yf,** etc. (C omits *yf*): 'Car se vous l'eussiés fait destruire'. Cf. 64/26–7, and note.

189/12 **For yf . . . good**: 'Car se ie sçay nul bien'.

189/15–16 **the trust . . . preferrement**: 'en esperance que tu vailles et que tu faces aucun grant bien'.

189/25 **emonge al other**: 'entre les aultres'. For Caxton's phrase, cf. 3/6, 32/11, and notes; here the sense 'pre-eminent among' fits the context.

189/27–9 **that . . . contrarye**: 'pour estre exemplaire . . . a tous, comme cellui a qui ilz sont auenuz et qui a fait le contraire'. Perhaps *hath* has been lost before *done*, or the translator's eye may have gone back to 'tous'.

189/30 **How Cathonet,** etc.: here Caxton is in line with B's chapter-divisions and headings again.

189/33 **chaunce and good ynough**: 'bonne cheuan[ce]'. It is possible that *chaunce* is a typographical error for *cheuaunce*; cf. 158/1, 171/9.

189/35 **And by cause**: 'Et pour ce que'. For the sense 'in order that', 'so that', cf. 43/36, and see OED. *Because*, B. *conj.* †2, MED. *bicause*, *conj*. 1. (b).

190/14–15 **whiche . . . folke**: 'qui acoustumés estoient de faire teles choses'.

190/17 **afterward**: B adds 'et que iamais cellui homme ne m'aimeroit', M 'et que jamais ne me aimeroit'.

190/36–7 **not of newe**: the sense is 'nothing new', but *not* in Caxton is more likely to be the negative than a reduced form of *nought*; *of newe* is probably the adverbial phrase 'newly, recently'. The French is ironical: 'Car ce n'est pas nouuelle chose que femme sçache bien tousiours celer les choses que l'en lui dit'. Cf. Whiting, no. W534. Caxton omits the last sentence of this chapter.

191/11 **And regned**: the subject is presumably *Cathonet*. See note to 18/19–20.

191/17–18 **And . . . cours**: 'Et tout ainsi comme la saigecte [arrow] part de la garde [M arc cordé, V corde] et des ce qu'elle est partie il conuient qu'elle praigne son cours'. Caxton's sentence, though awkward, can stand, if one assumes a comma-length pause after *bowe*; a slight improvement would be *and* after *bowe*, or *whiche* after *shafte*. For the simile, cf. Whiting, no. W605.

191/20 **yssued**: 'qui yst de la bouche'. The *-d* ending may be another instance of typographical confusion of *-d* and *-th* (see note to 14/13), but as a past tense is possible in this context, I have not emended.

191/37–8 **And full . . . wordes**: 'Et tous ceulx et celles sont moult saiges et ont bon sens naturel qui ne soint [see Grigsby, *Miroir*, p. 481] point nouuelliers, c'est a dire qui se gardent de dire la faulte et le meshain d'aultruy'. Caxton's source may have had '. . . de recorder la faulte', etc., as in M, but the sense of *recorder* is close to *dire* in this context. The sense of *recordynge* here is almost certainly 'repeating', 'relating' (see OED. *Record, v.* III. †8), not 'remembrance', etc., as given in OED. under *Recording, vbl. sb.* †1, where this instance is quoted.

192/3 **may come but good**: 'ne peut venir que bien'.

192/3–4 **the booke of my two sonnes**: see note to 13/21. Most of the manuscripts agree with M's reading, 'livre des saiges'; one has 'de sages philosophes', one 'de philosophie'. As far as I know, only V is close to C here: 'liure des deux filz'. B reads 'liure des mes filles' (see note to 79/13); it is possible that Caxton saw 'filles' and decided that a reference to the sons' book would have more point here, but more likely, in view of the reading in V, that his source also had *filz*.

192/5 **C fynysshed**: a past tense is possible here, but as Caxton normally uses the present tense in this formula it may be assumed that this is another instance of the confusion of *-d* and *-th*; see note to 14/13.

192/10 **the last day of Ianyuer**: still the year 1483 in Caxton's time, when the new year was reckoned to begin on 25 March.

GLOSSARY

THIS Glossary is not a complete concordance: words which have retained the sense that they had in Caxton's time and have altered little if at all in spelling are not recorded, and a complete list of occurrences of the words glossed is not given. Variant spellings are recorded under the head-words; line references are given for the first occurrence and sometimes from a selection of further occurrences of each sense of the word, but do not necessarily cover every orthographical variation. Plural forms of nouns which differ from the singular headword only by the addition of -s or -es, -is/-ys are not entered, but where the meaning is different in the plural a gloss is given, e.g. under *abusion*. Particular attention has been given to words which have changed in meaning but only slightly or not at all in form, such as *courage, releef, plank*, and many others. It must not necessarily be inferred, however, that where a form is entered in its obsolete sense, its modern sense is not found in C: e.g., under *doute, v.* 'fear' etc., *doubte* 'doubt' at 143/1 is not listed in this Glossary. In words which formerly had a wider range of meanings than they have now, such as *estate, maner, worship*, it is often hard to decide which sense Caxton wanted to convey, and some of the glosses must be regarded as tentative.

Derivations are not given, except in the occasional instances where apparently identical forms are of different origin, as *repayre, repayred*. Reference is made to OED. or MED. where comment on or further illustration of an early or a rare use of a word might be helpful.

The following points of arrangement may be noted: initial and internal *y = i* is treated in the alphabetical arrangement of the Glossary as *y*; internal *u = v* is treated as *u* (thus, *ouer* before *ought*). Cross-references ignore the variation of *i/y*, e.g. *fait(t)* has no cross-reference to *fayt(e)*, *histories* to *hystorye*. Nouns in which *th-* for *the* is elided with the initial vowel or mute *h*, as in *thalmesse, thoneste*, and verbs in which *t-* for *to* is combined with an infinitive, as in *tansuere*, are entered under the vowel or under *h*: thus, *almesse, ansuere, honeste*. The use of capitals in the Text has been disregarded in the Glossary.

Abbreviations used are: *adj. pp.*, adjectival past participle; *ppl. adj.*, participial adjective; *pr. p.*, present participle; *sb.*, substantive; *subj.*, subjunctive; *v.*, the infinitive form of the verb; *trans.*, transitive; *intr.*, intransitive; n., see Note; OF., Old French. Other abbreviations should be self-evident.

An italicized page and line reference indicates a form emended or supplied by the editor.

a *numeral adj.* one 62/30; one as opposed to another 94/5.

a *prep.* on, at 80/32 n.; ~ *pylgremage* on a pilgrimage 54/9; ~ *fyre* on fire 175/18–19.

a *interj.* Oh! Ah! 176/13.

abasshed *adj. pp.* perplexed 22/38; upset, disconcerted 42/29, 36; distressed 130/15; amazed 147/4; ashamed 182/29.

abhomynable *adj.* morally repulsive, odious 80/35.

abhomynacion *n.* abhorrence 47/30.

abhomynaltees *n. pl.* vile deeds 99/1.

about(e) *adv.* busy, engaged in, concerned with 61/28, 142/16; *al* ~ everywhere 73/24, 91/1; *were* ~ *for to* were preparing to 140/29; *prep.* around 15/19; *al* ~ right round 59/15.

abredge *v.* shorten, condense 13/11.

abrode *adv.* about, (all) around 115/37; about (in use) 180/25.

absteyne *v. refl.* refrain 21/37, 68/3.

abusion *n.* wrongdoing 163/8; *pl.* falsehoods, perversions 166/24.

abyde *v.* remain, stay 7/16; wait 53/7; *trans.* await 143/18; **abydeth** *pr. s.* remains 21/29; rests 37/18; **abode(n)** *pt. s., pl.* 42/35, 43/22, 52/7.

abydyng *n.* waiting, delay 12/7.

abysmes, abismes *n. pl.* abysm, hell 79/22, 91/26.

abyte *n.* attire 49/18 n.

accesse *n.* ague 15/33.

accorde *v.* agree, assent 170/3; **acordynge** *pr. p.* in agreement 66/8; **ac(c)orded** *pt. pl.* agreed 36/7; agreed to grant 43/14.

ac(c)ustom(m)aunce *n.* customary practice 18/38, 20/14.

acerteyned *pp.* informed 31/29–30.

acompte *n.* explanation 67/3, 75/34; account 134/35.

acompte *v.* relate, tell 25/19.

acounte *n.* class, rank 42/23.

acoynted *see* **acqueynte**.

acquere *pr. pl.* acquire 157/35.

acqueynte *v. refl.* become well known 44/1–2; **acoynted** *pt. s. refl.* became intimate 82/12.

adaunte *v.* subdue 19/23.

admerueyled *adj. pp.* filled with wonder 51/22; bewildered 58/16.

adoure *v.* adore 14/17.

a(d)uenture *n.* experience(s) 10/38; risk, jeopardy 37/27; happening 55/17; miracle 58/21; chance 64/12; luck, fortune 89/12; *withoute* ~ with no 'perchance', unconditionally 64/15; *by* ~ accidentally 108/17; by chance 131/21; *at all* ~ at any risk, at all cost 187/29.

aduertyse *v.* instruct, inform 13/34, 36/8.

aduoultrye *see* **auoutrye**.

aduys *n.* opinion 28/1, 41/10; decision arrived at after deliberation: *took their* ~ *& counceil* decided, made up their minds 26/17.

aduyse *v. refl.* bethink oneself, reflect 176/1; **aduysed** *pt. s.*, ~ *hym* thought, considered 51/23; *adj. pp.* advised 39/24.

aduysement *n.* thinking, reflection 43/23; advice 184/7.

a(d)uysyon, aduysion *n.* vision, dream sent for instruction or warning 21/11, 51/18, 77/33.

aferd *adj. pp.* afraid 34/15.

affayted *pt. pl.* prepared, made ready 26/3.

affeblyssheth *pr. s.* enfeebles 120/19 n.

affectuelly *adv.* lovingly *or* earnestly 92/6, 185/19 n.

afferme *v.* confirm 78/7.

afflyctions *n. pl.* mortification (as religious discipline) 126/25.

affrayed, effrayed *adj. pp.* frightened, terrified 15/20, 51/18.

affyaunce *n.* confidence 8/35.

affynyte *n.* relatives by marriage 87/5.

a fore tyme *adv.* formerly 44/37.

after *adv.* afterwards 16/3, 67/37 n.; *prep.* in accordance with 10/10, 13/17; behind 12/40; after (the manner of), like 39/15; about, concerning 47/10; with reference to 142/34; ~ *(that)*, *conj.* as, according as 13/26, 63/14, 170/16 n.

agast(e) *adj. pp.* aghast, horrified 51/18, 78/4.

ageyn(e), ayene *adv.* anew, once

more 21/39, 40; in return 24/31;
back 33/2, 111/15.

ageynst(e), ayenst *prep.* against
5/34, 40/28; before, in the presence
of 146/1.

aker *n.* area, piece 97/2 n.

al(l), alle *adj.,* ~ *day* every day 45/34;
~ *thyng(e)* everything 8/24, 14/10
[see OED. *All, adj.* †3, and †*Alday*];
adv. (*as intensive*) 11/6, 51/14;
entirely, quite 29/22, 38/4; just,
exactly 42/16; very 45/38; ~ *along*,
~ *quyck, see* **along, quyck** ; *as conj.*
(*with subj.*) even if, although 87/4;
~ . . . *neuer* though (however, no
matter how) 123/28, 155/21; ~ *be*
it so that . . . neuer 133/12.

allone *adj., adv.* alone 7/16, 63/10; *he*
al one single-handed 100/32.

almes man *n.* giver of alms 47/15.

almesse *n.* good deed, charitable act
10/14; alms 22/9; *pl.* acts of charity
57/15.

along, a long *adv.* lengthwise 50/6;
al ~ throughout 3/9 n., 13/11.

also *adv.* as, just as 22/36; even so,
just so 128/18.

alway, alwey(e) *adv.* always 3/13, 15;
all the time 49/24.

alyght *v.* lighten, lessen 69/6; *pp.,*
~ *out of* relieved of, freed from
115/14.

a lyue *adv.* alive 55/14.

amende *v.* rectify 4/17; make amends
for 51/39; *refl.* improve, reform
67/32; **amended** *pt. s.* rectified
123/25; *pl. refl.* reformed 23/20;
pp. cured, mended 90/13.

amodere *v.* moderate, keep within
bounds 125/14.

amolysshe *v.* soften 102/33; **amo-
lysshyth** *pr. s.* appeases 24/11.

amorettes *n. pl.* lovers, paramours
49/12 n.

amys *quasi-adj.* amiss, wrong 154/29.

ancylle *see* **a(u)ncylle.**

and *conj.* if 68/29.

annexed *pp.* required, imposed 171/18.

annoyed *see* **ennoye.**

anon(e) *adv.* at once, straightway
16/19.

ansuer *n.* answer 10/16.

ansuere, answer(e) *v.* speak up (for),

defend 8/23; answer (back) 8/33,
37/19, 22; ~ *of* be accountable for
76/9.

aourned *adj. pp.* adorned 39/2, 160/30.

a part, aparte *adv.* apart, aside 29/3,
78/13.

apayed *adj. pp.* satisfied, content
88/32, 158/17.

apparayle *v. refl.* apparel 46/36.

apparaylle *n.* apparel, attire 49/9.

apperceyue *v.* observe, notice 44/3,
57/11; *pr. s. subj.* 34/7.

ap(p)ert(e) *adj.* outspoken, forward
27/33, 41/18; manifest 60/16.

ap(p)ertely *adv.* clearly, manifestly
38/4, 54/4.

apperteyneth *pr. s.,* ~ *not* is not
appropriate 40/23; **apperteyn-
ynge** *pr. p.* pertaining 142/37; *was*
~ *to* belonged to 182/10; **apper-
teyned** *pt. s.* pertained, was proper
63/26; belonged 108/27.

appertyse *adj.* adroit, clever 175/34 n.

appro(u)ued *pt. s.* tested 176/3, 7;
pp. 111/2; *adj. pp.* proven, manifest
78/33, 91/14.

appyereth *pr. s.,* ~ *wel* is very evi-
dent 186/8.

aqueyntaunce *n.* acquaintance, asso-
ciation 62/36.

ar *conj.* before 142/23; *see* **or.**

arayement *n.* raiment, attire 48/30.

arayeng *vbl. n.* adorning (herself)
53/12.

araysoned, aresonned *pt. s., pl.*
rebuked, reproached 5/36, 38/37,
41/23.

arch *n.* Ark 106/14.

arede *v.* solve 105/6.

armee *n.* military expedition 58/12.

arn *pr. pl.* are 3/26; *see* **ben(e).**

arrached *pt. s.* plucked, tore 185/13.

ar(r)ay(e) *n.* magnificence, finery 6/6,
46/27; apparel 38/32, 40/9; be-
haviour 18/22; contrivance, con-
traption 73/20; *putt hit in* ~ put
things in order, amend matters
12/21–2; *oute of* ~ in disorder 19/7.

ar(r)aye *v.* attire, adorn 6/13, 39/8;
pr. pl. refl. 39/24; **ar(r)ayed** *pt. s.,*
pl. 26/3; *refl.* 28/27, 46/11; **arayed,**
arraid *adj. pp.* 39/2, 73/15; ar-
ranged, prepared 152/38 n.

arred *pt. s.* snarled 44/16 n.

arrettid *pp.* ascribed, imputed 4/5.

arte *n.* cunning 65/15; artifice, stratagem 165/9, 13.

artycle *n.* matter, subject 137/6.

as *conj. adv., rel. adv.* as if, as though 29/2, 73/17, 88/6; as it were 73/25, 95/8, 158/5; in so far as 77/8; like 100/35; *redundant, introducing an exhortation* 169/10 n.; ~ *for to* in order to 18/39; ~ *for* for (corresponding to) 72/9; for (with respect to) 112/28; ~ *now* now, at present 72/28; ~ *tho,* ~ *thenne* then, at that time 130/30, 144/29; ~ *of* as to, as for 142/36; ~ *to* to, with regard to 144/27; such as 169/23; *there* ~, *thenne* ~, *where* ~, *see* **ther(e), than, where.**

as *conj.* when 60/11, 63/21; when, while 78/21; when, whenever 93/32, 94/28, 31.

ashamed *adj. pp.* brought to shame 65/2; humiliated 107/27.

aspyed *see* **espye.**

assayed *see* **essaye.**

assemble *n.* meeting together, gathering 73/13.

assembled *pp.* joined 171/21.

assewred *pt. s.,* ~ *herself* spoke positively 144/32; **assured** *adj. pp.* reassured, satisfied 53/38; trustworthy 167/22.

astate(s) *see* **estate.**

astonyed *adj. pp.* dumbfounded 43/20, 22.

a syde *adv.* to one side, sideways 25/12.

at *prep.* according to 14/10, 40/21; by, from 46/29; in 54/11, 89/4 (*see* **meschyef**).

atoure *n.* attire, manner of dress 81/38; **atours** *pl.* array, finery 47/23.

atte *prep.* at (the) 3/18, 19/29; at a 99/5; in the 90/10, 158/18.

attemperate *adj.* temperate, restrained 131/24.

attempreth *pr. s.* refreshes 17/15; **attempryd** *adj. pp.* controlled, even-tempered 35/28.

attouchementis *n. pl.* touching 66/22.

attoured *pt. pl. refl.* attired, prepared 28/27.

auaunce *v. refl.* advance, promote 72/3; **auaunced** *pt. pl.* 182/34.

auauntage *n.* opportunity 138/12.

auayleth *pr. s.* profits 17/4; **auayled** *pt. s., it* ~ *no thynge* it did no good at all 32/11.

auaylles *n. pl.* emoluments 184/17.

auctor *n.* author 3/27.

auctorite *n.* authority, validity 3/22; *pl.* sayings, maxims 183/10, 191/23.

auctorysed *adj. pp.* honoured, venerated 152/29.

auenture *see* **a(d)uenture.**

auncestri, auncestrye *n.* lineage 83/3; distinguished descent 96/13; ancestry, forebears 153/8.

auncyent *adj.* wise, experienced (by reason of age) 6/37; *as n. pl.* those of experience 9/30; *adj.* old 13/33.

auncyently *adv.* once, formerly 25/20.

a(u)ncylle *n.* handmaid 115/26, 144/33.

auoutrye, aduoultrye *n.* adultery 65/31, 130/24.

auowed *pt. s.* made a vow 46/2; *pp.* 54/34.

auysyon *see* **a(d)uysyon.**

awaked *adj. pp.* vigilant 142/26 n.

a warraunt *v.* be on guard, protect 65/21.

awter *n.* altar 59/6.

ayene *see* **ageyn(e).**

ayenst *see* **ageynst(e).**

ayer *n.* air 62/22.

bacyn(e), basyn *n.* basin 36/11, 18, 24.

balades *n. pl.* ballades 11/19.

balaunce *n.* pan of a pair of scales 74/22; scales 75/1; balance, jeopardy 37/22; *pl.* danger (of displeasing God) 116/5.

balled, ballyd *adj.* bald 31/36, 32/5.

barayn, berhayn *adj.* barren 82/34 n., 99/29, 106/27.

baron *n.* lord, nobleman 83/16; *pl.* 28/25.

baronnesse *n.* wife of a nobleman 38/35.

basse *adj.* low-lying, nether 156/6; *see* **Almayne.**

batayl(e), batayll(e) *n.* battle 19/31; struggle, conflict 69/10; (single) combat 123/34.

baundon *n.* control 84/14.

bawde *n.* bawd, procuress 87/34.

be *see* **ben(e).**

beaulte *n.* beauty 29/12; *pl.* attractiveness, charms 26/27.

becam(e), become *see* **bicomen.**

be(e)st *n.* animal 25/9; *pl.* livestock 110/26.

befalle *v.* befit, be incumbent upon 174/8 n.; **bifalle** *pp.* befallen 22/26.

befyght *v.* assault 92/8.

behaue *see* **bihaue.**

behauyng(e), byhauyng *vbl. n.* bearing, assuming 65/15; manner, behaviour 65/19; comportment 170/8.

behold(e) *v.* observe 13/32, 28/30; *intr.* consider 34/29; *pr. pl. trans.* 144/37; **beheld(e)** *pt. s.* looked 11/26; noticed 28/35; **byholden** *pp.* observed 29/8.

beholden *adj. pp.* in duty bound 21/16.

beholdyng(e) *vbl. n.* way of looking 26/9; being looked at 46/28; appearance 65/14; *pl.* gazing, attention 46/9.

beholdynge *ppl. adj.* indebted, under obligation 56/10.

behoueth *pr. s. impers.* behoves, must (needs) 42/27.

behynde *prep.* in the absence of 31/17.

ben(e), be *pr. pl.* are 3/3, 10/12; exist 6/22; *pr. s. subj.* 3/31, 41/34 (*see* **fowle**); *pp.* been 23/1.

benefaytte *see* **bienfaytte.**

bere *v.* carry, spread 12/13; *refl.* comport 157/26; ~ . . . *on hond* accuse, charge 42/10–11 [OED. *Bear, v.*[1] 3.†e]; **borne** *pp.* spread 73/24.

berhayn *see* **barayn.**

besene *pp., wel* ~ good-looking, handsome 53/5, 160/17; *better* ~ more attractive in appearance 140/4.

bespoken *pp., wel* ~ eloquent, ready of speech 12/10, 41/26.

bespottyd *adj. pp.* blemished 21/20.

best *see* **be(e)st.**

bestorneth *pr. s.* overthrows, perverts 79/25 n.; **bestourned** *pt. s., pl.* distorted, deceived 88/31; ~ *our wytte* distorted our reason 189/16.

bestowed *pp.* applied (in argument or illustration) 72/2.

besy *adj.,* ~ *aboute* occupied with 77/20.

bete *v.* beat (harm, punish) 167/33 n.; *pt. pl.* (of teeth), ~ *eche other* chattered 178/13–14; **bete(n)** *pp.* thrashed out 26/31; beaten 30/23, 93/35.

beware *v. refl.* take care 108/8; be on guard, be cautious 111/37, 176/1.

beyng *vbl. n.* ? status, standing 40/37 n.

beyond *prep.,* ~ *the see* in foreign parts, abroad 138/36.

bicomen *pr. pl.* come about, come to pass 66/21; **bicam** *pt. s., where he* ~ where he had gone, what had become of him 54/15; **become** *pt. s.* came 66/29; *pl.* became 51/8; **becam** *impers.* happened 89/36; **become** *pp., where hit was* ~ where it had gone 53/35.

bienfaytte, benefete, benefaytte *n.* good deed, act of piety 8/17, 51/38; **bienfaittes** *pl.* favours 100/12.

bihaue, behaue *v. refl.* comport, conduct 3/8, 76/11; **byhauen** *pr. pl.* 61/31.

black(e) *adj.* ? black 77/34 n.; dark, swarthy 90/29; livid, pale, wan 159/2 n.; *of bread,* = dark, coarse 178/28–9 n.

blame *n.* censure, slander 12/17; culpability 155/9; *haue* ~ are disgraced 12/32.

blameth *pr. pl.* find fault with 192/1; **blamed** *pt. s.* rebuked 32/10; *pp.* censured, criticized 12/34; accused 44/19; scolded 93/35; discredited 154/10.

blandysshynge *ppl. adj.* flattering, persuasive 63/8, 64/31.

blanked *pt. s.* whitened, powdered 7/3, 78/6, 10.

blonke *adj.* light-coloured, blonde 130/8.

blysse *v.* bless 14/25; **blessid, blessyd** *pt. s., pl.,* ~ *him/them* crossed himself/themselves 47/20, 188/12;

blysse (*cont.*):
blessid *adj. pp.* worthy of blessing, devout, pious 22/7, 25/33.
bobaunce *n.* mockery 22/28; pride, vainglory 46/14; vanity 47/35; *pl.* vanities 78/3.
bodyed *adj.*, *wel* ~ well made, shapely 46/20.
bone *n.* request 43/13.
bord *n.* board, table 103/10.
bordell *n.* brothel 169/26.
bore *n.* boar 51/8.
bounde *adj. pp.* under obligation 3/26.
bounte *n.* goodness, virtue 26/33, 29/12; excellence 170/25; *pl.* good qualities 12/27.
bourd *n.* jest 36/39; *pl.* banter 40/33.
bourde *v.* joke, exchange jests 54/33, 58/13; bourded *pt. pl.* 48/24, 49/5.
bourdour *n.* mocker, jester 42/3.
bourgeyse, burgeys(e), burgeis *n.* wife of a burgess 22/4, 136/16; *see* burgeys.
braule *v.* brawl, quarrel noisily 128/14.
braunches *n. pl.* branches, antlers 70/34 n.
brawlers *n. pl.* noisy squabblers 5/25.
braye *v.* shriek, wail 48/37.
breche(s) *n.* breeches 80/27, 88/36, 89/7.
breke *v.*, ~ *my heede* trouble, exert myself 33/11 n.; cut short, prevent 167/19, 173/10; brake, brack *pt. s.* broke 7/4, 32/18; cut short 173/9; carved up 177/15; broken *pp.* pierced 141/11.
brenne *v.* burn 22/15; brennyng(e) *pr. p.* 60/37; ardent 91/4; brente *pt. s.* burnt 76/38; brent(e), brenned *pp.* 57/3, 62/28, 79/26, 31.
broched *pt. s.* struck 86/18; *pp.* pierced, stabbed 7/14, 86/1.
broiled *pp.* scorched 57/3.
broudred *adj. pp.* embroidered 160/22.
broudryng *vbl. n.* embroidery 160/27.
bro(u)nde *n.* fire-brand 61/19, 77/27; *pl.* 76/36.
browes *n. pl.* eyebrows 76/32, 77/20.
bryngeth *pr. s.*, ~ *vpon her* introduces 72/14–15; bryngynge *pr. p.*, ~ *vp* introducing 71/14; brouȝt, brought

pp., ~ *forth* brought up, reared 3/11; ~ *vp* introduced 69/31.
burell *n.* burel, a coarse woollen cloth 74/32. [OED. †*Burel*[1]]
burgeys *n.* burgess, freeman of a town 35/5; burgeyses *gen. s.* 9/6; *see* bourgeyse.
buscage *n.* thicket(s) 132/36.
busshe *n.* clump of shrubs 16/17.
but *conj.* except 57/23, 59/34; = that 105/37 n.; *but,* ~ *yf* unless, if . . . not 7/38, 32/2; *but,* ~ *that* that . . . not 13/23, 24, 19/36; *but* . . . ~ *that* that . . . that . . . not 35/20–1; *with adv. sense,* only (*see* nomore, not but) 26/33, 129/38; nothing but 128/36.
by *prep.* beside, near 180/9.
by cause *conj.* so that, in order that 43/36, 189/35 n.; ~ *that* because 14/16 n.
byenge *vbl. n.* buying 97/3.
byfore *adv.* beforehand 182/6.
byhauen *see* bihaue.
byhauyng *see* behauyng(e).
byleue *n.* belief; *of lyght* ~ easily persuaded 64/30.
byleue *v.* believe, give credence to 153/20; bileuyd *pt. s.* 68/23.

caas *n.* plight 19/13; deed 43/6; cause 113/38; *pl.* cases 163/24.
calabre *n.* Calabrian fur, a grey fur used for trimming 74/25.
cam *see* come.
can *see* conne.
canon *n.* canon, portion of the Mass 48/32.
carayn, careyn *see* karoyn.
carnal(l) *adj.*, ~ *frendes* kinsmen, relatives 9/9, 138/30.
carolles *n. pl.* round dances accompanied by singing 43/26.
castellayne *n.* châtelaine 172/27 n.
cause *n.* affair, case 108/24.
cele *v.* hide, conceal 126/5.
certayn, in certeyne *adv.* definitely, unquestionably 54/3, 83/39.
cesse *v.* cease 83/23.
chaas *see* chese.
chaced *pt. s.* drove 92/29.
chaffed *see* chauffe.
chamb(e)rere *n.* servant, handmaid 31/23 n., 115/26, 143/33 n.

chamberlayn(e) *n.* attendant 125/24.

chambre *n.* bedroom, private room: *wymmen of the* ~ chambermaids 18/24; *preuy* ~ privy 33/3-4.

champ *n.* field: ~ *of batayll* the area enclosed for a tourney or single combat 140/23.

champyon *n.* champion; one who engages in single combat as the representative of another 124/6.

chappellayn(e) *n.* chaplain, priest serving a private chapel 53/22.

charge *n.* burden, responsibility 69/7; trouble 118/34; care 174/12.

charge *v.* enjoin 174/7; *pr. s.* command, exhort 164/23.

chartres *n. pl.* prisons 118/24.

charytable *adj.* generous, benevolent 9/22.

charyte *n.* kindness, benevolence 4/17; Christian behaviour 52/9.

chastyse *v. refl.* reform one's behaviour 90/13 n., 91/13; chastysen *pr. pl.* discipline, correct 37/5; chastysed *pt. s.* 11/32, 52/21; *pp.* 11/30, 37/6.

chastysement *n.* admonishment 57/31; correction, training 174/12.

chauffe *v. trans.* kindle, warm, incite 158/11; chauf(f)eth *pr. s.* 66/10 n., 165/29; chaffed *pt. s. refl.* grew passionate 87/12; *trans.* inflamed 138/17; chauf(f)ed *pp.* roused 66/35; ardent 158/20.

chaunce *n.* (good) fortune 189/33.

chayer *n.* chair 42/9.

chaytyf *adj.* vile, wretched 21/27.

chemenyes *n. pl.* fireplaces, hearths 161/29.

chepe *n.*, *good* ~ plenty, abundance 135/30.

chere *n.* hospitality 27/19; behaviour, manner 28/37; display of feelings 29/26; encouragement 167/36, 174/23; *maketh ony* ~ 34/10; *make* . . . ~ treat . . . kindly, warmly 146/17, 168/5; *make* . . . *werse* ~ behave less pleasantly 33/10; *maken/do* . . . *good* ~ speak well, behave courteously 155/2-3, 158/2-3; *made as good* ~ behaved as cheerfully 29/1; *maade* . . . *as grete* ~ behaved as familiarly 168/18;

ma(a)de . . . *better* ~ treated . . . more hospitably, was more friendly towards 122/33, 160/33-4.

chese *v.* choose 28/22; chose, cheseth *pr. s.* 26/38, 90/32; chaas *pt. s.* chose 29/15.

cheuaunce *n.* fortune 158/1; success 171/9.

cheuysshe *v. refl.* fend for, take care of 113/6.

chode *see* chyde(n).

chorle *n.* churl, low-bred fellow 128/26.

chorlysshe *adj.* churlish, ungracious 153/32.

choys *n.* choice 159/14.

chydars *n. pl.* troublemakers 5/25.

chyde(n), chide *v.* wrangle, scold 8/31, 30/31; chydyng(e) *pr. p.* 114/23; chyd(de), chode *pt. s.* railed 28/36, 31/3; ~ *to* wrangled with 128/21; chyden *pp.* 30/23.

chydynge *vbl. n.* quarrelling 30/6.

chyered *pt. pl.* entertained 80/30.

chyste *n.* chest, coffer 180/13.

chyuetayne *n.* leader, commander 107/11; *pl.* 86/16, 23.

clamour *n.* entreaty 140/26; outcry 188/18; *pl.* entreaties 119/20.

clauycordes *n. pl.* clavichords 153/4 n.

clene *adj.* clean, pure 15/39, 60/13; ? elegant 160/17 n.

clen(e)ly *adv.* pure(ly) 8/10; chastely 59/18.

clenly *adj.* morally pure 62/8.

clerenes *n.* brightness, radiance 38/27, 53/34.

clergye *n.* learning, knowledge 121/21; *(hooly)* ~ divine inspiration 121/27, 32.

clerk(e) *n.* one in holy orders 14/21; clerk 18/19; cleric, scholar 56/4, 70/4; *pl.* clerks, scribes 13/3.

clerly *adv.* ? wholly, unreservedly 61/30 n.

cloddes *n. pl.* clods, lumps of turf 71/26 n.

cloke *n.* clock 187/8.

cloos *adj.* reserved 93/5.

closette *n.* small private room, recess 41/29.

clowes *n. pl.* claws 76/29.

clowte, cloute *n.* cloth, rag 103/9, 12; *pl.* 180/15.

cole *n.* piece of coal or charcoal 38/8, 104/10; fuel 158/12.

come *v.*, ~ *vnto* ? attain (to) 174/18 n.; **cometh** *pr. s.* comes about, is regulated 18/37; **cam** *pt. s. impers.*, *when it* ~ *on the morn* when morning came 15/27; **came** *pt. s.*, ~ *by* arose from 84/10; **come** *pt. s.*, *pl.* came 82/5, 95/16; *pl. subj.* came, should come 31/22; **come(n)** *pp.*, ~ *by* deriving from 40/2; ~ *of* descended from 153/9.

comforte *n.* help, support 134/24, 190/25.

comforted *pt. s., pp.* ministered relief to, succoured 118/29, 37; strengthened, supported 132/37.

com(m)aundement *n.* command, bidding 7/4, 36/5–6; *pl.* 10/32.

com(m)unely, comynly *adv.* ordinarily 40/1; universally 71/10, 72/21; commonly, frequently 85/14.

com(m)ynycacyon *n.* conversation 26/7–8, 27/20–1.

commysed *pp.* committed 179/5.

company(e) *n.* sexual intercourse 7/8, 10; multitude 16/25, 27; party, gathering 26/4; hospitality 26/21; friends, companions 49/11; associates 81/26; *for good* ~ for amusement, entertainment 41/31; *pl.* (military) companies 12/3, 39/19.

compassid *pp.* fashioned 77/10.

complaire *v.* please, gratify 49/11 n.

complayne *v. refl.* complain, lament 95/19; **complaynyng** *pr. p.* lamenting 146/28; **complayned** *pt. s.* 46/30; made appeal 54/12.

complaynt(e) *n.* plaint, lament 126/27, 173/5.

compted *pp.* reckoned, included 174/24.

comune *n.* commonalty, general body 39/39; **comyns** *pl.* subjects of lower rank 83/10.

comunely *see* com(m)unely.

comyn *adj.* usual, general 39/28; common, prevalent 164/13; ~ *woman* prostitute 20/18; *the* ~ *wele* the general good, the good of the community 101/14–15.

comynly *see* com(m)unely.

comyns *see* comune.

comynycacyon *see* com(m)ynycacyon.

conbusted *pp.* burnt *62/28* n.

conceyue *v.* conceive, apprehend 79/3.

condicion, condycion *n.* nature, character, disposition 42/16, 93/10; qualification 64/12, 14–15; *pl.* attributes, qualities 6/23, 7/21–2; nature, disposition 98/12, 129/7; habits 176/21.

conduytes *n. pl.* channels 120/20.

conferme *v.* confirm, put beyond doubt 60/15.

confessed *pt. s. trans.* acted as confessor to 19/33–4, 58/9; *pp.* absolved through confession 20/4.

confessours *n. pl.* adherents to the faith 17/18–19.

confidence *n.* faith 131/8.

confusion *n.* cause of distress 77/35.

confyte(d) *pp.* comfited, preserved 185/14, 31.

coniured *pt. s.* invoked 22/20; charged 138/8.

conne *v.*, ~ . . . *maulgre* feel resentful 33/27; ~ . . . *thanke* feel grateful 35/23; **can, conne** *pr. s.* know(s) 36/31, 122/22; ~ *ony good* have learned any wisdom 189/12; **couth(e)** *pt. s., pl.* could 18/15, 54/16; *pl. subj.* knew, understood 74/3.

connyng *n.* ability, skill 3/19.

connyng *adj.* clever, skilful 26/5.

conquerd *pt. s.*, ~ *to be* succeeded in becoming 29/32; *pp.* acquired, gained 24/13.

conscyence *n.* mind, 'heart' 109/13.

constaunce *n.* constancy 58/25, 91/35–6.

constrayneth *pr. s.* checks, restrains 171/14.

contemplacion *n.* request 3/18–19 n.

contempte *n.* disgrace, dishonour 125/14 n.

contenaunce *see* co(u)ntenaunce.

content *n.* contention, strife 99/21, 108/22–3.

contrary *adj.* harmful, prejudicial 136/24.

contrefayt *adj.* deformed 113/18–19.

contrefayt(t)ed *see* counterfeted.

conuenient, conuenyent(e) *adj.* fitting, appropriate 60/6, 63/25, 129/11.

conuerse *v.* dwell, stay 89/34. [OED. *Converse, v.* †1]

conuertysed *pp.* converted 138/20–1.

conueyed *pt. pl.* took, were taking 184/23; *pp.* removed, taken 108/7.

coope *n.* covering, vault 166/4 n.

coote hardye *n.* 'cote-hardie', a close-fitting surcoat or tunic 153/1 n.; cottes hardyes *pl.* close-fitting dresses 74/28 n.

copspyn *n.* spider 70/36, 71/3.

cordaylle *n.* cordage, ship's tackle 88/13.

cosyn *n.* cousin, lady (term of address, not necessarily implying kinship) 30/7; *pl.* friends 42/18.

cote *n.* a woman's dress 55/35 n., 158/37.

cottes hardyes *see* coote hardye.

couenable *adj.* suitable, seemly 19/17, 23/28.

couenaunced *pp.* agreed (upon) 107/36. [OED. †*Covenance, v.*]

couenaunt *n.* agreement, bargain 90/3, 5; wager 105/5.

couerchyef *n.* kerchief (headcloth or veil) 157/29; keuerchyefs *pl.* 49/14.

couer(e) *v.* cover up 63/32; *pr. pl.* 69/25; coueryng *pr. p.* concealing 132/12; couer(e)d *pp.* laid, spread 36/22, 177/10; *adj. pp.* guarded, reserved 168/22.

couetyse *n.* desire, wish to gain 25/21; covetousness 61/21.

coueyte *v.* covet 189/34; coueyted *pt. s.* desired with concupiscence 82/3.

coueytous *adj.* covetous 100/38.

c(o)ulpe *n.* guilt 71/6, 140/20.

counceyll(e), counseylle, counceil(l) *n.* advice, counsel 9/27; decision 26/17 (*see* aduys); Council, Assembly 29/3; secret 105/16; affairs 105/19.

counceyl(le) *v.* advise, recommend 68/31; *pr. s. subj.* 68/14; counceiled, counceyled *pt. s.* 30/10–11; *adj. pp.* 39/23.

co(u)ntenaunce *n.* (pattern of) behaviour, conduct 12/30; face 48/26; *pl.* demeanour 26/7, 28/30–1; expressions 49/3.

counterfeted *pt. pl. refl.* disguised, dressed up 70/12; contrefayt(t)ed *pp.* 153/7, 10.

countrefaiture, countrefeture *n.* disfigurement 78/19, 23.

countrefaytyng *vbl. n.* alteration of one's natural appearance 70/35–6.

countre(y) *n.* region, district 24/13, 38/34; *pl.* countries 40/3; regions, provinces 161/19.

coup *n.* cup, bowl 180/25 n.

courage *n.* disposition, nature 29/10, 30/32, 33/24; heart, feelings 34/34; pride, arrogance 92/24 (*see* gre(e)te), 97/32; *pl.* feelings, inclinations 24/11.

courser *n.* charger, steed 176/29; *pl.* 175/26 n.

coursettys *n. pl.,* ~ *torned by the sydes* ? open-sided gowns 39/21 n.

courteyns *n. pl.* curtains 15/17.

couth(e) *see* conne.

couuertly *adv.* secretly, privately 34/4.

coynt(e) *adj.* elegant 73/14, 86/8, 139/40; cf. queynt.

coynte *v.* adorn, embellish 160/11; coynted *pt. s. refl.* adorned, beautified 86/7; *adj. pp.* adorned, bedecked 85/23; fine 158/29.

coyntely *adv.* elaborately 177/2; cf. queyntely.

coyntyse *n.* fanciful attire 73/5; *pl.* elaborate adornment 70/35; fine apparel 143/9; cf. queynteryes, queyntyses. [OED. ‖*Cointise*, †*Quaintise*]

coyntyse *v.* beautify, adorn 81/1; *pr. pl.* bedeck 76/8.

craft(e) *n.* artifice 77/8; calling, occupation 87/32, 113/12; art, skill 153/5; device, work 165/13.

creatoure *n.* creator 79/35.

creature *n.* creature, created being 14/20.

crokbacked *adj.* hunchbacked 149/20.

cronykles *n. pl.* stories, tales 123/31.

crownes *n. pl.* crowns (coins) 76/5.

crye *v.,* ~ . . . *mercy* beg mercy of 52/17, 134/21; *pr. pl.,* ~ *after* raise hue and cry against 69/26; cryed

crye (*cont.*):
   pt. pl. shouted 51/16; *pp.* proclaimed 115/34.
cryes *n. pl.* shouts 44/8; *see* hues.
culpe *see* c(o)ulpe.
curate *n.* priest 137/2.
cure *n.* care, concern 78/3.
curtosye *n.* graciousness, considerateness, kindness 24/1; favour 174/31.
curtoys(e), curtois, curteys *adj.* gracious, kind(ly), gentle 23/36, 24/1.
curtoysly, curtoisly *adv.* graciously, kindly, gently 5/17, 11/30, 24/3.
curyous *adj.* careful, painstaking 141/35; anxious, desirous 168/2.
curyously *adv.* elaborately 49/17.
custom(m)ed *pp.* accustomed 134/10, 183/36.
custumably *adv.* habitually 120/26.
cybory *n.* ciborium, the ark of the Jewish tabernacle 106/14.
cyrurgyen *n.* surgeon 90/3.

dame *n. as form of address*, My lady, Madam 56/10.
dam(m)age, dommage *n.* misfortune, harm 63/6, 68/22, 28, 182/32–3, 39; domages *pl.* 82/9.
damoysell(e), damoysel, damoisel(l) *n.* maiden, unmarried lady 15/19; lady, (young) married woman 31/18; (young) lady-in-waiting, woman attendant 43/7; *pl.* maidens 12/5, 12–13.
dampnable *adj.* blameworthy 60/32.
dampned *pp.* damned 9/8; condemned 189/10.
dasewed *adj. pp.* dimmed, dulled 88/23.
daunger *n.* power, domination 183/33.
day(e) *n.*, ~ *by* ~ day after day, constantly 68/1, 2.
day(g)ned *see* deyned.
debate *n.* argument, dispute 30/10, 33/11; resistance 49/21 n.
debate *pr. s. refl.* dispute 12/18.
debonaire, debonayr(e) mild, gentle 61/30, 92/26; courteous, pleasant 65/17; gracious 127/10.
decepcion *n.* error 179/14.
deceyuable *adj.* deceitful 42/22, 63/11; apt to lead astray 101/15, 166/17.
deceyuaunce *n.* deception 43/6.

deceyue *v.* deceive, play false to 12/12; deceyued *pt. s.* led astray 100/36; *pp.* deceived 12/18; ruined, lost 22/34, 65/2; mistaken 43/1; ~ *of hit* beguiled into it 169/28.
declare *v.* make known, describe 62/4; declared *pt. s.* explained, interpreted 51/28, 52/25, 56/8.
dede *see* do(o).
dede, deed *adj.* dead 5/10, 16/29.
dedely *adj.*, ~ *bedde* death-bed 179/34–5.
deduyte *n.* diversion, pleasure 12/11.
defau(l)te *n.* defect 4/4, 16; misdoing 57/29.
def(f)ence *n.* prohibition 64/8, 25.
def(f)ende *pr. s.* caution 169/10; forbid 175/3; def(f)ended *pt. s.* forbade 79/14; denied 140/22; *pp.* forbidden 65/8.
deffeted, deffaited *adj. pp.* wasted away 44/22; altered in appearance 47/23.
defowle *pr. pl.* defile 60/18; defowled, defouled *pt. s.* 57/26; *pp.* 55/37, 57/17.
degre(e) *n.* social position, rank 10/10, 12.
delycate *adj.* rich, choice 61/2; *pl. as n.* delicacies, luxuries 61/19.
delycyous, delycious *adj.* choice, luxurious 37/35, 61/18.
delyng(e) *n.* behaviour towards others 84/36; contriving 91/9; conduct, behaviour 175/35.
delyte *n.* source of gratification 66/10.
delyuerd *pp.* given up to (of an evil fate) 66/27, 85/5.
demaunde *v.* make demands of 14/26; ~ *to* demand of 67/3; *pr. s.* claims 14/26 n.; demaunded *pp.*, *it is not to be* ~ *but that* certainly, unquestionably 28/25–6.
demenynge *pr. p.* expressing 75/15; demened *pt. s.* displayed, exhibited 28/37.
demeurly *adv.* seriously, thoughtfully 26/15.
demonstraunce *n.* manifestation 52/23.
demonyak *adj.* as if possessed by an evil spirit, insane 53/11; *as n. pl.* insane people 48/38.

departe *v.* divide, separate 9/31; *intr.* take leave 27/33; separate, part 59/11; ~ *to* share among 125/33; *pr. pl. subj.* share 48/5, 181/8; **departed** *pt. s.* divided 117/3; shared out, distributed 126/13; *pp.* allotted 42/33; separated 59/13; *were* ~ had taken leave 27/37; *is* ~ *fro* has left 191/17–18 n.

deporte *v. intr.* refrain, show restraint 33/15 n., 34/9; **deported** *pp. (refl.)* abstained, refrained 190/11.

dere *adj.* dear: *haue* ~, *had* . . . ~ love(d), cherish(ed) 46/23, 186/8; *adv.* dearly, at great cost 65/36, 75/34.

derely *adv.* fondly 116/36; at a high price 172/32.

derworthe *adj.*, *had soo* ~ cherished so much 37/32–3.

derworthely *adv.* dearly, lovingly 27/29; carefully 31/20–1.

desdayn(e) *n.* indignation 27/1, 29/22; disdain, scorn 92/23.

deserte *n.* deserving 81/33.

deserte *n.* wilderness 132/26.

deseruyd *pp.* deserved 77/2.

desguysed *pt. pl. refl.* dressed outlandishly 73/9; **desguysed, disguysed** *adj. pp.* fantastically attired 47/22, 73/7, 14; fantastic, outlandish 73/34, 98/7.

desguysyng(e) *vbl. n.* over-elaborate or fantastic style of dressing 70/11 n.

de(s)puceled *pt. s.* deflowered 87/12, 124/21; **depucel(e)d** *pp.* 81/34, 82/7.

despyte, despit *n.* anger, resentment 26/40; injury 94/33; scorn 109/28; *in* ~ *of* in anger at 105/14–15.

despytous *adj.* pitiless 93/21.

destresse *see* **distresse.**

destroyeth *pr. s.* overcomes 68/2; **destroyed** *pp.* slain 68/1.

destyned *pp.* allotted 157/4.

detrenchid *pp.* hewn to pieces 82/23.

deuocion *n.* devoutness, reverence 7/36, 46/9; act of worship 52/6, 29; devotedness 141/26; *for* ~ out of piety 43/27; *in* ~ at worship 49/15.

deuoyr *n.* duty 124/3.

deuyna(y)l *n.* riddle 105/7, 9.

deuysed *see* **dyuyse.**

dewe *see* **due.**

dewely *adv.* duly 171/33.

deye *v.* die 20/3; *pr. pl.* 67/2; **deyd(e), deide, deyed** *pt. s.*, *pl.* died 5/15, 10/2, 99/6.

deyned, day(g)ned *pt. s.* deigned 47/21, 92/27, 94/9.

deynte *adj.* choice, delicious 32/1.

deyte *n.* deity 143/34.

diffame *n.* defamation 167/24; *pl.* slanders 12/15.

disaraye *n.* disorder, unmannerly conduct 12/22.

discomfyted *pt. s.* defeated 120/2; **dyscomfyted, disconfyted** *pp.* thwarted 63/5; defeated 140/37.

discouere, dyscouere *v.* reveal 7/33; *imper. s.*, ~ *me not* don't give me away 105/24; **discouereth** *pr. s.* 105/20 n.; **discouered** *pt. s.*, *pl.* revealed 15/13, 100/19; *pp.* exposed, betrayed 31/33, 105/12.

discounceylle *pr. s.* advise against 173/2–3.

disease *n.* trouble, misfortune 33/33.

disheryte *v.* disinherit 98/3.

dishonest(e) *adj.* unseemly 70/13, 153/13; dishonourable, shameful 108/9.

dishonour(e) *n.* shame, disgrace 15/36–7, 128/39.

disobeysaunce *n.* disobedience 37/13.

disordynately *adv.* immoderately 18/31–2.

dispended *pt. s.* spent, wasted 6/12; *pp.* spent, used 134/37.

disporte *n.* enjoyment, pleasure 38/25; diversion, sport 104/24.

disporte *v. refl.* divert oneself 104/26.

disposed *adj. pp.* disposed, inclined 12/23.

distourble *v.* disturb 49/30; **distourbled** *pp.* hindered, frustrated 51/32.

distourne *v.* turn aside, divert 13/18.

distresse, destresse *n.* constraint, duress 11/13; power, influence 65/19.

do *see* **do(o).**

doctryne *n.* (work of) instruction 3/7; *pl.* precepts 11/31.

dolorous(e) *adj.* grievous 66/26; doleful, distressing 85/5.

dolour(e) *n.* suffering, pain, distress 61/26, 62/25.

domaged *pp.* harmed, injured 86/33.

dommage, domages *see* dam(m)age.

domme *adj.* dumb 77/13.

donge *n.* dung 21/25.

donghylle *n.* dunghill, refuse heap 21/7, 21.

do(o) *v.* contrive 100/23; ~ *on* put on 139/37; ~ *ony oth* give any pledge 171/31; causal: ~ *make* have . . . made 12/25; ~ *be wreton* have written down 12/25; ~ *saye masses* have masses said 58/29–30; ~ *shape & make it* have it fashioned and made 73/4; *with dative infin.*, ~ *them to falle* make them fall 91/16–17; ~ *me to byleue* make me believe 173/3 (cf. *had done byleue to* had made . . . believe 187/14); **done** *pr. pl.* adopt, wear 40/6; act, behave 101/9; cause 120/5; **dede** *pt. s. as auxil.* did 73/36; *pt. s.* behaved 106/20; **dide, dyd(e)** *pt. s., pl.,* ~ *of* took off 47/23; ~ *on* put over 161/32; ~ *so moche that* made such efforts that 80/18 n.; *so moche she* ~ she went so far 82/35 n.; ~ *ageynst* was detrimental to 152/34; causal: ~ *do* . . . *to be flayn* had . . . flayed 15/24–5; ~ *do knowe* made known 128/9; ~ *made to rayne* caused it to rain 70/16; **do(o), done** *pp.,* ~ *said masses* had masses said 57/9; *see* **synken, reuested.**

double *adj.* ambiguous, deceptive 41/19; *adv.,* (*to*) ~ abundantly 19/26, 118/26; often pleonastic, as in *an honderd fold* ~ = a hundredfold 14/12; *a C* ~ 118/19–20, *to C* ~, *to C dowble* 135/3, 141/36; *with C* ~ *mo* 131/31.

dou(b)te *n.* fear, dread 22/27, 34/15; doubt, uncertainty 34/22 n.; *in* ~ cautious 129/23.

doute *v.* be afraid, anxious 34/13; doute, doubteth *pr. s.* suspect(s), fear(s) 12/23 (*refl.*), 33/39; **doubtynge** *pr. p.* = reluctant 183/32; **doubted** *pt. s.* feared 22/28; *refl.*

suspected 90/15; *adj. pp.* feared, redoubted 100/38, 140/25.

doutyng *n.* fear 45/11.

dowayre *n., in* ~ by right of dower *182/10* n.

draperye *n.* cloth, textiles 35/36.

drawe *v.,* ~ *toward* approach 44/23; pull 50/6; *all to* ~ *hem, see* **to drawe**; *lete me* ~ be torn to pieces, torn limb from limb 185/27 n.; **draweth** *pr. s.,* ~ *ryght of mesure* takes straight aim *or* shoots (the arrow) straight 104/30 n.; ~ *oute* withdraws 169/6; **drewe** *pt. s.,* ~ *on* drew near to death 38/5 n.; pulled 50/7.

drede *n.* fear 12/9.

drede *v.* fear 8/37; **dred(e), drad(de)** *pt. s., pl.* 36/26, 66/8, 114/10; **drad(de), dredde** *pp.* 52/26, 68/23, *95/1* n.

dredefull *adj.* full of fear 129/17, 166/36; terrible 134/32.

dresse *v.* adorn 77/21; guide 134/4 [OED. *Dress, v.* II. †14]; prepare 134/16; **dressed, dressyd** *pp.* erected, set up 95/21; equipped 177/21; prepared 186/13.

dronkeship *n.* drunkenness 162/38.

drye *adj.* emaciated, withered 38/1.

due, dewe *adj.* fitting, proper 19/16, 134/2.

duelleden *pt. pl.* dwelt 29/38.

durynge *pr. p. as prep.* throughout 115/2.

dyes *n.* dice 30/4.

dyete *n.* habits with regard to food 61/19, 120/35.

dyffamen *pr. pl.* defame, damage 164/38; **dyffamed** *adj. pp.* of ill fame, dishonoured 9/31.

dylayed *pp.* delayed, obstructed 101/12.

dylygently *adv.* carefully 95/29.

dymynuyssed *pt. s. intr.* diminished, decreased 78/16.

dyseased *adj. pp.* troubled, afflicted 88/24.

dysgarnysshed *pp.,* ~ *of* lacking in 11/29.

dysseuere *v.* sever, separate 162/17.

dyssolutely *adv.* in a dissolute or frivolous manner 18/31.

dyssymyled *pt. s.* put off, deferred 107/34. [OED. †*Dissimule, v.* 3]

dyssymylynge *vbl. n.* dissimulating, hypocrisy 163/10.

dyuers(e), diuerse *adj.* diverse, various, more than one 6/23, 41/13; perverted, cruel 96/31, 98/12; unpleasant 163/4. [OED. *Diverse, a.* †3; cf. *Divers, a.* †2]

dyuersly *adv.* fantastically 73/14 n.

dyuersytees *n. pl.* evils, cruel deeds 98/17.

dyuyse *v.* arrange, dispose 62/23; the deuysed *pp.* directed 63/28.

eaged *adj. pp., ouer* ~ too old, beyond the age 115/30.

ease *n.* idleness 15/10; comfort, pleasure 26/37; prosperity 92/32.

effraye *n.* fear, terror 55/38; *pl.* noisy outbursts 29/27.

effrayed *see* affrayed.

eftsoone *adv.,* ~ *after* soon afterwards 80/11–12.

egaly *adv.* equally, fairly 171/2 n.

ellys *n. pl.* ells, lengths 74/32 n.

embassatours *n. pl.* ambassadors, envoys 26/16, 28/24.

embusshed *pp.* lying in ambush 100/30.

eme *n.* uncle 76/24.

emonge *prep.* among 3/6 n.

empecheth *pr. s.* impedes 120/20; empesshed *adj. pp.* encumbered, hampered 59/32; enpeched of hindered by, encumbered with 191/7.

empeired *pp.* damaged 59/25 n.

empetre *see* impetre.

emprised *pt. s.* undertook 57/21; emprysed *pp.* 4/7.

enchartered *pp.* incarcerated 118/37–8; cf. chartres.

enclawed *pt. s.* fixed, riveted 138/17 n.

encrece *v.* increase 12/17; encreaced *pt. pl.* 116/17.

ende *n., to thende* þᵗ/*that* so that, in order that 3/14–15, 17; *to* ~ 62/11, 65/10.

endeuoured, endeuoyryd *pp. (refl.)* endeavoured, striven 3/2, 20.

endoctryne *v.* instruct 184/13.

endowe *v.* put on 75/4 n.

endurate *adj.* (morally) hardened 12/10.

endured *pt. s. intr.* lasted, persisted 15/13, 51/16.

enflamme *v.* incite 55/8; enflammeth *pr. s.* arouses, fires 65/24, 66/12 n.; enflammed *pt. s.* set on fire 76/38; *adj. pp.* impassioned 91/16.

enforced *pt. s.* forced, violated 83/12; *pl. refl.* exerted 79/29.

enforme *v.* inform, instruct 13/18; enfourmed *pp.* 3/3.

enfrayned *pp.* violated 130/14, 190/17.

enhaunce *v.* advance, inspire 10/14; enhaunceth *pr. s.* exalts 84/32; enhaunced *pt. s.* promoted 114/37, 135/39; *pp.* spoken loudly, angrily 30/5 (*see* word); raised 62/18.

enhorte *v.* encourage, exhort 7/35.

enioye *v.* rejoice 11/11 n.

enleuen *numeral adj.* eleven 91/34.

enlewed *pp.* raised, elevated 73/29 n.

enlumyne *v.* kindle 34/19.

enlustyed *pt. s.* cheered, gladdened 11/10 n.

enmy(e) *n.* enemy 65/13 n.; Fiend 74/25.

ennoye *n.* troublesomeness 35/13.

ennoye *v.* harm, injure 62/29; annoyed *pt. s.* troubled, vexed 52/37, 53/3.

enorme *adj.* outrageous, monstrous 110/6, 166/2.

enoynteth *pr. s.* anoints (besmears with praise) 126/1 n.

enpeched *see* empecheth.

enprinted *pp.* printed 192/9.

enquere *v.* search for, try to find 135/39 (*see* make); *imper. pl., pr. pl.* inquire, seek to find out 130/33, 144/37; enquereth (*refl.*) 190/5; enquyred *pt. s.* 144/39.

enquest(e) *n.* inquiry, investigation 130/37, 184/26, 189/7.

ensample *n.* illustrative instance, moral tale 6/8, 25; example 12/30; *by* ~ to serve as a warning 22/25; *take . . . good* ~ take good note, be well warned 52/27–8; *pl.* illustrative examples 3/23.

enseygnement *n.* precept, maxim 10/29; instruction 192/6; *pl.* 3/21–2; **ensygnemen(ty)s** 11/2, 13/29.

ensue *v.* follow 57/6; **ensyewe** *pr. pl.* 61/6.

ensure *v.* promise 41/36.

entatched *pp.* tainted, infected 61/11, 181/2.

entende *v.* give heed 12/6; attend 119/1; *pr. s.* intend 40/24; **entended** *pt. pl.* had their minds on 55/4.

entendement *n.* (faculty of) understanding 162/39.

entent *n.* will, desire 48/8, 80/40; *pl.* aims, intentions 26/6; meanings 41/20.

enterement *n.* interment 137/34.

enterprise *pr. s. subj.* attempt 66/17; **enterpryse** *pr. pl.* venture 41/21.

entre *n.*, ~ *of* approach to, beginning of 24/9; approach to 51/30.

entremete *pr. s. subj. refl.* interfere, meddle 174/15.

enuy(e) *n.* envy 7/24; spite, malice 74/36, 95/32; desire 146/9.

enuyous *adj.* malicious 74/38, 172/5.

ermyn *n.* ermine 74/25; *pl.* 39/11, 97/20.

errour *n.* confusion, distress 47/30 n.

esbatement *n.* amusement, diversion 164/12.

esbayed *adj. pp.* dismayed 43/20.

eschewe *v.* refrain from 13/35; avoid, shun 30/32; **escheweth** *pr. s.* shuns 191/31; **eschewed** *pt. pl.* refrained 13/36; *pp.* avoided 12/33.

escry *n.* notoriety 164/35.

escryed *pt. s.* cried out 20/28.

eslargysshe *v. refl.* free (yourself) from restraint 94/29; **eslargyssheth** *pr. s.* gives freely of 132/16 n.

esmerueyl(l)ed *adj. pp.* astonished, surprised 29/18, *147/18*.

especial *adj.*, *in* ~ especially, in particular 3/23.

espouse *n.* bridegroom 143/13; *see* **spouse.**

esprysed *pp.* enkindled, inflamed 60/36, 79/31.

espye *v.*, *dyd do* ~ had a watch kept 16/15; *pr. pl.* spy out 45/13; **es-**

pyed, aspyed *pt. s.* caught sight of 86/12, 161/1.

esquyer *n.* squire (ranking below a knight) 6/17; cf. **squyer.**

essaye *v.* try, test 152/25; *pr. s. subj.* 184/2; **essayeth** *pr. s.* puts to the proof 162/31; **essayed** *pt. s.* tried, tested 10/32; **assayed** *pp.* 111/2.

estate, astate *n.* state (e.g., virginity, widowhood) 3/31, 148/25; state, condition 9/10, 18/34; position, social status, (high) rank 10/10, 33/36, 46/7; bearing 25/13; character 28/3, 11; outward display of one's condition, as in way of life: *helde a . . . noble* ~ lived in splendid style 32/34; as in the adopting of new fashions, manner of dress 39/38, 40/22, 72/30, 98/8; splendour of array 47/18; way, course 72/27; status, i.e. in the respect accorded to it 152/12; *pl.* people of high rank 24/26; *in al(l)* ~ by high and low, universally 150/11; on all occasions, in every circumstance 163/32.

estyncted *pt. pl.* extinguished 22/32.

ete *pt. s., pl.* ate 5/26, 63/22; *pt. pl. subj.* 64/9.

euangely *see* **eu(u)angely.**

euen *n.* eve 59/3; evening 158/18.

euen *adv.* (*as intensive*), ~ *right forth* straight ahead 25/10.

euer *adv.* always, constantly 67/32; (*as intensive*), ~ *syn* from that time onwards 78/15.

eueriche *pron.* each one 43/18.

euerychone *pron.* every one, one and all 60/12, 73/16.

eurous *adj.* favoured, fortunate 27/30. [MED. *eurous, adj.*]

eu(u)angely *n.* Gospel 60/8, 157/7 n.; ~ *of the vyrgyns* gospel passage read during the celebration of a Mass of Virgins 156/28.

euydent *adj.* authentic 3/22; clear, unmistakable 17/26.

euyll(e), euyl *n.* evil, wrong-doing 12/33; malady 173/14; misfortune 182/34; *pl.* sufferings 11/15.

euyll(e), euyl, euil *adj.* evil, wicked 7/12; unfavourable 12/8; harmful 18/11; bad, unsatisfactory 18/30; wretched 18/34; hard 173/30.

euyll(e), euyl, euil *adv.* evilly, ill 37/36, 39/23, 45/36; imperfectly, poorly 73/28.

examplayre, exemplaire *n.* exemplar, model 13/4; example 61/35; embodiment 61/36.

example *n.* parable 9/15; (instructive) tale, story 9/25; cf. ensample.

examyned *pp.* questioned 178/37.

excepted *pp.* ? set apart 116/29 n.

excusacions *n. pl.* excuses 69/16.

execucion *n.* punishment 179/2; carrying out, performance 186/33.

exemplary *n.* pattern, model, example 112/4, 143/28, 145/5.

expert *adj.* skilled, skilful 4/6.

experyence *n.* demonstration, proof 33/29.

exposed *pt. s.* explained, expounded 10/38.

expresse *v.* set forth, go over 34/33.

extyme *n.* account, worth 169/25, 170/10.

exyle *n., put in* ~ ravaged, laid waste 83/15 n.

exyled *pt. s.* banished 108/11.

eyther *conj.* or 24/16.

fables *n. pl.* fabrications, falsehoods 122/18.

facion *n.* shape, form 73/27.

fadom *n. pl.* fathoms 20/27.

fallace *n.* transgression 179/14; *pl.* deceptions 122/15.

falle *v.* occur 13/26; ~ *in* yield to 87/38; *pr. s. subj.* befall 41/30 (*see* foull); falleth *pr. s.* comes about 14/10; fyll(e), fill, felle *pt. s., pl.* fell 5/14; happened 41/26; ~ *in spekyng* began to talk 27/22; ~ *in wrathe* became angry 110/32–3; falle(n) *pp.* befallen, occurred 102/32; fallen 190/9.

fals *adj.* false, treacherous 9/11; deceptive 65/14; faithless 130/21.

falsed *pt. s.* broke, violated 87/34.

falsely *adv.* wickedly, dishonourably 85/13.

falshed(e) *n.* deception 95/24, 163/8; faithlessness 157/23.

faons *n. pl.* cubs 113/8; young 117/34.

fardels *n. pl.* bundles 118/9.

fast *adv.* firmly 84/24, 181/2.

fau(l)te, fawte *n.* fault, failing 72/6; wrong 94/33; offence 114/24; *withoute* ~ assuredly 188/11; *pl.* sins 75/21.

fawted *pp.* erred 172/11.

fayn *adv.* gladly, willingly 69/24.

fayned *pt. s. refl.* pretended 87/9.

fayr(e), fair *adj.* fair, lovely 3/12; (*as n.*, beautiful lady 11/16); fitting, seemly 11/2, 17; pleasant, pleasing 12/11; as a term of affection or polite term of address, = dear, good 16/34; *ouer* ~ very beautiful 107/7; *for* ~ *or fowle* by fair means or foul 16/12.

fayre *adv.* gently 11/32; pleasantly 29/25; becomingly, graciously 32/30.

fayres *n. pl.* fairs 35/36 n.

fayt(e), faytte, fait(t), feate, feet *n.* deed, act, behaviour 16/24, 33/7, 23 n.; affair, experience 27/15, 46/12; matter, subject 110/21, 118/3; predicament 130/19; = OF. *pet* 155/17 n.; project 173/10; *the* ~ *of the facts relating to* 105/9; *vpon the* ~ *of (sur le fait de)* on the subject of, concerning 31/16, 71/12–13; *pl.* deeds, conduct 12/4, 61/6.

feate, feet *see* fayt(e).

feblyssheth *pr. s.* weakens 120/23.

felauship *n.* company, society 9/32; comrades 12/2; conviviality (ironical) 103/15; friendship (ironical) 186/11; *carnal* ~ sexual intercourse 156/1.

felawe *n.* companion 53/36; mate 95/2; *pl.* comrades 164/12.

feld *n.* battlefield 103/27.

felle *adj.* angry, enraged 18/22, 35/7.

felon *adj.* wicked, cruel 9/2, 82/29; bad-tempered 127/28.

felouns *n. pl.* evil-doers, wretches 24/2.

ferdful(l) *adj.* fearful, awe-inspiring 118/31; full of fear 132/25.

fere *n.* fear 15/19, 34/26.

ferforth(e) *adv.* late 53/3; far 128/3; greatly 164/31.

fermaylles *n. pl.* clasps 175/38.

ferme *adj.* firm, steady 26/16; resolute 58/24; *adv.* firmly 25/13.

ferre *adv.* far 63/10; widely 105/37; *as* ~ *as* according as, to the extent that 163/37.

feruente *adj.* fervent, ardent 91/36.

feruently *adv.* ardently, earnestly 61/31.

ferynge *ppl. adj.* fearing, fearful 166/36.

feste *n.* feast, festival, festive gathering 40/34, 43/30; fe(e)stes *pl.* 6/4, 43/26; festivities 115/34.

festful *adj.*, ~ *dayes* feast-days, religious holidays 45/23.

fest(y)ed *pt. pl.* feasted, entertained 26/1, 80/30.

fette *pp.* fetched 42/5, 56/3.

feures *n. pl. with s. sense* fever 15/20, 33.

feyth(e), feith(e), fayth *n.* fidelity, loyalty 8/38, 58/4; pledge, promise 12/21, 58/7 (religious) faith 96/35; in phrases of mild asseveration, *by her/my* ~, *in good* ~, indeed, truly, in truth 32/14–15, 36/37–8, 41/33.

fill *see* falle.

flamme *n.* flaming, blazing 56/1; fervour, passion 161/17.

flateresse *n.* (female) flatterer 103/29, 33; *pl.* 103/35.

flayn(e) *pp.* flayed 15/25, 166/6.

flee *v.* avoid, shun 13/24.

flees *n. pl.* flies 71/3.

flouryshynge *vbl. n.* decoration, embellishment 97/*19* n.

folke *n.* assembly 55/34; people in general 75/38; followers, servants 82/6; an invited company 94/25; a group of people 102/4.

folye *n.* folly, foolish act 6/26; wantonness 10/18; lechery 32/37; foolishness 46/17; *woman of* ~ prostitute 5/14.

fond(e) *pt. s., pl.* encountered, experienced 12/5; found 19/5, 7, 54/23 n.

foole *adj.* foolish 31/9; *as n. pl.* 64/28.

for *prep.* representing 32/34; on account of 60/32; ~ *to* to 3/14, 12/16; in order to 12/29; ~ *to araye her* in adorning herself 6/12–13; ~ *to discouere* in revealing 10/21; ~ *to*

haue be slayne even on pain of death 112/32 n.

for as moche *adv. in conj. phrase,* ~ *as* inasmuch as, seeing that 3/30; in so far as 149/37–150/1.

forbede *pp.* forbidden 64/26 n.; forbeden, forboden *adj. pp.* 65/7, 66/23.

forbere *v. intr.* be patient, tolerant 33/15; *trans.* refrain from 72/23.

force *n.* outrage, act of violence 85/35; strength, power 124/4; *gyue no* ~ have no scruples 68/19; *gyue no* ~ *at al* have no regard for anything, care for nothing 163/13–14; *no* ~ of no consequence 122/22.

force *v. refl.* strive, endeavour 93/5; forceth *pr. pl.* rape, violate *89/24* n.; forced *pp.* 84/26.

forfait *n.* violation 79/36.

forfayted *pt. s. intr.* did wrong, offended 123/19.

forgate *pt. pl.* forgot 180/35; forgeten *pp.* 168/15.

forgyue *v.* give up, cease to harbour 137/27 n.

formest *adj.* foremost 72/5, 154/23.

fornais, fornays *n.* furnace 83/38, 158/12.

for so moche *adv.* therefore, accordingly 33/26.

forswere(th) *pr. s.* violates 157/24; *pr. pl. refl.* swear falsely 12/21.

forth *adv.* forward, ahead 25/10; *brou3t* ~, *see* bryngeth.

forthon *adv.*, *fro(m) than* ~, *from thenne* ~ from then onwards, thenceforth 15/37, 31/35, 52/18–19; *fro thens* ~ 69/9, 94/16. [OED. †*Forth on, forthon, adv.*]

forthynke *v.* regret, repent 22/35.

fortunatly *adv.* by good fortune 92/31.

fortune *v.* come about 64/11.

forueyeth *pr. s.*, ~ *not* does not stray from the path of wisdom 153/16. [OED. †*Forvay, v.*, MED. *forveien, v.*]

fouldre *n.* lightning 91/26.

fouldryed *pp.* struck as by lightning, blasted *79/26* n.

foule v. drop ordure 109/26; **fowled** pp. defiled 110/29.

foull adv., ~ falle to her shame on her 41/30; **fowle** sorely, grievously 175/36.

foully adv. shamefully, ashamedly 22/36.

f(o)urred see **furryd**.

foustred pt. s. supplied with food 136/3 n.

fowle, foule adj. unseemly, offensive 5/22, 28/37; evil, wicked 16/12, 65/11; muddy 71/19; ugly 90/29; filthy 103/8; ~ be she shame on her 41/34.

fowled see **foule**.

fowles n. pl. birds 11/8.

foyson n. number, abundance 47/16, 80/21.

frantyke adj. insane 29/22.

fraunchyse n. generosity, nobility of character 141/6.

fredome n. generosity 146/33.

fre(e) adj. generous, kind 24/28, 61/21; noble, honourable 61/35, 141/13.

frely adv. readily, willingly 24/3.

frenesye n. ill-humour 121/19.

frere n. friar 37/35; pl., ~ of relygyon friars belonging to a religious order 53/27.

from prep., ~ her self out of her mind 29/22-3.

fro(o) prep. from 3/28, 63/10.

fructyfye v. become fruitful 17/16.

fruyte n. children 29/7; ? spiritual force, prevailing quality 46/17 n.; (unborn) child 144/30.

fryandyses n. pl. dainties, delicacies 37/35.

fryse n. frieze, a coarse woollen cloth 74/32. [OED. Frieze, sb.¹ 1]

fryuolles n. pl. frivolous acts, trifling 167/11.

fucille n. ? spindle 173/32 n.

full adv. as intensive very 8/9.

fundament n. foundation, basis 121/31.

furryd, f(o)urred adj. pp. bordered or lined with fur 18/18, 46/16, 139/2.

furrynges n. pl. trimmings of fur 175/27.

furyous adj. unrestrained, uncontrolled 62/9.

fyaunce n. confidence, faith 130/1.

fyaunce v. promise in marriage 107/24; **fyaunced** pp. betrothed 158/33.

fyers adj. arrogant, haughty 24/9, 28/33; vehement 34/20.

fyersly adv. furiously, violently 32/16.

fyersnes n. angry vehemence 33/25.

fylde pp. filled, provided 132/30.

fyll(e) see **falle**.

fyn adj. fine (splendid, elaborate) 46/15; (thin) 160/24.

fyst(e) n. fist 24/4; hand, grasp 84/23.

gadred pt. pl. refl. gathered 102/20; pp. stored up 96/7.

gage n. pledge, challenge 123/34.

galhows n. gallows (attrib.) 73/21 n.; **gallowes** 95/21.

galoys, galoyse(s) see Glossary of Names.

garderobe n. storeroom 18/5.

garnementes n. pl. garments 39/4.

garnysshed pp., ~ of provided with, equipped with 111/16, 142/27.

generacions n. pl. generations, peoples 114/38.

generally adv., in ~ in general 3/23. [OED. Generally, adv. †5]

gente adj. graceful, shapely 46/13.

gentyl(l), gentylle, gentil adj.: as epithet before man, woman, etc., implying gentle birth or high rank 3/7, 24; well-bred, worthy, excellent 15/12, 30/1; gentle, mild 29/28; gracious 37/8; charming 130/9; ~ of blood well-born 72/34.

gentylnesse n. social status, high rank 60/33.

genytoryes n. pl. testicles 80/19.

germyne v. germinate 17/16.

gestes, gestys n. pl. deeds, tales 13/8, 28/21.

gete v. beget 82/33; acquire 133/15; pr. s. subj. may obtain 20/8; **gate** pt. s. got 15/22; conceived 83/7; pt. s., pl. obtained 19/36, 91/38; pp. got, received 189/14; **goten** attained 17/24 n.; acquired, won 24/13; begotten 85/14.

getynge *vbl. n.* procreation 85/3.

gladly *adv.* certainly, indeed *or* usually, customarily 40/33 n.

glayue *n.* glaive (spear or sword) *62/28*; **gleues** *pl.* 112/15.

glorye *n.* admiration 46/18.

glose *n.* gloss, in sense of Scripture exposition or commentary 134/1, 157/6.

glotouns *n. pl.* gluttons 61/1.

godsep, godseb *n.* gossip (friend, crony) 88/10, 89/9.

goglyed *adj.* squint-eyed *or* one-eyed 149/20 n.

good *n.* goodness 11/17, 13/14; benefit, advantage 110/14, 166/22; *adj. as n.* good lady 11/16, *pl.* 11/17 (see note to 11/15 ff.); **good(es)** *pl.* goods, property, possessions 22/30, 29/12; wealth 60/34, 189/33; benefits 83/32, 100/5.

goodhede *n.* goodness, virtuous conduct 148/27.

goodly *adv.* graciously 45/7.

good man *n.* goodman, head of a household, husband 36/28, 88/12.

good wyf *n.* goodwife, mistress of the house 36/29.

goten *see* **gete.**

goth(e) *pr. s.* goes 68/6 (~ *and cometh*, comes and goes); comes about 120/34; *hit ~ but after youre wyl* it is up to you 120/36–7; **gone** *pl.* go 6/2; *thus~* so it is with 188/15; **go** *pp.* gone 172/16, 185/36.

gouernaunce *n.* behaviour, conduct 18/30, 27/22; guidance 144/15; discipline 178/25.

gouerne *v.* guide, direct 3/34, 144/3; *refl.* conduct, behave 13/6; **gouerned** *pp.* guided 3/6.

gouernement *n.* discretion 40/5; guidance 169/7; conduct 183/16.

gowne *n.* gown, dress 45/26; a man's outer garment, surcoat 153/11; **gounes, gownes** *pl.* (of women's or men's garments) 45/19, 160/31.

grace *n., her good ~, the . . . ladyes good ~, your good ~,* 'complimentary periphrasis' *for* the lady, her, you 3/19 n., 4/3, 185/39; favour, goodwill 13/16, 43/36; grace (divine token) 57/31; goodness, virtue

61/20; *pl.* favours 100/5; thanks 153/33.

graunte *v.* agree to bestow 107/24.

gree *n., in ~* kindly, in good part 4/13.

greef, gryef *n.* wrong, harm 34/24, 85/17; suffering 110/39.

gre(e)te *adj.* high-ranking, eminent 24/19; plump 37/37; wide 39/4; ~ *of courage* proud, arrogant 92/24.

greuable *adj.* disastrous 190/8.

greue *v.* oppress 109/18; **greuyd** *pt. s., ~ not* did not cause any discomfort 23/14; **greued** angered 52/37; *pl.* burdened 74/23; *pp.* afflicted 110/29.

grossely *adv.* coarsely 30/33.

gryef *see* **greef.**

grynnes *n. pl.* snares 91/17.

grys *n.* (grey) fur 39/11.

guerdon(e), gwerdon *n.* reward, recompense 14/27, 41/2; retribution, punishment 81/33.

guerdone *v.* reward, recompense *19/26*; **guerdonneth** *pr. s.* 131/30; **guerdoned, gwerdoned** *pt. s.* 118/26, 119/15; **guerdon(n)ed** *pp.* 118/13–14, 135/17.

guydeth *pr. pl. refl.* act, conduct themselves 60/30.

guydynge *n.* behaviour, conduct 84/37 n.

g(u)yse *n.* fashion, style 39/5, 16; *at their . . . ~* as they please 40/21; *pl.* fashions 5/33; ways, behaviour 29/8.

gwerpysshe *v.* leave, forsake 171/26, 29.

gwerysshe *v.* heal, cure 99/16. [OED. †*Guarish, v.*]

gyue, yeue *v.* give 3/26, 27/27; **gaf(e), yaf** *pt. s.* gave 5/31, 36/15, 37/30; **gyue** *pp.* given 154/23.

haboundaunce, habundaunces *n. s., pl.* abundance, plenty 83/31, 134/35.

had *see* **haue.**

hakneys *n. pl.* small saddle-horses 175/26.

half *n., by the ~* by a great deal, far 74/31; *as adv., ~ derer more* half as much again, far more 175/31–2 n.

hallowen *gen. pl.*, *al ~ day* All Saints' day 113/3.

halowed *pt. pl.* shouted, cried 'Halloo!' 51/15.

halowed *pp.* consecrated 59/14.

hande, hond(e) *n.*, *in their ~* at their disposal, command 40/32 n.; *bere on ~, see* **bere.**

hap *n.* happening, experience 191/1.

happed *pt. s. impers.* occurred, came about 6/8, 12/14; fared 15/21; **hapned** 24/34.

hard *adj.* difficult 13/1; sad, sorry 19/13; harsh 83/10; hardy, bold 135/25; stiff 178/11; *adv.* sorely, greatly 59/32.

hardy *adj.* bold, rash 89/33, 166/37; daring 174/22.

hardyly *adv.* assuredly, by all means 138/5.

hardynes *n.* boldness 174/19.

harnois *n.* harness, trappings 86/10 n.

hast *pr. s. subj. refl.* be hasty 72/26; **hasted** *pt. pl.* were in a hurry 71/13.

hastely *adv.* in sudden rage *or* precipitately, violently 185/12 n.

hastlyer *adv. compar.* more speedily 3/36; **hastlyest** *superl.* with the greatest speed 73/4.

hasty *adj.* irascible 29/36, 35/27; rash, foolish 37/22.

hastynesse *n.* temper, passion 37/24.

haue *imper. as exclamation* (F. *Comment*), How now? What? 88/21; **had** *pt. subj.* would have 33/20; *~ not be* would not have been 77/12, 152/19; *~ not come* would not have come 115/23; *ne ~ be that* had it not been that 115/25.

hau(l)tayn *adj.* proud, arrogant, overbearing 29/10, 30/32; hasty 37/23; loud, violent 30/8–9, 35/17.

haultesse *n.* arrogance 30/29.

hayer, hayr(e) *n.* a garment made of haircloth 47/14, 56/4, 182/13.

heded *pp.* beheaded 156/10 n.

heed(e) *n.* mind 23/12; *had an euylle ~* was mentally unbalanced 30/37, 127/35–6; *pl.* heads 25/3.

heer, here *n.* hair 110/30, 132/6; *pl.* 76/29, 100/20.

helpe *pt. s.* helped 49/35.

helthe *n.* well-being, welfare 164/29.

hem *pron.* them 14/33; *~ self* themselves 103/24.

hens *adv.* hence 58/1.

her *pron. refl.* herself 30/19, 35/13.

her *poss. adj.* their 5/19, 17/19; **hir** 169/6.

herberowe *v.* lodge, give shelter to 9/4; **herberowed** *pt. s.* 134/22; *pp.* 126/23.

here by, herby *adv.* near by, close at hand 51/24; in this connection 52/27.

heremyte *n.* hermit 74/6.

heres *poss. pron.* hers 18/33.

here to fore *adv.* before this 4/7.

herkynge *vbl. n.*, *~ of* listening to 64/20.

herof *adv.* concerning this 94/16.

hert(e) *n.* character, nature, disposition 61/22, 128/24, 25.

hertely *adj.* sincere, genuine 92/1.

herupon *adv.* on this subject 73/10.

herynge *vbl. n.* hearing 54/23.

herytages *n. pl.* hereditary rights 83/3.

hete *n.* passion, rage 37/24; heat 55/28; lust 178/2.

heures *see* **houres.**

heuy *adj.* sad, grieved 11/23, 33/32.

heuynesse *n.* grief 62/11; *pl.* 11/22.

heyr(e) *n.* heir 83/25; *pl.* 84/3.

hir *see* **her** *poss. adj.*

his *poss. adj.* one's 9/4, 81/26; its 73/24, 83/22.

hold(e) *v. refl.* keep, remain 25/13, 30/34; conduct, bear 59/18; restrain 89/35; **holdeth** *pr. s. intr.*, *~ . . . in* ? depends . . . on 49/17 n.; considers 72/10; *pl. refl.* feel, consider 146/16; **held(e)** *pt. s. refl.* felt 39/34 (*see* **nyce**); bore 46/34; *intr.* remained 63/24; **hold(e), holden** *pp.* held 11/12; cherished 18/2; esteemed 72/9.

hole *see* **hool(e).**

holy dayes, holydayes *n. pl.* religious festivals, Saints' days 6/4, 140/1.

homycyde *n.* murderer 107/15.

hond(e) *see* **hande.**

honderd fold *adv.* hundredfold 8/18; *see* **double, rendre.**

honeste *n.* honour, good name 14/7; decency, decorum 19/15.

honest(e) *adj.* honourable 7/31, 84/22; seemly, fitting 31/11; chaste 120/27.

hon(n)estly *adv.* sincerely 18/13; honourably, respectably 18/37; chastely 59/19; fittingly, worthily 135/36, 139/31.

honourably *adv.* with honour, fittingly 19/6.

honour(e) *n.* honour, virtue 10/17; credit, reputation 25/21; (the sake of) decorum 26/29; courtesy, deference 28/27; high esteem 29/6; rank 29/12; decency, fitting conduct 35/16; *with* ~ worthily 32/2 n.; *it is gretter* ~ *to me* I am under greater obligation 45/35; *pl.* worthiness, distinction 19/5.

hoole *n.* hiding-place 16/16 n.

hool(e), hole *adj.* undamaged 32/23; sound, healthy, well 46/32; entire 59/9; wholesome 127/30; *al* ~ quite well 160/36; *pl. as n.* healthy 110/1.

hoost *n.* army 107/11.

hoote *adj.* quick-tempered, passionate 29/36; hot 45/38.

hope *n.* faith, trust 131/34.

hore *n.* whore 43/16.

hosen, hoses *n. pl.* stockings 71/30, 31.

hostesse *n.* guest 102/8. [OED. *Hostess* †3]

houres, heures *n. pl.* hours, prayers to be said at certain stated times of the day 14/15, 17/16.

how *as exclamation* 36/31; *qualifying an adv.,* ~ *wel(l) (that)* albeit, although 34/23, 39/25, 49/16; *as conj. adv.,* ~ *be it that* howbeit, although 9/1, 36/35; ~ *it be so that* 154/15–16.

how someuer *adv.* however, in whatever way: ~ *it went* at all costs, whatever happened 27/34–5.

hues *n. pl.,* ~ *and cryes* hue and cry, clamour, commotion 44/7–8.

humble *adj.* modest 26/16.

hurled *pt. pl. intr.* rushed, ran 121/37.

hurteth *pr. s.* distresses, worries 88/26.

hydoure *n.* horror 15/20, 32.

hydous *adj.* ugly, repulsive 76/36.

hyed *pt. s. refl.* hurried 161/4.

hy(g)he, hye, *adj.* important, special 6/3; loud 20/28; angry 24/10; (of rank) 25/22; (of the Mass) 59/28; overbearing, inclined to wrath 128/32; firm, strong 135/26; ~ *day* full daylight 21/13; ~ *waye,* ~ *strete* main path, street 71/21, 184/21; ~ *of herte* overbearing 127/28.

hy(g)he *adv.* loudly 30/33, 35; greatly 141/37; *al on* ~ loudly, emphatically 173/26.

hyghenesse *n.* exaltedness 143/29–30.

hym self *pron.* oneself 8/29.

hyndreth *pr. pl. refl.* retard, keep back 72/4; **hyndered** *pp.* belittled 169/2.

hystorye *n.* story, account, legend 15/3, 20/21–2, 62/37; *pl.* 3/22, 13/9.

ignoraunt *adj.* unskilled 4/6, 8.

impetre *v.* obtain by supplication 109/5, 133/15; **empetre** *pr. pl.* beseech 58/31; **impetred** *pt. s.* besought 111/30.

incontynent *adv.* at once 86/17; just now 88/21–2.

incontynently *adv.* immediately 89/32.

indulgences *n. pl.* remission of sins 132/14–15.

indygent *adj. pl. as n.* needy 96/33.

iniuryes *n. pl.* insults, calumnies 12/14.

in so(o) moche *adv.* in order that 75/36; ~ *that* so that, to such an extent that 15/14, 52/37.

intencion *n.* view (concerning a situation) 164/7.

in to *prep.* in, among 155/24; in 178/10–11.

it *pron. with pl. v.* = they, these 74/24 n.

iangle *v.* chatter 50/17; *pr. pl.* 48/16; **iangled** *pt. pl.* 48/24; *pp.* gossiped 150/23.

ianglory *n.* gossip 167/23.

ianglours *n. pl.* idle talkers, praters 64/32.

ianglyng *vbl. n.* chattering 49/27.

iape *n.* jest 116/36; *pl.* gibes 40/33.

iape *v.* jest 58/14; gibe, jeer 138/3; *pr. pl.* sport, make merry 6/7; iaped *pt. pl.* 18/21.

ioly(e), iolyf *adj.* finely dressed 46/27, 73/14, 75/36; gay, lively, amorous 54/32, 58/13.

iolyte *n.* levity 81/37.

iouglours *n. pl.* tricksters, conjurors 104/10.

iourneye *n.* journey 57/21.

iouste *v.* joust, engage in combat 123/38.

i(o)ustes *n. pl.* jousts, tournaments 6/2, 46/16.

ioustynge *vbl. n.* jousting 115/34.

ioye *n., made to them . . . ioye* gave them a glad welcome 28/26-7; rejoicing 106/19, 145/29; enjoyment 150/5.

ioyen *pr. pl. refl.* enjoy 155/5.

ioyned *pp.* enjoined 171/18.

ioysaunce *n.* enjoyment (possession and use) 83/26-7.

iuge *v.* judge, decide the matter 41/7; *pr. s.* pronounce 81/23; iuged *pt. pl.* sentenced 43/8; *pp.* 131/3.

iugement *n.* sentence 81/25.

iustes *see* i(o)ustes.

iustyce, iustyse *n.* magistrate 90/25; punishment 95/34; *doo ~ of, make ~ of* dispense punishment to 156/6, 176/27; *dyde good ~, made good ~* administered fair punishment 86/26, 179/2; *kepte good ~* maintained justice 149/3-4.

karoyn *n.* flesh, body 47/28; carayn, careyn 75/36, 143/11.

kechyn *n.* kitchen 103/9.

kembed, kymbed *pt. s.* combed 107/6, 130/7.

kepar *n.* keeper 103/14.

kepe *v.* guard 19/25; observe, adhere to 39/27; tend 87/10; maintain 135/36; care for 171/25; hold 184/8; *refl.* beware 21/39; abstain, refrain 34/5 n.; comport 174/14; *imper. pl., ~ yow wel, so ~ yow* take care, be sure 21/37, 45/8; kepeth *pr. s.* protects 86/32; has charge of 187/3; kepte *pt. s., pl.* guarded 16/22; concealed 131/22; saved

184/28; *~ . . . in loue* bore love towards 124/27.

kepynge *n.* care, charge 8/35.

keuerchyefs *see* couerchyef.

kirtels, kyrtells *n. pl.* kirtles, gowns 39/12 n., 74/28.

knowe *v.* get to know, come to understand 13/1, 183/14; knewe *pt. s.* realized, recognized 103/17, 18.

knowleche *v.* acknowledge 4/8, 14/19.

kokered *pp.* pampered, coddled 19/11. [OED. *Cocker, v.*¹, MED. *cokeren, v.*]

kymbed *see* kembed.

kynd(e) *n.* disposition, nature 145/26, 153/31; normal habits 161/26; *comyng of ~* natural, fitting 146/33-4.

kyndeleth *pr. s.* inflames, arouses 165/28.

kynne *n.* blood-relation 91/3.

kynrede *n.* kin, family 63/13.

kyt(te) *v.* cut 67/36, 78/31; *pt. pl.* 80/19.

laboure *n.* trouble, pains 81/21.

ladde *pt. s.* led, took 27/18; ledde *pp.* conducted, (mis)managed 12/23.

lady *gen. s.* lady's 160/38.

langage *n.* talk, speaking 12/11, 35/17; way of talking 164/12.

langageurs *n. pl.* fluent talkers 5/35.

langoure *n.* distress 81/13.

largely *adv.* liberally, generously 44/1, 126/13; fully *or* freely 64/17.

lasse *adv.* less 17/21; *adj.* fewer 48/7; lesse *quasi-n., the ~* the more moderate 72/27.

lasse *v.* lessen, decrease 83/31; lassed *pp.* lowered, degraded 18/35.

last(e) *quasi-n., at the ~, atte ~* in the end 52/2, 90/10.

latchesse *n.* slackness, laziness 51/35.

late *adv.* lately, but now 27/26; *of ~, syth ~, yet ~* not long ago, recently 69/32, 78/8-9, 150/15-16.

late *v., see* lete.

laude *n.* praise 3/26.

lawe *n.* religion 80/38, 130/6; (divine) law 130/21; faith, troth 157/25 n.

lawghe *v.* laugh 89/17; lawgheth *pr. pl.* 12/39; lough *pt. s.* 50/9.

layes *n. pl.* lays, poems 11/19.

layners *n. pl.* lainers, laces 42/10 n.
ledde *see* ladde.
leef *see* paper.
left(e) *see* leue.
legende *n.* (*s. with pl. sense*) stories, accounts 17/18; *pl.* 20/16–17.
lemmans *n. pl.* concubines 39/18.
lene *v.* lend 180/22.
lepe *pt. s.* leapt 139/13.
lerne *v.* teach, instruct 9/30.
lernynges *n. pl.* lessons, instruction 3/22, 10/27.
lese *v.* lose, miss 50/19; waste 78/35; *pr. pl.* forfeit 92/4; *pr. s. subj.* 124/37; lost(e) *pt. s.* 114/30 n., 125/8 n.; *pl.* wasted 135/16.
lesse *see* lasse.
lesyng(e) *n.* falsehood 42/20; *pl.* 12/14.
lete, late *v.* leave 30/33; cause, make 37/1; *imper.* let 27/5; ~ *laye* let . . . be laid 36/4; lete *pt. s.* left, abandoned 67/29; *pp.*, ~ *goo* released 20/35.
letteth *pr. s.*, ~ . . . *to* prevents . . . from 157/39; lettyng *pr. p.* keeping (back) 51/38; letted *pt. s.*, ~ . . . *to* prevented . . . from 15/9; lette *pp.*, ~ . . . *for to here* prevented . . . from hearing 51/33.
lettres *n. pl.* warrants, (written) orders 107/10, 13.
letuce *n.* a whitish-grey fur 74/25. [OED. †*Lettice*]
leue *n.* leave 26/20; permission 43/35.
leue *v.* leave 3/2; abandon 9/3; *intr.* hold back, refrain 27/34; cease 31/4; leuest *pr. 2 s.* (dost thou) omit, neglect 51/5; left(e) *pp.* left 24/39 n.; relinquished 42/34.
leuer *adj. compar.* rather 27/23.
leyser *n.*, *at* ~ without haste, with deliberation 27/10; leisure, time 59/10.
locke *v. trans.* look at 66/16 n.; loke *imper. pl. intr.* take care, make sure 62/33.
lodgyng(e) *n.* dwelling, abode 52/35, 86/14.
loke *n.* gaze 75/37.
longe *adv.*, *as* ~ *as* during the time that, while 50/4.
longed *pt. s.* belonged, befitted 63/26.

loos *n.* reputation 24/34; praise 46/18. [OED. †*Lose, sb.*[1]]
lord *n.* lord, husband 7/30; chief 86/16.
lordship *n.* mastery, domination 94/35; *pl.* seigniories, domains 84/3.
lore *n.* (piece of) instruction, advice 13/26, 189/30.
losed *pp.* loosed, freed 59/36.
lost(e) *see* lese.
losynge *vbl. n.* loss *89/33* n.
loth(e)ly *adj.* loathsome, repulsive 90/33; unpleasing, distasteful 153/13.
lotte *n.*, *drawe* ~ draw lots (by the drawing of sticks or straws of unequal length) 42/30.
lough *see* lawghe.
louyng *vbl. n.* praise, honour 64/4; *pl.* 115/16. [OED. †*Loving, vbl. sb.*[2]]
louynge *vbl. n.* love 92/1.
lowe *adj.* low-lying 39/31; low (of the Mass) 181/30.
lowe *adv.* humbly 70/34.
lumynary *n.* (*collect. s.*) material for providing light 142/27, 181/26.
lust *n.* wish, inclination 40/21.
lusty *adj.* merry 11/10.
lycencyd *pt. s.* gave leave of departure to 26/24.
lyc(h)orous *adj.* tasty, choice 18/6, 38/12.
lycorousnes *n.* greediness 32/1.
lyeng *pr. p.* lying 12/40; *as n.* 61/8.
lyft(e) *pt. s.* raised 114/29; *pp.* 110/1.
lyght *adj.* easy 20/13; wanton, frivolous 27/32; ~ *of wylle* compliant, of easy virtue 168/7; capricious, unstable 183/34; lyghter *compar.*, *of* ~ *courage* of weaker disposition 157/12.
lyght *pt. s.* alighted, dismounted 188/24.
lyght(e)ly, lyʒtely *adv.* readily 25/3; wantonly 28/13; thoughtlessly, frivolously 54/26, 64/18; swiftly 90/23; lyghtlyer *compar.* more easily 81/2.
lyghtnes *n.* frivolity 81/37.
lygnage *n.* lineage 7/12; descent 28/10; race 65/36; descendants 67/24; family 82/6.
lygnee *n.* line, lineage 83/29; *pl.* tribes 112/22, 114/37.

lyke *adj.* (*predicative*) likely, well-qualified 22/6; alike 51/23; *adv.*, ~ (*so*) *as* just as 68/24, 69/24.

lyst *v. impers.* pleases 100/3.

lytel(l) *adj.* little, young 12/36 n.; low-ranking 24/29.

lytell, lytyl *adv.*, ~ *and* ~ by degrees, gradually 87/12, 96/23–4.

lytyer *n.* litter 46/3.

lyue *n.*, *on* ~ alive 70/20; during (her) life 131/30.

lyuynge *vbl. n.* life 176/12.

lyuynge *ppl. a.* fresh 117/5; healthy 160/32.

macule *n.* blemish, stain 152/7, 157/9.

make *v.* assume, show 33/10 (*see* **chere, sembla(u)nt**); contrive 97/7; do, perform 133/29, 152/34; display, show 153/5; **make(th)** *pr. s., pl.* causes 70/27; behave 166/26; **ma(a)de** *pt. s., pl.* composed, wrote 5/3; did, performed 6/21, 69/19; accorded, gave 28/26; indulged in 120/14; *so moche he* ~ he went so far 87/11 n.; causal: ~ *to kepe* had ...kept 31/19; ~ ... *to knowe* made known 85/30–1; ~ *to be sent for* had ... sent for 95/27–8; ~ *to telle* had ... informed 100/21; ~ *to seche and enquere* had ... sought out 135/39; ~ *a crosse* crossed herself 180/18; **made, maad** *pp.* done, rendered 4/11; given birth to 115/10; *better* ~ more handsome 161/10.

malepertnes *n.* pertness, forwardness 28/5.

maltalent *n.* ill-will 102/24.

malte *pt. s.* melted 33/17.

mancion *n.* abode 70/26.

maner(e) *n.* kind(s) 3/23; custom, practice 18/11, 36/31; bearing, behaviour 26/6; composure, (good) bearing 40/32 n., 42/38; ? moderation 42/40 n.; state 59/34; style, fashion 70/6; character, temperament 113/11, 167/34; good looks 160/13; *all the* ~ the whole account 21/15; *tolde ... the* ~ *of* described 73/28; *in no* ~ on no account, not 139/36; *pl.* behaviour, conduct 3/6, 5/22; practices 162/33.

manoyr *n.* manor, house 155/13, 182/9.

mantell *n.* mantle, cloak 18/18.

many *adj.* with *s. n.* many (a) 80/2 n., 85/35; ~ *one* many (people) 60/20, 64/1–2, 4.

marchal *n.* marshal, leader 25/29.

marchaundise, –yse *n.* goods, wares 33/12 (ironical), 35/37; commerce, trading 60/14.

marchaunt *n.* merchant 35/32.

marches *n. pl.* regions, borders 39/32 n.

margaryte, margarite *n.* a pearl 9/37, 152/5–6, 156/22–3.

martyre *n.* torment 76/35.

mastryed *pt. pl.* governed, ruled 129/28.

mastyns *n. pl.* mastiffs 128/16.

matere *n.* subject, topic 13/27; dispute 108/24; subject-matter 150/17.

matyns *n. pl.* matins, morning prayers 5/11.

maulgre *see* **conne.**

mauuastye *n.* wickedness 163/25.

mauys *n.* mavis, song-thrush 11/9.

may(e) *pr. s.*, *that all* ~ who is all-powerful 48/13; *s., pl. auxil.* can 92/32, 96/16; **myght** *pt. s. intr.*, ~ *wel* was prosperous 32/33; *s., pl. auxil.* could 28/28, 32/25; **myȝt** 19/35, 26/4; **myht** 82/32.

maynten(e) *n.* bearing, deportment 25/23, 26/36; *pl.* behaviour 26/27.

mayntene *v. refl.* comport, behave 5/17; *trans.* maintain, observe 19/18–19; keep, preserve 155/24.

mayntenyng *n.* demeanour 11/17, 27/22.

mayster *n.* ruler 84/30; leader, head 191/8; **maystres** *pl.* teachers 146/35.

maystresse *n.* mistress (in sense of one who has authority, as head of a household) 146/5, 150/12.

me *indef. pron.* (reduced under weak stress from *men*) one 40/28, 50/13, 53/14.

mede *n.* merit, worth 23/14.

medle *v.* be concerned, take part 153/6.

meke *adj.* gentle, kind 84/15.

meke *v. refl.* humble, abase 106/23.

melancolye *n.* moodiness, anger 34/18; dejection 88/9; state of melancholy preoccupation induced by love 165/7, 170/35.

melancolyous *adj.* melancholy, sad 166/27.

melancolyque *adj.* moody, prone to anger 35/26 n.

memor(y)e *n.*, *oute of his ~ and wytte* out of his mind, beside himself 90/20–1 n.; *make grete ~ of* preserve a fine memorial of 183/10–11.

menage *n.* household affairs 18/29, 34/31.

mendycaunt *adj.* mendicant 37/36.

mene *n.*, *by no ~* in no way 33/9; *by the ~* by means, through the medium 87/34.

mene *adj.* humble 24/21.

mercery *n.* textile goods 60/11.

mercyed *pt. pl.* thanked 188/31.

merle *n.* blackbird 11/9.

merueyle, merueyll *pr. s.* marvel, wonder 82/16; *refl.* 164/3; merueyl(l)ed, meruaylled *adj. pp.* astonished, amazed 97/27, 109/28; surprised 154/21.

merueyl(l)e, merueyll, meruaylle, merueil *n.* strange tale, remarkable thing 73/10, 105/29; *had ~ was* astonished 70/8; *it is ~, grete ~ is* it is very remarkable 73/5, 104/33–4; *pl.* astonishing things, strange tales 30/39, 70/29; wonders 188/15–16.

merueylous(ly), merueiloussly *adv.* exceedingly, wondrously 15/31, 35; to a remarkable degree 40/36.

meryte *n.* due reward 4/18; desert 19/34; entitlement to reward 176/16, 18.

mes *n.* serving, course 71/34.

meschyef *n.* trouble, misfortune 8/6, 60/2; *at ouer a grete ~* in very great distress 54/11–12 n.; *at a grete ~* in a sorry plight 89/4; *to grete ~* in sore distress, in evil plight 95/22–3.

mesease, mysease *n.* hardship, distress, want 74/33, 147/18.

meseased *adj. pp.* distressed 38/19.

mesprysed *see* mysprysed.

message *n.* message *or* errand 180/29 n.

messag(y)ers *n. pl.* envoys 26/1, 28/25.

mesure *n.*, *of ~ ?* in aim 104/30 n. (*see* drawe); *ouer ~* immoderately 120/18.

mesured *pp.* controlled 34/35.

mete *n.* snack 18/9; food 36/22.

meuable *adj.* removable: *~ good* 'personal' as opposed to 'real' property 122/36.

meue *v.* move, rouse 34/17; *pr. s. subj.* become roused 19/24; meuyd *pt. pl.* 80/33; *adj. pp.* distressed 75/13.

mewe *n.* confinement 94/21.

mewred, mured *pp.* immured, confined 81/11, 94/15, 156/11.

meyne, meyny *n.* household, retinue 90/24, 118/16.

moche *adj.* many 30/21; *adv.* much 11/18; very 12/4; closely 48/26.

mocquerye *n.* absurdity 36/39.

moken *pr. pl.* mock 72/10 n.; mocked *pt. s.* deluded, befooled 90/10; mocqued *pp.* mocked 25/14.

monument *n.* sepulchre 141/33.

mo(o) *adv.* more 15/18; *adj. as n.* 60/24; *see* other.

moornyng, mowrnynge *ppl. adj.* sorrowing 11/7, 70/30.

moost *adj. superl.* largest, greatest 47/37, 61/11; most important 86/15.

morowe *n.*, *the ~* in the morning (of the next day) 105/27.

morsell *n.* choice tit-bit 18/9; *pl.* choice dishes 31/17.

mowe *v.*, *shalle ~ come* may (possibly) come, may tend 68/16 n.

moyen *adj.* of middle rank 37/5; *astate ~* moderation in attire 39/38.

mured *see* mewred.

musardes *n. pl.* idlers, triflers 49/13.

muse *v.* ? loiter, wait idly 53/7 n.

must *v.*, *shalle ~* will have to, must of necessity 134/34.

myddes *n.*, *in the ~* in the middle 32/20.

my(e)re *n.* mire, mud 71/28, 36.

myght, my3t *n.* force, power 90/36; strength 100/20.

myght *v.*, *see* may(e).

myghty *adj.* influential 22/4; powerful 111/15.

mynystres *n. pl.* ministers 9/5.

myroure, myrrour *n.* mirror: reflection of something to be avoided, a warning 58/8; reflection of something to be imitated, a pattern, exemplar 112/4.

myschaunt *adj.* wicked, base 87/38.

mysease *see* mesease.

mysericorde *n.* compassion, mercy 117/10.

mysfaytes *n. pl.* misdeeds 69/17.

mysgyded *pt. pl. refl.* misbehaved, went astray 155/36.

myshappe *n.* misfortune 12/31.

myshapped *pt. s. impers.* came to grief 63/25.

myspryse *v.* despise, scorn 96/7. [OF. *mesprisier, -priser*]

mysprysed, mesprysed *pp. intr.* committed faults 136/21; *trans.* done wrong (to) 137/5, 7, 176/14. [OF. *mespris, pp.* of *mesprendre*]

mystier, mystyer *n.* need, necessity 117/31, 149/37.

mystruste *pt. s.* mistrusted 44/14.

nature *n.* natural law 13/17; innate power 70/28; quality 145/26; *good* ∼ goodness 188/30 1.

naturel(l) *adj., ∼ wytte* judgement, discretion 26/31–2, 191/37.

ne *conj.* nor 7/27; or 39/13 n., 130/21 n.; *adv.* not 74/10, 80/11.

neclygence *n.* negligence 52/29.

nede *n., at* ∼ in a difficult situation 43/23; *of* ∼ of necessity 96/36; *it is no* ∼ it is not necessarily so 186/31 n.; *it was no* ∼ there was no necessity 37/1.

nedels *n. pl.* needles 76/32.

nedes *adv.* of necessity 40/17.

neither, neyther *adv., conj.*: = not . . . whether 28/8 n.; nor 86/28, 93/20; ? or 162/9 n.; ∼ . . . *shalle not* nor shall, and . . . shall not 93/35.

nerre *adj. compar.* nearer 28/2.

nette *n.* web 70/37.

neuewe *n.* nephew 59/26.

newe *adv.* newly, afresh 59/14; *of* ∼ recently 190/37 n.

next *adj. superl.* nearest 63/13.

no . . . not *emphatic negative* 8/31.

noble *adj.* high-born, of high rank

3/11; excellent, admirable 3/20, 8/9; fine, splendid 32/34.

noblesse *n.* a noble or worthy thing 26/38; high rank 47/12 n.; nobility, greatness of character 128/28; *pl.* valuables, finery 47/33 n.

nobly *adv.* in accordance with rank and quality 29/5; splendidly 115/35.

noious, noy(o)us *adj.* injurious 8/4, 109/1, 19; tedious 150/18.

noiously *adj.* vexatiously 35/6.

nombre *n.* category 42/23, 149/24.

nomore *adv. phr.*: *of asseveration*, indeed, certainly . . . not 105/25, 30; ∼ *but* no more than, only 79/9.

none *n.* noon 50/24, 30.

noote *n.* tone, voice 173/33.

noreture *n.* nourishment, sustenance 55/22, 56/15.

norysshe *see* no(u)rysshe.

notables *n. pl.* noteworthy facts 72/6.

not but *adv.* only 17/8, 39/10.

nother *conj.* nor 62/26; *adv.,* ∼ . . . *neither,* ∼ . . . *nor* neither . . . nor 86/27–8, 135/26–7.

no thyng(e), nothyng(e) *adv.* in no way, not at all 32/11, 43/33, 95/31; ∼ *so* quite otherwise 15/21–2.

nouel(ly)te *n.* unusual style 40/9; newness, recentness 184/25, *pl.* novelties, new fashions 39/30, 69/32.

nought(e), nouȝt *n.* nothing, worthlessness 46/17, 104/3; *of* ∼ of humble origin 95/6, 169/23; = worthless *103*/33 n.; *wente all to* ∼ deteriorated badly 18/29–30.

no(u)rysshe *v.* nurture 38/23, 116/16; nourisshed, no(u)rysshed *pp.* reared, brought up 3/12, 19/11, 95/13; nurtured 15/11.

no(u)rysshynge *vbl. n.* nourishment 56/18; upbringing 117/7.

noyse *n.* uproar, strife 31/31; ill fame, scandal 45/4.

nyce *adj.* foolish, silly 48/30; *held her self* ∼, *held her . . . for* ∼ felt foolish 39/34, 107/27.

nycely *adv.* foolishly 19/8.

nygh(e), nyhe *adj.* near, close 87/23, 102/17, 175/6.

nyghe *adv.* closely 59/32, *of* ∼ 67/34; nearly 74/10; near, close to 67/33; near by 100/29.

obeys(s)aunce, obeisaunce *n.* obedience 33/19, 133/32; authority, sway 62/22.

obeys(s)aunt *adj.* obedient 36/1, 93/10.

obeysshe *v.* obey 94/25–6; **obeisshyng, obeysshynge** *ppl. adj.* obedient 67/28, 68/17.

obscure *adj.* gloomy, dismal 67/22, 84/28.

obsequye *n.* funeral 181/25.

occasion, occacion *n.* cause, pretext 44/18, 101/36; event, circumstance 65/33; reason 78/23.

occysion *n.* killing, slaughter 82/10.

of *adv.* off 5/26, 8/8.

of *prep.* with regard to, concerning, about 8/6, 10/8, 27/16; by, through 8/18, 34/7; from 21/20, 23/7; for 26/20, 53/38; with 82/12, 127/8; on, upon 85/38; in respect of, by 87/32; in 97/23; against 105/15; from (of time) 125/24; according to 174/7 (*see* that); ~ *vs* as far as we are concerned 41/30; ~ *whiche* by whom 90/26; ~ *that*, *see* that.

offended *pp.* transgressed 189/14.

offyce *n.* office, duty 14/27; appointment 183/25.

oftyme(s) *adv.* often 12/19, 20.

oke *pt. s.* ached 18/6.

older *compar. as n. pl.* elders 153/17.

on *prep.* against 51/16; in 53/3, 79/1.

one *indef. pron. see* 104/12 n.; *pron. with n. in apposition* 32/31, 83/23, 91/3 n.; *many* ~, *see* many; ~ *of other* of one another 71/1; *as adj. in particularizing sense, of future time* 147/13.

onely *adj.* single 166/37.

ones *adv.* one day (of future time) 76/9, 145/18; once (past) 110/32.

ony *adj.* any 4/1; *pron.* 34/10, 99/29; ~ *thyng adv.* in any way 176/14.

open *adj.* manifest 55/12; unreserved, brazen 168/10.

operacion *n.* act, work, deed 117/10, 150/6; *pl.* 62/6–7.

or *conj.* before 20/26, 59/36; ~ *that* 66/16, 68/16.

ordeyne *v.* arrange, put in order 103/32; assign, allot 125/33; ~ *vpon* lay injunctions upon 174/10–11;

ordeyned *pp.*, ~ *ony thynge* given any order 162/10; decreed 187/16.

ordure *n.* filth 21/35.

ordynaunce, ordenaunce *n.* ordinance, decree 14/11; government, discipline 148/34; rule 181/27.

orguyllous *adj.* proud 24/8.

oryent *n.* the East 125/6.

oryson *n.* prayer 74/19; *pl.* 14/21.

oth(e) *n.* promise, pledge 170/28, 171/31; *pl.* oaths 12/18.

other *pron. s.* another 69/8, 98/3; the other 94/28; *pl.* 3/6; ~ *mo* others 76/16; *aboue al* ~ above all, especially 95/14–15.

other *adv.* otherwise 35/24; *conj.* either 68/29; or 155/22.

otherwhyle, other whyle *adv.* from time to time, now and then 26/7, 32/26; at times 42/40, 128/12.

ouches *n. pl.* brooches 175/38 n.

ouer *adv.* too 7/34; very, exceedingly 12/19, 72/32; besides 83/33.

ouer *prep.* = in, through 100/9.

oueral(l), ouer al *adv.* ? above all 12/11 n.; everywhere, in all directions 12/13; in every circumstance 123/28; greatly, pre-eminently 154/25.

ouerbere *v.* bear down, exceed (in weight) 171/6.

ouercome *pp.* overpowered, dominated 61/11.

ouerlong(e) *adv.* too long 19/12, 76/35.

ouer maystrye *v.* overpower 20/10–11.

ouermoche, ouer moche *adj.* too many 61/2; *adv.* too much 19/24; too 66/6; exceedingly 103/8.

ouermore *adv.* moreover, furthermore 91/11.

ouerthwert *prep.* across 51/1.

ought *n.* aught, anything 36/19.

oultrages *n. pl.* outrageous things, insults 30/37.

oure *poss. pron.* ours 138/22.

our self *pron. pl.* ourselves 3/4.

owe *pr. s.* ought, am in duty bound 44/31.

palysshed *pt. s.* made pale 160/3.

paper leef *n.* fold of paper 102/15.

pappes *n. pl.* nipples 56/18.
parastre *n.* stepfather 84/5 n.
parauenture *see* perauenter.
parchemyn, perchemyn *n.* parchment roll, scroll 50/4–5, 7.
pardonne *v.* give up, put aside 9/6, 136/16 n. (*see* forgyue); forgive 136/21.
parente *n.* relative 63/13; family 87/5; *pl.* 9/27.
parfy(gh)tely *adv.* perfectly, fully 32/25, 114/6.
parfyte, parfite *adj.* perfect 13/14, 41/4; parfyght 172/17.
parisshens *n. pl.* parishioners 52/16.
parke *n.* enclosure 104/25.
parlement *n.*, *helde* ~ conversed 62/37; *pl.* discussions, debates 42/28.
part(e) *n.* duty 35/24; share 40/18; *had wel her* ~ had her full share 73/18–19; *in a* ~ partly, in some respects 157/10–11.
parte *v.* divide 108/26; parted *adj. pp.* 171/2 n.
partener *n.*, ~ *of* accomplice in 190/16; partyners *pl.*, ~ *of* associated with 68/12.
partye *n.* part 14/2; *pl.* province 59/20; region, district 126/20; parties, sides in a legal dispute 101/13.
paryll(e) *see* peryll(e).
pas *n.* step 89/39.
passe(th) *pr. s.* goes about, lives 54/26 n.; surpass 159/35; *pl.* ? get along, manage 54/20 n.; passed *pt. pl.* crossed 25/35.
passyng(e) *adv.* exceedingly 71/19.
passyon *n.* suffering 147/16.
pater noster, paternoster *n.* the 'Our Father', Lord's Prayer 17/6; rosary 136/7; pater nostres *pl.* prayers 18/5.
paye *v.*, *haue as wel for to* ~ are just as able to pay, have as much money 72/35; payd *pp.* requited 98/35.
payn(e), peyne *n.* pain, suffering, distress 23/12; difficulty 71/28; trouble, effort 78/35; sorrow 191/8; *vpon* ~ *of* under penalty of 89/32; *put . . . in* ~ take pains, strive, endeavour 102/27; *pl.* troubles, sufferings 61/22.
paynym *n.* pagan, heathen 7/14,

85/17; *pl.* 80/38; (the Philistines) 100/21.
pease *v.* appease, calm 8/25.
peasyble *adj.* peaceable, not quarrelsome 61/23; peace-giving 83/26; free from strife 113/37.
peasybly, peasyble *adv.* peaceably, tranquilly 61/24, 149/3.
peert *adj.* forward, outspoken 41/34.
pees *n.* peace, tranquillity 19/3; amity 93/6; *made the* ~ *of* obtained pardon for 123/23 (cf. 124/24, 36); *hold wel your* ~ make no mention 173/5–6; *kepe my* ~ *therof* keep silent about it 173/28.
pension *n.* payment, tax 78/12.
pensyf *adj.* melancholy 11/7; anxious, worried 88/26.
pensyfnes *n.* pensiveness, melancholy 11/26.
peramours, peramour(e) *n.* paramour, lover 160/20, 170/26, 37; *pl.* 162/16.
peramours *adv.* by way of illicit love 58/12.
perauenter, pera(d)uentur(e), parauenture *adv.* perhaps, perchance 52/11, 138/28, 175/22, 184/4.
perceth *pr. s.* pierces, penetrates 17/9.
perceyuyng *pr. p.*, *hen* ~ *of it* notice it 68/7; perceyued *pt. s. refl.*, ~ *hym of it* noticed it 81/9.
perdicion, perdycyon *n.* utter ruin; damnation 18/30, 57/11, 62/12.
perdurable *adj.* everlasting 61/36.
periure(th) *pr. s.*, *pl.* perjure(s) 12/20, 58/6 n.
per omnia the 'per omnia' 50/14 n.
persone *n.* person 54/23 n.
peruers *adj.* wicked 133/12.
peryll(e), perill(e), paryll(e) *n.* peril, risk, danger 23/10, 29/36, 99/17; peryls, paryls *pl.* 7/34, 112/10.
peryllous, perillous *adj.* dangerous, hazardous 66/6; dreadful, terrible 66/26, 80/35.
pesaunt *adj.* heavy, oppressed 178/18.
pestylence *n.* evil, wickedness 83/31; *pl.* plagues 91/27.
peyne *n.*, *see* payn(e).

peyne v. *refl.* endeavour, strive 151/
18; **paynen** *pr. pl.* 168/5; **payned**
pt. s. 144/10.

place n. occasion, opportunity 35/28,
64/21; house 51/20, 71/18; build-
ing, temple 101/23; *pl.* homes
116/9.

placebo n., *make the* ~ play the syco-
phant 126/8–9 n.

plaisaunce, playsaunce, ples-
aunce n. complaisance, pleasing
manners 26/34; pleasure, delight
37/33; ability to please 75/38;
sensual gratification 150/26; *pl.*
pleasures 34/8.

plank n. -stone slab, gravestone
20/29 n.

plate n. (*collect. s.*) utensils (of silver)
180/14, 25.

plater n. platter, dish 21/7.

playe n. prank, frolic 36/32; game of
chance 58/17.

playe v. have sexual intercourse 64/32,
87/35; amuse oneself 104/26; *pr.*
pl. sport, frolic 6/7; **played** *pt. s.*
played a trick 89/37.

playeng(e) *vbl. n.* play, gambling
175/21, 34.

players n. *pl.* gamblers 175/20.

playn(e) *adj.* plain, honest 88/16; *in*
~ *strete* in public 127/28.

playnly *adv.* openly, ingenuously
25/11; plainly, unreservedly 64/17;
clearly 147/32.

playsaunt *adj.* pleasing 17/17, 29/25.

playse v. please 33/16.

playsyr(e), playsire, plaisir(e),
pleasyr n. approval 4/11; will 14/
10; (sensual) enjoyment 15/13;
pleasure, delight 24/30; *do his* ~ act
as he pleased, take his choice 26/23;
pl., doo his ~ obey him 24/14.

plee n. controversy, dispute 125/13.

plesaunce *see* plaisaunce.

pletynge *pr. p.* pleading 101/11.

pleynt n. lament 186/22.

plumed *pt. s.* plucked 31/15; *pp.*
31/34.

polysshed *pp.* made soft, smooth
77/4.

popped *pt. s. refl.* applied cosmetics
(to), painted 7/3; *pp.* 77/3. [OED.
†*Pop, v.²*]

portayll n. gateway 97/17–18.

porte n., *of grete* ~ of proud bearing,
haughty 28/33.

pouche n. bag, small sack 88/34.

pouer(e) *see* power.

poure n., *see* powere.

pourely *adv.* in poverty 118/31.

pourfyl(le)d *adj. pp.* purfled, pro-
vided with trimmings of fur or
embroidery 39/13, 46/16.

pourfyls n. *pl.* furred or embroidered
edges or borders of garments
39/3, 6.

pourueye v., ~ *to* make provision for
53/25–6; **purueye** provide for,
support 117/36; ~ ... *of* endow ...
with 114/12; **purueyeth** *pr. s.*,
~ *to* provides for 54/18; **purueyed**
pp. provided 133/37.

power, powre, pouer(e) *adj.* poor,
wretched 75/6, 77/28; humble
126/12; paltry, insignificant 131/11;
poure(s), power *pl. as n.* poor
47/15, 96/33, 135/4 n.

powere, poure n. power: *to my* ~,
after his ~, *to theyr* ~ to the best of
my (one's, their) ability 40/24,
134/4–5, 143/21.

poynt(e) n. particular instance, matter
41/7; plight 44/25, 59/35; detail,
part 66/26; (right) moment, oppor-
tunity 131/23; condition 139/19;
deed(s) of valour 151/35 [OED.
*Point, sb.*¹ C. †1]; *fro* ~ *to* ~ (*de*
point en point) in every particular,
in detail 51/27; *pl.* fastenings 42/
10 n.

praty *adj.* pretty 104/19; pleasing
159/40.

prayd, praid(e), preid *pt. s., pl.*
besought, implored 12/6, 43/34;
pp. 41/31.

prayer n. request 12/7.

predecessours n. *pl.* ancestors, fore-
fathers 13/33–4.

predicacion n. preaching 70/30.

predicatours n. *pl.* preachers 134/28.

preface n. Preface (prelude to the
central part of the service of the
Eucharist) 50/14 n.

preferre v. advance, promote 115/17.

prefer(r)ement n. advancement
99/18, 189/15–16.

preue *v.* prove 140/23; try out 190/28; *pr. s. subj.* 184/2; **proued** *pt. s.* tested 10/23; cf. **appro(u)ued.**

preuy, pryue *adj.,* ~ *chambre* privy 33/3–4; private, intimate 105/19.

preysynge *n.* praise 146/10.

procured *pt. s.* brought about 98/33.

propre *adj.* true, very 54/23 n.

propryete, propriete *n.* peculiarity, characteristic 94/31, 128/15.

propyce *adj.* suitable 181/36 n.

propyrly *adv.* appropriately 139/29.

prouffyte *n.* good, well-being 125/22, 126/6; profit 175/28; *pl.* profits, gains 184/17.

prouffyte *v. intr.* be of benefit 101/14; **proufyteth** *pr. s.* 17/8.

prouost(e) *n.* chief magistrate 176/7; **prouostes** *gen. s.* 177/6.

proye *n.* prey 76/30.

pry(c)keth *pr. s.* incites 65/24; pricks, causes mental pain 125/37.

pryme *n.* prime (about 6 a.m.) 187/6.

pryour *n.* prior 7/17.

prys *n.* price, cost 76/5; value 141/26.

pryue *see* **preuy.**

pryuely *adv.* secretly 15/16, 63/2; intimately 33/6, 94/28; quietly 147/36.

publysshynge *pr. p.* declaring openly 69/17.

pu(g)nycion *n.* punishing, chastisement 57/5, 79/35.

purchace *v.* procure 61/28; provide 113/8; **purchaced** *pp.* procured 179/24; brought about 188/27.

purpo(o)s *n.* point, meaning 142/35; intention 150/6.

purueaunce *n.* providence 77/12; foresight 113/7, 9.

purueye(th), purueyed *see* **pourueye.**

puterye *n.* unchastity 158/9.

putyers *n. pl.* seducers 89/24; partners in adultery 166/6.

puyssaunce *n.* power 90/36–7.

puyssaunt *adj.* powerful, influential 19/2, 167/29.

pye *n.* magpie 5/27.

pyece *n.* drinking-vessel 180/26 n.

pyler *n.* pillar 101/22.

pylled *adj. pp.* shaven, tonsured 31/36.

pynappel *n.,* ~ *tree* pine-tree 131/2 n.

pynne *v.* pin, fasten 49/14; **pynned** *adj. pp.* pinned up, coiffured 53/5.

pynnes *n. pl.* pins 73/30.

pype *n.* cask 46/22 n.

pyte *n.* pity, compassion 9/12; grief, remorse 77/38, 132/9 [OED. *Pity, sb.* I. †5]; *had* ~ *of that* was distressed that 146/27.

pyt(e)ous *adj.* compassionate 9/20, 33/17; pitiful 48/38.

pytously *adv.* pitifully 82/31.

pytte *n.* well 5/14; hide-out 60/15.

quenchyd *pt. pl.* quenched, obliterated 22/32; *pp.* extinguished 45/10–11.

queynt *adj.* finely or fashionably dressed 46/7, 58/13; elaborate 48/29; elegant 85/18; cf. **coynt(e).**

queyntely *adv.* fashionably, elegantly 39/8; cf. **coyntely.**

queynteryes *n. pl.* finery, embellishments 47/32.

queyntyses *n. pl.* fine apparel 48/5; cf. **coyntyse** *n.*

quod *pt. s.* said 82/16.

quyck *adj., al* ~ alive 15/25; lively 27/32.

quyt(t)e *v.* give up, renounce 42/31; yield, hand over (to) 108/29.

ramage *adj.* wild, untamed 24/3.

rampynge *ppl. adj.* unrestrained, headstrong 35/31 n.

rapynous *adj.* rapacious 101/2.

rassasyed *pp.* amply supplied 132/30.

rather *adv.* more readily 33/26, 60/24.

rauynours *n. pl.* plunderers 61/4.

rauysshe *v.* ravish, seize 101/7.

rayment(e)s, raymentis *n. pl.* garments 70/13, 71/9, 72/16.

reame *n.* estate(s) 78/2; kingdom 83/14; realm, land 84/31.

re(a)son, rayson *n.* what is right or reasonable 35/15 (*by* ~ rightly 147/22, 157/11); account, explanation 118/33; argument 164/4; *dyde putt her to* ~ called her to account 69/3 n.; *saye his* ~ speak, make his plea 173/37; ~ *naturell* the natural order of things 171/14; **reasons** *pl.* arguments 166/24.

reassayled *pt. s.* assailed again 30/26.

receyue *v.* receive, accept 4/12.

recommaunde *v.* commend 14/35.

recorde *v.* tell, relate 112/2, 189/26; **recorded** *pt. pl.* went over in mind, pondered 155/33.

recordynge *vbl. n.* repeating 191/38.

recouer(e) *v.* rectify, make good 30/28; gain, obtain 169/35.

redressyd *pt. s.* restored to prosperity 111/8.

reduce *v.* render 3/16.

reducynge *vbl. n.* rendering 4/4, 10.

reed *adj.* red 120/19, 160/32 n.

refection *n.* refreshment, meal 71/35.

refrayne, refreyne *v. trans.* restrain 24/7; *refl.* 34/3.

refused *pp.* rejected 27/2, 152/16.

regard *n.* aspect, appearance 25/8, 26/15; looks, attention 47/3; *vnto the ~ of* in comparison with *or* in the sight of 48/12–13 n.; *pl.* looks 49/13.

regle *n.* rule, i.e. order, regimen: *in her ryght ~* according to its proper ordinance 152/12.

regne *n.* reign 145/9.

regne *v.* reign 3/29; **regned** *pt. s.* ruled 191/11 n.

reherce *v.* recount 69/33; **reherce(th)** *pr. s.* repeat 41/14; relates 110/22; **rehercyng** *pr. p.* recounting 59/16.

rekening *n.* reckoning, account 52/11.

releef *n.* leavings, scraps 110/31.

relygyon *n.*, *of ~* bound by religious vows 53/27, 141/34–5.

relygyous *n.* one belonging to a religious order 56/3.

remedye *n.* redress 43/12.

remembraunce *n.* memorial, record 3/2.

remembryd *pt. s.* recalled, mentioned 21/12, 32/4.

remenaunt *n.* remainder, part 70/6.

remeue *v. intr.* move 46/1.

rendre *v.* render 14/21; repay, restore 118/19; *pr. s. refl.* resign 191/6; **rendreth** *pr. s.* repays *135/3* n.; **rendryd, rendrid** *pt. s.* returned (thanks) 115/10; gave out, discharged 121/30; gave up 180/3; ~

her self gave herself up, retired 119/5; **rendryd, rendred** *pp.*: ~ . . . *an honderd fold gretter*, ~ . . . *an C tyme gretter* repaid . . . at a far higher value 8/17–18, 118/1–2.

renne *pr. pl.* are active 6/22; **rennynge** *pr. p.* running 95/25; **ronne** *pp.*, ~ *on* attacked, assailed 33/25.

renomme(e) *n.* reputation, good name 3/36, 9/28-9; favour 24/19.

renommed *adj. pp.* renowned 12/28; of good name 152/20.

rente *n.* land or property yielding revenue 32/34.

repayre *v.* adorn 75/36. [OF. *reparer*]

repayred *pt. s.* went, resorted 54/31. [OF. *repair(i)er*]

repeled *pt. s.* repealed, revoked 23/25.

repentaunce *n.* regret 150/32.

replenysshed *pp.* filled 62/9–10, 144/26.

repreef *n.* reproach 129/32, 150/20.

repreue *v.* taunt 8/6; reprehend 70/8; **repreued, repreuyd** *pt. s.* rebuked, reproached 19/10, 32/10; **reproued** *pp.* censured, condemned 131/2; ~ *of blame* convicted of guilt 152/19.

repreuyng(e) *vbl. n.* criticizing 40/5, 106/34.

reproche *v.* censure 110/18; **reproched** *pt. s.* reviled 32/14, 110/9.

reprysed *pt. s.* reproved 6/34, 70/1.

reputed *pp.* held, considered 25/1.

requyre *v.* ask, request 4/9; importune 12/7; **requyre(th)** *pr. s.*, *pl.* beg, entreat 4/9; importune(s) 10/8, 166/17; desire, seek 174/3; ~ *hym of mercy* entreat his mercy 100/3–4; *pr. s. subj.*, ~ *yow of foly* ask you to do something foolish or immoral 63/31.

resemblaunt *n.*, *makynge* . . . ~ displaying emotion 124/12; cf. **semblaunce, sembla(u)nt.**

reserue *v.* save, spare 116/21 n.

reson *see* re(a)son.

resonne *v.* argue, discourse 167/16.

resowned *pt. s.* resounded 115/37.

respyte *v.* reprieve 184/25; *pr. s. subj.* 183/35.

rested *pt. pl.*, ∼ *not of* did not cease from 165/40.

resuscited *pt. s.* restored to life 127/9.

retche *v.* set store by, care for 33/30; *pr. pl.* care 104/13.

retche *v.* reach, extend 148/10.

reteyne *v.* retain, keep in mind 13/23; hold fast to 13/24; ∼ . . . *behynde* keep . . . back 22/1.

retorne *v.* return 26/17.

reueled *pp.* revealed 75/20.

reuenues *n. pl.* yield from lands or property, income 147/32.

reuerence *n.* respect, deference 24/24, 95/12; obeisance 153/3.

reuested, reuestid *adj. pp.* robed, apparelled 55/32; *pp.*, *do* ∼ *prestes* caused priests to be arrayed in ecclesiastical vestments 57/8–9.

reueyls *n. pl.* revels 154/5.

reules *see* rule.

rewarded *pt. pl.* ? compensated 11/15 n.

rewle *n.*, *see* rule.

rewle, reule *v.*: *refl.* conduct oneself, behave 3/4; *trans.* control 66/13, 121/18; rewleth *pr. pl. refl.* behave 60/30; rewlyd *pp.* overborne 35/7.

reyne *n.*, *gyuen her the* ∼ given her the rein, left her unchecked 19/12.

rody *adj.* pink-cheeked 44/26.

ronne *see* renne.

roper *n.* rope-maker 7/17.

roten *adj.* rotten, crumbling 71/26.

rought *pt. pl.* heeded, cared 12/8.

roundels *n. pl.* rondels, rondeaux 11/19.

rouned *pt. pl.* whispered 48/25. [OED. *Round, v.*²]

routed *pt. s.* snored 90/16.

rowe *n.* class, rank 152/20.

royamme *n.* kingdom, realm 25/35, 39/29.

rubryshes *n. pl.* rubrics, chapter headings 5/1.

rude *adj.* inelegant 4/10; rough, harsh 24/5.

rudesse *n.* roughness, violence 33/25.

rule, rewle *n.* power, authority 41/27; order 184/15; reules *pl.* rules, principles 3/5.

ryche *adj.* elaborate, splendid 45/22; rychely *adv.* 115/36.

rychesse *n.* splendour 19/6; wealth 60/33.

ryght, right *n.* settlement of legal claims 101/11, 125/15; rights, due 124/33; *fro his good* ∼ from a position of being in the right 128/12; *in adv. phrases*: *by* ∼, *of* ∼ by legal right, rightfully 25/29, 34/1; *in* ∼ righteously, justly 109/17.

ryght, right, riȝt *adv.* indeed, assuredly 13/32; very 13/37; straight 25/10 (*see* euen), 104/30; ∼ *so(o) as* even as, just as 67/9–10, 79/16.

ryotous *adj.* quarrelsome 30/3, 123/18.

ryot(t)e *n.* debauchery 34/23, 61/25; quarrelling, strife 35/12, 72/37; indiscipline 114/17.

ryotte *v.* brawl 30/35.

rype *adj.* mature 28/11.

sadly *adv.* soberly 26/14.

sail *imper. s.* jump 36/28.

salewe *v.* greet, address 29/25.

sapyence *n.* 'Wisdom' 17/3 n.

satisfaction *n.* atonement 21/31.

sauacion *n.* salvation 13/20, 48/6–7.

sauement(e) *n.* protection, safekeeping 62/1, 133/17; source or means of salvation 121/22.

sauf *conj.* save, except 16/28; *quasi-prep.* 58/20.

sauour(e) *n.* tasting 67/6; relish 67/8, 177/27; tastiness 178/29.

sauuage *adj.* wild 11/8.

say(e), seye *v.* tell 17/33; ∼ *trouthe* speak the truth 81/19.

scant *adv.* scarcely, barely 78/17.

scape *v.* escape 126/10.

scars *adj.* niggardly, sparing 135/30.

scathe *n.* injury 182/33.

scole *n.*, *dyd put to the* ∼ *of* set to be taught 121/11–12.

scot *n.* payment, 'reckoning' 135/2 n.

scyence *n.* knowledge, learning 3/3.

seased *pt. s.* seized 114/28.

seche *v.* seek out 135/39 (*see* make).

secrete *n.*, *att his* ∼, *in her* ∼ in private 129/13, 149/8.

secrete *adj.* reticent 168/22; guarded 191/16.

seeth *pr. s.* looks 25/9; **see** *imper. pl.*, ~ *(ye) wel to* take care, make sure 17/32 n., 23/36; **seyng(e)** *pr. p.* seeing 73/6; *quasi-conj.* providing 94/17; seeing that, since 97/28; considering 139/12; **sene** *pp.* seen 13/36.

seke *adj.* sick, ill 15/21.

sekenes(se) *n.* illness 44/21, 62/26.

semblable *adj.* resembling 25/5; relevant 43/2; similar 69/20.

semblaunce *n.* appearance, outward display (of friendliness, etc.): *to make ouer grete* ~ *by* appearing too friendly 28/15; *to his* ~ in his image 38/14.

sembla(u)nt *n.* sign, token 10/18, 123/9; outward show, display of feelings 29/1, 34/2; favour 33/14, 167/36; pretence 90/15, 166/30; *fayre* ~ graciousness, pleasantness 37/6; favours 168/10; *make* ~ *of* bear graciously 32/29–30; *make* . . . *the werse* . . . ~ behave less . . . graciously 33/10 (*see* **chere**); *make a fals* ~ put on a deceptive air 65/15 n.; *makyng* ~ showing any sign, displaying emotion 34/9; *made no* ~ took no notice, paid no heed 85/27; *made* ~ *(as)* pretended (that) 88/6, 89/36.

seme *v.* seem 104/11; **semed** *pt. s. impers. (with dative)* 50/34, 51/8.

semely *adj.* pleasant, pleasing 41/3, 64/31.

sempiternally *adv.* everlastingly 3/29.

send *pt. s.* sent 112/21.

seneschal, seneschall(e) *n.* steward 95/5, 35, 133/8.

sengle *adj.* unlined, thin 160/23, 28; scanty, without protection 161/34; ~ *of clothes* lightly clad 160/30, 161/9.

separe *v.* separate 171/22; **separed** *pp.* 152/16; withdrawn 156/16.

sepulcre *n.* burial 97/36.

sepulture *n.* grave 22/14.

sergeaunt *n.* officer, official 59/4; **sergeans, sergeaunts** *pl.* servants 118/17; officers 186/28.

serpentes *n. pl.* 'creeping things' 77/13.

seruage *n.* servitude, bondage 62/32, 116/17.

seruyse *n., make theyr* ~ perform their act of service 141/33.

set *v.* start, introduce 48/4; ~ . . . *on* urge to attack 51/13–14; **sette** *pr. pl.*, ~ *but litil by* hold of small account 60/29; ~ *not so moche by* have less regard for 150/31; **set(te)** *pt. s.*, ~ *no(ugh)t by/of* had no regard for 33/30, 92/22, 151/32 n.; **set(te)** *pp.* seated 42/12; set up 95/21; ~ *by* held in esteem 18/35; ~ *to* fixed upon 43/31; ~ *in to the nombre of* classed with, numbered among 149/24.

seurest *see* **sure**.

seurte *n., at his* ~ in privacy 78/13.

seygnorye *n.* authority 94/35.

seyng(e) *see* **seeth**.

shadde *pp.* shed 130/33.

shadowe *n.* shade 11/6; 'shadow', in sense of what is fleeting or ephemeral 48/12; shelter 144/1.

shame *n.* source of discredit 35/18; *had* . . . ~ was ashamed, felt humiliated 35/7–8.

shamed *pp.* disgraced 12/34; ~ *of* debased, degraded, by 157/4.

shamefull(e) *adj.* ashamed 132/9; scandalous 190/8.

shamefully *adv.* ashamedly 69/23.

shape *v.* fashion 73/4; **shapen** *adj. pp.* disposed 127/37.

sherte, shirt(e) *n.* shift 55/35 n., 57/16; shirt of mail 141/3, 11; shirt, tunic 160/24.

shete *v.* shoot 104/27.

shette *v.* shut 139/6; **shitte, shette** *pp.* 43/6, 94/13.

shewe, *v. reveal, display 10/17; *refl.*, *for to* ~ *them ouer moche* by being too forthcoming 28/14–15; *intr.* appear to be 104/11; **sheweth** *pr. s.* points at *157/36* n.; **shewyng** *pr. p.* seeming 65/16.

shewynges *vbl. n. pl.* manifesting, revealing 61/10 n.

shold(e) *see* **shullen**.

shone *n. pl.* shoes 179/9.

shortly *adv.* in short 130/20.

shrewed, shrewde *adj.* wicked, injurious 62/36, 68/34.

shryuen *pp.*, *be* ~ make confession 21/38.

shullen *pl. auxil.* shall 40/10; shold(e) *s.*, *pl.* was to 10/34; are to, have to 21/40; were to, had to 25/24, 27/33; would 21/22, 23/14, 27/25.

sight *n.* manner of looking 26/11; appearance 26/15.

signefiance, signyffyaunce *n.* implication 57/8; intimation 80/6.

sklaundred *pp.* reproached, discredited 44/20, 37.

slee *v.* strike, slay 43/11; slayne *pp.* 112/32 n.

slyteth *pr. s. intr.* cracks, splits 93/6 n.

smal(e), small(e) *adj.* humble, lower-ranking 24/20, 21; slender 160/1; ~ *thoughtes* petty cares, trivial anxieties 172/38 n.

smatre *v. refl.* be a smatterer in, dabble 4/7.

smo(c)k *n.* shift 57/33, 34.

smouldred *pp.* smothered, suffocated 108/17.

smyte *v.* strike 18/23; smote *pt. s.* 18/24; smyton, smeton, smyte(n) *pp.* 8/8, 18/27, 19/32, 191/19.

so *adv.*, ~ *long tyll* until 21/10; ~ . . . *as* as . . . as 110/24; soo thus 81/25.

socour *v.* help 57/14.

socoure *n.* redress 30/28.

sodenly *adv.* suddenly 20/26.

softe *adj.* quiet, gentle 28/11, 29/20.

solas *n.* pleasure, delight 116/3.

solytayrly *adv.* solitarily 126/25.

somme *indef. pron.* some 10/12; *adj.* 13/25.

somme thynge *adv.* somewhat, in some way 123/19.

somtyme *adv.* on one occasion 33/6; at one time, once 46/17, 74/4; sometimes 41/5; *in* ~ on some occasion 13/24–5.

songe *pt. s.*, *pl.* sang 11/8, 53/31; songen *pp.* 54/14.

son(n)er *adv. compar.* more easily 33/24; sooner, more readily 60/24; sonnest *superl.* most readily 36/5.

sooth *n.* the truth 33/29.

sore *adj.* distressed 125/28.

sore *adv.* severely 18/24; extremely, greatly 75/13; grievously 77/28.

sorowe *n.* distress 31/31; affliction 32/31; grievous affair 141/2.

sorowfulle *adj.* ? = sorry, worthless 142/35–6 n.

souerayne *adj.* sovereign, superior in rank or power 183/25.

soupe *n.* broth 18/6 n.; sowpes *pl.* 37/34.

sourded *pt. s.* arose 101/33, 108/22.

sowke *v.* suck 55/24.

sowne *n.* sound 11/7, 116/1.

space *n.*, *by the* ~ *of* for the period of 111/7, 149/6.

spa(c)k(e) *pt. s.* spoke 16/26, 19/33, 26/12; spaken *pl.* 26/7.

spared *pt. s.* refrained from using 46/26.

sparkleth *pr. s. trans.* kindles 61/20.

speche *n.* rumour, gossip 45/8.

spectacle *n.* mirror 79/3; cf. my-roure.

spelonke *n.* cave, den 60/15.

sperhauk(e) *n.* sparrowhawk 24/2.

splynt *n.* splinter, fragment 18/25.

sport(e) *n.* amorous enjoyment 82/17; recreation 149/35.

spouse *n.* bridegroom 142/28.

sprynge *n.* dawn 141/32.

spryngc *imper. s.* jump 36/10; sprange *pt. s.* 5/30.

spurge *v.* cleanse 132/4.

spynroke, spynrock *n.* distaff 88/14, 20.

squyer *n.* squire, young man ranking next to a knight 32/8.

stablysshed *pt. s.* appointed 117/1.

stamper *n.* stamper, pestle 90/6.

stat(e) *n.* manner of dress 39/27; prosperity 78/15; display 164/16. Cf. estate.

sterte *pt. s.* leapt 177/39.

stole *n.* stole, an ecclesiastical vestment 22/19.

stondeth *pr. s.* stands, is placed 32/20.

straitly, straytly *adv.* without evasion 76/9; strictly 81/19, 168/34.

straunge *adj.* unfamiliar 13/9; foreign 38/34, 40/2; distant, reserved, cold 58/15, 173/30; unaccountable 190/6.

straungers *n. pl.*, *made* ~ *of* deprived of 66/28.

strawed *pp.* strewn 161/38.

streyght *adj.* close-fitting 158/37.
streyght *adv.* firmly, closely 138/17.
strongest *adj. superl.* greatest, most flagrant 43/16.
strongly *adv.* vehemently 28/37.
stryf, strif *n.* contention, quarrel 7/25, 29/35; *holde*~ argue, contend 40/33.
stryue, striue *v.* argue, contend 5/29, 34; resist 67/32 n.; stryuen *pp.* disputed 41/13.
styll(e) *n.* silence, quiet 30/22 n., 102/31.
styll(e) *adv.* quiet 27/35; constantly, continually 158/14, 176/16.
styre *v.* stir, move 46/1, 59/34.
styward *n.* steward 182/4.
subget(te) *adj.* subjugated 55/8; bound in allegiance 172/22; *as n.*, a slave 181/5.
subgettes *n. pl.* dependants, retainers 101/2–3; inferiors 150/35; subjects (lovers) 175/24.
subiection *n.* power, control 179/25; *in* ~ under duress 122/1; under obligation 175/40; *in (the)* ~ *of* in the power of 175/13; under the obligation of 189/36–7; *put your self in* ~ *to* render yourself liable to 183/28 n.
substaunce *n.* possessions, means 162/34.
subtyll, subtyle *adj.* cautious, wary 10/21; clever, skilful 18/10; cunning, crafty 69/29, 88/10.
subtylly *adv.* artfully, skilfully 40/37.
succession *n.*, *by the* ~ *of* by right of inheritance from 113/33.
suche *adj.*, ~ *a* a certain 43/5, 6, 51/24.
sudaryes *n. pl.* shrouds, winding-sheets 15/18, 31.
suffisaunce, suffysaunce *n.* (inner) sufficiency, moral strength 61/21, 183/32; self-sufficiency, independence 189/34.
suffisaunt, suffysaunte *adj.* competent, capable 25/35; sufficient 183/26.
suffre *v.* allow 12/20; endure 32/30 (*trans.*), 35/16 (*intr.*); sustain 92/32; resist (the burden of) 133/31; *pr. s. subj.* 133/30; ~ *of* bear with, be patient with 42/28, 123/27; tolerate

from 124/10–11; suffreth *pr. s.* undergoes 19/29; suffryng *pr. p.* allowing 19/12; suffred *pt. s.* 54/35; *pp.* endured 35/15.
suffyseth *pr. s.*, *it* ~ *them ynowe of* they are content with 54/21; suffised *adj. pp.* satisfied 74/29.
superfluyte *n.* excessive quantity 78/22; *pl.* superabundance 134/35.
supporteth *pr. s.* makes good, repairs 133/19; supported *pt. s.* balanced, made good 133/31.
suppose *pr. s.* think 11/31; supposyd, supposed *pt. s., pl.* thought (intended, purposed) 15/17, 16/20, 41/25; expected 45/23; *pp.* suspected 28/16.
sure *adj.* steady 25/13; firm, steadfast 112/20; seurest *superl.* safest 72/28.
surely *adv.* without fail 20/25; safe(ly), secure(ly) 45/14, 66/15.
surmounted *pt. s., pl.* overcame 91/37; prevailed over 121/25–6; *pl. intr.*, ~ *by heyght of . . . vpon* rose higher than . . . above 70/18–19.
surprysed *pt. s.* affected, overcame 10/1; *pp.* 86/13, 178/21.
surquedrye *n.* arrogance, presumption 96/4, 104/37.
surquyydous *adj.* overweening 96/6.
suscited *pp.* restored to life 85/9.
suspection *n.* suspicion 34/23.
sustenaunce *n.* support 126/37.
susteyne *v.* support, uphold 96/21; maintain 163/21–2; *pr. pl.* 50/12; susteyned *pt. s., pl.* recommended 26/29; supported, backed up 98/4; endured 141/10; *pp.* upheld 85/29.
swetely *adv.* pleasantly, delightfully 17/15; kindly 18/13.
swette *v.* sweat 125/21.
swouned *pt. s.* swooned 55/14.
swyfte *adj.* hasty 41/12.
swyn *n.* boar 50/37; swyne(s) *pl.* swine 103/8, 15.
swyped *pp.* swept 161/35.
syege *n.* seat 42/11; *on the hyhe* ~ in a position of honour 71/11–12; stool, excrement 149/28.
syght *n.*, *in hir* ~ before her eyes 38/18–19.
symple *adj.* plain 4/10; humble,

unpretentious 74/30; ordinary, without rank 92/16 n.; guileless 92/26; of modest status 149/26.

symplenes *n.* foolishness 107/34.

symply *adv.* modestly, humbly 76/11; sincere(ly) 93/5.

syn *adv.* from that time onwards 78/15 (*see* euer), 92/22; *prep.* after 138/13; *conj.* from the time when 114/12.

synken *v., had doo* ~ had caused to be swallowed up 23/17–18.

syth(e), sith(e) *adv.* since, subsequently 28/7; then, next 46/10; ~ *late, see* late; *conj.* after 170/18; ~ (*that*) since, seeing that 11/15, 24/6, 39/6.

syther *n.* cider 121/3.

syttyng *ppl. adj.* comely *or* well-placed 32/19 n.; proper, befitting 40/23.

tables *n. pl.* a kind of backgammon 28/35, 30/2, 175/26; stone tablets 117/6.

take *v.* catch, capture 70/37; undertake 151/35; **take(th)** *pr. s., pl.* captures 17/5; adopt 39/24; *imper. s.* give 176/33; **toke, took(e)** *pt. s., pl.* gave 57/20, 117/3, 136/7; adopted 71/10; ~ *them self by the nose* were disgusted with themselves 154/25–6 n.; **take(n)** *pp.* afflicted 15/33; caught 51/17; given 183/17.

tary(e) *v.* delay, wait 38/33, 103/32.

taryenge *vbl. n.* delay 139/12; waiting 185/35 (*see* thought *v.*).

tast(e) *v.* touch, handle 66/17 n., 177/31; **tasted** *pt. s. intr.* felt about, groped 18/16, 90/18.

tatche *n.* fault 41/6; flaw 156/35; *pl.* qualities (evil) 96/32; traits, characteristics 129/15.

tendeth *pr. s.* intends, purposes 102/34 n., 151/19.

tenebres *n. pl.* darkness 141/9.

terme *n.* appointed time 67/34.

tete *n.* teat 56/19.

than *adv.* then 4/11; **thenne**: ~ *as* = *conj.* when 70/22, 80/2; (even) when 140/2; *sense ambiguous in* 152/36 n.

thanke *n., in* . . . ~ graciously 4/13; grace 4/18; gratitude 35/23 (*see* conne); approval 140/4; expression of gratitude 153/33.

that *def. art.,* ~ *other* the other 5/8; ~ *one* one 35/37; *rel. pron.* that which, what 53/37, 65/26; ~ *as* whatever 40/26; *of* ~ in whatever (way) 146/32–3; *of* ~ *what* in accordance with what 174/7–8.

that *conj.* = when 45/7, 73/8, 132/31 (*see* vnto *conj.*), 160/20; so that 49/26; because 69/11, 14; *used loosely, 'until' with suggestion of purpose* 105/26 n.; *of* ~ in that, because 100/8, 106/26.

theeftes *n. pl.* thefts, thieving 68/4.

them, ~ *self, pron. pl.* themselves 3/8, 5/17.

thenne *see* than.

therby *adv.* because of that 133/5; through that 184/16.

ther(e), ~ *as, rel. adv.* where 56/18, 69/24–5, 73/26; on occasions when 181/36; ~ *where as* where 102/4.

ther(e) with al(1) *adv.* thereupon, forthwith 51/6, 17.

therfor(e) *adv.* on this (that) account 31/31, 39/8, 44/19; for the purpose 181/37.

therof *adv.* in it 23/14; as a result 41/26; about it 90/20; in the matter 94/10.

therto *adv.* in the matter 110/12; for the occasion 181/26.

ther withoute *adv.* outside (there) 47/31–2.

theyr *poss. pron.* theirs 73/18.

this *demonstr. pl.* these 120/9, 184/9.

this *adv.* in this way, thus 178/37 n.

tho *demonstr. pl.* those 21/9, 49/10.

tho *adv.* then 130/30; *see* as.

thorugh oute, thurgh oute *prep.* throughout 85/31, 115/33.

thou3, though *conj.,* ~ *so be that* although, even though 4/6; ~ *so were that* whether 12/7–8.

thought *n.* grief, distress 11/26, 70/31; heed, regard 48/12; intention, purpose 65/11, 96/23; worry 89/14; *took a* ~ became distressed 44/20; *pl.* anxieties, cares 170/35, 172/38 n. [OED. *Thought*[1], †5]

thought v. impers. seemed 105/26 n.; her taryenge . . . ~ her longe she could not wait 185/35–6 n.

thoughtfull adj. troubled 88/25.

thrested pt. s., pl. thrust 76/36, 100/34.

thrustell n. throstle 11/9 n.

thycke adj. thickset, stout 90/28.

thyder adv. thither, there 32/4.

thyes n. pl. thighs 51/15.

thyng n. pl. things, matters 11/28.

thynkyng(e) pr. p. troubled (cf. thought n.) 166/26; ~ to suspecting 63/20; **thought** pt. pl. considered, reflected upon 155/33.

thyssue see yssue.

till, tyll conj., ~ that until 17/30.

to adv. too 63/19, 71/36.

to prep. for 12/36; ~ hym ward towards him 54/26; from (~ slepe from sleeping) 15/9–10; down to, to the limit of 19/29, 22/8; to the extent of 118/26, 135/3 (see **double**); against 75/2; on, upon 83/14; with reference to, concerning 117/32; as to, in 149/16.

tode, tood n. toad 138/1, 7.

to drawe v. trans. attack, 'worry' 51/14 n.

to fore, tofore adv. before 27/14; prep. 5/4; in front of 12/40, 25/9; conj., ~ that before 27/10.

to gydre, to gyder adv. together 7/15, 115/12.

toke, took(e) see take.

tonge n. tongue, language 30/24, 71/5 n.

torment(e) n. agitation, convulsive movement 22/16, 22.

torneyes n. pl. tourneys, tournaments 44/28.

tornoyeng vbl. n. tourneying 116/2.

toucheth pr. s., pl. concern(s) 17/7, 185/4.

to(u)rne v. turn 11/28, 100/34 n.; **tornynge** pr. p. 101/10; **to(u)rned** pt. s. refl., ~ hym turned round 48/23; pp., ~ outward reversed so as to display a lining, e.g. of fur 39/10–11; cut away, open 39/21 n.; perverted 58/23.

to(u)rnyng(e) vbl. n. falling back,

lapsing 21/40; returning 139/1; mixing 139/16.

trauaylle, trauail n. travail, suffering 62/26, 151/26; pl. hardships 151/21.

trauaylled pt. s. trans. afflicted, tormented 98/18.

traunce n., in a ~ unconscious 38/6; tourned in ~ in a state of dotage 149/27 n.

traytte v. intr. discourse 111/38; **treated** pt. s. 171/17.

tre(a)son n. deception, perfidy 12/16, 95/23; accusation of perfidy 95/32.

trespas n. sin, transgression 57/28.

trespasse v. violate 69/11; **trespaced** pp. 69/3; intr. sinned 130/13.

tresperce v. pierce through 147/14.

trewe adj. virtuous, upright 9/32, 88/17; faithful 11/24; sincere 173/4; adv. truly 186/15.

tristesse, trystesse n. sadness 62/26, 116/8; anxiety 88/9.

tromperye n. deception 42/17.

trompeur n. deceiver 42/15.

tronke n. perforated floating box 31/20 n.

trouble v. disturb 165/32; **troubleth** pr. s. affects, afflicts 120/18, 24.

trouth(e) n. truth 15/29; troth, plighted word 58/5; loyalty 112/20.

trowe pr. s. believe (accept as truth) 33/29; feel sure 36/3.

truly adv. correctly, accurately 30/4; indeed, certainly 42/31; honourably 83/6.

trust n. confident expectation, hope 174/21, 189/15.

tweyn(e) numeral adj., both ~ the pair of them 15/25; two 22/8.

tydynge n. happening, news 119/27; pl. gossip 12/13.

tyerce, tierce n. tierce, terce (about 9 a.m.) 19/16, 187/30.

tyme n., after the ~ according to the season of the year 19/17; on a~once, on one occasion 28/35; alone and ~ alone and (at a) suitable moment 35/21; of that ~ there at the time 39/21; one ~ was that there was a time when 78/16; one ~ once 110/7; as ~ was for to doo when it was time to perform 149/33–4; as ~ was at the appropriate time 181/32; *that* ~ then 154/21.

tymely *adv.* at a suitable time (i.e., depending on the season of the year) 182/3.

vncoupled *pt. pl.* released (from being fastened in pairs) 51/13.

vncurteys, vncurtoys *adj.* lacking in refinement 90/29, 149/20.

vnbonde *pt. s.* unbound 188/25.

vnderstand(e), vnderstonde *v.* consider 27/10; learn, find out 167/4, 173/36; *that is to* ~ that is, that implies 14/18; **vnderstandyng** *pr. p.*, *that be* ~ who perceive, notice 4/15–16; **vnderstonde(n)** *pp.* understood 3/17–18, 13/12.

vndo *pp.* undone, ruined 81/23.

vnknowlege *n.* lack of acknowledgement, ingratitude 153/27 n.

vnreuested *adj. pp.* divested of his robes 54/15; *see* **reuested**.

vnto *prep.* until 12/29, 22/10; to 24/39 n.; up to 71/28; ~ *the regard of*, *see* **regard**; = *conj.*, ~ *the tyme that* until 21/29.

vntrouth *n.* perfidy 87/16.

vpsodoune *adv.* upside down 152/11.

vsage *n.* habit 18/38; conduct, practice 102/34.

vse *v. trans.* carry on, lead 18/13; abuse 110/5; engage in 175/34; ~ *of* dispense 189/6; **vseth** *pr. s.*, *of . . .* ~ employs 164/18–19; **vsen** *intr.*, ~ *to* are in the habit of 166/30; **vysyd, vsed** *pt. s. intr.* was accustomed 18/38; ~ *of* led 121/14; *pt. pl. trans.* did, carried on 50/24; *pp.* led, lived out 12/32; followed 39/5; ~ *of* practised in 79/27.

valewe *n.* worth 23/13; worthiness, merit 42/21, 170/10.

valoyr, valour *n.* worthiness, manliness 10/14, 170/11; value, worth 156/36.

vane *n.* weathercock 25/8, 26/11.

vayne *adj.* foolish, thoughtless 74/36.

vaynquysshyth *pr. s.* conquers, subdues 24/6; **vaynquysshid** *pt. s.* mastered, overcame 33/19 n.

veneson *n.* venery, hunting 113/10.

vengeaunce *n.* punishment, retribution 22/29, 46/5; revenge 102/18; *take* ~ *of* inflict retributive punishment upon 85/38.

ventillous, ventyllous *adj.* ? turning to and fro, shifting 26/11 n., 27/3.

venymed *adj. pp.* envenomed 97/28.

ver(a)yly *adv.* in truth, certainly 36/2, 39/15.

vergoyne *n.* shame, humiliation 153/21, 154/27; compunction 167/3.

vergoynous *adj.* ashamed 179/7, 189/2.

vertu(e) *n.* virtue, goodness 3/14; quality 145/20, 182/32; *pl.* forces 129/28.

vertuous(e) *adj.* morally good, righteous 3/1, 6; excellent, commendable 3/21.

vertuously *adv.* righteously 3/8, 12.

very *adj.* true 3/13, 14/7; faithful, sincere 11/24; veritable 52/3, 75/30; truthful 61/10.

vouchesauf *v.* be willing, agree 94/7; *pt. s.*, ~ *to shewe* conferred the favour of showing 52/22; **vouchedsauf** *pp.* 57/39.

voyde *v. intr.* retreat 96/36; *trans.* cut short, ward off 167/18; **voyded** *pp.*, *was* ~ had retreated 89/1.

vulgar *adj.* crude, inelegant 3/17 n.

vyage *n.* voyage, expedition 58/12.

vyaged *pt. pl.* made expeditions 152/24.

vyell *n.* viol 153/4 n.

vygyl(le) *n.* vigil, prayer 16/29; Vigil, eve of a festival 59/3; *pl.* prayers 16/18.

vylayne *n.* base fellow 128/26; *adj.* ignoble 153/32.

vylaynous *adj.* shameful, infamous 12/15.

vylaynously *adv.* infamously, wretchedly 96/21.

vylayn(y)sly, vilaynsly *adv.* vilely, shamefully, infamously 69/19 n.

vylony(e) *n.* source of dishonour 35/19; evil talk, slander 37/23, 128/25; immoral conduct 44/11, 32.

vyoled *pt. s.* violated 83/12; *pp.* dishonoured 113/40.

vyrelayes *n. pl.* virelays (short songs with return of rhyme) 11/20.

vysyons *n. pl.* ? visionary warnings 184/34 n.

waged *pt. pl.* pledged 36/6.
waked *pt. pl.* were up and about 141/31; *pp., is* ~ wakes up 5/6.
waloped *pt. s.* galloped 187/8.
wantonly *adv.* wilfully, recklessly 19/8.
wantonnesse *n.* seductiveness 70/36.
wantoun, waunton *adj.* wanton 56/7, 87/10.
warauntyse *n.* safeguarding 102/8.
warauntyssed *pt. s.* protected 86/31.
ward *suffix, see* **to**.
wardrobbe *n.* private chamber 116/ 36; cf. **garderobe**.
ware *adj.* aware 20/27.
ware *see* **were** *v.*
warned *pt. s.* forbade 89/32; *pp.* refused, denied 107/28.
wast *pp.* ravaged 59/25.
watche *n.* watching, spying 164/34; *pl.* watchers, spies 164/36 n.
watched *pp.* been vigilant 143/18.
water *n.* lake, pool 79/22, 80/22.
way(e), wey(e) *n., in the* ~ along the path 11/26; *in my* ~ coming towards me 13/3; course 13/18; access 24/9; means 33/20; *in the* ~ (*for*) *to be* on the way to being, likely to be 52/13, 57/13.
wayte *n., in a* ~ waiting, on the watch 55/7–8.
wayteth *pr. s.* is watchful 158/13.
wele *n.* well-being, happiness 14/6; good deeds 14/11; what is for one's good 104/2; *comyn* ~, *see* **comyn**.
wel(l) *adv. used with various intensive connotations*: very 26/15; indeed, certainly 26/22; as many as 38/24; readily 76/4; *as* ~ . . . *as* just as much . . . as 72/35 (*see* **paye**).
welthe *n.* well-being 56/27; benefit, blessing 163/29; happiness 172/19.
wene(th) *pr. s., pl.* think, believe, expect 42/40, 72/4; **wenyng(e)** *pr. p. refl.* 141/24, 147/6; **wend(e)** *pt. s., pl.* 16/19, 22/17; **wened** 187/34.
were *v.* wear 6/3; *pr. pl.* 89/23; **ware, wered** *pt. s., pl.* wore 47/14, 73/36; **wered** *pp.* worn 72/21.
were *pt. subj.* would be 31/23; should

be 110/23; *yf . . . ne* ~ were it not for 41/4.
werk(e) *n.* work, book 3/21; task 4/6, 16/36; *pl.* deeds, acts 20/15.
werre *n.* war 73/39; *pl.* 25/29.
wesshe *v.* wash 33/1.
wete, wyte *v.* find out 81/16; know 118/22; *that is to* ~ that is (to say), namely 14/20, 37/9; **wote, wyte** *pr. s., pl.* know 14/31, 28/8, 43/15; **wist, wyst(e)** *pt. s., pl.* 27/36, 39/34, 55/18.
wexe *v.* wax, grow, become 96/6; **waxe, wexe(d), wexyd** *pt. s.* 30/1, 33/17, 95/10; *pl.* increased 116/17.
whan *as conj.* when 148/15.
what *adj.* whatever 3/31.
what someuer *adj.* whatever 9/10; *pron.* whatever 36/9; whoever 86/27, 191/14–15; *what that someuer* whatever 184/6.
wher(e) as *rel. adv.* where 3/30, 4/4; ~ . . . *in* into which 62/12–13; ~ . . . *of* of which 85/4.
where someuer *rel. adv.* wheresoever 62/24.
where to *rel. adv.* to which 50/36.
wherfor(e) *adv.* why, for what reason 36/11, 13.
wherof *adv.* as a result of which 12/14; on account of which 12/18; whereby 63/24; with which 76/8; which, to which 78/21; of which 135/30; concerning which 142/8.
wherout(e) *adv.* out of which, from which 67/23, 77/23, 163/7.
which(e) *pron.* whom 3/3; who 3/11; ~ *that* who 36/26, 190/25.
who someuer *pron.* whosoever, whoever 27/30, 48/8.
whyles *conj.* while 118/36, 148/1.
whyte *adj.* fair-complexioned 44/26.
wist *see* **wete**.
with al(l) *adv.* withal 40/15 n.; *prep.* with 103/16.
withdrawe *pr. s. subj.* take away, steal 34/29.
withnessyth *pr. s.* makes evident 134/30 n.; **wytnesseth** *pl.* bear witness 85/8; **wytnessyd** *pt. pl.*, ~ *as she sayd* testified in her favour 140/34.
withold(e) *v.* check, restrain 61/35;

retain, remember 78/25; secure, engage 184/15; **with(h)eld** *pt. s.* retained, remembered 73/28; *pl. subj.* 63/34; **withold** *pp.* 81/4.

withoute *conj.* except, unless 63/12–13, 87/19; *adv.* outwardly 178/40.

without forth *quasi-n.* outside, outlying districts 46/7. [OED. †*Withoutforth, adv.* d]

withsaye, wythsaye *v.* gainsay, oppose 50/27, 94/17; **withsaye, wythsayeth** *pr. s.* prohibit 175/3; opposes 191/38.

wold(e) *see* **wyl(le).**

wonde *see* **wynde.**

wonder *n.* or *adj.,* ~ *thyng* miracle 38/4. [OED. †*Wonder thing*]

wonder *adv.* wondrously, exceedingly 130/5.

wonderly *adv.* wondrously, greatly 132/20.

wonte, woned *pp.* accustomed 9/30, 44/15; *with impers. v.,* = customary 9/31.

woode *adj.* mad 87/15.

word *n.* command 36/26; *pl.,* ~ *were enhaunced* a quarrel arose 30/5.

world *n.* knowledge of the world, experience of high society 40/31 n.

worme *n.* creature 111/34 n.; *pl.* 'worms' 110/29 n., 111/32 n.

worshipful *adj.* honourable, reputable, worthy 98/9, 167/28.

worshipfully *adv.* with due honour 148/16; worthily, creditably 149/17.

worship(pe), worshyp(pe) *n.* honour, good name, repute, (high) standing 3/36, 26/33, 46/4; rank 39/17, 96/5; self-importance 60/32; high position 62/17, 31; respect 92/27, 93/2; promotion 99/18; credit 124/13, 146/15; ceremony 154/7.

worshippe *v.* respect, honour 170/20; **worshippeth** *pr. s.* does credit to 93/2–3; **worshipped** *pt. s., pl.* respected, honoured 149/22, 152/15; **worship(p)ed** *pp.* 78/14, 114/14.

worthe *adj.* of value 17/13; entitled to respect, worthy 29/30.

wote *see* **wete.**

wreton *pp.* written 12/25.

wrothe *adj.* angry, wrathful 8/26.

wrought *pt. s.* acted, strove 86/23.

wyld(e) *adj.* restless 27/3; impetuous, eager 28/12; abnormal, unnatural 161/25.

wyl(le), wyll *n.* wish, will 40/27; desire 60/31; wilfulness 71/24; intent 91/32; inclination 120/36; disposition 168/7, 183/34; acquiescence 190/30; *euyl(le)* ~ malevolence, hatred 9/7, 60/35; lust 84/19; *good* ~ approval 151/8; *at the* ~ at his command 41/27; *with alle her* ~ willingly 63/2; *pl., doo theyr* ~ *of* have their pleasure of, satisfy their lusts on 89/24–5.

wyl(le), wyll *pr. s., pl.* wishe(s) to, want(s) to 8/19, 25/12; desires 21/17; am willing 170/13; **wold(e)** *subj. s.* would like, could wish 20/20, 27/23; *pt. s.* wished to 13/4; desired 62/24; willed 82/30; **wylled** *pp.* desired 57/29.

wynde *pr. pl.* turn 25/7; **wonde** *pt. pl.* wrapped in winding-sheets 142/6.

wynne *pr. pl.* gain 40/33; **wan(ne)** *pt. s.* won, gained 139/26, 175/26.

wyse *n.* way, manner, fashion 7/33, 11/20.

wyseman *n.* sage 17/3 n.

wyspe *n.* twist 31/4, 6 n.

wysshe *v.* wish for, desire 101/6; **wysshed** *pp.* ? envied 72/9 n.

wyst(e), wyte *see* **wete.**

wythsaye(th) *see* **withsaye.**

wyt(te), wit *n.* good sense 11/29; mind, senses, wits 15/34, 36/32; wisdom, judgement 40/32, 61/21; intelligence 121/16; *naturel(l)* ~, *see* **naturel(l).**

wytyng *n.* knowledge 32/1.

yaf *see* **gyue.**

yate *n.* gate, door 95/36.

ye *interj.* yea 24/4.

yeft(e) *n.* giving 14/26; gift, favour 43/14, 116/12; *pl.* 81/6.

yeld(e) *v.* yield, give 14/21; ~ *ayene* restore 111/15.

yet *adv.* still 3/14; more, further 6/18; in addition 16/10; *as* ~ still (even now, to this day) 94/19; ~ *late, see* **late.**

yeue *see* gyue.

ymage *n.* likeness, figure 55/35.

ynouȝ, ynough, ynowe *adj.* enough, in plenty 36/39; *adv.* enough 37/2, 54/21.

yongth(e) *n.* youth 81/8 n., 82/9.

yrous *adj.* quick-tempered 60/35.

yssue *n., in thyssue* towards the end 11/6. [OED. *Issue, sb.* I. 2. †a]

yssue *v.* emerge 85/6; yssueth *pr. s.* comes forth 85/15; yssued *pt. s.* issued, descended 7/13; went 88/2; was coming 176/26.

ziele *n.* devotion 3/13.

GLOSSARY OF NAMES

VARIATIONS in spelling are recorded, and complete sets of page references are given. No distinction is made between names that are capitalized and those that are not: e.g. *almayne* in the original is given here as *Almayne*. Names presenting no difficulty are listed but not glossed; for other names not glossed (e.g. *Bealem*), the reader is referred to the Notes. Chapter and verse references to the Authorized Version of the Bible are given for names and allusions that may be unfamiliar to the reader. (On the source of much of the biblical material, see Introduction, pp. xxxix–xl.)

Aaman *see* Amon.
A(a)ragon Aragon 5, 28, 29, 156.
Aaron 99.
Abraham 112.
Absolon, Absalon Absalom 87, 124.
Abygal Abigail 123.
Achas Ahab 97.
Acquyl(l)ee Aquileia 63, 176.
Adam 63, 67, 68.
Agathe St. Agatha 76.
Aguyllon Aiguillon 104.
Almayne Germany 153; *lowe or basse* ~ 156.
Amon, Aaman Haman (Esther 3 ff.) 7, 95, 96.
Amon Ben-ammi (Genesis 19:38) 80; Amnon, son of King David 87, 124.
Amor Hamor (Genesis 34:2) 82.
Anastasye St. Anastasia 118 n.
Angolosme Angoulême 104.
Anna Anna, wife of Tobit 109.
Anne, Anna Hannah (1 Samuel 1, 2) 7, 99, 100.
Apomena Apame (Apocrypha, 1 Esdras 4:29–31) 7, 92.
Aragon *see* A(a)ragon.
Arragone St. Radegunda 118 n.
Assuere, Assuerus Ahasuerus (Esther 1 ff.) 35 n., 94.
Athalia, Athalye Athaliah (2 Kings 11:1 ff.) 7, 98.
Athenes 48, 107, 108.
Auinyon Avignon 135 n.

Babylone 130.

Balam Balaam (Numbers 25:1–5, 31:16) 85.
Balleuylle, Cecyle of 182 n.
Bauyere ? Bavaria 175 n.
Bealem 58 n.
Beaumont 38 n.
Bernard St. Bernard 6, 47.
Bernard 92 n.
Bersabee Bath-sheba 107.
Bethlehem 101.
Blanche 38 n.
Bourgueyl Bourgueil 135.
Boussycault, Boussicault, Bouchykault Boucicaut 5, 41 n., 42, 152.
Brunehault Brunhilda 98 n.
Bryce St. Brice (of Tours) 49, 50.
Brytayne Brittany 39.

Cathon Cato 10, 183 n., 184.
Cathonet (*dimin.*), Cathon Cato (the Younger) 10, 183–9, 191; Cathon(et)s *gen. s.* 185, 186.
Caxton, William 192.
Cecyle *see* Balleuylle.
Cecylle St. Cecilia 147.
Charny 152 n.
Chyurefare 59 n.
Clermont 40 n., 41.
Constantynople 15, 128.
Coussy Coucy 172 n.
Craon 24 n., 44 n.
Cryst 155.
Crystyn St. Christine 91.
Cypre Cyprus 115 n.

Martyn St. Martin: of Tours 6, 49, 50; of Vertou 79 n.

Mary(e) the Virgin Mary 9, 14, 20, 21, 104, 105, 115, 143–6, 148; Miriam, sister of Moses (Numbers 12) 99; Mary Magdale(y)ne 132, 134; *the thre Maryes* 9, 141 n.

Mauns Le Mans 38.

Menelaus 165.

Moab 7, 80, 85.

Moyses Moses 85, 99, 116, 156.

Mychael, *seynt ~ tharchaungel* St. Michael the Archangel 74.

Nabor Naboth 97.

Nantes 79.

Naples 83.

Nero 142.

Noe Noah 70, 73, 79.

Normandy 104.

Nynyue Nineveh 23.

Orliaunce Orleans 148 n.

Ozias Ahaziah (2 Kings 11:1) 98.

Parys 119; Paris, son of Priam 165.

Patryde(s) Patrides 140, 141.

Perrot *see* Lenard.

Peter St. Peter 69.

Peytou, Peytow *see* Poytou.

Pharao(n) 84, 112, 116.

Phares Pharez, R.V. and N.E.B. Perez (Genesis 38:29) 82.

Powle St. Paul 69.

Poytou, Peytou, Peytow, Pytowe Poitou 12, 59, 161.

Poytyers Poitiers 119.

Priamus Priam 165.

Pygrere 59 n.

Pytowe *see* Poytou.

Raab Rahab (Joshua 2, 6) 118.

Rachel 115.

Raoul *see* Lyege.

Rebecca 8, 112, 113, 175.

Roan Rouen 35.

Roboam Jeroboam (1 Kings 14:1–18) 109.

Romayne Romania 156 n.

Romayns Romans 123.

Rome 20, 93, 123, 125, 127, 142, 147, 148, 183, 184, 186–8, 191.

Roussyllon Roussillon 149 n.

Rukemadoure Rocamadour 78 n.

Ruth(e) 8, 122, 123.

Rychard the thyrd 192.

Saba Sheba 8, 125.

Salamon Solomon 8, 93, 107, 108, 120, 124, 125, 191.

Sambry Zimri (Numbers 25:14) 86.

Sampson Samson 100, 101, 105, 119–21; Sampsons *gen. s.* 7.

Sarasyns Saracens 19, 25, 86.

Sar(r)a Sarah (mother of Isaac) 8, 112; Sara (Apocrypha, Tobit 3 ff.) 110, 127, 128.

Senacherib Sennacherib (Apocrypha, Tobit 1:15, 18) 109.

Sodome Sodom 79, 91.

Spayne 25, 28, 29, 98, 156.

Sur(r)ye Syria 7, 92, 129.

Susanne, Susanna (Apocrypha, Susanna) *130*, 131.

Susanna 103 n.

Sybile, Sybylle the Sybil 98, 175.

Sychem Shechem (Genesis 34:2) 82.

Symeon Simeon 86; St. Simeon 147.

Synay Sinai 121.

Thamar Tamar (Genesis 38) 7, 82; Tamar, daughter of David (2 Samuel 13) 87.

Thobye Tobit 109, 110.

Tours 49.

Towre, Toure, the La Tour (the family name): *knyght of the ~* 5, 10, 13, 163, 174, 192; *lady of the ~* 10, 164, 170, 173, 174; *men of the ~* 153.

Troians Trojans 165.

Vrye Uriah 65, 107.

Vastis, Vastys Vashti (Esther 1 ff.) 7, 94.

Venus 161, 165, 166, 171.

Verger Vergi 172 n.

Verter Vertou 79 n.

Vertus 149 n.

Westmynstre 192.

Zacharye Zacharias 120.

Zaram Zarah, R.V. and N.E.B. Zerah (Genesis 38:30) 82.

Zoadis 98 n.

PRINTED IN GREAT BRITAIN
AT THE UNIVERSITY PRESS, OXFORD
BY VIVIAN RIDLER
PRINTER TO THE UNIVERSITY

EARLY ENGLISH TEXT SOCIETY

THE Subscription to the Society, which constitutes full membership for private members and libraries, is £3. 3s. (U.S. and Canadian members $9.00) a year for the annual publications in the Original Series, due in advance on the 1st of JANUARY, and should be paid by Cheque, Postal Order, or Money Order made out to 'The Early English Text Society', to Dr. A. M. Hudson, Executive Secretary, Early English Text Society, Lady Margaret Hall, Oxford.

The payment of the annual subscription is the only prerequisite of membership.

Private members of the Society (but not libraries) may select other volumes of the Society's publications instead of those for the current year. The value of texts allowed against one annual subscription is 100s. (U.S. members 110s.), and all such transactions must be made through the Executive Secretary.

Members of the Society (including institutional members) may also, through the Executive Secretary, purchase copies of past E.E.T.S. publications and reprints for their own use at a discount of one third of the listed prices.

The Society's texts are also available to non-members at listed prices through any bookseller.

The Society's texts are published by the Oxford University Press.

The Early English Text Society was founded in 1864 by Frederick James Furnivall, with the help of Richard Morris, Walter Skeat, and others, to bring the mass of unprinted Early English literature within the reach of students and provide sound texts from which the New English Dictionary could quote. In 1867 an Extra Series was started of texts already printed but not in satisfactory or readily obtainable editions.

In 1921 the Extra Series was discontinued and all the publications of 1921 and subsequent years have since been listed and numbered as part of the Original Series. Since 1921 just over a hundred new volumes have been issued; and since 1957 alone more than a hundred and thirty volumes have been reprinted at a cost of £65,000. In 1970 the first of a new Supplementary Series will be published; books in this series will be issued as funds allow.

In this prospectus the Original Series and Extra Series for the years 1867–1920 are amalgamated, so as to show all the publications of the Society in a single list.

From 1 April 1969, since many of the old prices had become uneconomic in modern publishing conditions, a new price structure was introduced and the new prices are shown in this list. From the same date the discount allowed to members was increased from 2d. in the shilling to 4d. in the shilling.

LIST OF PUBLICATIONS

Original Series, 1864–1970.   Extra Series, 1867–1920

Forthcoming volumes

Other texts are in preparation.

Supplementary Series

The Society will issue books in the Supplementary Series from time to time as funds allow. These will n
be issued on subscription but members will be able to order copies before publication at a reduced rate; deta
will be circulated on each occasion. The books will be available to non-members at listed prices. The fir
volume, which will appear in 1970, is a completely revised and re-set edition of the texts in Extra Series 1
with some additional prices.

February 1970.

Publisher: LONDON · THE OXFORD UNIVERSITY PRESS, ELY HOUSE, 37 DOVER ST., W. 1